市场营销管理

SHICHANG YINGXIAO GUANLI

崔永刚　成素英　彭松森/主编

山东人民出版社·济南
国家一级出版社　全国百佳图书出版单位

图书在版编目（CIP）数据

市场营销管理/崔永刚，成素英，彭松森主编.
—济南：山东人民出版社，2016. 12（2024.10重印）
ISBN 978 - 7 - 209 - 10107 - 3

Ⅰ. ①市… Ⅱ. ①崔…②成… ③彭… Ⅲ. ①市场营销学 Ⅳ. ①F713. 50

中国版本图书馆 CIP 数据核字(2016)第 252632 号

市场营销管理
SHICHANG YINGXIAO GUANLI

崔永刚　成素英　彭松森　主编

主管单位　山东出版传媒股份有限公司
出版发行　山东人民出版社
社　　址　济南市市中区舜耕路517号
邮　　编　250003
电　　话　总编室（0531）82098914
　　　　　市场部（0531）82098027
网　　址　http：//www. sd - book. com. cn
印　　装　济南万方盛景印刷有限公司
经　　销　新华书店

规　　格　16 开（170mm ×240mm）
印　　张　24
字　　数　400 千字
版　　次　2016 年 12 月第 1 版
印　　次　2024 年 10 月第7 次
印　　数　10001-11000
ISBN 978 - 7 - 209 - 10107 - 3
定　　价　38. 00 元

前　言

原始社会末期，人类产品有了剩余，于是就有了产品交换，也就有了早期的营销行为。因此，营销行为历史久远，源远流长。但是，市场营销作为独立的学科诞生仅有百年时间。市场营销学于20世纪初期产生于美国，是一门系统研究市场营销活动规律性的科学。虽然市场营销作为一门独立学科的时间还不长，但它已成为各国企业和组织开拓市场、吸引顾客、满足市场需求、在激烈的市场竞争中立于不败之地的武器与工具。

市场营销学作为一门年轻学科，随着经济社会不断发展，其自身也在不断完善。随着中国的改革开放和中国特色社会主义市场经济的不断完善，市场营销学在中国得以迅速应用和发展。随着科学技术的迅猛发展，面对不断变化的营销环境，营销理论也需要不断创新和丰富。为此，我们编写了此书，以期对营销理论发展和指导营销实践发挥积极作用。

参加本书编写的人员有：崔永刚教授，撰写第一章；杜良之副教授，撰写第二章；张国亭教授，撰写第三章；彭松森副教授，撰写第四章；成长群副教授，撰写第五章、第六章；从颖超教授，撰写第七章；韩萍副教授，撰写第八章；成素英教授，撰写第九章、第十章；卓惠萍博士，撰写第十一章、第十二章；陈晓红副教授，撰写第十三章、第十五章；刘淑珍教授，撰写第十四章。

在本书的编写过程中，我们参考和吸收了国内外大量的著作、教材、杂志以及互联网资料，在此，我们对原作者表示衷心的感谢。

书中难免有不妥和疏漏之处，恳请同行专家、读者批评指正。

目　录

第一篇

市场营销基础篇

第一章

导 论

市场营销在企业的经营管理活动中占有重要地位，营销既是企业经营的起点，也是企业经营的终点。著名管理学家德鲁克在《管理：任务、责任和实践》一书中指出，企业的两项基本职能是市场营销和创新。不仅如此，营销理论还可以指导非营利组织活动。

第一节 市场营销概述

一、市场

市场是社会分工和商品经济发展的必然产物。与此同时，市场在其不断发育和壮大过程中，也推动着社会分工和商品经济的进一步发展。市场通过信息反馈，直接影响着人们生产什么、生产多少、何时供应、销售给谁等；连接商品经济发展过程中产、供、销各方，为产、供、销各方提供交换场所、交换时间和其他交换条件，以此实现商品生产者、经营者和消费者各自的经济利益。

（一）市场的含义

市场起源于古时候人们对于固定时段或地点进行交易的场所的称呼，当城市成长并且繁荣起来后，住在城市邻近区域的农夫、手工业者就会开始互相交易并且对城市的经济产生贡献。因此，早期人们把市场定义为商品交换的地方。直至今日，在工商管理部门，依然把市场分为生产资料市场和生活资料市场，批发市场和零售市场，农村市场和城市市场，国内市场和国外市场等。随着商品经济越来越发达，市场的外延和内涵范围不断扩大。

本书认为，市场是指具有特定需求和欲望，愿意并能够通过交换使这种需求和欲望得到满足的顾客群体。市场具有相互联系的四方面含义：一是商品交换场所和领域；二是商品生产者和商品消费者之间各种经济关系的总和；三是有购买力的需求；四是现实顾客和潜在顾客。①

（二）市场的构成要素

市场的大小取决于人口、购买力和购买意向这三个要素，即：

市场＝人口＋购买力＋购买意向

1. 人口。人口是构成市场的基本要素。人口因素包括总人口、性别、年龄、职业、家庭状况、民族、宗教信仰等多种具体因素。人口的构成及其变化影响着市场需求的构成和变化；人口的多少决定着市场容量的大小；人口的状况影响着市场需求的内容和特征。

2. 购买力。购买力是指消费者购买商品或服务的货币支付能力，是构成现实市场的物质基础。在人口状况既定的条件下，购买力就成为决定市场容量的重要因素之一。人们消费需求的满足是通过手中的货币购买商品实现的，因此，购买力的高低是由消费者的收入水平决定的。一般情况下，一个国家或地区的购买力水平是由人均国民收入、个人收入、社会集团购买力、平均消费水平、消费结构、消费偏好等因素决定的。

3. 购买意向。购买意向是指消费者购买商品或服务的动机、愿望和要求，它是使消费者的潜在购买力转化为现实购买力的必要条件。只有人口和购买能力，如果消费者缺乏购买欲望或动机，仍然不能形成商品交换，也就不存在市场。因此，购买意向也是市场不可或缺的构成因素。

人口是组成市场的基本要素，购买力是组成市场的物质基础，购买意向是购买力得以实现的条件。这三个因素互为条件，共同构成市场，缺一不可。一个国家或地区，如果人口很多，但人均收入很低，其市场是非常狭小的；反之，人均收入高但人口很少的国家或地区，其市场也是有限的。只有人口众多、人均收入高的国家或地区的潜在市场才大。当然，如果一个国家或地区的潜在市场很大，但是由于企业提供的产品和服务不能很好地满足消费者需要，不能引起消费者的购买欲望，潜在的市场也不可能转化为现实市场。

---

① 陆克斌，沈洁主编．市场营销[M]．上海：上海财经大学出版社，2012.

二、市场营销

（一）市场营销的含义

市场营销是由英文 Marketing 一词翻译过来的，产生于美国，原意是市场上的买卖活动。随着经济社会的发展和人们认识的不断深化，人们给市场营销做了不同的定义。有的学者把“市场营销”定义为一种社会经济活动过程，其目的在于满足社会和人类需要，实现社会的目标；还有的学者把“市场营销”定义为一种企业、个人或组织的活动，其目的在于满足目标顾客的需要，实现企业、个人或组织的目标。

美国学者梅纳德（Maynard）和贝克曼（Beckman）1952 年在二人所著的《市场营销》一书中，给市场营销所下的定义是：“影响商品交换或所有权转移以及为商品实体分配服务的一切必要的企业活动。”1960 年，美国市场营销协会（American Marketing Association，AMA）定义委员会将市场营销定义为“把产品和劳务从生产者引导到消费者或用户所进行的企业活动”。这些定义的缺点，是把市场营销仅仅局限在流通领域，从而容易产生市场营销与推销的混淆。1985 年，美国市场营销协会定义委员会重新给市场营销下了定义：“市场营销是（个人和组织）对思想、产品和服务的构思、定价、促销和分销的计划和执行过程，以创造达到个人和组织的目标的交换。”同其他定义相比，该定义内涵更加丰富，更符合社会的实际情况。其发展主要体现在四个方面：一是该定义把市场营销主体从企业拓展到个人和其他组织；二是该定义把市场营销客体从产品扩展到思想、服务领域；三是该定义强调了市场营销的核心功能是交换；四是该定义说明市场营销活动是一个过程，而不是某一个阶段或一次性活动。著名营销学家菲利普·科特勒（Philip Kotler）给市场营销的定义是：“市场营销是个人和集体通过创造，提供出售，并同别人交换产品和价值，以获得其所需所欲之物的一种社会的管理过程。”科特勒还认为，每门学科都应该有一个核心概念，如经济学的核心概念是短缺，政治学的核心概念是权力，人类学的核心概念是文化，社会学的核心概念是群体，市场营销学的核心概念则是交换。

基于市场营销的起源以及学科门类归属的考虑，本书给市场营销的定义：市场营销是企业面对不断变化的市场环境，为满足目标顾客需要、实现企业所追求目标的一系列经营活动过程，包括市场机会分析、市场战略制定、市场策略实施等一系列业务经营活动。市场营销概念包含以下几点含义。

1. 不断满足和引导消费者的需求是市场营销的出发点和目标。人类的需要和欲望是市场营销的起点，也是市场营销的中心目标。企业必须以消费者为中心，面对不断变化的环境，做出正确的反应，以适应消费者不断变化的需求。市场营销不仅包括满足消费者的现实需求，还包括发现目标顾客的潜在需求，以及通过开发新产品并运用各种营销手段，刺激和引导目标顾客产生新的需求。

2. 市场营销的核心是交换。没有交换就没有市场营销。任何企业通过分析环境、选择市场、提供产品和服务，都是为了与顾客达成交易，只有达成交易实现交换才是有效的市场营销活动。

3. 市场营销不同于推销、销售或促销。市场营销是一种整体行为，是围绕目标顾客需要而开展的市场调研、市场选择、产品开发、定价、分销、促销等一系列经营活动。推销、销售和促销都只是市场营销活动的一个组成部分，而且不是最重要的部分。著名管理学家彼得·德鲁克曾指出，市场营销的目的就是使销售成为不必要。

市场营销者是希望从对方那里获取自己想要的东西并愿意以自己的有价之物与对方相交换的一方。因此，在交换双方中，积极主动的一方称为市场营销者，另一方称为目标公众或目标顾客。市场营销者可以是买方，也可以是卖方。若双方都在积极地寻找交换，就把双方都称为市场营销者，这种情况叫作相互市场营销。

市场营销不仅应用于企业寻找自己的消费者，而且被许多非营利组织乃至个人所应用，如学校招生、医院吸纳患者、图书馆吸引读者、景点招揽游客、政治领导人竞选，甚至教会吸纳信徒等。因此，市场营销的对象可以有很多，如有形商品（goods）、无形商品（services）、事件（events）、体验（experiences）、人物（persons）、地点（places）、组织（organizations）、信息（informations）以及理念（ideas）等。

（二）市场营销的功能

在现代企业经营管理中，营销职能是居于核心位置的管理职能。市场营销具有以下功能。

1. 发现和满足消费者的需求。发现和满足消费者的需求与欲望是企业市场营销的出发点和归宿。现代市场营销观念强调市场营销应以消费者为中心，企业通过市场营销活动，从消费者的需求出发，为消费者提供适销对路的产品，既能满足消费者的需求，又能实现企业的经营目标。

2. 指导企业的经营管理活动。企业能否赢得顾客，是衡量企业绩效和竞争地位的首要标准，失去了顾客便失去了企业的生命力。企业通过开展市场营销活动，分析企业内外环境，结合企业自身的资源条件，确定目标市场的大小，促进企业合理搭配人、财、物等资源，指导企业的经营管理活动，防止企业决策失误。

3. 不断拓展新市场。企业市场营销活动不仅是为了满足消费者的现有需求，而且要不断发现新的潜在市场，才能使企业市场不断扩大，企业不断成长。市场营销就是通过市场调研不断发现市场机会，积极开发新产品，使企业市场不断得以拓展。

4. 提升消费者的生活质量。企业根据消费者的需求，不断为消费者提供满意的产品，这些适销对路的产品和服务不仅满足了顾客基本需求，而且为消费者的生活带来了满足感、幸福感。与此同时，企业还可以通过开展市场营销，引领消费者需求，为消费者提供超乎想象的产品和服务，进一步提高消费者的生活质量。

市场营销对企业的发展意义重大，许多学者和经营者对此有精彩的描述。德鲁克曾指出，企业只有两项基本职能，即市场营销和创新。只有这两项可能产生效益，其他全是成本。惠普公司的戴维·帕克德（David Packard）说过："市场营销这份工作太重要了，不能单靠营销部门的人员。"海尔集团首席执行官张瑞敏也指出，拓展企业规模的原则，是先有市场，后建企业。阿里巴巴集团董事局主席马云指出，"营销"这两个字强调既要追求结果，也要注重过程，既要"销"更要"营"，营销 = 营（好卖） + 销（卖好） = 投其所好 = 成就他人。"华为的产品也许不是最好的，但那又怎么样？什么是核心竞争力？选择我而没有选择你就是核心竞争力"，华为的总裁任正非如是说。在华为，市场就是核心竞争力。

（三）市场营销职能在企业中地位的演变

企业的经营管理包括许多项管理职能，如人力资源管理、财务管理、生产管理、设备管理、营销管理等，它们对企业的健康发展都是不可或缺的。但在不同的市场环境中，各项职能又不可能并驾齐驱、平起平坐。市场营销部门与企业其他部门之间的关系也有一个不断变化的演变过程。

最初，企业面对的市场比较乐观，市场营销部门与其他部门处于同等重要的位置，营销被视为企业经营管理的一个环节或一项活动（图 1－1a）。第二阶段，在需求不足的情况下，企业逐步意识到市场营销职能的重要性，开始在人、财、物等方面向市场营销部门倾斜(图 1 - 1b)。第三阶段，随着市场竞争的进一步加剧，营销成了制约企业发展的致命短板，企业认识到了没有市场也就意味着企业的死亡，因此，市场营销被置于企业管理中的中心位置，其他职能被当作市场营销的辅助职能（图 1 - 1c)。第四阶段，营销部门被置于核心地位，激起其他职能部门经理的不满，他们提出新主张，顾客才是企业各部门工作的目标和服务对象，企业各部门都应当以顾客为中心（图 1 - 1d)。第五阶段，随着营销实践的发展和市场竞争的不断加剧，越来越多的人认识到：市场营销部门与其他职能部门的确不同，它是连接市场需求与企业供给的桥梁、纽带和枢纽，要想有效地满足顾客需求，就必须将市场营销置于企业的中心位置（图 1 - 1e)。[①]

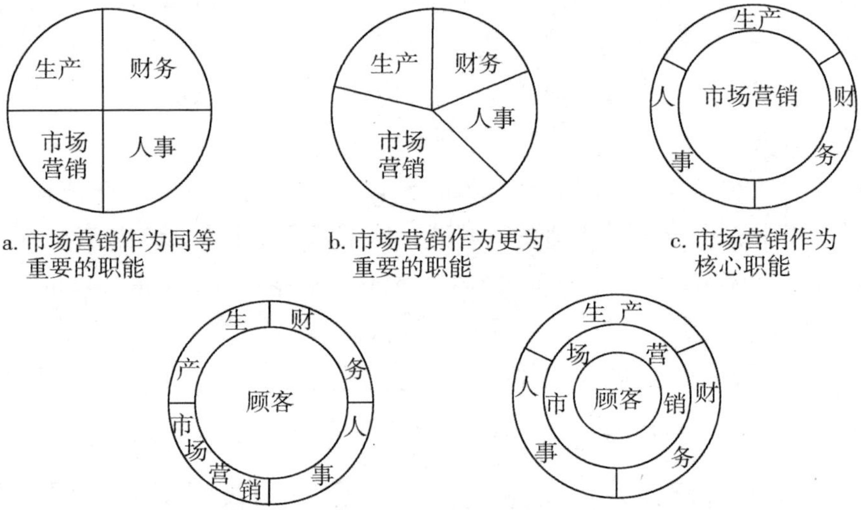

a. 市场营销作为同等重要的职能

b. 市场营销作为更为重要的职能

c. 市场营销作为核心职能

d. 顾客作为管理职能的核心

e. 顾客作为管理职能的核心，而市场营销作为整合性职能

图 1 - 1　在企业中市场营销地位的演变

三、市场营销核心概念

市场营销作为一个综合的、整体的管理过程，它由下列核心概念构成。

（一）需要、欲望与需求

1. 需要。需要是指人们由于某种欠缺没有得到满足的感受状态，它是促使人们产生购买行为的原始动机，是市场营销的源泉。人类的需要是丰富而复

① 郭国庆主编．市场营销学(第 2 版)［M］．北京：中国人民大学出版社，2015.

杂的。马斯洛的需要层次理论就形象地说明了人们的需要状态：首先是生理的需要，如人们对吃饭、穿衣、住房等的需要；其次是安全的需要；第三是社会的需要，也就是感情的需要；第四是尊重的需要；第五是自我实现的需要。需要既包括物质的、生理的需要，也包括精神的、心理的需要，具有多元化、层次化、个性化、发展化等特征。这些需要不是由企业营销活动创造出来的，而是客观存在于人类本身的生理组织和社会地位状况之中，营销者只能通过营销活动对人的需要施加影响和引导，而不能凭主观臆想加以创造。

2. 欲望。欲望是指人们对某种具体需要迫切要求得到满足时的心理状态。需要对人类整体而言，具有共性，如"饥思食，寒思衣，渴思饮"；欲望则对消费者个体而言，具有特性。个人的需要因为所处的经济社会环境不同，就产生了不同的需要，即欲望。如一个吃西餐的西方人和一个吃中餐的中国人，在面临饥饿时，一个希望得到面包，一个希望得到馒头。随着社会的发展和科技的进步，产品日益丰富多彩，也使得人们的欲望日益增加，所以，人们常说人的欲望无穷。企业开展营销活动不能创造需要，但可以通过开发消费者喜欢的产品，激发人们的好奇心和欲望。

3. 需求。需求是指对有支付能力并且愿意购买的某个具体产品的欲望。在市场经济条件下，人类需求表现为市场需求，它受消费者收入和产品价格的影响。一般而言，需求同收入成正方向变化，同商品价格成反方向变化。价格一定时，当消费者收入增加，购买力增加，市场需求增加。当收入一定时，价格上升，市场需求下降；反之，价格下降，则市场需求增加。正因为如此，人类欲望无限，而购买能力有限，人们的需要和欲望往往不能都转化为需求。

（二）交换

交换是指以提供某种物品作为回报，从他人那里换取所需要物品的行为。人们可以通过多种方式从别人处获取物品，如抢夺、乞讨等，但只有双方出于自愿，进行"等价交换"，才产生市场营销。因此，交换是市场营销的核心概念。要使潜在的交换行为发生，必须符合以下条件：一是至少有双方当事人；二是每一方都拥有被对方认为有价值的物品；三是双方能够有效沟通信息；四是交换是完全自愿的；五是每一方都认为与对方交换是合适的和满意的。在上述几个条件中，其中第五条是最重要的，因为交换能否真实发生的前提是交换以后双方都比交换以前感觉更好（至少不比以前差）。

（三）效用

在经济学中，效用（utility）是指对于消费者通过消费或者享有闲暇等使自己的需求、欲望等得到满足的一种度量。经济学用效用来解释有理性的消费者如何把他们有限的资源分配到能给他们带来最大满足的商品上。在营销学中，效用是用来衡量消费者消费一组商品或服务所获得的幸福和满足的尺度。效用指标具有较强的主观性。不同的消费者对同样数量、品质、价格、功能或款式的商品能给自己带来满足的程度的主观评价往往并不相同，这种不同的评价与不同类型的消费者的消费偏好有紧密联系。消费者之所以对自己购买的商品进行效用评价，主要是因为对大多数人来说自己的收入是有限的，人们总是期望用自己有限的收入给自己带来尽可能大的满足（效用）。

（四）消费者、用户与顾客

消费者、用户及顾客，在企业市场营销中使用颇为频繁，并且经常不加区分地使用，严格来讲三者内涵及应用各不相同。

1. 消费者通常是指占有和使用生活消费品及生活服务品的个人或家庭，是生活资料营销企业的主要服务对象。消费者市场是生活资料市场，营销学亦称为消费品市场。

2. 用户通常指占有和使用生产资料或生产性服务品的集团购买者，包括生产企业、生产服务企业、生活服务企业、各类中间商、政府和其他社会团体等。

3. 顾客是指光顾商场的客人，既包括生活资料的购买者与使用者（即消费者），又包括生产资料的购买者与使用者（即用户）。就其购买行为而言，既包括购买商品的人，也包括不购买商品而只浏览商店商品的人。此外，寻求购买各种特殊职业服务的个人、家庭或企业也都属于顾客，如去医院就诊的病员，到会计师事务所、律师事务所等寻求帮助的人等。

（五）价值和顾客让渡价值

1. 价值。在经济学中，价值是商品所含有社会必要劳动时间的多少。但在营销学中，价值反映了顾客对有形和无形利益以及成本的总的感受。

2. 顾客让渡价值。顾客让渡价值是指顾客所感知到的有形利益、无形利益与成本之间差额的综合反映，是企业传递给顾客，且能让顾客感受得到的实际价值。它一般表现为顾客购买总价值与顾客购买总成本。这里的顾客购买总价值是指顾客购买某一产品或服务所期望获得的产品价值、服务价值、心理价值等的总利益；顾客购买总成本是指顾客为购买某一产品或服务所支付的资金，以及所耗费的时间、精力、体力等的总和。

第二节　市场营销理论的形成与发展

一、市场营销作为一门独立学科的产生与发展

市场营销作为一门独立学科诞生于20世纪初期的美国。随着经济社会的不断发展，市场营销也在不断地完善与丰富。营销理论也由最初的指导企业的经营实践，逐步被应用到一些非营利组织。市场营销已成为同经济学、行为科学、人类学、社会学、心理学等学科相结合的应用性管理学科。西方市场营销学科发展经历以下阶段。

（一）萌芽阶段（1900—1920年）

这一时期是美国等资本主义国家经济迅速发展时期。当时，美国国内市场急剧扩大，竞争日趋激烈。与此相适应，市场营销学开始创立。早在1902年，美国密执安大学、加州大学和伊利诺伊大学的经济系开设了市场营销相关方面的课程。1905年，克罗西在宾夕法尼亚大学讲授以“产品市场营销”为名的课程，标志着市场营销首次进入大学课堂。哈佛大学教授赫杰特齐走访了大企业主，了解他们如何进行市场营销活动，于1912年出版了第一本书销售学教科书，它是市场营销作为一门独立学科出现的里程碑。阿切·W. 肖于1915年出版了《关于分销的若干问题》一书，率先把商业活动从生产活动中分离出来，并从整体上考察分销的职能。韦尔达（L. D. H. Weld）、巴特勒和威尼斯在美国较早使用“市场营销”术语。韦尔达提出，“市场营销应当定义为生产的一个组成部分”，“生产是创造形态效用，营销则是创造时间、场所和占用效用”，并认为“市场营销开始于制造过程结束之时”。这一时期的市场营销理论大多是以生产观念为导向的，其依据仍然是以供给为中心的传统经济学。因此，这一时期被称为市场营销学的理论萌芽时期。

（二）功能研究阶段（1921—1945年）

这一阶段以营销功能研究为其主要特点。此阶段最著名的代表者有克拉克（F. E. Clerk）、韦尔达、亚历山大（Alexander）、瑟菲斯（Sarfare）、埃尔德（Ilder）及罗·奥尔德逊（Wraoe Alderson）等。克拉克和韦尔达认为销售就是寻找买主；亚历山大认为，销售应更富有主动性。1942年克拉克出版的《市场营销学原理》一书，在功能研究上有创新，把功能归结为交换功能、实体

分配功能、辅助功能等，并提出了推销是创造需求的观点。从销售定义的演变中，可以窥见市场营销观念的端倪。

（三）形成和巩固阶段（1946—1955 年）

这一时期的代表人物有范利（Vaile）、格雷斯（Grether）、考克斯（Cox）、梅纳德及贝克曼等。1952 年，范利、格雷斯和考克斯合作出版了《美国经济中的市场营销》一书，该书分析了市场营销的配置资源职能，同时，指出市场营销是为市场提供适销对路的产品。同年，梅纳德和贝克曼在出版的《市场营销原理》一书中，给市场营销下的定义是“影响商品交换或商品所有权转移，以及为商品实体分配服务的一切必要的企业活动”。在这一阶段，市场营销的原理及研究方法基本形成。

（四）市场营销管理导向阶段（1956—1965 年）

这一时期的代表人物主要有：奥尔德逊、约翰·霍华德（John A. Howard）及麦卡锡（E. J. McCarthy）。奥尔德逊在 1957 年出版的《市场营销行动与经营行为》一书中，提出了营销“功能主义”，指出市场营销的职能在于促进有利于双方的买卖。霍华德在《市场营销管理：分析和决策》一书中指出，市场营销管理的实质是企业“对于动态环境的创造性适应”。麦卡锡在《基础市场营销》一书中描述了研究市场营销的三种方法：商品研究法、机构研究法和职能研究法。麦卡锡把消费者视为一个特定的群体，即目标市场，企业通过制定市场营销组合策略，适应外部环境，满足目标顾客的需求，实现企业经营目标。

（五）协同和发展阶段（1966—1980 年）

在这一时期，市场营销逐渐从经济学中独立出来，吸收管理科学、行为科学、心理学、社会学等学科的若干理论，使得市场营销理论更加成熟。市场营销理论的应用得到更加广泛的普及。乔治·道宁（George S. Downing）和菲利普·科特勒等学者被认为为市场营销理论的发展做出了突出贡献。乔治·道宁于 1971 年出版《基础市场营销：系统研究法》，该书认为公司就是一个市场营销系统，同时公司作为一个系统，又处于市场、社会这个大系统中，系统之中因素互相作用。菲利普·科特勒是当代市场营销学界最有影响的学者之一，他于 1967 年出版《营销管理》一书，该书成为最受欢迎的教材，被译成十几种文字，受到管理学界和企业界的高度重视。他指出，市场营销管理就是通过创造、建立和保持与目标市场之间的有益交换和联系，以实现组织的各种目标而进行的分析、计划、执行和控制的过程。他进一步指出，营销管理的实质是需求管理，营销不仅可以用于营利性组织，同时也适用于非营利组织，这样就大大扩大了市场营销理论的应用范围。

（六）分化和扩展阶段（1981 年以后）

20 世纪 80 年代以来，市场营销出现许多新的概念，使得市场营销这门学科呈现了变形和分化的发展趋势，其应用范围也在不断拓展。1981 年，莱维·辛格等人提出“市场营销战”概念。同年，瑞典经济学院的克里斯琴·格罗路斯提出企业“内部市场营销”观点。1983 年西奥多·莱维特提出了“全球市场营销”的概念。1985 年，巴巴拉·本德·杰克逊提出“关系市场营销”“协商推销”等观点。1986 年科特勒针对企业如何进入被保护市场的问题提出了“大市场营销”概念。尤其进入 20 世纪 90 年代以来，关于绿色市场营销、市场营销网络、政治市场营销、市场营销决策支持系统等新的理论探索和观点更是层出不穷，精彩纷呈。

二、市场营销在中国传播与发展

（一）市场营销在中国的传播（1978 年改革开放前）

早在 20 世纪 30 年代，中国就有市场营销的译本。新中国成立后，由于中国实行计划经济体制，高校的课程设置一度照搬苏联经验，许多经济管理类院系都停开市场营销课程，市场营销这门课程受到冷落甚至销声匿迹。不仅西方市场营销理论未能及时在中国得到广泛传播，而且，中国古代与现代企业经营中好的营销做法，也未能得到总结和推广应用。

（二）市场营销在中国的发展（1978—1993 年）

党的十一届三中全会后，中国的经济制度逐步由计划经济过渡到计划与市场兼顾，直到中国特色的社会主义市场经济制度的确立。宏观经济制度的变革为市场营销的发展创造了越来越宽松的环境与机会，市场营销在中国得到了较快发展。

党的十一届三中全会后，经济学界努力为商品生产恢复名誉，通过对社会再生产理论的研讨，流通和市场问题的重要性日益为人们所重视。1979 年和 1980 年，可以说是市场营销学重新引进中国的时期。从 1979 年起，少数大专院校及对外经济贸易部开始聘请外籍教师来华讲授市场营销学。暨南大学率先开设了市场营销学课程。哈尔滨工业大学 1980 年也开设了市场学课程并编写了《市场学》教材。1981 年，中国人民银行组织编写《中国社会主义市场学》教材。1982 年 5 月，有 24 所院校参加的教材讨论会在长沙召开。会议不仅对教材讨论稿提出了修改补充意见，而且交流了各校开设市场学课程及编写教材的情况。与会者还建议：为了更好地研讨营销理论，中国应尽早成立类似AMA的学术组织。1984年1月，湖南财经学院受筹备会委托，经过紧张的准备，在取得中国人民银行及湖南省有关领导的支持下，在长沙召开了“全国高等财经院校、综合大学市场学教学研究会”成立大会。1987年，学会改名为“中国高等院校市场学研究会”。

中国高等院校市场学研究会成立后，为推进市场营销理论的发展以及学术交流发挥了积极的作用。此后几年，许多省、市（区）也逐步成立了市场营销学研究会，广泛吸纳学者和有影响的企业家参加研讨活动。1991年3月，中国市场学研究会在北京召开了成立大会，高等院校和科研机构、经济主管部门、企业的代表共138人参加了会议，著名经济学家孙尚清当选为首任会长。中国市场学研究会成立后，密切了学术界和企业界的联系，促进了理论与实际的结合，很好地推动了营销理论的传播、发展、应用。

（三）市场营销在中国的繁荣（1993年以后）

党的十四大正式提出建立社会主义市场经济体制和国有企业建立现代企业制度的目标。1993年十四届三中全会通过的《中共中央关于建立社会主义市场经济体制若干问题的决定》，进一步明确了国有企业建立现代企业制度的目标与步骤，并将现代企业制度特点概括为“产权清晰，权责明确，政企分开，管理科学”，从此，市场营销有了广阔的应用空间，市场营销在中国进入繁荣发展阶段。国有企业改革进入转机建制、制度创新的新阶段。

1995年在北京召开的“第五届市场营销与社会发展国际会议”，标志着市场营销在中国的传播、研究与应用进入了一个新的阶段。市场营销由早期的销声匿迹，到备受冷遇，而到1995年以后，市场营销学就已经很“热”，几乎在所有的经济管理部门都开始重视市场营销问题，比如规定所属的院校开设这门课程、支持市场营销学术组织的活动、组织多层次的研讨班等。到21世纪初，中国内地已形成庞大的营销教育与人才培养网络。全国的上千所高中职专科学校、普通高校设立了市场营销专业，每年培养从专科、本科到研究生层次的数以万计的营销专门人才。2002年，中国经济管理类大专院校（系）和中专、干部学校，几乎都开设了市场营销学课程。市场营销在中国得到广泛应用，营销理论也得到了蓬勃发展。

三、市场营销组合等理论演进

市场营销在发展的历程中，产生许多新观点、新概念、新理论。如20世纪50年代提出的“市场细分”概念等。但对营销体系构建影响最大的要数市场营销组合理论。所谓市场营销组合，是指企业以顾客需要为出发点，通过相互协调一致的营销组合策略，为顾客提供满意的商品和服务而实现企业目标的过程。

（一）4P理论

1953年，尼尔·博登（Neil Borden）在美国市场营销学会的就职演说中创造了“市场营销组合”（marketing mix）这一术语。1960年麦卡锡在其《基础营销》一书中将营销影响要素概括为四类：产品（Product）、价格（Price）、渠道（Place）、促销（Promotion），即著名的4P理论。1985年，科特勒在提出“大市场营销”时，在肯定4P的同时，又提出了两个“P”，即公共关系（Public relations）和政治权力（Political power）。此后，当营销战略规划变得异常重要的时候，科特勒又提出了战略规划中的4P过程，包括诊断（Probing）、划分（Partitioning）［即细分（Segmentation）］、优先（Prioritizing）［即选择目标市场（Targeting）］、定位（Positioning），这样，市场营销组合至今已经演变成10P。

（二）4C理论

尽管4P理论在营销领域的影响时间长达半个世纪。但随着消费者需求的个性化凸显，如何更好地满足消费者日益增长的新需求，要求企业要以消费者需求为中心。学者们逐渐认为，4P理论是以企业为中心而实施的一系列策略，难以更好地贯彻“以消费者为中心”的营销理念。以客户为中心的新型营销思路的4C理论应运而生。1990年，美国学者罗伯特·劳特朋（Robert F. Lauterborn）提出了与4P相对应的4C理论。即：消费者（Customer）、成本（Cost）、便利（Convenience）和沟通（Communication）。

（三）4R理论

随着经济社会的不断发展，以顾客为核心的4C理论也显现了其局限性。营销是双方的交易活动，仅仅顾及某一方而忽略另一方都可能影响营销的可持续。另外，不管消费者还是企业都不可能脱离社会而存在，所以，营销在照顾消费者与企业利益的同时，还要兼顾社会的长远利益。综合多种因素，营销学家又提出新的观点。2001年，美国学者艾洛特·艾登伯格（Elliott Ettenberg）

在其《4R 营销》一书中提出了关系（Relationship）、节省（Retrenchment）、关联（Relevancy）和报酬（Reward）的 4R 营销理论。同年，唐・E. 舒尔茨（Don E. Schultz）也提出了关联（Relativity）、反应（Reaction）、关系（Relation）和回报（Retribution）的 4R 理论。4R 营销理论以关系营销为核心，注重企业和客户关系的长期互动，重在建立顾客忠诚。它既从企业角度考虑营销，又兼顾消费者需求。

（四）营销革命 3.0 理论

菲利普・科特勒、何麻温・卡塔加雅（Hermawan Kartajaya）和伊万・塞蒂亚万（Iwan Setiawan）等人在其 2011 年合著的《营销革命 3.0：从产品到顾客，再到人文精神》一书中指出，随着高科技的发展，当今的顾客自觉意识日益增强，他们越来越中意于那些能满足其创意性、群体性和理想性的产品和公司。在这种情况下，传统的营销法则已经彻底失去了作用。正确的做法是，企业必须开发出能够激发和反映消费者价值观的产品和服务的相关公司文化。科特勒等指出，营销行业发展经历了三个大的阶段，即营销 1.0，2.0 和 3.0 时代。营销 1.0 时代，是以产品为中心的时代，目的是销售产品，在企业眼中，市场仅仅是一群具有生理需求的大众买方。营销 2.0 时代，是以消费者为导向的时代，目标是满足并维护消费者，企业眼中的市场已经变成有思想和选择能力的聪明消费者。营销 3.0 时代，即价值驱动营销的兴起，目标是让世界变得更好，市场已经成为具有独立思想、心灵和精神的完整个体。3.0 营销时代超越了以产品为基础的 1.0 时代和以消费者为基础的 2.0 时代，它用一种更为全面的眼光来看待顾客，把他们视为具有多维性、受价值驱动的人群，甚至是企业潜在的合作者。这种阶段的演进，是营销活动的内涵和工具不断丰富的过程①。

第三节　市场营销观念及其演变

一、市场营销观念的含义

市场营销观念，也即市场营销哲学，是指贯穿于企业市场营销活动的指导

① 秦陇一主编．市场营销学[M]．北京:清华大学出版社,2014.

思想，是企业在组织和谋划企业市场营销各项活动时所依据的指导思想和遵循的行为准则，它决定或影响着企业营销活动的目的、手段等。市场营销哲学属于企业的意识形态，它概括了企业的处事态度、思维方式和行为作风。它的核心是“以什么为中心”来开展企业的市场营销活动，在实践中，主要体现在如何处理企业、顾客和社会三者之间的关系。

二、市场营销观念的发展与演变

（一）生产观念

这是一种古老传统的企业营销思想。其基本内容是：企业以改进、增加生产为中心，生产什么产品，就销售什么产品。该观念认为，顾客需要本企业产品，只要自己生产得多，就会获得更大的利润，因此，企业的工作重心就是组织所有资源和集中一切力量发展生产，增加产量，而后进入销售环节。美国皮尔斯堡面粉公司从1869年成立到20世纪20年代以前，一直沿用生产观念指导企业，当时该公司经理提出的口号是“本公司旨在制造面粉”。美国福特汽车公司在20世纪20年代以前执行的也是生产观念，其口号是“本公司旨在生产汽车”，公司创始人亨利·福特更是傲慢地说：“不管顾客需要什么颜色的汽车，我只生产一种黑色。”

生产观念是在商品匮乏，市场商品供不应求的卖方市场条件下产生的。在卖方市场条件下，买主之间竞争激烈，而卖主之间竞争很弱甚至根本没有竞争，这必然促使企业滋生重生产、轻市场、轻流通的生产观念。生产观念在西方国家普遍存在于19世纪末至20世纪20年代。中国在计划经济时期，甚至在改革开放后的相当一段时期，许多企业普遍奉行生产观念。

（二）产品观念

产品观念认为，消费者最喜欢高质量、性能好、有特色、价格合理的产品。企业应致力于生产高质量产品，并不断加以改进。只要产品质量好、物美价廉，就不愁销路。“酒香不怕巷子深”，“皇帝的女儿不愁嫁”就是产品观念的写照。产品观念仍然产生于产品供不应求的卖方市场形势下，其本质上还是生产什么销售什么，但它比生产观念多了一层竞争的色彩和意识，已开始考虑消费者或用户对产品质量、性能、特色和价格等方面的需要。如果说生产观念强调“以量取胜”，那么，产品观念则是强调“以质取胜”“以廉取胜”。

产品观念和生产观念几乎产生在同一时期。市场经济国家的企业实践已经证明，在动态市场上，如果企业过分迷恋自己的产品，看不到市场需求的变化，不善于开发新产品和提供新服务，就会掉入“市场营销近视症”的泥潭。大量事实证明，经久耐用、货真价实的产品并不一定永远畅销。

（三）推销观念

当企业生产的产品不能及时售出，企业不是担心不能大量生产，而是担心生产出来的产品不能及时销售出去时，推销观念便应运而生。推销观念是指以推销为中心的观念。这种观念认为，顾客通常不会主动购买产品，需要企业主动告知、说服，即主动推销，所以，企业的工作重心由生产转移到推销产品上。推销观念的企业认为“我们卖什么，人们就买什么”。在推销观念指导下，企业认为产品是“卖出去的”，而不是“被买去的”，致力于产品推广和促销活动。美国皮尔斯堡面粉公司在1930年左右发现有的中间商开始从其他厂家进货，于是，便改变了坐等顾客上门的经营理念，派出大量推销员主动出击，并提出“本公司旨在推销面粉”的口号。由于这种观念是从既有产品出发而强调推销，因而在本质上依然是生产什么就销售什么，仍然是一种“以产定销”的观念。

推销观念是在卖方市场向买方市场过渡期间产生的。在这一时期，市场供应逐渐充足，顾客的挑选性日益增强，卖主之间的竞争日趋激烈，这就迫使企业不得不利用推销术和广告术大肆兜售商品。推销观念在西方国家盛行于20世纪30年代到第二次世界大战结束。这一时期，科学技术的发展提高了劳动生产率，产品出现剩余。这使得即使物美价廉的产品，也未必都能够卖得出去。因此，企业的重心由生产转向推销与促销工作。

（四）顾客中心观念

随着市场环境的变化，市场产品日益丰富，供求环境发生了逆转，整个市场处于相对供过于求的基本态势。所以，推销观念指导下的营销行为效果差强人意，营销成本越来越高。企业以自我为中心的思维模式开始动摇，开始转向根据目标市场的需要制定科学的产品、分销和推广策略，最大限度地提高顾客的满意度。以顾客为中心的观念应运而生。顾客中心观念认为，企业开展生产、销售活动都应当以消费者需求为中心，“消费者需要什么，我们就生产销售什么”，企业的一切经营活动都应围绕满足顾客需求来进行，顾客满意是企业营销的目标追求。1950年左右，美国皮尔斯堡面粉公司了解到战后美国人的生活方式发生了很大变化，许多家庭主妇不再愿意购买面粉，而是购买各种制成品。于是，公司改变了只经营面粉的做法，开始生产各种方便食品和半制成品，使销售额迅速增加。美国福特汽车公司在一段时期内由于只生产颜色和款式单一的汽车，曾经濒临倒闭。20 世纪 50 年代以后该公司改变了市场营销观念，根据消费者需要革新产品，推出了不同品牌、型号和颜色的汽车，使公司重新焕发了生机。

顾客中心观念是在买方市场条件下产生的。在该市场条件下，市场商品供应充足，卖主之间竞争激烈，而买主对商品则有较大的选择性，这必然促使企业千方百计地满足目标顾客的需求，并使其最大限度地满意。第二次世界大战结束后，特别是 20 世纪五六十年代，随着科技革命的深入和庞大的军事工业转为生产民用产品，产品供给日益增多，西方国家顾客中心观念逐步发展起来。顾客中心观念与传统营销观念相比有质的变化，就是企业由以自我为中心转变为以顾客为中心。从那个时期，企业提出的口号可以明显地看出这种变化。例如“顾客至上”“顾客就是国王”“顾客就是上帝”“顾客永远是对的”“我们的工资和奖金都是顾客给的”“一切为了顾客的需要”等。另外，还有一些关于市场观念的精辟表述：“热爱顾客而非产品”“生产你所能够出售的东西，而不是出售你能够生产的东西”等。美国贝尔公司的高级情报部所做的一则广告称得上是以满足顾客需求为中心的最好典范：“现在我们的中心目标必须针对顾客。我们将倾听他们的声音，了解他们关心的事。我们重视他们的需求并永远先于我们自己的需求……顾客是我们的命根子，是我们存在的全部理由。我们必须永远铭记谁是我们的服务对象。随时了解顾客需要什么，何时需要，何地需要，如何需要，这将是我们，我们每一个人的责任。”①

顾客中心观念的形成是营销思想的重大转变，它充分体现了“消费者主权”的思想，被称为营销哲学的一次革命。

（五）社会营销观念

社会营销观念是以目标顾客和社会整体利益为中心的营销观念。这种观念认为，只有符合顾客需求和社会长远利益的商品，才能够永远赢得顾客。该观念强调，要将企业利润、消费者需要、社会利益三方面统一起来。因此，企业要实现盈利目标，在满足目标顾客需要和欲求的同时，还必须兼顾社会公众的

---

① 柳兴国主编. 市场营销学[M]. 北京：中国人民大学出版社，2014.

长远利益。

社会营销观念是在消费者需求的满足同社会长远利益产生冲突，且顾客中心观念受到质疑和批评的条件下产生的。20 世纪 50 年代，西方发达国家的企业开始接受顾客中心观念，注重顾客需求的满足，但企业在实际执行顾客中心观念满足顾客需求时，有时却会造成对整个社会利益的危害。例如，清洁剂满足人们对洗净衣服的需要，但是加有增白剂的清洁剂会造成河水污染，鱼虾死亡；一次性方便袋方便了人们的生活，却带来了环境污染；氟利昂满足了人们对空调的需要，却破坏了大气臭氧层，危害人类健康，如此等等。生产的发展造成了严重的“全球性问题”，环境污染，资源缺乏，人类生存和发展的环境遭到了严重的破坏。在这种情况下，20 世纪 70 年代西方国家的一些消费者为了自身长远利益，广泛开展了“消费者主义运动”，即从“法律、道德和经济方面构成对商业的压力，以保护消费者”。20 世纪 70 年代美国学者提出了不少新观念，如“人性消费观念”“理智消费观念”“生态强制观念”“绿色营销观念”等，这些新观念都是强调企业的生产经营活动不仅要考虑顾客的需求，而且要考虑社会公众的长远利益，统称为社会营销观念。

1983 年联合国提出了“综合发展观”。《21 世纪议程》正式确定了“可持续发展战略”，成为各国政府制定发展纲要的指南。另外，保护消费者权益运动和消费者“绿色消费意识”的觉醒，也给企业带来很大的压力。如果“可持续发展战略”是从宏观方面促进了人与自然、经济社会与环境和谐发展的话，那么，“社会营销”观念则是企业、消费者从微观角度协调发展经济与资源永续利用和生态环境良好之间的关系，最终实现人类社会的可持续发展。

三、市场营销新旧观念的比较

企业市场营销观念经历了上百年的发展历程，大体分为五个发展阶段，其中 20 世纪 50 年代以前的生产观念、产品观念和推销观念都是以企业为中心的，称其为旧式营销观念或者传统营销观念。20 世纪 50 年代以后的顾客中心观念和社会营销观念都是以顾客为中心的，称其为新式营销观念或新型营销观念。新旧营销观念的区别如表 1 – 1 所示。

表 1－1　　新旧市场营销观念对照

营销观念		市场背景					重点（中心）	口号与态度	市场在生产周期中的地位	规划顺序	手段（方法）	目的
		生产力	科技	供求	市场	竞争						
旧式营销观念	生产观念	低下	缓慢发展	供<求	卖方市场	买方间进行	产品	“以生产为中心”	终点	产品到市场	提高生产率	增加产量获利
	产品观念	进一步发展	加快发展	供≤求	卖方市场	卖方中已有	产品	“以生产为中心”	终点	产品到市场	提高产品品质	增加产量获利
	推销观念	较大发展	加快发展	供≥求	卖方市场到买方市场	卖方间进行	产品	“以生产为中心”	终点	产品到市场	推销术广告术	增加销量获利
新式营销观念	营销观念	高度发展	迅速发展	供>求	买方市场	卖方间竞争激烈	顾客	“以需定产”	起点	市场到产品	整体营销手段	满足需求获利
	社会营销观念	高度发展	迅速发展	供>求	买方市场	卖方间竞争激烈	顾客社会利益	“以需定产”	起点	市场到产品	整体营销手段	满足需求社会利益获利

传统营销观念与新型营销观念的根本区别：

1. 营销活动的起点不同。在传统营销观念里，企业的生产处于市场活动起点，市场处于生产过程的终点，先生产后市场。在新型营销观念中，市场作为企业生产经营活动的出发点，根据市场需求组织生产经营，先找市场后建企业。

2. 营销活动的中心不同。传统营销观念是以卖方为中心，着眼于现有产品，“以产定销”，营销活动的主动权掌握在企业，顾客处于从属地位。新型营销观念是以顾客为中心，顾客在营销交易活动中不再处于从属地位，满足顾客需要和欲望是企业生存和发展的条件，企业生产经营从属于市场的需求情况，企业“以销定产”。

3. 营销活动的手段不同。传统观念主要以增加生产或提高质量或强化推销等“推”的手段来刺激需求，增加销售，实现企业利润追求。市场营销观念则以整体营销组合（包括“推”和“拉”）为手段，充分满足目标顾客精神上与物质上的需求，以达到扩大销售增加利润的目的。

4. 营销活动的目的不同。传统营销观念主要考虑企业自身利益，通过不断扩大销售、获取利润为目的；新型营销观念以满足目标顾客需求的同时扩大销售、取得企业利润为目的，实现的是买卖双方的“双赢目标”。

四、关于市场营销观念的几点解释

1. 市场营销观念不能简单以孰优孰劣来划分。每种市场营销观念的产生和存在都是与一定的生产力发展水平、一定的商品供求状况和企业规模等相联系、相适应的。在当时的经济市场条件下，该种营销观念促进了企业的发展，就说明它具有必然性和合理性。因此，判断一种市场营销观念是否正确与合理，关键要看其是否与当时的经济发展水平和市场供求状况相适应，只要是符合当时市场形势的，都是合理的和必然存在的。离开当时的经济市场环境，不能判断哪一种市场营销观念的优劣。

2. 各种营销观念不存在此生彼亡的更替规律。尽管在陈述营销观念产生发展时有简单的时间顺序，但并不是说一种新型营销观念产生了，另一种营销观念就消失了。不同市场营销观念在时间上并不完全是此消彼长的，同一时期的不同企业往往会执行不同的市场营销观念。之所以如此，是因为一方面在同一时期，不同行业、不同企业面对的市场供求形势并不完全相同，促使不同企业可能选择不同的营销观念；另一方面，不同企业经营管理者对市场形势的判断、价值取向、管理风格都是有区别的，他们即使面对同样的市场环境，也可能采用不同的营销措施。

3. 顾客中心观念不能绝对化地加以倡导。从理论上讲，企业不仅要满足顾客需求，更要创造和引导需求。这是因为，一是在产品生产与提供上，企业是“专家”，顾客需求往往是模糊的、表象的，如果企业一味地跟着市场走，可能就会压抑产品创新。例如，发明家、科学家、工程师和大学教授给人类带来了电话、电灯、激光、晶体管等，靠的是对科学知识的追求，而不是来自市场消费需求。二是在有些产业取得成功的关键可能是依靠技术进步或降低成本而非市场导向。例如，在计算机领域，技术是关键；在造纸、钢铁业中，降低成本则更为重要。日本著名企业家盛田昭夫在其所著的《索尼与我》一书中说，“我们的政策是以新产品去引导消费，而不是先调查消费者喜欢什么商品，然后投其所好”，结果索尼获得了巨大成功。总之，盲目地、绝对化地崇拜顾客中心观念，既不符合市场实际，也会压制产品创新。

4. 传统营销观念不是不考虑消费者需求。由于当时生产力水平低，生产的产品供不应求，再加上消费者需求相对简单，所以企业生产产品不可能追求花色、品种等多样化，去满足消费者的个性化，但其生产都是以市场需求为前提的，否则企业是无法生存的。

第四节 市场营销管理体系及研究方法

一、市场营销管理的研究对象及学科性质

市场营销管理是研究买方市场条件下，企业的市场营销活动及其规律的科学。具体地讲，市场营销管理是研究买方市场条件下，企业从研究消费者需求出发，制定企业营销战略，实施系列营销策略，以实现企业经营目标的整体营销活动。

市场营销管理（在此同市场营销学）的学科性质可以体现在以下几方面。

1. 市场营销管理是一门科学。作为管理学的分支，市场营销管理同样有过是否是科学的争议。市场营销管理无疑是一门科学，该学科阐明了一系列概念、原理、方法，揭示了营销的一般规律，对指导国内外企业开展营销活动有重要作用。之所以人们怀疑其科学性，是因为营销研究涉及许多人的因素，使得营销管理活动没有唯一性。然而，这恰恰体现了其艺术性的特征，使得市场营销管理具有无穷的魅力。

2. 市场营销管理是一门应用科学。市场营销管理不是一门重点研究商品流通、供求关系及价值规律的经济科学，而是重点研究企业营销活动的科学，是企业管理的一个分支学科，是一门应用科学。市场营销学是于20世纪初从经济学的“母体”中脱胎而来的，但经过几十年的演变，它已不是经济科学，而是建立在多种学科基础上的应用科学。菲利普·科特勒曾指出，“市场营销学是一门建立在经济科学、行为科学、现代管理理论之上的应用科学”。

3. 市场营销管理属于微观营销学。市场营销根据研究的侧重点不同，可以分为宏观市场营销和微观市场营销。宏观市场营销是指通过营销活动，有效地调节商品社会供需的平衡，实现社会的发展目标，增进社会及广大消费者的福利。微观市场营销是指企业（或公司）为了实现其满足顾客需求及盈利目标而进行的营销经营管理活动，主要包括通过市场营销调研，发现市场机会，确定目标市场，制定市场营销策略和实施一系列相关营销活动。市场营销管理显然属于微观市场营销。

二、市场营销管理研究方法

研究市场营销管理的方法是随着市场营销环境的变化、营销理论的创新而不断变化的。20 世纪 50 年代以前，对市场营销的研究主要采用传统的研究方法，包括产品研究法、机构研究法、职能研究法。20 世纪 50 年代以后，主要采用现代科学方法，包括管理研究法、系统研究法和社会研究法等。

（一）传统研究方法

1. 产品研究法。这是一种以产品为中心的研究方法，即对产品如工艺品、家电产品、服装产品等分门别类进行研究的方法。主要研究这些产品的造型、特色、商标、价格、分销、广告、物流及其市场的开拓等营销问题。本方法的优点是具体实用、针对性强，缺点是不同产品共同的方面仍不断重复进行研究，造成人力、物力、财力的巨大耗费。

2. 机构研究法。这是一种以人为中心的研究方法。此方法主要以营销活动的各层次和各环节为研究中心，即对生产者、批发商、代理商、经销商、零售商等所涉及的营销相关问题进行研究。本方法的研究结果形成批发学、零售学等。

3. 职能研究法。营销各种职能包括交换职能、供给职能和便利职能（资金融通、风险承担、市场信息等）。此研究方法通过详细分析研究各种市场营销职能以及企业在执行这些职能中所遇到的问题来研究和认识市场营销。

（二）现代市场营销的研究方法

1. 历史研究法。这种研究方法主要用历史的、发展的眼光研究市场营销问题。如通过分析市场环境的变化如何促使营销方式的变革，通过研究市场观念的变化如何影响营销问题解决思路，通过分析市场营销策略变化研究分析营销创新问题等，从中找出其发展变化的原因和规律性。

2. 管理研究法。管理研究法是从管理决策的角度出发，研究、分析市场营销问题。从管理决策的观点看，企业营销的影响因素可分为两大类：一是企业可控因素，如产品设计生产、渠道分销布置、促销手段选择等；二是企业不可控因素，比如政治环境、法律环境、人口状况、自然环境、文化习俗等。企业市场营销管理就是在全面分析研究企业外部因素（主要指企业不可控因素）的基础上，针对市场竞争、需求情况，结合企业自身资源、能力，制定最佳营销方案的过程。该方法综合了产品研究法、机构研究法和功能研究法，将营销具体问题与现代管理相关理论有机结合，提高了企业市场营销管理水平。

3. 系统研究法。系统研究法将现代系统理论与方法运用于市场营销管理研究，它从企业内部系统、外部系统，以及内部和外部系统如何协调来研究市场营销管理问题。企业内部系统主要包括企业内部各职能部门，如人事、财务、设备、生产、销售等如何协调；企业外部系统主要包括竞争者、供应商、经销商、目标顾客等，企业内部系统与企业外部系统通过商品流、货币流、信息流连接起来。营销管理主要是解决企业内部系统与外部系统之间如何协调、相互促进的问题。企业只有对整个系统进行整合和优化，才能使企业提高营销管理水平。

4. 社会研究法。社会研究法是将企业营销管理放在整个社会大环境、大系统中去分析研究，从分析研究企业各项营销活动对社会利益的影响入手，探讨兼顾社会利益的前提下如何实现更好的营销管理。企业作为社会的一种组织，企业的营销活动必然会影响到社会的整体利益实现，企业营销一方面满足了顾客需求、造福人类，同时也往往会带来社会资源浪费、环境污染等负面影响。因此，该研究方法就是寻求将企业营销管理活动的负面影响降低到最低限度，从而实现企业利益与社会利益的相互协调。

以上几种市场营销管理研究方法可用表 1－2 加以比较。

表 1－2　　市场营销管理的研究方法

方法名称	研究中心	主要内容
产品研究法	产品	生产与销售问题
机构研究法	营销机构	生产者、中间商、零售商等
职能研究法	营销职能	营销交换职能、供给职能等
历史研究法	营销发展历程	营销环境变化与理论发展规律等
管理研究法	营销管理决策过程	营销管理可控与不可控因素的协调配合
系统研究法	营销内部、外部系统	营销内部系统、外部系统的相互作用
社会研究法	企业利益、社会利益	企业营销如何兼顾社会利益

三、市场营销管理体系

市场营销管理共分五部分组成。

第一篇是市场营销基础篇，包括本书第一章、第二章。第一章内容主要包括营销学科的产生、发展、学科特点以及营销基本概念等内容。第二章主要包括营销活动的基本管理过程，即市场营销计划、组织、执行、控制、绩效等。

第二篇是市场营销机会分析篇，包括第三、四、五、六章。第三章主要包括市场营销调查、市场营销信息系统、市场营销预测等内容。第四章主要包括市场营销环境内容及特点等。第五章主要研究消费者购买行为及决策影响因素。第六章主要研究组织市场及购买行为等内容。之所以将这四部分内容归为一篇，主要是考虑把营销环境、消费者、组织市场等都作为营销调查的内容来对待。

第三篇是市场营销战略篇，包括第七、八章。本篇主要包括市场细分、目标市场选择、市场定位、市场竞争战略等内容，是从战略的高度对市场营销活动做出的规定性。

第四篇是市场营销策略篇，主要包括第九、十、十一、十二章。本篇内容包括产品策略、价格策略、分销策略、促销策略，主要是按照营销4P策略来设计的。

第五篇是市场营销创新与发展篇，包括第十三、十四、十五章。内容主要包括网络营销、国际营销、会展营销、体验营销、关系营销、绿色营销、定制营销等，该篇主要阐述了营销发展的新领域、新观点。

思考题

1. 简述市场营销及其含义。
2. 市场营销有何功能。
3. 简述市场营销观念演变。
4. 简述市场营销管理研究方法。

第二章

市场营销活动管理

市场营销活动管理就是对整个市场营销活动进行有效的计划、组织、执行、控制和评估，使整个活动协调有序地进行。市场营销活动管理主要包括：市场营销计划的制定，市场营销组织的建立以及市场营销的控制。

第一节　市场营销计划

一、概述

市场营销计划（marketing plan），是指在研究目前行业潜力、市场营销状况，并对企业 SWOT［Strengths（优势）、Weaknesses（劣势）、Opportunities（机会）、Threats（风险）］进行分析，以及企业所面临和存在问题的基础上，对企业财务目标与市场营销目标、市场营销战略、市场营销行动方案以及预计损益表的确定和控制。市场营销计划是企业商业计划的一部分。在企业实际市场经济活动中，市场营销计划通常又被称作市场营销策划，指企业有关营销活动方面的具体工作安排。对于经营领域的企业，营销计划是企业计划中一个极其重要组成部分；而对于专业性营销公司而言，营销计划也就是公司计划。

市场营销计划涉及两个最基本问题：一是企业营销的目标是什么，二是怎样才能实现这一营销目标。企业在进行营销活动之前，必须计划营销活动目标以及为达成目标而采取的措施。凡事预则立不预则废，离开计划的营销活动是脱离实际甚至是盲目的，将导致市场营销活动的混乱和低效率；而有了计划，工作就有了明确的目标和具体的步骤，就可以协调企业员工的行动。

企业制定市场营销计划的意义在于：一是使企业内部各部门和全体人员明

晰工作方向，并保持工作中的协调一致，使工作循序渐进，有条不紊；二是使企业在瞬息万变的市场中及时抓住机会，增强企业的竞争优势；三是使企业的市场营销活动按照既定内容实施，使各项工作有条不紊地进行，避免盲目性和不必要的浪费，节约营销成本；四是有利于企业加强对营销活动的有效控制。往往计划本身同时又是工作进度和质量的考核标准，对企业员工有较强的约束和督促作用，能够增强员工工作的主动性，减少盲目性。市场营销计划是建立正常的营销工作秩序，提高营销工作效率的重要手段。

二、市场营销计划及其分类

（一）市场营销计划

1. 市场营销计划与营销战略。企业营销计划，是指在对企业市场营销环境进行调研分析的基础上，制定企业及各业务相关部门的营销目标以及为实现这一目标所应采取的策略、措施和步骤的明确规定和详细说明。市场营销战略（marketing strategy）是指企业在现代市场营销观念下，为实现其经营目标，对一定时期内市场营销发展的总体设想和规划。战略是确定企业长远发展目标，并指出实现长远目标的策略和途径。战略是一种思想，一种思维方法，也是一种分析工具和一种较长远和整体的计划规划。市场营销计划是企业的战术计划，是战术层面的；营销战略是战略层面的，营销战略对企业而言（或目的）是“做正确的事”，而营销计划（或目的）则是“正确地做事”。战略是方向和目标，而计划是方法和手段，计划再充分，战略是错误的，任何计划也是毫无意义的。

2. 市场营销计划的特性。营销计划是公司或企业计划的核心。市场营销计划尽管是企业各部门计划中的一个，但却是最重要的一个。例如，公司内部的生产计划，只有在确实了解了产品的基本销售量以后才能决定具体生产计划。此外，公司的财务计划、人力资源计划、资本计划、投资计划以及存贷计划等，也都要等到预计了销售和生产数量以后才能确定。所以除了公司或企业的战略性计划以外，市场营销计划就成了企业制定其他计划的起点和出发点。

市场营销计划涉及企业各主要环节。企业市场营销的内部支持环境中还包含有其他一些主要部门，如制造部门、采购部门、研究与开发部门和财务部门等，它们各自的业务活动都与市场营销部门的业务活动相互关联。所以，市场营销部门在拟定市场营销计划时必须考虑到其他部门业务活动的情况，并且需要得到企业内部各主要部门的密切协作。

市场营销计划日趋重要和复杂。过去，企业将市场营销计划看作综合计划，认为将不同的市场活动加起来就构成了公司的市场营销计划。现在则不同了，市场营销计划被认为是企业战略体系中的一部分，它明确了整个市场目的，并使得企业中所有的市场活动都以这个目的为中心。

（二）市场营销计划的分类

面对复杂的市场环境，企业需要不断按照市场的变化来制定营销计划，企业不同的要求和目的导致营销计划内容和形式也有差别。科特勒曾提出企业的八种计划：公司计划、事业部计划、产品线计划、产品计划、品牌计划、市场计划、产品市场计划、功能计划。一般来讲，企业实际的营销活动中，营销计划往往表现为以下几种形式。

1. 按计划时期的长短划分，可分为长期计划、中期计划和短期计划。

长期计划，期限一般 5 年以上，主要是确定未来发展方向和奋斗目标的纲领性计划。长期营销计划是企业对营销活动在相当长一个时期的活动安排，更侧重于为对企业的营销战略思考，层次高，涉及面广。

中期计划，期限一般为 1—5 年。中期计划是长期计划的具体化，它以长期计划确定的发展方向和目标为根据，对长期计划的各项任务，在一定时间内提出数量要求，并规定为达到计划要求所作用的途径和手段。

短期计划所使用的期限通常为 1 年，如年度计划等。短期营销计划指企业为当前的经营活动制定更具体的行动措施，比如某汽车公司的年度营销计划，某家电企业的年度知名度促进计划，某服装企业的季度促销计划等。

2. 按计划涉及的范围划分，可分为总体营销计划和专项营销计划。

总体营销计划是企业营销活动的全面的综合性计划。总体营销计划是企业针对所有营销活动所制定的计划，覆盖范围广内容全面。

专项营销计划是针对某一产品或特定事物而制定的计划，如品牌计划、渠道计划、促销计划、定价计划等。专项营销计划针对营销工作的某个层面、某个对象，内容集中度高，一般包括以下各种项目类型：新产品计划、品牌形象计划、市场推广计划、促销计划、公关计划、渠道计划等。

3. 按计划的程度划分，可分为战略计划、策略计划和作业计划。

战略计划对企业将在未来市场占有的地位及采取的措施所做的策划。

策略计划是对营销活动某一方面所做的策划。

作业计划是各项营销活动的具体执行性计划，如一项促销活动，需要对活动的目的、时间、地点、活动方式、费用预算等作策划。

需提及的是，营销计划是营销战略进一步分解的具体实施方案，在制定计划时，需要注意其可行性和可操作性。一份完备的营销计划，通常包括以下内容：计划提要、营销现状分析、机会和问题分析、营销目标、营销战略、行动方案、预期损益、营销控制等。企业往往根据上述内容来拟定营销计划书。

三、市场营销计划的内容

一份规范的市场营销策划书，形式上由封面、目录、策划内容、封底组成。策划内容是市场营销计划的主体，概括来说主要包括以下几个部分（图2－1）。

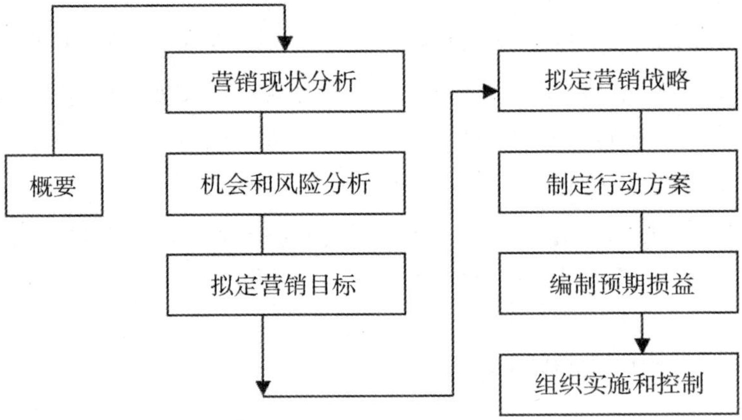

图2－1　市场营销计划流程

（一）计划概要

计划概要是对主要营销目标和措施的简短摘要，目的是使相关人员迅速了解该计划的主要内容，抓住计划的要点。计划概要概括地说明本计划主要的策划背景、总体目标、任务对象和建议事项。概要对整份计划书起到统领和介绍作用，目的是让计划审议者能够迅速把握本策划的要点。

（二）营销现状分析

营销现状分析是对企业所处的社会客观环境、市场环境以及产品状况、竞争状况、分销状况等方面的调查研究。

（三）机会和风险分析

在对营销现状分析的基础上，理清关于企业营销或者生产、产品、品牌、分销等方面的关系，然后进行SWOT分析，从而提出下一步的目标和应对策略。首先，对企业营销资源的优势和劣势进行系统分析，再对计划期内企业营销所面临的主要机会和风险进行分析。在对机会与风险、优势与劣势分析的基础上，企业可以确定在该计划中所面对和要解决的主要问题。

1. 优势（strengths）。企业优势包括优于竞争对手的企业资源、经营管理能力等，或者独有的生产技术、工艺、人才、环境等优势，这些优势因素是企业创造新的市场机会、应对外来威胁的关键。如“名牌产品”“长期的生产经验”“在行业内生产规模大”等。

2. 劣势（weaknesses）。指企业内部与行业内其他企业的一些能力差别或其他方面的不足。如“生产设备老化”“人力资源结构不合理”“原材料供应链不完善”等。

3. 机会（opportunities）。营销机会是营销管理的重要任务之一，要求从环境现状分析中寻找新的市场需求，从企业内部经营资源中找到诸如资金、技术、生产、分销中的有利条件，决定自己的发展方向和努力目标，使之成为营销计划中的突破点。如“出口量扩大”“强强合作，资源互补”“国家鼓励行业发展的政策”等。

4. 风险（threats）。通过大量可靠数据，找出营销环境中存在的问题或潜在风险，包括企业面临的严峻竞争环境、原有良好市场萎缩等，以便在计划中采取必要的应对措施。如“新的竞争者的加入”“竞争对手加大促销力度”“假冒伪劣产品”等。

（四）拟定营销目标

市场营销计划的目标是营销计划的核心，是企业营销活动所要达到的最终结果。营销目标一般包括以下内容：销售量、销售利润率、市场占有率、市场增长率、产品品牌知名度和美誉度等。

在拟定营销目标时应注意以下几点：一是目标明确，目标不能是含糊的，应是可以测量或测定的，如数据和指标；二是相互协调，如果存在多个目标，目标之间应该彼此协调，并且具有一定的层次关系；三是设定期限，目标的达成不能是遥遥无期，应设置一定的期限；四是目标应具有前瞻性，目标不能是触手可及的，应具有一定的挑战性，但同时又是可以通过努力而实现的。在某些企业的营销计划中，营销目标的拟定也可能放在营销现状分析之前。

（五）拟定营销战略

营销战略是企业实现营销策划目标的途径和方法，主要包括目标市场的选择、产品市场定位、市场营销组合等主要决策。形式上既可以用文字说明，也可以通过图表来展现。

（六）制定行动方案

行动方案主要指营销活动“要做什么”“怎样做”“什么时间做”。行动方案必须是具体的、细化的，全面考虑时间、空间、步骤、责任、项目费用等要素。制定行动方案时常常要用到表格或者图形，要把各个要素的实际表现描述和展示出来，使整个方案条理清晰，一目了然。

（七）编制预期损益

损益报告根据目标、战略和行动方案来编写，包括收入和支出两部分。收入部分涉及预估的销售数量和平均可实现价格；支出部分反映研发成本、生产成本、实体分销、物流成本和各项营销活动的费用。收入与支出之差额就是预估利润。损益预期是企业营销部门进行采购、生产、人力资源分配以及营销管理的依据。

（八）组织实施和控制

组织实施和控制是营销计划的最后一个环节，目的是实现对整个营销计划执行过程的管理，以确保计划目标的实现。组织实施的内容包括：

1. 建立灵活、适应性强的组织架构；

2. 制定相应规章制度和激励措施；

3. 强化企业文化的营销理念，并协调企业各部门和营销计划执行部门的关系；

4. 为确保计划实施有条不紊地进行，还需经常绘制相应图表，给计划执行设定阶段性和长期性考核指标，并给计划设立应急和备选方案，以确保预期目标能够顺利实现。

对营销计划的执行进行检查和控制，目的是用以监督计划的进程。为便于监督检查，具体做法是将计划规定的营销目标和预算按月或季分别制定，营销主管每期都要审查营销各部门的业务实绩，检查是否完成或实现预期的营销目标。凡未完成计划的部门，应分析问题原因，并提出改进措施，以争取实现预期目标，使企业营销计划的目标任务都能够得以落实。

四、营销计划编制的原则和步骤

（一）编制原则

营销计划在现代企业整体计划中居于核心位置，只有营销计划制定得合理，才能保证企业营销目标的实现。为保证营销计划的科学性，并做到切实可行，企业在编制营销计划时要遵循以下原则。

1. 以消费需求为中心，以企业的总体经营目标为基本出发点；

2. 充分考虑企业的内外部环境，在综合平衡的基础上，做到切实可行、灵活调整；

3. 计划的行动方案要明确、具体。

（二）编制步骤

市场营销计划的编制过程一般包括以下步骤。

1. 分析现状，做到知己知彼，为编制计划做好充分准备；

2. 确定目标，为具体活动程序指明方向；

3. 编制计划草案，并交由有关部门讨论；

4. 收集、汇总、分析意见和建议，并在规定时间内修改计划草案；

5. 编制正式计划，并组织企业内部相关部门实施落实。

第二节　市场营销组织

一、概述

要实施和完成市场营销计划，就必须依托具体的职能组织，而市场营销组织就是企业制定和实施市场营销计划、实现营销目标的职能部门。市场营销组织是指企业内部涉及市场营销活动的各个职位及其组织机构，它是以市场营销观念为理念建立的组织，是企业为了实现经营目标、发挥营销职能的内部有关部门协作配合的系统，是企业内部连接其他职能部门使整个企业经营一体化的核心。

由于企业对市场营销活动的重视程度或企业自身情况的不同，市场营销组织的形式、名称、职能也存在差异，甚至在某些地区或某些企业，市场营销组织常常没有成为一个独立部门或者机构。具体而言，其组织形式受到三个因素的制约：一是国家经济体制和宏观环境；二是企业的营销管理哲学、经营理念和指导思想；三是企业本身所处的发展阶段、业务经营范围等。市场营销组织是以消费者的需求为中心，把消费者需求置于整个市场运行过程的起点，并将满足消费者的需求作为其归宿点。总而言之，市场营销组织是连接市场和企业的桥梁和纽带。

二、营销组织的发展和演变

现代普遍采用的市场营销组织方式，是随着西方市场经济发达的国家经营思想的发展和企业管理经验的累积逐渐发展和演变而来的，大体经历了五种形式。

（一）单纯的推销部门

20 世纪 30 年代以前，西方国家企业市场营销活动主要以生产观念为指导，其内部市场营销组织属于简单推销部门。当时，推销与财务、生产都是企业最基本的职能构成，财务部门管理资金、账目，生产部门负责产品制造，推销部门则负责产品销售。推销部门由一位副总经理负责，管理销售人员，并兼管若干市场营销研究和广告宣传工作（图 2－2）。在这个阶段，销售部门的职能仅仅是推销生产部门生产出来的产品，生产什么，销售什么；生产多少，销售多少。产品生产、库存管理等完全由生产部门决定，销售部门对产品的种类、规格、数量等问题，几乎没有任何发言权，销售部门只负责把生产出来的产品销售出去，不过问生产的质量、种类、规格，也不管生产过程。

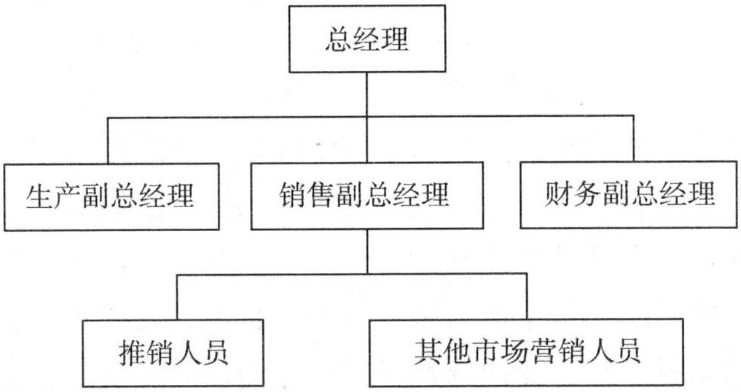

图 2－2　简单推销部门

（二）兼有附属职能的推销部门

这是指推销部门除了推销产品，也承担如市场调研、广告宣传和销售服务等与销售有关的辅助功能。20 世纪 30 年代以后，很多企业进一步扩大规模，市场竞争趋于激烈，销售工作变得更为复杂。在推销观念的指导下，很多企业通过市场研究、广告等促销活动积极推动销售。随着这方面的工作量的增加，便需要设立市场营销主管，负责这些具体专门的工作（图 2－3）。

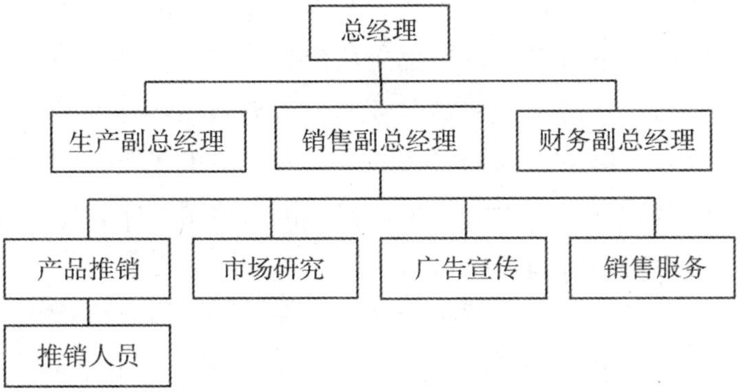

图 2－3　具有辅助性功能的推销部门

（三）独立营销部门

随着企业经营规模和业务范围的进一步扩大，原来只作为辅助性职能的市场调研、广告促销甚至产品开发等工作需要进一步加强，原有的推销部门工作量和管理难度大大增大，于是市场营销部门随着一系列工作的独立而逐步脱离出来，成为一个与推销并立的职能部门，由一位市场营销副总经理负责，与推销副总经理同时直接由总经理领导。市场营销副总经理同销售副总经理一样直接受总经理的领导，销售和市场营销成为平行的职能部门（图 2－4）。但在具体工作上，这两个部门是需要密切配合的。这种部门设置方法常常被许多工业企业使用，它为企业总经理全面多角度分析企业面临的机遇与挑战提供了可能。

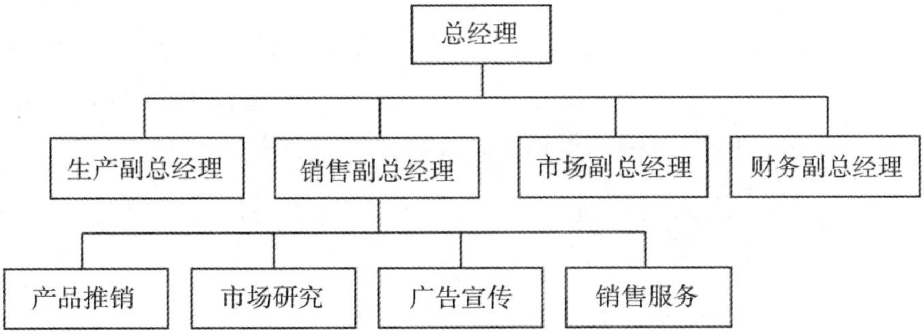

图 2－4　独立营销部门

（四）现代市场营销部门

在经历独立营销部门之后，逐步诞生现代营销部门。尽管销售副总经理和市场营销副总经理需要默契配合和互相协调，但是他们之间实际形成的关系往往是一种彼此敌对、互相猜疑的关系。推销与营销部门活动的出发点有差异，前者追求当前单纯的销售量，营销部门从产品开发、产品形象、市场开发等多方全面考虑企业的各项活动，从企业各环节考虑满足顾客的需求。销售副总经理趋向于短期行为，侧重于取得眼前的销售量；而市场营销副总经理则多着眼于长期效果，侧重于制定适当的产品计划和市场营销战略，以满足市场的长期需要。销售部门和市场营销部门之间矛盾冲突的解决过程，形成了现代市场营销部门的基础，即由市场营销副总经理全面负责下辖所有市场营销职能部门和销售部门。两者在矛盾中整合，发展为销售和营销归为市场营销副总经理全面负责，下辖市场营销职能和推销职能（图2－5）。

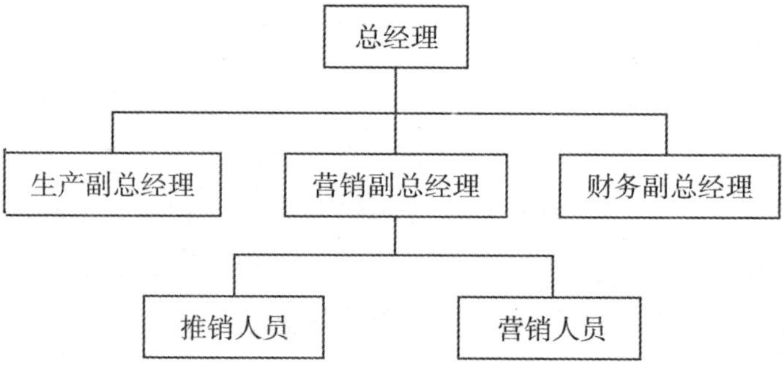

图2－5 现代市场营销部门

（五）现代营销企业

现代营销企业的外在组织形式与上述现代营销部门相同，不同之处在于，当企业在现代市场营销观念的指导下，内部各级管理者和员工形成全面的"为顾客服务"，围绕"满足顾客需求"而开展企业各个环节的活动，这才能称为现代营销企业。在现代营销企业中，市场营销不仅仅是一个职能部门的名称，而是把市场营销作为指导思想贯穿于企业的各项活动中。

三、营销组织设置的原则

（一）整体协调性原则

协调是管理的主要职能之一，设置市场营销机构需要遵循整体协调和主导性原则，可从企业内外部两个方面加以了解。

1. 与企业外部的协调。设置市场营销机构，能够在企业与外部环境尤其是市场、顾客之间关系的协调方面，发挥积极作用。

2. 与企业内部的协调。设置的市场营销机构，能够与企业内部的其他部门相互协调，并能协调各个部门之间的关系。

此外，市场营销部门内部的人员机构以及层次设置，也需要相互协调，以充分发挥市场营销机构自身的整体效应。只有做到从自身内部到企业内部，再到企业外部的协调一致，市场营销机构的设置才能说是成功的。总之，市场营销部门应当做到在面对市场、面对顾客时，能够代表企业；面对企业内部各个部门、全体员工时，又能代表市场、代表顾客；同时，自身内部又具有相互适应的弹性机构的一个有机系统。

（二）幅度与层次适当原则

管理跨度，又称管理宽度或管理幅度，指领导者能够有效地直接指挥的部门或员工的数量，这是一个“横向”的概念。管理层次又称管理梯度，是一个“纵向”的概念，指一个组织属下不同的等级数目。一般而言，在管理职能、范围不变的前提下，管理跨度与管理层次是互为反比关系的：管理的跨度越大，层次越少；反之，跨度越小，则管理层次越多。

需要指出的是，市场营销组织管理跨度以及管理层次的设置，不是一成不变的，机构本身应当具有一定的弹性。企业需要根据内外部情况的变化，及时调整市场营销部门的组织结构，以适应发展的需要。组织形式和管理机构只是手段，不是目的。

（三）有效性原则

“效率”是指一个企业在一段时间内可以完成的工作量。一个组织的效率高，说明它内部结构合理、完善，它就能够顺利地生存和发展。在企业内部，各个部门的效率高低表现在：能否在必要的时间里，完成规定的各项任务；能否以最少的工作量换取最大的成果；能否很好地吸取过去的经验教训，并且业务上不断有所创新；能否维持机构内部的协调，而且及时适应外部环境、条件的变化。为达到有效性，实现工作的高效率，市场营销部门必须具备一些基本条件。

1. 权利有效性。市场营销部门要有与完成自身任务相一致的权利，包括人权、物权、财权和发言权、处理事务权等。

2. 信息有效性。市场营销组织要有畅通的内部沟通和外部信息渠道。

3. 人员有效性。善于用人，各司其职，人尽其才，人尽其用。

四、营销组织形式

为了实现企业的营销目标，企业必须建立适合自身特点的营销组织，同时必须适应市场营销活动的四个方面，包括职能、地区、产品和消费对象。市场营销组织具有五种基本模式，企业可以选择其中一种或者综合几种方法来组建自己的营销部门。

（一）职能型

企业的市场营销活动包括市场调研、销售计划、广告推销、新产品开发等。在企业职能型的营销组织中，企业设立一名营销副总经理管理营销事务，由若干名市场营销专家各执行某一方面的营销职能，他们都对营销副总经理负责，接受营销副总经理的领导。其中营销行政事务经理主管营销日常工作，广告与营销推广经理主管产品的促销工作，销售经理主管推销人员的招募和管理，市场研究经理主管市场调查、分析与预测等工作，新产品经理主管新产品的开发与研制工作。其组织结构见图2－6。

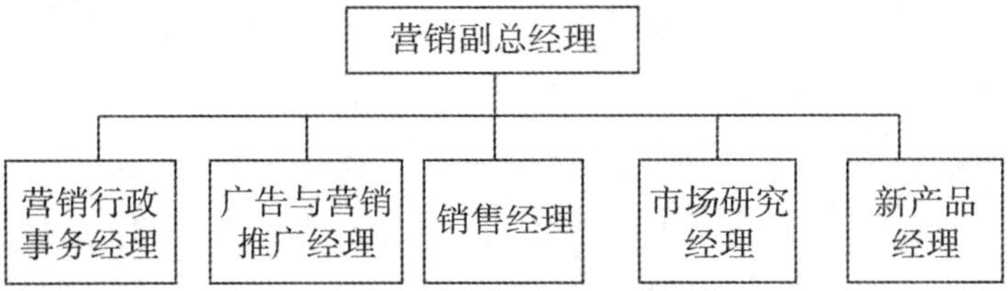

图2－6　职能型组织

职能型组织形式的主要优点：

1. 体现了专业分工的要求，有益于在人力资源利用上提高效率；

2. 职责分明，便于落实各类人员对各自工作成果的责任；

3. 集中管理、统一指挥，有利于维护领导对指挥和控制活动的权力和威信。

但是，随着企业产品增多、市场扩大，这种组织形式可能暴露出其效益较差的弱点，因为没有一个职能组织为具体的产品或市场负责，每个职能组织都力求与其他职能组织处于对等的地位，因而也面临着如何在部门间进行协调的问题。

（二）地区型

在全国范围内组织营销的企业往往按地理区域组织其推销人员。例如，许多公司把中国大陆分成华东、华南、华北、西南四大区域，每个区域设一区域经理，区域经理根据所管辖省市的销售情况再设若干地区销售经理，地区销售经理下再设若干地方销售经理或主任，每个地方经理或主任再领导几位销售代表。地区式组织形式的主要特点：

1. 管理幅度与管理层次相对增加，便于高层管理者授权，充分调动各级营销部门的积极性；

2. 发挥该地区部门熟悉该地区情况的优势，发展特定市场。

这种模式明显增加了管理幅度，但在推销任务复杂、推销人员对利润影响很大的情况下，这种分层是很重要的。

它的主要缺点是：各地区的营销部门自成体系，不仅容易造成人力资源的浪费，而且地区销售经理往往比较多地考虑本地区的利益而忽视了整体利益。

（三）产品管理型

生产多种产品或品牌的企业，常常建立一个产品或品牌经理组织形式，这种形式并没有取代职能型组织形式，只不过是增加一个管理层次而已。产品管理组织形式由一名产品主管经理负责，下设几个产品大类经理，产品大类经理又监督管理某些具体产品经理。产品经理的主要任务，是制定发展产品的长期经营和竞争策略，编制年度营销计划，并负责全面实施计划和控制执行结果。

产品管理组织形式的优点：

1. 产品经理能够将产品营销组合的各种要素较好地协调起来；

2. 能对市场上出现的问题迅速做出反应；

3. 能够使较小的品种或品牌由于有专人负责而不至遭忽视；

4. 由于涉及企业经营的各个领域，对年轻经理们是经受锻炼的好机会。

与此同时，产品管理组织形式也有其缺点：

1. 产品经理未能获得足够的权威，以有效履行自己的职责，只有靠劝说的方法取得广告、销售、生产等部门的配合；

2. 产品经理只能成为本产品的专家，很难成为职能专家；

3. 这种管理形式的费用常常高出事先的预料；

4. 产品经理任职期限较短，进而使市场营销计划缺乏长期性和连续性。

（四）市场管理型

市场管理组织形式，指企业按照市场的不同划分建立市场管理组织。当企业把一条产品线的各种产品向不同的市场进行营销时可采取这种组织模式。如生产电脑的企业可以把目标客户按不同的购买行为和产品偏好分成不同的用户类别，设立相应的市场型组织结构。这种组织形式由副总经理统一领导协调各职能部门的活动（图 2－7）。

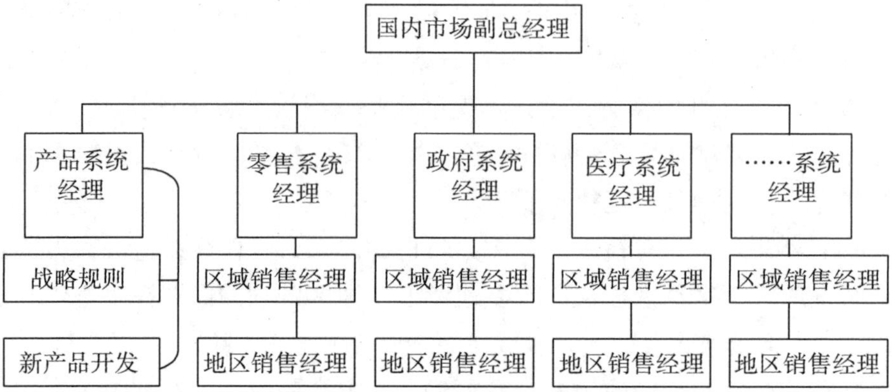

图 2－7　市场管理型组织

市场管理组织形式的结构与产品管理形式的结构基本相同，只是由面对不同类型产品改为面对不同类型市场，各个市场由市场经理负责，他们的职责与产品经理相类似。市场管理组织有着与产品管理组织形式相同的优缺点，其最大的优点是，市场营销活动是按满足各类不同的顾客的需要来组织安排的，而不是集中在营销功能和销售地区的扩大造成营销费用的增加。

（五）产品市场型

生产多种产品并向多个市场销售的企业，常常会遇到如何设置机构的难题。他们可以采取产品管理组织形式，那就需要产品经理熟悉广为分散的各种不同的市场；也可以采取市场管理组织形式，那就需要市场经理熟悉销往各市场的五花八门的产品；或者还可以同时设置产品经理和市场经理，形成一种矩阵式结构。产品经理负责产品的销售利润和计划，为产品寻找更广泛的用途；市场经理开发现有和潜在的市场，着眼市场的长期需要，而不只是推销眼前的某种产品。这种组织形式适用于多元化经营的企业，不足之处是费用较大，而且由于权利和责任界限比较模糊，易产生矛盾。

第三节　市场营销执行

一、市场营销执行主要步骤

1. 制定行动方案。为了有效地实施市场营销计划，必须制定详细的行动方案。这个方案应该明确市场营销计划实施的关键性目标和任务，并将执行这些目标和任务的责任落实到个人或部门。此外，还应包含具体的时间表，定出行动的确切时间。

2. 建立组织结构。企业的正式组织在市场营销执行过程中起决定性的作用，组织将实施的计划任务分配给具体的部门和人员，规定明确的职权界限和信息沟通渠道，协调企业内部的各项决策和行动。具有不同战略的企业，需要建立不同的组织结构。组织结构具有两大职能：首先是提供明确的分工，将全部工作分解成管理的几个部分，再将它们分配给各相关部门和人员；其次是发挥协调作用，通过正式的组织联系沟通网络，协调各部门和人员的行动。

3. 设计决策和报酬制度。为实施市场营销计划，还必须设计相应的决策和报酬制度，这些制度是否有效直接关系到计划实施的成败。比如，就企业对管理人员工作的评估和报酬制度而言，如果以短期的经营利润为标准，则管理人员的行为必定趋于短期化，他们就不会有为实现长期计划目标而努力的积极性。

4. 开发人力资源。市场营销计划最终是由企业内部的工作人员来完成的，所以人力资源的开发就至关重要。人力资源的开发涉及人员的考核、选拔、安置、培训和激励等问题。在考核选拔营销管理人员时，要注意将适当的工作分配给适当的人，做到人尽其才；为了激励员工的积极性，必须建立完善的工资、福利和奖惩制度，调动员工的积极性和创造性。

5. 建设企业文化。企业文化是指企业内部全体人员共同持有和遵循的价值标准、基本信念和行为准则。企业文化对企业经营思想和领导风格，对职工的工作态度和作风，都起着决定性的作用。企业文化包括企业环境、价值观念、模范人物、仪式和文化网等五个要素。总之，由于企业文化体现了集体责任感和荣誉感，它甚至关系到职工人生观和他们所追求的最高目标，它能够起到把全体员工团结在一起的“黏合剂”作用。因此，塑造和强化企业文化是执行企业战略的非常重要的内容。

6. 营造企业管理风格。与企业文化相关联的，是企业的管理风格。有些管理者的管理风格属于“专权型”，他们往往发号施令，独揽大权，对员工要求严格，坚持采用正式的信息沟通，不容忍非正式的组织和活动；另一种管理风格称为“参与型”，他们主张分权并授权给下属，协调各部门的工作，鼓励下属的主动精神和非正式的交流与沟通。这两种对立的管理风格各有利弊。不同的企业战略要求不同的管理风格，具体需要什么样的管理风格取决于企业的战略任务、组织结构、人员和环境。企业文化和管理风格一旦形成，就具有相对稳定性和连续性，不易改变。因此，企业战略通常是适应企业文化和管理风格的要求来制定的，而不宜轻易改变企业原有的文化和风格。

7. 市场营销战略实施系统各要素间的关系。为了有效地实施市场营销战略，企业的行动方案、组织结构、决策和报酬制度、人力资源、企业文化和管理风格这六大要素必须协调一致，相互配合、相互融合、相互支撑，使企业市场营销得以高效运行并实现预期目标。

二、市场营销执行中常见问题

市场营销执行是将市场营销计划转化为具体行动的过程，并保证计划中各项任务的完成，以实现计划中确定的既定目标，在执行市场营销计划时常常遇到下列问题。

（一）计划脱离实际

企业的市场营销战略和市场营销计划通常是由上层的专业计划人员制定的，而执行则要依靠市场营销管理人员，由于这两类人员之间往往缺少必要的沟通和协调，易导致下列问题：

1. 企业的专业计划人员只考虑总体战略而忽视执行中的细节，结果使计划过于笼统和流于形式；

2. 专业计划人员往往不了解计划执行过程中的具体问题，所定计划脱离实际；

3. 专业计划人员和市场营销管理人员之间没有充分的交流与沟通，致使市场营销管理人员在执行过程中经常遇到困难，因为他们并不完全理解需要他们去执行的战略；

4. 脱离实际的战略导致计划人员和市场营销管理人员相互对立和不信任。

现在，许多西方企业已经认识到，不能光靠专业计划人员为市场营销人员制定计划，由于市场营销人员比计划人员更了解实际，让他们参与企业的计划管理过程，会更有利于市场营销执行。因此，许多西方企业削减了庞大的集中计划部门的人员。

（二）长期目标和短期目标相矛盾

市场营销战略通常着眼于企业的长期目标，涉及今后三至五年的经营活动，但具体执行这些战略的市场营销人员通常是根据他们的短期工作绩效，如销售量、市场占有率或利润率等指标评估和奖励的。因此，市场营销人员常选择短期行为，通过对一些大公司的调查，也充分说明了这一点，并且这种情况还非常普遍。

（三）新旧战略之间的矛盾

企业当前的经营活动往往是为了实现既定的战略目标，新的战略如果不符合企业的传统和习惯就会遭到抵制。新旧战略的差异越大，执行新战略可能遇到的阻力也就越大。要想执行与旧战略截然不同的新战略，常常需要打破企业传统的组织机构和供销关系。

（四）缺乏具体明确的执行方案

有些战略计划之所以失败，是因为计划人员没有制定明确而具体的执行方案。实践证明，许多企业面临的困境，就是因为缺乏一个能够使企业内部各有关部门协调一致行动的具体可实施方案。

三、市场营销执行常见问题根源及对策

（一）市场营销执行常见问题根源

市场营销执行的过程中常见的问题常常出现于企业市场营销的三个层次。

1. 市场营销职能，即基本的市场营销职能能否顺利实施，如企业怎样才能从某广告公司处获得更有创意的广告。

2. 市场营销方案，即把所有的市场营销职能协调地组合在一起，构成整体行动，这一层次出现的问题常常发生在一项新产品引入另一个新市场。

3. 市场营销政策，企业如何才能使所有雇员对待所有的顾客都用最好的态度、最好的服务，赢得最大的回报。

（二）市场营销执行问题的有效解决办法

为了有效地执行市场营销方案，企业的每层次（即职能、方案、政策等）都应当善于运用四种技能。

1. 配置技能。是指市场营销经理在职能、政策和方案三个层次上配置时间、资金和人员的能力。

2. 调控技能。包括建立和管理一个对市场营销活动效果进行追踪的控制系统，控制有四种类型，即年度计划控制、利润控制、效率控制和战略控制。

3. 组织技能。常用于发展有效工作的组织中，理解正式和非正式的市场营销组织对于开展有效的市场营销执行活动是非常重要的。

4. 互动技能。指经理影响他人把事情办好的能力。市场营销人员不仅必须有能力推动本企业的人员有效地执行理想的战略，还必须推动企业外的人或

企业（如市场调查公司、广告公司、经销商、批发商、代理商等）来实施理想的战略，即使他们的目标与本企业的目标有所不同。

第四节 市场营销控制

所谓市场营销控制，就是企业营销管理部门为了营销目标的实现，保证营销计划的执行取得最佳效果而对实施过程中各营销要素进行监督、考察、评价和修正。市场营销控制包括年度控制、盈利控制和效率控制等，营销控制的程序包括以下几个方面：

1. 确定控制对象；
2. 设置控制目标；
3. 建立衡量尺度；
4. 确定控制标准；
5. 比较实际效果；
6. 分析偏离原因；
7. 采取改进措施。

一、年度控制

在企业实际营销工作中，很多企业都对自己的营销活动制定严密的计划，但执行的结果往往差强人意，实际结果总是与预期目标之间有比较大的距离。其原因，除了外部因素之外，往往由于在执行过程中不能及时找出偏离正确方向的原因和问题，无法及时解决或纠正。年度控制是指企业在本年度内，针对销售额、市场占有率和营销费用进行实际结果与计划之间的检查，以便及时采取改进措施，促进营销计划目标的实现与完成。年度控制包括四个主要步骤。

1. 制定标准。分解计划目标，确定本年度各个阶段的目标、任务。

2. 测量绩效。将实际实施效果与计划预期目标相对比。

3. 因果分析。剖析研究发生偏离的原因。

4. 修正行为。及时采取补救和调整措施，缩小差距，努力使实施效果与计划目标相一致。

企业营销管理人员通常可以运用下列方法进行年度控制。

（一）销售分析

销售分析是用于衡量和评估市场营销人员所制定的计划销售目标与实际销售额之间关系的方法，包括以下两种。

1. 销售差额分析。这种方法用于分析各个不同因素对销售绩效的不同的影响程度。

例：某家企业在销售计划中列出目标，第一季度产品销售5000件，每件1元，即销售额5000元，但实际该季度只销售了4000件，每件0.90元，即实际销售额为3600元。那么销售绩效差额为－1400元。

从中可看出，总销售额降低既有销售数量减少的原因，也有价格降低的原因。那么二者各自对总销售额的营销有多大呢？计算如下：

价格下降的差距＝（SP－AP）AQ＝（1－0.90）×4000＝400

价格下降的影响＝400÷1400＝28.5%

销量下降的差距＝（SQ－AQ）SP＝（5000－4000）×1＝1000

销量下降的影响＝1000÷1400＝71.5%

式中SP为计划售价，AP为实际售价，SQ为计划销售量，AQ为实际销售量。

可见，有2/3多的销售差额应归因于没有完成预期销售数量。找出原因后，企业可以进一步细分原因，并思考需要改进和加强那些工作以提高销售数量。

2. 地区销售量分析。这种方法可以衡量导致销售差额的具体产品和地区。

例：某企业产品在三个地区销售，计划销售额分别是1500元、500元、2000元，总额为4000元，但实际销售额分别为1400元、525元、1075元，总额为3000元，与计划销售额的差距分别是－6.67%、＋5%、－46.25%。

可见，引起不良绩效的主要原因是第三个地区销售量大幅度下降。企业应集中注意力分析第三个地区的销售管理状况，可能是销售员工执行不力的问题，可能是进入了有力的竞争者，也可能是该地区消费水平下降，等等。

（二）市场份额分析

在企业经营活动中，如果销售额增加了，可能是企业所处的整个市场环境发生了改变，也可能是因为企业相对于竞争者有更良好的经营表现。排除整个市场环境的变化对企业的影响，仅从企业本身的经营情况来看，如果企业产品的市场占有率升高，表明其较之于竞争者绩效更好，反之则差。衡量市场占有率有以下几种度量方法。

1. 总体市场占有率。以企业的销售额占整个行业销售额的百分比来表示。须注意以下几点：一是正确认定行业的范围，即明确本行业所应包括的产品、市场等；二是要以单位销售量或销售额来表示市场占有率。

2. 目标市场占有率。以企业的销售额占企业所服务市场的百分比来表示。目标市场一是指企业产品适合的市场；二是指企业市场营销努力所及的市场。

3. 相对市场占有率（相对于市场领导者）。以企业销售额相对于市场领导者的销售额的百分比来表示。相对市场占有率超过 100%，表明该企业是市场领导者；相对市场占有率等于 100%，表明企业与市场领导者同为市场领导者；当相对市场占有率小于 100% 且无限接近时，表明企业正接近市场领导者。

4. 相对市场占有率（相对于三个最大竞争者）。以企业销售额相对于最大的三个竞争者的销售额的总和的百分比来表示。如某企业有 30% 的市场占有率，三个最大竞争者的市场占有率分别为 20%、10%、10%，其相对于三个最大竞争者的市场占有率是 30% ÷（20% + 10% + 10%）= 75%。一般而言，企业的相对市场占有率高于 33% 即被认为是强势的。

二、赢利控制

赢利能力控制是用来测定不同产品、不同销售区域、不同顾客群体、不同渠道以及不同订货规模赢利能力的方法。由赢利能力控制所获取的信息，有助于管理人员决定各种产品或市场营销活动是扩展、减少还是取消。市场营销成本以及赢利能力的考察指标如下。

（一）市场营销成本

市场营销成本主要包括直接费用、品牌宣传费用、促销费用、仓储费用以及运输费用等。营销费用和生产成本构成了企业的总成本，直接影响到企业的经济效益。其中有些与销售额直接相关，称为直接费用；有些与销售额并无直接关系，称为间接费用。然而在实际营销活动中，有时很难划分直接费用和间接费用。

（二）赢利能力的考察指标

利润是每一个企业追求的最重要的目标之一，正因为如此，企业的赢利能力历来为市场营销人员所重视，因而赢利能力控制在市场营销管理中占有十分重要的地位。在对市场营销成本进行分析之后，应该考察赢利能力指标有：

1. 销售利润率。销售利润率是指利润与销售额之间的比率，表示每销售 100 元使企业获得的利润，它是评估企业获利能力的主要指标之一。其计算公式是：

销售利润率 =（本期利润 ÷ 销售额）×100%

2. 资产收益率。资产收益率是指企业所创造的总利润与企业全部资产的比率，其计算公式是：

资产收益率 =（本期利润 ÷ 资产平均总额）×100%

3. 净资产收益率。净资产收益率是指税后利润与平均净资产之间的比率。净资产是指总资产减去负债总额后的净值。其计算公式是：

净资产收益率 =（税后利润 ÷ 平均净资产）×100%

资产管理效率可通过以下比率来分析：

1. 资产周转率。资产周转率是指一个企业产品销售收入净额除以资产平均总额而得出的比率，其计算公式如下：

资产周转率 = 产品销售收入净额 ÷ 资产平均占用额 ×100%

资金周转率可以衡量企业全部投资的利润效率，资产周转率高说明投资的利用效率高。

2. 存货周转率。存货周转率是指产品销售成本与产品存货平均余额之比，其计算公式如下：

存货周转率 = 产品销售成本 ÷ 产品存货平均余额 ×100%

存货周转率表明某一时期内存货周转的次数，从而考核存货的流动性。存货平均余额一般取年初和年末余额的平均数。一般而言，存货周转率次数越高越好，说明存货水准较低，周转快，资金使用效率较高。

三、效率控制

要做到效率控制首先要进行效率分析，效率分析的目的是分析效率，找出高效率的方式，使之更好地管理销售人员、广告、促进销售及分销工作。

（一）销售人员效率控制

企业各地的销售经理要记录本地区内销售人员效率的几个主要指标，包括：

1. 每个销售人员销售访问次数；
2. 每次会晤的平均访问时间；
3. 每次销售访问的平均收益；
4. 每次销售访问的平均成本；
5. 每百次销售访问而订购的百分比；
6. 每期间的新顾客数；
7. 每期间丧失的顾客数；
8. 销售成本对总销售额的百分比。

在销售人员效率评估之后，营销管理人员需要比照计划的差距促使企业对效率低下的环节加以改进。企业从以上的分析中，可发现一些非常重要的问题。例如，销售代表每天的访问次数是否太少，每次访问所花时间是否太长，在每百次访问中是否签订了足够的订单，是否增加了足够的新顾客并且保留住原有的顾客。

（二）广告效率控制

企业市场营销人员应做好广告效率分析，如可作以下统计：

1. 各种媒体类型、媒体工具使每千名受众成为购买者所花费的广告成本；
2. 每一媒体引发顾客关注、联想和阅读的百分比；
3. 顾客对广告内容和效果的意见；
4. 广告前后顾客对产品态度的比较；
5. 受广告刺激而引起的询问次数。

企业市场营销管理人员可以采取若干步骤来改进广告效率，包括进行更加有效的产品定位、确定广告目标、选择广告媒体、进行广告后效果测定等。

（三）促销效率控制

对每次促销活动，企业市场营销管理人员应该对促销的成本及销售的影响做好记录，如作下列统计：

1. 由于优惠而销售的百分比；
2. 每一销售额的陈列成本；
3. 赠券收回的百分比；
4. 因示范而引起询问的次数。

企业还应观察不同销售促进手段的效果，并使用最有效果的促销手段。

（四）分销效率控制

分销效率是指对企业存货水准、仓库位置及运输方式进行分析和改进，以达到最佳配置并寻找最佳运输方式和途径。例如分销网点的市场覆盖面，销售渠道中的各级各类成员，分销系统的结构、布局以及改进方案，存货控制、仓库位置和运输方式的效果等。

第五节 市场营销绩效

一、概述

从管理学的角度讲，绩效是作为一个组织所期望的结果，是组织为实现其目标而展现在不同层面上的有效输出，它包括个人绩效和组织绩效两个方面。组织绩效的实现建立在个人绩效实现的基础上，但是个人绩效的实现并不一定保证组织是有绩效的。如果组织的绩效按一定的逻辑关系被层层分解到每一个工作岗位以及每一个人的时候，只要每一个人达成了组织的要求，组织的绩效就实现了。所谓绩效管理，是指各级管理者和员工为了达到组织目标共同参与的绩效计划制定、绩效考核评价、绩效结果应用、绩效目标提升的过程，绩效管理的目的是持续提升个人、部门和组织的绩效。进而，市场营销绩效是指在一段时间内，企业的经营效益和经营者的业绩，而经营者的绩效主要体现在经营者在这段时间内完成的销售额以及对企业的贡献等方面。

二、企业绩效与营销绩效

从狭义的角度来讲，对营销绩效最直观的理解是企业从注重绩效的角度开展营销活动或提升营销能力，这里的绩效是指狭义的财务绩效。广义的营销绩效是指营销者更加关注营销活动及其投入带来的商业回报，并更广泛地关注营销对法律、伦理、社会和环境的影响和效益。无论是从广义还是狭义的角度理解，营销绩效作为一个交叉学科领域，都强调营销与会计、财务、金融的融合，强调从关注短期利益转向关注营销带来的长期价值。

根据研究对象的不同，与企业经营活动有关的绩效可分为企业绩效、部门绩效和个人绩效。企业绩效是在一定时期内企业整体完成既定目标的行为和完成目标的效率及效果；而部门绩效、个人绩效则是指部门、个体在某一时期内的工作行为和工作结果的总和。由此，绩效可分为企业绩效与营销绩效。企业绩效和营销绩效分别属于组织和部门两个不同的层面，这两种绩效承担的主体不同，并且需要采用不同的体系和方法进行测度和评价。企业绩效与营销绩效的联系是营销绩效是企业绩效的基础，营销绩效直接影响着企业绩效；另一方面，企业绩效所涵盖的企业总体的系统结构及运行机制又会促进或阻碍营销绩效的形成。

从以上两种绩效的联系与区别看，对于不同层面的问题可以使用不同的概念，企业绩效与营销绩效的应用有各自的层次匹配，当涉及企业整体层面的绩效问题或者研究影响企业整体绩效表现的管理变量时，使用企业绩效的概念；当涉及营销管理职能层面的绩效问题或研究影响营销绩效表现的管理变量时，使用营销绩效的概念。

三、营销绩效的价值与模型

（一）营销绩效的价值

对企业来说，对营销绩效的有效管理可以带来如下价值：

1. 帮助企业准确地定量评估营销活动的绩效，从而大幅度减少营销浪费，将营销资源集中在最能提高营销绩效的营销活动中；

2. 用科学的手段将营销风险降到最低，使营销投入获得最大的绩效回报；

3. 将年度营销目标转化为一系列可以测量的具体指标，进而通过对具体营销活动目标指标的设计和控制来保证每个营销活动的有效性、对年度营销目标的贡献性和可测量性；

4. 发掘能够最有效提高营销绩效的关键驱动因素，进而科学有效地规划营销策略和营销活动；

5. 建立超越竞争对手的渠道关系和顾客关系，进而获得超越竞争对手的营销绩效。

（二）营销绩效模型

在营销绩效活动中，竞合（基于合作与竞争结合的经营战略，由商业竞争者合作工作能够受益的思想衍生而来）主要应用先进的营销绩效指数模型、动态赋权模型、关键驱动因素分析、动态市场细分、营销绩效关系系数分析、营销智能优化系统、营销博弈技术、聚类分析、联合分析、回归分析、典型分析等技术进行企业的营销绩效测量。

完整的营销绩效模型共有24个指标，分别为销售量/额、市场份额、顾客满意度、顾客忠诚度、老顾客的维持率、尝试顾客的再购率、顾客购买频率、产品美誉度、品牌/产品利益的认知程度、竞争对手顾客的尝试率、品牌知名度、品牌的回忆、更换品牌的可能程度、品牌的差异化程度、新顾客的尝试率、购买产品的可能程度、第一选择品牌的提及率、渠道覆盖率（铺货率）、渠道知名度、渠道满意度、渠道对品牌/产品利益的认知度、渠道对顾客的主动推荐程度、产品陈列的受注意程度以及渠道忠诚度。

实际工作中，基本上绝大多数中国企业的所有营销活动的目标就是为了使以上24个指标的绝对值或者相对值（如年度增长或与竞争对手的差距）提高，而每笔营销预算都至少应该能够在这24个指标中的一个指标的数值上获得回报（增加或者不会减弱），否则营销浪费就发生了。实际上，在企业营销绩效模型涉及的具体操作中，并不一定全部包括这24个指标，而是按照营销周期等市场实际状况来对这些指标进行组合，使绩效模型能够完整地反映企业目前所需要测量的所有营销绩效。

四、营销绩效流程

1. 设计营销绩效模型。根据企业的实际状况来设计能够完全反映企业目前营销需要的营销绩效模型（24个营销绩效指标的全部或者部分）。

2. 营销绩效指标的事前测量。通过市场调查及数据挖掘对营销绩效指标进行测量，从而了解目前的状态。通过营销绩效指数模型，能够在原始数据的基础上计算出所有的指标数值。

3. 营销绩效的研究。通过营销绩效指数模型的研究，发现目前营销工作的优势与不足，找到提高营销绩效代表指数（销售量/额及市场份额）的关键驱动因素，并进而制定可行的营销绩效提高组合策略。

4. 计算营销绩效关系系数。营销绩效关系系数的计算模型以销售量/额及市场份额为因变量，以其他22个营销绩效指标为自变量，在事前测量的营销绩效指数数值的基础上进行一系列的线性计算，从而计算出22个营销绩效自变量指标与销售量/额及市场份额的关系系数。这一关系系数代表了这些营销绩效自变量指标增长对销售量/额及市场份额增长的贡献。举例来说，假设品牌知名度与销售量的关系系数为0.02，则代表品牌知名度每增加1%，则销售量将增长0.02%。当然，关系系数可能是一个数值，也有可能是一个线性方程。

5. 发展营销计划。首先制定整体的营销目标，也就是希望销售量/额及市场份额增长多少，然后利用计算出的营销绩效关系系数通过营销绩效优化软件设计出具体的营销绩效指标。在获得了这些具体的营销绩效指标后，就可以设计出与这些营销绩效目标相对应的营销策略。

6. 设计具体营销活动。设计各类具体的广告促销活动、直效营销、服务营销以及渠道推广类的营销活动，并且为每个营销活动设计出活动应该达到的具体营销绩效指标，以使所有活动绩效的累积能够达到营销计划的目标，并根据目标分配相应的预算。

7. 执行具体的营销活动。在具体的营销活动执行过程中，可以对活动设定的营销绩效目标进行事后评估以评估活动的成效。

8. 营销绩效指标的事后评估。通过市场调查及数据挖掘对营销绩效指标进行评估，从而对前一阶段企业营销工作的目标达成情况进行评估，并为下一阶段营销工作的调整提供参考数据。

五、营销绩效评估

营销绩效评估，就是探索营销活动对企业绩效的影响及对营销生产力进行测量，以了解营销活动对企业造成何种影响及这些影响的大小，最终目的是要探索营销活动是否会影响企业的财务绩效和企业价值。

营销绩效评估包括如下内容：

1. 对营销价值链的研究。营销价值链（亦称营销活动链或营销生产力），即营销活动、消费者行为、市场资产、股东价值的影响链。比如，营销活动对顾客行为产生了影响，包括顾客思想、顾客情感、顾客的知识和行为等，由于顾客行为的改变进而影响企业的财务绩效，最后影响企业的股东价值。营销价值链研究的主要目的，是把营销活动与股东价值联系起来，同时区别各个具体的营销活动的影响程度。

2. 对营销度量的研究。营销度量是对营销的影响进行测量。就度量和测量之间的关系来讲，度量以测量为基础，但度量不同于测量。测量是针对某个事情的数量，而度量则是测量的组合，度量是以测量为基础分析而得出的结论，例如，1 公里、1 小时是测量得出的数据，而 1 公里/小时是通过测量对物体速度度量得出的结论。

由于营销价值链涉及很多复杂因素，营销度量也可以从多个视角来分析。从营销价值链的视角来看，可以分为输入度量、中介度量和结果/输出度量。

输入度量一般是营销活动的度量指标，例如每100个受众花费广告费用1万元等。中介度量则是介于输入度量和输出度量之间的度量指标，表现出了一定结果，但不是最终结果。在营销价值链中，中介度量为营销活动造成的市场结果，如品牌认知率、顾客满意、顾客忠诚以及市场占有率等。输出度量则是最终结果，如投资回报率（ROI）、资产收益率、股东价值等。

3. 对营销度量指标之间关系的研究。在确定了营销度量指标后，接下来最关键的问题就是度量指标之间的关系，包括各度量指标之间的影响关系或因果关系等。对营销绩效测量的研究主要有两大方向：一是总指标之间的关系，二是具体指标之间的关系。在总指标度量研究中，主要有三大指标，即营销战略（或活动）、营销资产（包括顾客资产和品牌资产）以及企业价值（一般用股东价值来衡量）。具体指标是总指标之下的分指标，如营销战略或策略又可以分为广告、新产品、促销等。

思考题

1. 市场营销计划包括哪几个方面的主要内容？
2. 市场营销组织有哪几种主要形式？构建市场营销组织的原则是什么？
3. 营销绩效模型都包括哪些指标？

第二篇

市场营销机会分析篇

第三章

市场营销调研与分析

企业决策者要制定正确有效的营销策略，必须要进行深入全面的市场调查、市场分析和市场预测，通过科学、系统、客观、全面地收集、整理和分析市场上与产品营销有关的信息，及时发现新的市场机会和需求，通过开发新的产品去满足这些需求；针对竞争对手的策略，对自己的工作进行调整和改进，对可能发生的不利情况及时采取应变措施，减少损失，使企业在市场竞争中立于不败之地。

第一节　市场营销调研

一、市场营销调研的含义与要求

（一）市场营销调研的含义

市场营销调研是指企业在一定的市场营销条件下，系统地收集、分析和报告有关市场信息的过程。

企业要做出正确的市场营销决策，就必须通过市场营销调研准确及时地掌握市场信息，使决策建立在坚实可靠的基础上。一般而言，企业市场营销决策的正确与否，取决于决策者的素质高低、企业的内部条件好坏以及企业所面临的一定的市场营销外部条件的优劣这三个因素。其中，决策者的能力与素质以及企业的内部条件常常是已知的、确定的，而企业所面临的一定的市场营销外部条件则是未知的、不确定的。所以，企业市场营销决策失误的风险，主要来自企业外部条件的不确定性，而减少这种不确定性，就是市场营销调研的重要任务。

在现代市场营销观念的指引下，企业要比竞争者更好地满足消费需求，赢得竞争优势，实现营销目标，就必须从研究市场出发，进行各种定性与定量的分析，预测目前和未来市场需求规模的大小。实践证明，营销职能特别需要详细、准确和最新的信息。市场营销调查正是为不断提供这种信息服务的。在深入调研、掌握信息的基础上，帮助营销管理者认识市场的发展规律，做出对新企业、新产品投资的决策，确定营销组合。

（二）市场营销调研的要求

市场营销调研是一项重要而又复杂的工作。市场营销调研的质量关系着最终获得的信息的可靠性，进而影响到营销决策与营销活动能否成功。这就对市场营销调研活动提出了较高的质量要求。

1. 科学的方法。由于市场营销调研工作的复杂性，它需要有一整套科学的调研方法作为成功的保证。可供选择的调研方法有很多，必须遵循科学的原则来运用这些具体方法。首先，调研者必须贯彻实事求是的科学精神，保证调研结果的客观性，不可用主观臆测来代替对客观事实的观察。其次，调研者必须能够透过纷繁复杂的市场现象，探求事物的原因和本质。因此，调研者需要在调研工作中进行认真细致地观察，对观察结果做出合理的假设与推断，并对推断的结论进行可靠的检测和验证。

2. 复合的方法。在市场营销调研中，调研者切忌过分地依赖某一种调研方法。对同一问题采用不同的方法进行调研，可以将通过不同方法获得的调研结果互相验证和补充，提高调研结果的可靠性。此外，调研者要注意从多种渠道获取信息，这有利于提高调研结果的可信度。

3. 信息的价值和成本。市场营销调研获得的信息可以为企业带来价值，但是进行市场营销调研也一定会费时费力，投入相当可观的成本。因此，企业在从事市场营销调研工作时，必须注意所获信息的价值，即进行成本分析。成本分析可以帮助调研者确定应当调研哪些项目，采用哪些调研方法，是否需要获得进一步的信息，等等。在一般情况下，市场调研的成本是不难确定的，困难在于估算调研成果的价值。调研成果的价值大小依赖于它本身的可靠性、它在营销决策中的作用以及决策者是否乐于接受这一成果并据以采取行动。

4. 创造性的调研。市场营销调研应当是一种创造性的工作，它需要调研者具有强烈的创新精神。市场需求的主体是人，因而市场需求总是处于动态的发展过程中，在进行市场营销调研时，调研者应当善于不断地发现新问题、研究新问题，还应当从人们司空见惯的现象中发掘出对市场营销决策有积极意义的新因素。

二、市场营销调研的程序

市场营销调研是一种有计划、有组织的活动，调研者必须遵照一定的工作程序，才能有条不紊地实施调研，取得预期的效果。市场营销调研的程序一般可分为确定调研专题与调研目标、选择调研方法、实施调研行动、提出调研报告四个阶段。

（一）确定调研专题与调研目标

在市场营销决策过程中涉及的内容非常广泛，需要进行调研的问题也很多，不可能通过一次市场调研就能解决决策中所面临的全部问题。因此，在组织每次市场营销调研活动时，应当首先找出需要解决的最关键、最迫切的问题，选定调研的专题，明确本次调研活动要完成的任务和预期实现的目标。

在确定调研专题时，调研专题的界定不能太宽、太空泛，以避免调研专题不明确、具体。当然，调研专题的界定也不能太窄、太细微。调研专题选得太窄，就不能通过调研充分反映市场营销的情况，从而使调研起不到应有的作用。

在确定调研目标时，应当努力使需要调研的问题定量化，并提出明确具体的数量目标。例如，有一家公司在向市场推出一个新产品之前，准备先做一次市场营销调研，并且把调研目标定为“我们的新产品是否会畅销”。就这个调研目标而言，所谓“畅销”与否，是一个过于模糊的概念，很难明确究竟卖出多少产品就算是“畅销”。如果将调研目标定为“本公司新产品实现300万元年销售额的可能性是多少”就明确多了。当然，并不是所有的调研项目都可以定量化。

在实践中，根据调研目标主要可分为以下三类。

1. 探索性调研。探索性调研一般是在调研专题的性质与内容不太明确时，为了了解问题的性质、确定调研的方向与范围而进行的收集初步资料的调研。如一个企业在自身的经营活动中发现近几个月产品销售量下降，究竟是竞争者争夺了市场还是市场上出现了新的替代品，是消费者的爱好发生变化还是企业产品质量出现问题，这些疑问都可以通过探索性调研寻找症结。通过探索性调研，可以了解情况，发现问题，从而得到关于调研项目的某些假定或新设想，以供进一步调查研究。如果企业准备调整自己的经营方向，那么如何调整，确定哪些市场为目标市场，也需要通过探索性调研收集资料，为企业正确决策提供科学依据。

2. 描述性调研。描述性调研是一种常见的调研，通常是对市场营销决策所面临问题的不同因素、不同现状的调研。描述性调研强调资料数据的采集和记录，着重于客观事实的静态描述。如某钢琴生产厂家面临着企业营销战略的制定与调整，需要对今后10年的钢琴需求发展变化做出分析与预测，而长期的战略调整依赖于对现实及未来相关因素的了解，对城乡居民的收支结构及变化情况的了解，同时也要对钢琴的社会拥有率、饱和普及率以及现有钢琴厂家的生产现状等情况作全面调研。

3. 因果关系调研。因果关系调研是为了查明市场营销问题不同要素之间的关系，解释产生一定现象的原因所进行的调研。企业在经营活动中，多种因素之间存在着许多关联，有些数量是企业自身可控制的变量，如产品产量、价格、人员及费用开支等，属于自变量；有些则不同，其变化受多种因素的影响，如销售额、产品成本、企业利润等要受到相关因素的影响，属于因变量。通过因果关系调研，要弄清某种因变量的变化究竟受到哪些因素的影响，这些影响因素对因变量的影响方向，以及影响程度等。因果关系调研可用于不同的情况，一个或某一些市场环境要素发生变化时，因果关系调研可用来了解市场对这种变动的反应及反应程度；其次，在进行市场营销决策时，因果关系调研可用来了解市场对营销决策要素变动的反应与反应程度。由于因果关系调研常常用实验法来收集资料，它具有一定程度的主动和动态的特点。

（二）选择调研方法

调研专题与调研目的确定之后，市场营销调研人员就应当准备一份专门的调研计划。调研计划的内容包括资料来源、调研方法、费用预算等项目。调研计划必须考虑资料来源的选择。调研资料按其来源可分为第一手资料和第二手资料。

1. 第一手资料

第一手资料指为了一定目的采集的原始资料，大部分市场营销调研项目都需要采集第一手资料。采集第一手资料的费用一般比较高，而且费时较长，但得到的资料通常与需要解决的问题关系更密切。采集第一手资料常用的方法之一是直接与人们交谈，从而获得对有关调研对象的意见和态度的直接印象。因此，第一手资料常常来自实地调研。

实地调研一般在如下几种方法中做出选择：询问法、观察法和实验法。

（1）询问法。询问法是采取调研人员向被调查者提问，通过被调查者做出回答的形式取得所需调研资料的方法。询问法可以通过电话、信函、面谈、传真、互联网等途径进行，是营销调研中最基本、最常用的实地调研方法。按照调研组织方式的不同，常用的询问调查方法可分为人员访谈、问卷自填和计算机辅助访谈三种。

（2）观察法。观察法最显著的特点就是调查者同被调查者之间通常没有直接交流。因此，在运用观察法的大多数情况下，被调查者并没有意识到自己正在接受调查，往往表现得比较真实自然。观察法适合于观察受众的行为、表情、姿势和物体的形状、位置、相互之间的距离，还可以用于记录声音和图形等。这种方法不适合调研人们的内心感受，如购买动机、意向等，也不适合于调查那些历时较长的事件，如耐用品的再购买周期等。

（3）实验法。实验法是最正式的一种调研方法，是一种定量的因果分析调研技术，它首先根据调查目的选定调查对象，然后人为地改变或操纵某些因素，并记录这些因素的变化对所选定的调查对象的影响，从而获得变量之间存在或不存在因果关系的调查结论。实验法在营销调研实践中最常用的形式之一是市场试销。试销一般是在准备推行一种新产品或一项新的营销举措之前，在小范围内（如一两个选定的城市中）进行的实验，目的是证明这种新产品或新举措的有效性或推广价值。实验观察常用仪器有电流计、速示器、眼相机、收视器等。

如何解决实地调研中的问题，应该做到如下几个方面。

第一，加强对调研人员的培训。无论使用哪种调研方法，调研人员熟练地掌握各种调研技巧是关键。调研基本上是调查人和被调查人之间的沟通，调查人知道自己需要收集哪些信息，而被调查人则是信息来源。被调查人要把自己的信息提供给调研人员，必须得到引导，因此，必须通过培训调研人员，使其熟练掌握各种调研技巧，具备较强的引导能力和技巧。这样，当在某地不能使用某一种或某几种调研方法时，还可以使用其他方法。调研人员也需要重视借鉴书本知识，从中学习一些专门的调研技能。

第二，营销调研应尽量取得当地人的帮助。尽管各地之间存在着文化差异，但在许多地方中都可找到一些人充当跨越文化障碍的桥梁。这些人应熟悉地方文化和地方风俗，最好系统地接受过营销学和营销调研方面的训练，他们在帮助企业搞好当地调研项目的过程中可以起到很大作用。

第三，通过实践积累经验。经验是最好的老师，只有通过营销实践，才能真正了解一个市场。营销调研费用很昂贵，有些市场在近期内规模不会太大，搞调研不值得，这时企业可以不搞正式的营销调研，而是采用直接向市场进行试探性销售的方法，借此了解市场。这实际上是一种低成本的调研方法。日本许多公司在中国设立办事处和子公司，其业务量很小，甚至是亏本经营，但这些日本公司并不撤回这些办事处和子公司，因为可以通过它们了解许多中国市场的情况，这实际上也是一种低成本的营销调研活动，这些日本公司的着眼点在于中国的未来市场。

第四，访问调查要十分注意做好访问安排、访问做法和访问后的联系。关于访问安排，最好通过目标市场所在地已有的客户帮助做出，如果没有这样的客户，就只能向可能的访问人派发访问要求书，访问要求书一般包括：①简述访问目的；②本公司简介；③说明公司由谁出访；④说明访问大致需多少时间；⑤保证访问不泄露双方商业秘密；⑥说明出访时间、地点；⑦要谦逊谨慎，尽量以商量口吻书写。

访问的做法一般分三个阶段：一是介绍阶段。正式访问交谈之前，访问者首先应说明自己的姓名、代表什么公司收集什么情报信息、这些情报信息有什么用处、对被调查人有何好处等，不仅要表明调查人对这次来访及访问结果十分关切，也要使被调查人很感兴趣，十分关切。二是问卷阶段。介绍阶段结束之后，即转入问卷阶段，这一阶段是否成功，取决于交谈方式。一般应按事先准备好的问卷，每个问题应照本宣科；不要解释问题的含义，更不要暗示自己所希望的答案；每个问题都必须提出来，绝不能认为不用问被访者，调研者已基本懂得答案，以免影响回答人的情绪；严格按问卷顺序提问。三是非正式讨论。问卷中正式问题提完后，应以一个很短的非正式讨论结束这次交谈，争取通过这次访问后，相互建立一种良好的关系。访问结束，回来以后，一定要给所有被访问者寄感谢信或打个电话表示感谢，另外，访问期间许下的诺言应注意兑现。

2. 第二手资料

第二手资料指为了其他目的而采集的现成资料。市场调研人员常常以查阅二手资料的方式开始调研工作。有时市场调研人员不必收集第一手资料，仅凭第二手资料便可以部分地、甚至完全解决面临的问题。第二手资料的来源非常广泛，市场调研人员既可以利用内部资料，又可以利用外部资料来源。与采集第一手资料相比，采集第二手资料的费用要低得多，花费的时间也比较少。

成功地进行案头调研的关键是发现并确定二手资料的来源。二手资料的来源有很多，主要来源一是内部资料，二是外部资料。这些资料一般都可以较低的费用和较快的速度获得。常用的资料来源有：本企业的营销信息系统资料、政府机构及其研究部门、行业协会、专业调研机构、银行、竞争对手企业以及互联网等。

各政府机构、行业协会、非政府组织等组织机构提供的数据库和统计年鉴，书籍、报纸、期刊以及商品目录、广告等商业出版物，以及专门提供数据资料的私人网站等都是获取二手资料的绝佳途径。因此，在网络信息时代信息的获取不再是难事，困难的是如何在繁多的信息海洋中找出企业需要的有用信息。

案头调研的优点是省时间、省费用，可迅速和便宜地得到大量有用信息。但要搞好案头调研，必须注意如下几方面：

第一，企业必须有专门机构或专职人员负责二手资料的收集，并建立科学的管理制度和资料档案，对收集来的资料要经常进行归纳、整理、分类，以便及时提供有关单位使用。

第二，二手资料由于是别人收集、整理的，因此，在许多市场上得来的二手资料都存在严重缺陷。调研人员特别需要注意其可获得性、时效性、可靠性和可比性。

第三，中小企业由于实力有限，其市场调研通常需要注意：①加强平时资料的积累；②从其他业务往来单位获取二手资料，如银行、广告公司、运输公司、政府机关以及贸易促进会和国际商会等；③运用比较分析法，通过掌握的已知资料，比较已知和未知两个市场在结构上的异同来推测未知市场的有关信息；④委托专业调研机构为之进行情报收集、分析；⑤向调研市场进行试探销售，以了解有关信息。

（三）实施调研行动

实施调研行动包括三个步骤：数据资料的收集、加工处理和分析。

1. 数据资料的收集。在实施调研行动时，数据资料收集阶段往往是费用最高，也最容易出现错误的阶段。营销调研的主管人员必须密切地监督调研现场的工作，防止调研中出现偏差，以确保调研计划的实施。比如在进行观察法调研时，要防止调研人员出现信息遗漏等差错；在进行询问法调研时，要防止调研人员有意或无意地诱导调研对象作有倾向性的、不诚实的回答，协助解决可能发生的调查对象拒绝合作等问题；在进行实验法调研时，要正确控制实验条件，保证获得的实验结果的客观性和可靠性。

2. 数据资料的加工处理。采集到的数据资料必须经过科学的加工处理，才能做到去伪存真，去粗取精。数据资料的处理包括对调研资料的分类、综合与整理。如果采用电子计算机分析调研资料，还需要将收集的数据资料进行编码处理后输入计算机，因此数据资料加工处理中的关键是保证信息的精确性和完整性。如果在加工整理时发现数据资料不可靠，就需要利用不同的资料来源加以核实，剔除不可靠的部分，必要时，可能不得不放弃已获得的数据资料，重新着手收集，以避免由于使用不可靠的数据资料而导致产生错误的结论。

3. 数据资料的分析。调研资料经过加工处理后就可以对它进行分析，以获得调研结论。依据资料分析的性质不同可以分为定性分析与定量分析；依据资料分析的方式不同，可以分为经验分析与数学分析。当前的趋势是，越来越多的企业借助数学分析方法对调研资料进行定量分析。人们通常认为，先进的统计学方法和决策数学模型，辅之以经验分析与判断，可以较好地保证调研分析的正确性。目前，市场上出现的一些商品化的电子计算机数据处理软件包，可供人们在调研分析中方便地处理信息量日益增多的市场营销调研资料。

（四）提出调研报告

在对调研资料分析处理的基础上，调研人员必须得出调研结论，并以调研报告的形式总结汇报调研结果。

市场营销调研报告有两种常见的形式。一种是技术性报告，它着重报告市场调研的过程，其内容包括调研目的、调研方法、数据资料处理技术、主要调研资料摘录、调研结论等，主要供市场调研人员阅读。另一种是结论性报告，它着重报告市场调研的成果，提出调研人员的结论与建议，供营销决策主管人员参考。必须指出的是，由于市场营销调研通常是由一些专业人员承担的，因此他们往往偏重于市场调研的技术方面，而容易忘记企业营销决策主管人员对营销问题本身需要了解得更全面、更深刻。常常是营销决策主管人员承担决策的责任，而不是市场调查人员承担决策责任。另一方面，决策者往往容易接受支持自己观点的调研结论，拒绝不符合自己观点的调研结论。这样，在做出调研结论时，需要市场调研人员与决策者之间密切配合，力求客观。

三、市场营销调研技术

市场营销调研技术主要包括实施调研的抽样技术、采集资料的询问技术以及处理资料的分析技术。这些技术是市场营销调研中所采用的具体调研方法和技巧。

（一）抽样技术

根据调研对象范围的大小，市场营销调研可以分为普遍调研和部分调研。普遍调研可以获得全面的统计数字，但是普遍调研实施起来费时费力，成本太高，通常只是由政府机构为了某些特定的目的才采用，如全国人口普查、全国经济普查等，企业极少使用普遍调研。部分调研是对调研对象总体中的若干个体进行调研，常见的部分调研有典型调研和抽样调研。市场营销调研通常采用抽样调研的方法。

抽样调研的种类很多，一般可分为非随机抽样调研和随机抽样调研两大类。

非随机抽样调研的样本是由调研者凭经验主观选定的，因而选取的样本能否代表调研的总体，取决于调研者的经验与判断，容易受到调研者主观意识的影响，使得调研结果误差较大，不能正确地反映调研对象总体的实际情况。如果调研人员经验丰富，有时非随机抽样也不失为一种简便的抽样调研方法。

随机抽样调研是根据随机原则从调研总体中选取一部分调研对象作为调研样本，用样本数据推算总体的一种调研方法。根据随机原则抽样，可以排除抽样时主观意识的干扰，使总体中每一个个体被抽取的机会均等，从而保证了样本对总体的代表性。这样就可以根据抽样调研的结果来推算总体的情况。由于随机抽样的特点和优越性，它在市场营销调研中被广泛运用。

根据抽样技术的差别，常用的随机抽样可分为简单随机抽样、分层随机抽样、分群随机抽样等。

（二）询问技术

市场营销调研的主要对象是人。经验证明，抽样仅仅是调研的开始，问题在于如何巧妙地与调研对象打交道，得到他们的真实意见。因此，询问技术成为影响市场营销调研成功的重要因素。

1. 口头询问技术

无论是面谈调研还是电话调研，都需要调研人员掌握熟练的口头询问技术。首先，调研人员必须事先准备好调研提纲或调研询问表，对要调研的课题心中有数，才能在询问中贯彻调研意图。其次，调研人员的态度应当和善亲切，对占用调研对象的时间应表示致歉和谢意，以争取调研对象的合作。再次，当问题涉及调研对象个人隐私时，如问及个人收入等，应当负责地声明承担保密义务，以打消调研对象的顾虑。如果调研对象不愿意回答某些问题，调研人员切忌不礼貌地追问，以免引起调研对象的不愉快和反感。最后，调研人员应当善于启发和引导调研对象回答问题，但是必须防止对调研对象做倾向性的暗示诱导，导致回答者迎合调研者的偏向，使调研得不到真实结果。

口头询问的优点很多，它能够直接、迅速、全面地了解调研对象的反应；能够随时解答调研对象的疑问；能够当场要求调研对象补充自己的回答，以获得更为深入、确切的资料；能够通过声调、语气，甚至面部表情、体态等非文字信息了解调研对象的心理活动，以补充文字资料的不足。但是，口头询问需要一定数量的、具有相当素质的调研人员，因而调研成本比较高，限制了调研的规模与效率。此外，口头询问调研容易受到调研人员主观意向和素质的影响，容易给调研结果带来误差。

2. 书面询问技术

书面询问技术主要用于调研表调研，也称问卷调研。采用问卷调研时，调研问卷的设计是调研的重要环节，是一项细致复杂的工作。调研问卷的设计关键在于提出什么问题，怎样提出问题。

问卷设计中常犯的错误是，问卷中包含了一些调研对象不能回答、不应当回答或不需要回答的问题，而忽略了一些应当回答的问题。应当根据调研目的仔细检查和选择问卷中的每一个问题，删除那些无关紧要的问题以免问卷过于冗长，使调研对象失去回答的耐心。

问卷提问的形式影响调研对象的答复。通常可以把问题设计成开放性问题与限制性问题两种不同的形式。

开放性问题是指调研对象可以用自己的话自由回答的问题，不限制范围，不提供标准备选答案。开放性问题对调研对象限制较少，能够获得较多的信息，因此，在做探索性调研时，开放性问题特别有用。不过，由于调研对象可以自由回答，答案常常是五花八门，给资料的整理、分类和分析带来一定的困难。提出开放性问题可以有不同的技巧。一种是完全无限制的问题，例如，“您对我们公司看法如何?”另一种是指导性问题，这种问题也是让回答者自由发表意见，但回答被限制在一定的范围之内。例如，“您对我们公司的广告活动有何建议?”还有一种是补充句式问题，即要求调研对象用自己的话补充未完成的句子。例如，“当您选择我们的产品时，您认为最重要的考虑因素是________。”限制性问题是在表上列出每一个问题可能的答案，由调研对象从中任意选择，这种方式使得回答比较简便省时，也便于用电子计算机处理调研得到的资料。根据问题的性质和特点，限制性问题可以设计成以下多种形式。

（1）两项选择式问题，调研对象需要从两个可供选择的答案中选择一个。

例如，“您家有没有电冰箱？”答案只能是“有”或“没有”，两项选择很容易做出，但只适用于非此即彼的直接判断，回答者不能表示意见的程度差别，提供的信息较少。

（2）多项选择问题，即一个问题有三种以上可供选择的答案。多项选择可以涵盖不同的情况，调研对象选择余地较大。例如，“您是通过什么途径得知我们公司的电冰箱的？”回答可能是“广告”“邻居”“同事”“亲友”，在这四个中选择一个。设置多项选择问题时，要注意把各种可能的答案都尽可能地罗列出来。

（3）量度选择问题，即把问题的回答分成不同的程度供调研对象选择。例如，“您认为在选购电冰箱时外观这个因素________”，供选择的回答为“极为重要”“很重要”“重要”“不大重要”“毫不重要”。量度选择一般用于了解调研对象意见的强度，它的设计非常灵活，可以有许多不同的形式。

（4）排序题，即给出可能的答案，由调研对象按照自己的意愿将给出的项目按次序排列。例如，“请根据您认为的重要程度重新排列下列购买电冰箱时考虑因素的次序，请将最重要的因素定为1”。调研对象可将给出的价格、颜色、耗电、体积、耐用等因素按自己的意见重新编号。

第二节　市场营销信息系统

一、市场营销信息系统的含义与功能

1. 市场营销信息系统的含义。市场营销信息系统是指由人、机器和程序构成的，系统地收集、整理、贮存、检索、分析和说明市场营销数据资料的一个持续的过程和方法。营销调研则是针对某一具体决策问题而进行的，有始有终，但不是一个持续的过程。营销信息系统不是针对某一项具体的营销决策而设立的，而是为各种营销决策提供信息服务的。

2. 市场营销信息系统的功能。市场营销信息系统，就是为收集、整理、贮存、检索和分析信息并据以制定营销决策而设计的一个持续的系统。这个系统的功能是：（1）向各业务部门提供准确的营销业务信息，以寻求市场机会；（2）向业务职能管理部门按时、按地点提供管理信息，以监督企业在各地各产品项目的经营情况；（3）为企业决策部门识别、选择营销机会和解决营销

问题并进行决策提供容易理解和使用的信息；（4）综合衡量企业在各地各产品细分市场的营销战略及其效果，决定是否对公司的资源进行重新分配。

二、市场营销信息系统的组成要素

营销管理者为了实现营销的计划、分析、实施和控制，就需要将营销环境中的有关信息通过营销信息系统进行加工处理。营销信息系统的构成要素包括评估信息需求、信息开发及信息传达。

1. 评估信息需求。营销决策者需要什么样的信息，取决于他们需要做出的是什么营销决策。对所需信息的确定，通常始于对所面临的营销问题的回答。完善合理的营销信息系统能够在决策者的信息需求、他们真正需要的信息和可能提供的信息三者之间进行权衡。

2. 信息开发。营销信息系统根据所确定的信息需求，从营销环境中收集有关数据，并通过内部报告、营销情报、营销调研和决策支持等4个子系统，对这些数据进行分类、存储、分析、处理、评估，使之变成能辅助决策的有用信息，最后传送给营销管理者使用。信息的开发是通过内部报告系统、营销情报系统、营销调研系统及营销决策支持系统等4个子系统实现的。

3. 信息传达。营销信息反映了千变万化的市场状况，时效性非常强，因此，信息开发系统输出的结果，必须及时地传送到有关人士手中。借助网络和数据库技术的发展，营销信息系统能够高速、有效、合理、安全地传送相关数据。即使是所属机构遍布全球的大型跨国公司的管理者们，也可以便捷地在自己的计算机上通过本公司的内部网络查询、检索有关数据。

三、市场营销信息系统的子系统

1. 内部报告系统

内部报告系统是营销经理使用的最基本的信息系统。企业内部有大量的由各部门收集和贮存的各类信息，如会计账目、生产进度、原材料库存、销售记录、客户名单、年度计划等。决策者可以方便快捷地从企业内部各职能部门获得现成的信息。通过分析信息，营销经理能够发现重要的机会和问题。内部报告系统至少包括订单—收款循环和销售报告系统。

订单—收款循环是内部报告系统的核心：销售代表、经销商和顾客将订单送交公司；订货部门准备多份发票副本，分送各有关部门，存货不足的项目留待以后交付，需装运的项目则附上运单和账单，同时还要复印多份分送各有关部门。许多公司为了更快、更准确和更有效地处理订单—收款循环，已经采用了电子数据处理（EDI）软件。销售报告系统则向营销经理提供当前销售的最新报告，信息来源于企业营销队伍。

2. 营销情报系统

内部报告系统为管理人员提供结果数据，而营销情报系统则为管理人员提供正在发生的数据。营销情报是有关企业外部营销环境的信息，企业可以从多种来源收集营销情报。企业自己的科研人员、销售人员以及与企业有合作关系的供应商、中间商和客户等，都可能提供许多有用信息，例如本行业采用的最新技术、顾客对产品的意见、市场的最新动态等。企业还可以系统地收集有关报刊、书籍、年鉴上的有关信息，或向相关行业和地区信息中心以及一些专业调研咨询机构购买情报。

营销经理大多数自行收集情报，他们常通过阅读书籍、报刊和同业公会的出版物，与顾客、供应商、分销商或其他外界人员交谈，或同公司内部的其他经理和人员谈话来收集。但这种方法带有相当的偶然性，一些有价值的信息可能没有抓住或抓得太迟。经营灵活的公司会采取进一步的步骤改进其营销情报的质量和数量：（1）训练和鼓励销售人员去发现和报告新的发展情况；（2）鼓励分销商、零售商、中间商把重要的情报报告给公司；（3）向外界的情报供应商和信息研究公司购买信息，这些调研公司收集的信息与消费者数据比公司自行收集信息的成本要小得多；（4）一些公司已建立了内部营销信息中心以收集和传送营销情报。

3. 营销调研系统

营销调研系统是设计、收集、分析和提供与特定的营销问题相关的数据资料的信息系统。它的主要作用是为解决企业面临的某项具体的营销问题，而对有关的信息进行系统的收集、分析及评价，为管理者制定决策服务。市场需求调研、销售研究和广告评估等属于营销调研系统的范畴。

4. 营销决策支持系统

营销决策支持系统就是对内部报告系统、营销情报系统、营销调研系统三者提供的大量数据和信息进行统计处理、分析，最终形成有意义的、能为决策者所接受和理解的结果的一种机制。它由统计工具和决策模型库构成，采用先进的技术对市场营销信息进行分析，并对相关问题提出决策方案。近年来，营销决策支持系统中发展最快的当属数据库营销。

四、市场营销信息系统的组织原则

1. 整体性原则。市场营销信息系统不是人与设备及程序等要素的简单的、机械的拼凑，而是将各个构成要素有机地结合起来，形成一个相互作用、相互联系的有效的组织系统。

2. 相关性原则。系统内部各组成部分、各组织环节、各组成要素之间存在着相互关联关系，这种关系是相互作用、相互影响、相互依存的，有时也是互为因果的。这就要求在实际操作时不能割裂这些有机的关联关系，同时也不能机械地汇总，而要依据固有的相关性有机地结合在一起，形成具有重要价值的信息流。

3. 动态性原则。动态性主要表现在系统内部的动态性和外部的能动性。系统内部通过对信息的搜集、输入、加工和传递、输出，最后到达信息的使用者，然后又反馈回系统之中，从而形成了系统内部动态的运作方式。外部系统，通过市场信息的调节和控制，使生产、分配、交换、消费各环节及各领域能够有机地协调起来，以减少各环节、各领域之间的矛盾，从而能动地促进经济社会的发展。

4. 有序性原则。有序性是指系统组成部分的组合是有一定规律的，而不是杂乱无章的。市场竞争风云变幻，市场信息也很复杂，而信息系统的功能就是将各种繁杂的信息进行有序组合，使其遵循一定规律在动态过程中形成有序的组织形态。

5. 预决性原则。预决性就是目的性，也就是说在人们决定自己的行动之前应获得相应的信息。营销信息系统通过对实际信息的搜集、加工、整理并加以分析判断，最终形成对未来的预测，从而对信息的使用者提供有力的指导。

五、市场营销信息系统管理

市场营销信息对企业的经营决策和生存发展具有重要的作用，而市场营销信息系统是对营销信息的收集、加工、评估和分析的一系列工作过程，这就需要对系统本身及系统的运行进行全面系统的管理。营销信息系统管理包含四个具体职能。

一是系统设计，即根据企业的总体情况和营销管理的要求，设计和组建营销调研与预测信息系统，并规划整个信息系统的工作。

二是组织领导，即对信息系统的运行实行组织领导，包括建立正常的工作制度、程序、人员组织、指挥、协调等等。

三是控制，即对信息系统的运行实行监督、检查、调节，保证其正常有序地运行。

四是评价，即对信息系统的工作状况、组织结构状况、信息使用效果等进行评价，发现问题，及时改进，确保系统的不断优化。

企业在收集和运用信息过程中还应注意以下几个方面的问题。

1. 由于营销信息的获得需要付出一定的人力、财力，所花成本较高，为此，企业管理层必须高瞻远瞩，树立信息就是企业的生命的观念，不惜代价收集信息，并通过营销信息系统的处理，使之成为准确可靠、能够为企业营销服务的有价值的信息。

2. 企业的销售人员是企业与外部联系的窗口，他们担当着为企业推销产品，争取并结成固定的合作伙伴，争取为企业带来长期的利益和获得外部信息的任务。而获得信息是营销人员的重要工作内容之一。这就要求营销人员具有良好的个人素质和工作能力，具有整体观念、全局观念。为此，必须注意对营销人员业务能力的培养和提高，经常开展业务竞赛活动，使营销人员不断增长工作能力，成为收集信息和推销产品的行家。

3. 电子计算机在建立营销信息系统过程中起着重要的作用，在不断发展变化的信息时代，计算机通过联网大大增强了其收集、储存信息的功能，并且计算机兼有建立模型和分析解答问题等一系列简化手工计算程序、节省时间的功能。企业领导者要重视对计算机操作人员的培养，但也要避免对计算机的过度依赖。首先应重视人的作用及其潜能的发挥，其次要注意充分运用计算机设备来为企业决策和日常经营管理服务，发挥计算机辅助人脑功能的作用，从而提高分析、处理营销信息的效率，带动整个企业的营销管理工作正常高效运行。

4. 企业既要适应信息系统要求，又要讲求经济效益。营销信息系统的建立将会打破某些职能部门之间的界限，信息要趋向“一体化”。例如，由各职能部门分别执行的获取信息的职能，要由计算机化的信息系统集中起来执行。为此，企业各职能部门的设立应适应营销信息系统的要求。另外，企业建立营销信息系统必须讲求经济效益，防止不必要的费用开支，要使利用系统所取得的收益或节约大于企业为获取需要的信息所开支的费用。

第三节　市场营销预测

一、市场营销预测的含义和分类

（一）市场营销预测的含义

市场营销预测是在营销调查的基础上，运用科学方法，对未来市场的供求发展趋势以及与企业营销活动相关的各种变化因素进行分析、预见、估计和推断，并做出合乎逻辑的解释说明，为企业制定正确的市场营销决策提供依据。市场营销预测是对未来的不确定性进行推测，要做好营销预测，必须首先做好市场调查，掌握大量有关的可靠信息，选用科学的方法，进行深入细致的分析研究，才能做出科学准确的预测。市场调查是营销预测的基础，而预测则是调查的深入，也可以说是市场调查的真正目的所在。

（二）市场营销预测的分类

营销预测的种类很多，可以从以下角度进行分类。

1. 按预测期划分。根据预测时期的长短，市场营销预测可以分为长期预测、中期预测和短期预测。

（1）长期预测，一般指5年或5年以上的预测，也称远景预测，由于时间跨度长，不确定因素多，预测的精确度可能较低。长期预测通常是企业制定长远规划、发展方向的依据。

（2）中期预测，一般指1—5年时间长度的预测。中期预测一般用于市场潜力、价格变化、商品供求变动趋势、政府政策措施等的预测，为企业的中期经营决策提供依据。

（3）短期预测，一般指年度、季度或月度预测，也称近期预测。短期预测目标明确，不确定因素少，资料容易获得，预见性较强，预测结果较为准确。短期预测主要为企业制定年度计划和日常经营决策服务。

2. 按预测范围划分。根据预测范围划分，市场营销预测可以分为国际营销预测、国内营销预测和地区营销预测。

（1）国际营销预测，是对国际营销环境的发展趋势及国际市场潜力等进行的预测。

（2）国内营销预测，是对产品的国内需求及市场竞争状况等进行的预测。

（3）地区营销预测，是对企业在某个地区目标市场的预测，包括地区的市场潜力、企业产品的销售趋势等的预测。

3. 按预测性质划分。根据预测性质划分，市场营销预测可分为定性预测和定量预测。

（1）定性预测，是对未来市场的发展趋势在性质上或程度上进行的预测。

（2）定量预测，是利用历史统计数据，建立预测模型，对未来市场的发展趋势在数量上做出估计。

二、市场预测的基本原理

1. 可知性原理。从理论上说，世界上一切事物的运动、变化都是有规律的，因而是可以预测的、可知的。就市场预测而言，如果想预测某个消费者的购买行为，那是相当困难的，也无此必要。因为消费者的购买行为受到各种经济的、社会的、心理的因素的影响，而且这些因素难以准确地测定。但是大量消费者所表现出来的总购买力，却呈现出一种有规律的现象，因而是可以预测的，这就是市场预测的可知性原理。

2. 延续性原理。单个消费者的需求可能因某些特殊因素的影响（正影响或负影响）而发生剧烈的变化。但是，由于消费者的数量众多，每个消费者需求的变化并不可能对整个总需求产生明显的影响。同时，一部分消费者的正影响和另一部分消费者的负影响相抵消，从而使总需求量呈现出随时间的推移而连续变化的趋势。这就是市场预测的延续性原理。延续性原理是用时间序列方法进行预测的理论基础。必须指出的是，延续性原理不适合于个人因素起很大作用的场合。例如，某种商品的价格，可能因决策者的主观意志而大幅度地增加或减少。这时，若用基于延续性原理的时间序列方法来进行预测，就会失败。

3. 因果性原理。市场需求虽然受到多种因素的影响，但是，这些影响不外乎是正影响（使需求增加）或负影响（使需求减少）两种。在大多数情况下，大部分因素的正影响与负影响互相抵消，从而使市场需求明显地呈现出因一个或少数几个因素的变化而变化的规律。这就是市场预测的因果性原理。必须指出，这里所讲的正负影响与前面延续性原理中所讲的正负影响是不同的。这里的正负影响，是指不同因素的变化对消费者群体总需求的影响；而前面所讲的正、负影响，是指不同消费者的需求变化对消费者群体总需求的影响。在某些情况下，用因果性原理来指导预测要比连续性原理更有效。例如，对婴儿食品的需求与婴儿出生人数之间有很强的因果关系，而每年的婴儿出生人数由于受各种因素的影响（如不少人不愿意在羊年生孩子），连续性并不太强，从而导致历年的婴儿食品销售量出现较大波动。这时，设法通过抽样调查从医院获得产妇人数数据，并据此来预测对婴儿食品的需求，结果可能更为准确。

4. 类推性原理。类推性原理是说，世界上的事物有类似之处，可以根据已出现的某一事物的变化规律来预测即将出现的类似事件的变化规律。

类推性原理在缺乏历史数据时使用得较多。例如，从国外发达国家的家用电器发展过程，类推预测中国电器市场的发展趋势；从上海、广州等大城市的服装流行信息，预测中小城市的服装流行趋势等。但在类推预测中，要注意避免“一叶障目，不见森林”的错误倾向。

三、市场营销的预测方法

（一）市场营销的定性预测方法

定性预测方法是根据已经掌握的历史资料和直观材料，运用人的知识、经验和分析能力，对事物未来发展趋势做出性质和程度上的判断，得出预测结论的方法。定性预测方法更侧重事物发展的趋势、方向、重大转折点的分析，一般用于预测世界经济和国民经济发展趋势、各国经济政策的演变、市场总体形势的变化、科学技术进步对市场供求关系的影响、新产品开发、新市场开拓、企业经营环境分析和战略决策方向，企业市场营销组合及对市场销售的影响等等。一般而言，定性预测技术需要与定量预测技术配合使用，才能取得良好效果。

常用的定性预测方法主要是经验判断法。

经验判断法是指营销管理人员或专家通过收集尽可能详尽的市场信息资料以充分了解客观情况，然后根据营销经验、专业知识和分析判断能力，对市场未来趋势做出一定的判断的预测方法。这是一种比较简单、传统的方法。

运用经验判断法进行预测，需要对历史和客观现实有准确、充分的了解，对市场信息广泛掌握和快速反应，这种方法较多地依靠人的思考、推理、判断和综合分析能力，但也可结合采用一些定量分析技术。

常用的经验判断法有以下几种具体形式。

1. 个人经验判断法。个人经验判断法是由熟悉业务、了解情况且有丰富经验和分析判断能力的个人（如企业家、销售人员或专家学者等）单独进行经验判断预测的预测方法。由个人进行判断预测时可采用对比类推、相关推断、比例分析或平衡分析等方法。

2. 集体经验判断法。集体经验判断法也称集体意见预测法，是由经过精心挑选的、与预测相关的一组人员共同座谈讨论，交换意见，对预测对象进行充分的分析研究，而后对其发展变化的趋势提出集体的预测结果的预测方法。这种方法能在一定程度上克服个人判断的局限性，提高预测的准确性，但集体讨论有时也可能产生相互影响和干扰的因素。集体经验判断法有意见交换法、意见汇总法、消费者意向调查法和意见测验法等。

3. 德尔菲法。德尔菲法也称专家小组法或专家意见征询法，是以匿名的方式，逐个征求一组（一般为7—20人）专家各自的预测意见，最后由主持者进行综合分析，得出市场预测结论的方法。这是一种被广泛使用的判断分析预测方法。德尔菲法的突出特点是具有匿名性与反馈性。

（二）市场营销的定量预测方法

定量预测方法，是利用已经掌握的比较充分完整的历史统计数据，凭借一定的统计方法，寻求有关变量之间的规律和联系，建立数学模型，从而预计和推测市场未来发展变化趋势的预测方法。

在历史数据比较完整、准确，市场发展变化的环境和条件比较稳定，产品处于生命周期的成长期或成熟期，预测对象与某些相关因素之间呈现比较明显的制约关系，或预测对象随时间推移呈现比较明显的趋势等情况下，运用定量预测方法比较适宜。

常用的基本定量预测方法通常划分为简单时序平均法、加权移动平均法、指数平滑法等。

此外，还有一种预测方法就是因果分析法。因果分析法是指从事物之间相互制约的关系来预测未来，包括回归分析法、计量经济学法等。回归分析是一种数据统计方法，是建立在大量实际数据基础上，寻求随机性现象的统计规律的一种方法。通过对预测对象的数据分析，可以找出变量之间的相互依存关系，这种关系叫相关关系。回归分析划分为一元回归、二元回归、多元回归，线性回归和非线性回归等分析方法。限于篇幅，这里不作详细介绍。

思考题

1. 市场营销调研的含义。
2. 简述市场营销调研的基本程序。
3. 实地调研中应注意解决哪些问题?
4. 市场营销信息系统由哪些子系统组成?
5. 简述市场预测的基本原理。

第四章

市场营销环境

企业作为一类重要的社会经济组织，其营销活动不可能脱离周围的环境而孤立地进行，总是在一定的外界环境条件下开展市场营销活动。市场营销环境及其变化对企业的生存和发展具有重要影响和意义。从本质上讲，市场营销活动就是企业经营者努力使组织内的可控制因素同外界不可控制的环境因素相适应的过程。分析市场营销环境是市场营销管理乃至整个企业经营管理的基础和重要内容。

第一节　市场营销环境概述

一、市场营销环境的含义和特征

（一）市场营销环境的含义

市场营销环境是企业营销职能外部的不可控制的因素和力量，这些因素和力量是指与企业营销活动有关的、能够影响企业生存和发展的外部因素和条件。这里所说的因素和条件并不是指企业整个的外界事物，而是指那些与企业营销活动有关联的因素的集合。

市场营销环境包括宏观环境和微观环境。宏观环境是指一个国家或地区的自然、政治、法律、人口、经济、社会文化、科学技术等能够影响企业营销活动的宏观因素。微观环境是指企业内部条件、顾客、竞争者、营销渠道和有关公众等对企业营销活动有直接影响的因素。宏观环境和微观环境是市场环境系统中的不同层次，所有的微观环境都受宏观环境的制约；反过来，微观环境对宏观环境也有一定的影响。企业的营销活动就是在这种宏观和微观环境的互相联系和作用的基础上进行的。

市场营销环境的内涵不是一成不变的，而是不断完善和发展的。早在20世纪初，工商企业仅将销售市场看作营销环境；到了20世纪30年代以后，又把政府、工会、竞争对手等与企业有利害关系者也看作是营销环境；到了20世纪60年代以后，进一步把自然生态、科学技术、社会文化等视作重要的环境因素。随着政府对经济干预的加强，20世纪70年代以来，现代企业开始重视对政治、法律环境的研究。营销环境内涵不断扩大的过程，被国外称之为“企业的外界环境化”。由此可见，随着经济的发展，企业也已越来越重视对市场营销环境的研究。

在市场经济条件下，企业无一例外都生存于一定的环境之中，企业营销活动的开展不可能脱离周围环境而孤立地进行。营销活动必须要以环境为依据并适应环境变化。企业只有掌握了自己所处的营销环境，才能制定正确的战略和策略，实现企业的经营目标。当然，企业在面对环境时也不是完全被动的，企业可以通过科学预测主动地适应、利用环境，而且通过营销努力去影响外部环境。

（二）市场营销环境的特征

1. 差异性。市场营销环境客观上存在着广泛的差异性，有些环境表现为自然差异，有些环境则表现为社会差异。企业不仅要受到来自多方面不同环境的影响，而且由于行业的不同及企业内部差异的存在，即使同一种环境因素的变化对各个企业的影响也不尽相同。由于不同的国家、民族、地区之间在人口、经济、社会文化、政治、法律、自然地理等各方面存在着广泛的差异性，因而它们对企业营销活动的影响是不尽相同的，这就要求企业必须采取不同的营销策略才能应对和适应相应的情况。

2. 相关性。市场营销环境是一个系统。在这个系统中，各个影响因素是相互依存、相互作用和相互制约的。这种相关性表现在两个方面：一是某一因素的变化会引起其他因素的互动变化；二是企业营销活动受多种环境因素的共同制约，各种社会、经济和市场现象的出现，往往不是由某个单一因素所决定的，而是受到一系列相关因素影响的结果。

3. 动态性。营销环境的诸因素不是一成不变的，每个环境因素都会随着社会经济的发展而不断变化。顾客的消费需求特点会改变，宏观经济政策、产业结构也处在不断调整中。当然，市场营销环境的变化有快慢、大小之分：有的变化快一些，有的则变化慢一些；有的变化大一些，有的则变化小一些；科技、经济等因素的变化相对快一些，而文化、自然等因素变化相对较慢一些。这就要求企业要根据环境因素和条件的变化，不断调整其营销策略。

4. 目的性。市场营销环境的诸因素虽然是变化的，但却是客观存在的。主观臆断某些环境因素及其发展趋势，往往会造成企业盲目决策，使企业在市场竞争中惨败。企业研究市场营销环境，其目的是为了适应不同的环境，从而求得生存与发展。由于企业市场营销环境不等于企业的整个内外界事物，因此，企业需要适应的只是对企业营销活动有影响的环境因素。对这些因素，企业不但要积极主动地去适应，而且要不断创造对自己营销有利的环境。

二、市场营销环境分析的重要性

企业的营销活动不可能脱离周围的环境而孤立进行，企业总是在一定的外界环境条件下开展市场营销活动，企业营销成败的关键取决于企业能否适应复杂多变的营销环境。市场营销环境及其变化对企业的生存和发展具有重要影响和意义。

首先，营销环境分析是市场分析与研究的出发点和首要内容，也是制定企业营销战略的基础和前提。任何企业的营销活动，都是在一定的环境下进行的，企业营销者的任务就是要适当地调整并运用市场营销组合，使之与不断变化的环境相适应。

其次，分析营销环境是企业实现营销目标，满足顾客需求的客观要求。企业的营销目标就是在满足顾客需求的基础上获得满意的利润。顾客的需求随环境的变化而变化，企业只有掌握环境变化的动态，分析环境变化对需求的影响，才能把握需求变化，引导和满足需求。

最后，分析市场营销环境能够帮助企业审时度势地寻求市场机会和避免环境威胁，以便进行科学决策。在现实生活中，市场机会和环境威胁是同时并存的，营销管理者的任务就是抓住并利用机会，避开威胁。营销环境的不断变化将会给企业带来新的机会和威胁，这些机会和威胁有的比较稳定，有的缓慢变化，有的则是急剧变化，对不同行业和不同企业的影响也往往不同。企业只有在充分了解和正确分析市场营销环境的基础上，才能做出正确的决策。

三、市场营销环境的机会和威胁

市场营销环境是企业生存和发展的条件，市场营销环境的发展变化可能会给企业带来市场机会，同时也可能会给企业造成威胁。随着生产力水平的不断提高和科学技术的不断发展，企业的生存和发展越来越取决于企业适应环境变化的能力。因此，企业必须要进行营销环境分析，并为企业制定切实可行的对策。

环境对企业产生的影响基本上可划分为两大类：一类是市场机会，另一类是环境威胁。分析研究营销环境，目的在于抓住和利用市场机会，避免环境威胁。

（一）市场营销环境机会

市场机会是指营销环境中对企业市场营销有利的各项因素的总和。有效地捕捉和利用市场机会，是企业营销成功和发展的前提。企业只有密切关注营销环境变化带来的市场机会，适时做出适当评估，并结合企业自身的资源和能力，及时将市场机会转化为企业机会，才能开拓市场，扩大销售，提高产品的市场占有率。市场机会的产生往往来自于营销环境的变化，新技术、新产品和新工艺的采用等都可能产生新的待满足的需求，可为企业提供市场机会。

（二）市场营销环境威胁

环境威胁是指营销环境中对企业营销不利的各种因素的总和。企业面对环境威胁时，如果不能果断地采取营销措施加以规避，则不利的环境趋势势必威胁企业的市场地位，甚至使企业陷于困境。企业市场营销人员应善于识别所面临的威胁，并按其严重性和出现的可能性进行分类，对那些严重性而且可能性也大的威胁制定应对计划。

（三）环境分析及企业市场营销对策

现实中单纯市场机会和单纯的环境威胁是很少的，一般情况下，营销环境都是机会与威胁并存、利益与风险结合在一起的综合环境。根据市场机会和综合环境中威胁存在的程度不同，企业应分别采取不同的策略。

1. 理想环境下应采取的策略。理想环境是指机会水平高、威胁水平低，利益大于风险的环境，这是企业难得遇上的好环境。企业必须抓住机遇，开拓经营，努力创造营销佳绩，万万不可错失良机。

2. 冒险环境下应采取的策略。冒险环境是指机会和威胁水平都高，利益与风险并存，在存在很大利益时，往往风险也很大。面临这样的环境，企业必须做深入的调查研究，进行全面分析，审慎决策，以降低风险，争取最大利益。

3. 成熟环境下应采取的策略。成熟环境是指机会和威胁水平都相对比较低，是一种比较平稳的环境。在这种情况下，企业一方面要按常规经营，强化管理，以维持正常运转，取得平均利润；另一方面要积蓄力量，为进入理想环境或冒险环境做准备。

4. 困难环境下应采取的策略。困难环境是指风险大于机会的环境，企业处境已十分困难。面对困难环境，企业必须想方设法改变局面，果断决策，重新选择经营方向，另谋发展。

通常来说，企业在不同时期往往面临着不同的市场营销环境，既可能给企业带来机会，也可能给企业带来威胁。对企业营销环境进行分析和评价，始终是营销者制定营销战略、策略和计划的依据。

第二节　市场营销宏观环境

一、人口环境

人口是构成市场的第一要素，市场是由有购买愿望并且具备购买能力的人构成的，人的需求正是企业营销活动的基础，营销活动的最终对象只能是人。在日常生活中，人的衣食住行所产生的需求及生老病死的自然规律所诱发的需求，是市场需求最基本的动因。对人口环境的分析是把握需求动态的关键，人口的多少直接决定市场潜在容量，而人口的分布、人口规模与增长率、人口的年龄结构、教育程度、家庭结构、地区特征与人口迁移等又会对市场需求的格局产生深刻的影响。因此，人口环境对市场营销的关系是十分密切的。

（一）人口数量

从总体上讲，一个国家的市场大小与人口总量成正相关，尽管各国的经济发展水平和人均国民收入状况会导致购买力存在很大的差异，但人口规模往往是决定一个国家商品总需求的重要根据。在收入及其他因素不变的情况下，人口越多，人们对食物、衣着等生活必需品的需求量也就越大。人口对市场的影响更多地表现在维持人们生存所必需的基本生活资料方面，人口数量越大，则这一部分需求的绝对量越大。了解人口环境，既要看到目前人口数量，又要注意人口增长率，把握人口变化趋势，预测市场容量。

对于市场营销人员来说，人口增长意味着人类需要的增长，但只有在购买力有保证的前提下，人口增长才意味着市场的扩大。倘若人口的增长对粮食和各种资源的供应形成很大的压力，就会造成成本的提高和利润的降低。

（二）人口结构

准确认识市场潜力，不仅要了解人口数量及增长率情况，还需要调查和预测人口结构。人口结构的变化与不同地区变化的差异性正是目前世界范围内影响经济发展的最主要的原因之一。人口结构主要包括人口的性别结构、年龄结构、职业结构、家庭结构、民族结构等。

（三）人口的地理分布

人口分布是指人口在不同的地理区域的密集程度。由于各区域的自然条件、经济发展水平、市场开放程度、社会文化传统以及社会经济与人口政策等不同，分布在不同区域的人口具有不同的需求特点和消费习惯。例如，在中国东部沿海地区的居民因为收入较高，所以消费趋向享受型和发展型；而内地和西部地区居民因为收入低些，所以消费以基本型为主。人口的地理分布与企业的营销决策尤其是销售渠道策划有密切的关系，世界人口正在加速城市化，这是人口分布演进的一个普遍趋势，不少国家的人口往往集中在几个大城市，人口密度大，消费需求较集中。人口聚居区标志着主要的市场所在地，企业宜在重点市场指派代理商和经销商；而在人口分散、密度小的地区多设推销网点，这些都是企业营销活动所应考虑的因素。

特别值得注意的是，因为人口因素是变化的，所以在考察上述因素时，静态描述是重要的，但更重要的是考察其变化趋势，其中，尤其要注意在多个因素的交叉分析中发现对营销战略有意义的信息。

二、经济环境

经济环境是指企业与外部环境的经济联系，是指企业市场营销活动开展所面临的社会经济条件及社会经济运行状况和发展趋势。企业的市场营销活动要受到一个国家或地区的整体经济发展水平制约。经济发展阶段不同，居民的收入不同，顾客对产品的需求也不一样，会在一定程度上影响企业的营销。市场是由有购买力的人口构成的，而社会购买力受宏观经济环境制约，是经济环境的反映，它取决于现有的收入、价格、储蓄以及借贷情况。营销人员的各种营销活动都以经济环境为背景，能否适时地依据经济环境进行市场决策，是营销活动成败的关键。

（一）消费者收入因素

消费者收入是影响购买力的最重要的因素。衡量购买力水平有多种不同意义的收入，如国民生产总值、国民收入和人均国民收入。对于营销人员来说，消费者不同的收入水平与结构直接影响着消费心理与消费习惯，营销战略与策略的制定会产生巨大的差异。

分析消费者收入要搞清个人可支配收入和个人可任意支配收入这一对重要概念。个人可支配收入是指在个人总收入中扣除税金后真正可用于消费的部分，它是影响消费者购买力水平和消费支出结构的决定性因素。个人可任意支配收入是指在个人可支配收入中减去消费者用于购买食品、支付房租及其他必需品的固定支出后所剩下的那部分收入，非必需品的消费主要受它的限制。在这两种收入中，由于国家税收政策的稳定性，个人可支配收入变化趋势缓慢，而个人可任意支配收入则变化较大，并且在商品消费中的投向不固定，成为市场供应者竞争的主要目标。

由于消费者收入所形成的社会购买力往往要受到产品价格变化的影响。在进行经济环境分析时，对消费者收入还要区分货币收入和实际收入。在多数情况下实际收入和货币收入并不总是一致的，由于通货膨胀、失业、税收等因素的影响，有时货币收入虽然增加，但实际收入却可能下降。在消费者的货币收入不变时，如果物价下跌，则表明实际收入上升。研究实际收入变动的意义在于它直接影响着消费者的支出行为和购买力投向。

除了分析研究消费者的平均收入外，营销者还应了解不同社会阶层、不同地区、不同职业的收入和收入增长率的差别，深入认识各个细分市场的购买力分布。

（二）消费者支出模式

消费者支出模式即支出结构或需求结构的变化，对市场营销也具有十分重要的意义。经济的发展、产业结构的转变与收入水平的变化等因素直接影响消费者支出模式，而消费者个人收入水平则是单个消费者或家庭消费结构的决定性因素。对这个问题的分析要涉及恩格尔定律，该定律指出：随着家庭收入增加，用于购买食品的支出占家庭收入的比重将会下降，用于住房和家庭日常开支的费用比例保持不变，而用于服装、娱乐、保健和教育等其他方面及储蓄的支出比重将会上升，其中，食品支出占家庭收入的比重称作恩格尔系数。恩格尔系数是衡量一个国家、一个地区、一个城市、一个家庭的生活水平高低的标准，恩格尔系数越小表明生活越富裕，越大则表明生活水平越低，企业从恩格尔系数的大小可以了解市场的消费水平和变化趋势。

需要指出的是，在利用恩格尔系数进行国家或地区之间的比较时，要注意地理因素和文化因素的影响。由于各国人民的生活习惯、价值观念、追求目标等方面的不同，以及各国政府在价格政策、免税、补贴等方面的诸多不同，各个国家的恩格尔系数并无绝对可比性，在利用恩格尔定律分析问题时，要考虑到上述这些因素的影响和作用。

消费者支出模式除了主要受消费者收入影响外，还受以下两个因素的影响。

1. 家庭生命周期的阶段。有孩子与没有孩子的年轻人家庭的支出情况有所不同，没有孩子的年轻人家庭负担较轻，往往把更多的收入用于购买电器、家具、陈设品等耐用消费品；而有孩子的家庭收支预算会发生变化。特别是十几岁的孩子不仅吃得多而且爱漂亮，用于娱乐、运动、教育方面的支出也较多，所以在家庭生命周期的这个阶段，家庭用于购买耐用消费品的支出会减少，而用于食品、服装、文娱、教育等方面的支出会增加，等到孩子独立生活之后，父母就有大量可随意支配的收入，有可能把更多的收入用于医疗保健、旅游、购置奢侈品或储蓄，因此这个阶段的家庭收支预算又会发生变化。

2. 消费者家庭所在地点。所在地点不同的家庭用于住房、交通、食品等方面的支出情况也有所不同。例如，住在中心城市的消费者和住在农村的消费者相比，在交通、住房方面会有不同的支出比例。

（三）消费者储蓄和信贷情况

消费支出还要受储蓄和信贷的直接影响。居民个人收入不可能全部都用掉，总有一部分以各种形式储蓄起来，这是一种推迟了的、潜在的购买力。储蓄来源于消费者的货币收入，其最终目的还是消费，在货币收入水平不变的情况下，如果储蓄增加，购买力和消费支出便减少；反之，如果储蓄减少，购买力和消费支出便增加。因此，储蓄的增减变动会引起市场需求规模和结构的变动，从而对企业的营销活动产生重要的影响。中国居民有勤俭持家的传统，已养成储蓄习惯，因而企业需要特别注意调动消费者的潜在需求。

消费者信贷也是影响消费者购买力和支出的一个重要因素。消费者信贷是指消费者首先凭借信用取得商品使用权，然后按期归还贷款以购买商品。西方国家的消费者信贷主要有短期赊销、分期付款、信用卡信贷等形式。由于消费者可用贷款来购买商品，因而消费者信贷的规模变化也会影响购买力的增减变动。美国消费者信贷在全世界最高，各种形式的赊销、分期付款业务十分发达，增长迅速。由于它允许人们购买超过自己现时购买力（收入和储蓄）的商品，消费者信贷已成为美国经济增长的主要动力之一，这就创造了更多的就业机会、更多的收入以及更多的需求，从而也为营销人员创造了机会。中国为了促进商品经济的发展，也开始使用信用卡，消费者赊销、分期付款购车、购房等商业信贷日益普及。

（四）商品供求因素

商品供求状况包含着供求总量和供求结构。在一定的商品购买力条件下，某些商品供给发生变化，会引起购买力在不同类商品或同类商品的不同品种之间的转移；供给商品的品种、花色质量、档次的差别也会引起消费者需求增减，并促使购买力转移。一般情况下，在市场上某种商品供过于求时，生产此种商品的企业所承受的压力就大；而在供不应求时，企业的生产量和销售量会相应增加。企业营销人员对经济因素的关注直接体现在对商品供求变化趋势的预测上。

（五）商品价格因素

价格是消费者最为敏感的因素之一，直接影响消费者的需求，因而也是市场营销活动较为关心的因素。主要有以下三种情况。

一是商品价格总水平发生升降变化，导致总的商品需求变化，商品需求同商品价格呈反方向运动。

二是某种商品价格上升导致消费者将购买力转而投向其他同类商品或代用品，某种商品价格下降则会导致同类商品的购买力的转向。

三是发生通货膨胀，即货币贬值，物价上涨，购买力下降，导致企业的营销环境恶化。一方面，引发恐慌心理，导致市场上出现以保值为目的的抢购风，给企业以混乱、虚假的需求信息，增加企业未来发展的风险；另一方面，各种生产要素涨价，使产品成本提高，对企业资金周转、投资组合和营销组合等不利，增加之后的营销难度。因此，企业必须注意通货膨胀走势及其影响，正确判断经济发展的趋势，避免决策失误。

上述各类经济因素，对企业的发展战略和经营决策都有重大的影响关系，必须进行专门研究，随时掌握动态，避免企业经营陷于被动。

三、科学技术环境

科学技术是生产力，是最强大的生产力，是影响人类前途和命运的最大的力量。科学技术包括科学和技术两个不同范畴的内容，科学是人类对于自然、社会和思维等现象认识的结晶，而技术是人类为实现社会需要改革客观世界所采用手段的总和。科学、技术与生产的结合、统一是新技术革命的主要特征之一。科技环境及其变化对企业营销活动造成了直接或间接的影响，特别是技术的进步对市场营销的影响更直接而显著。

（一）科学技术的发展直接影响市场供求

据统计，在1920年以前，商品从试销到成熟的平均时距为34年；1939—1959年，这个时距缩短为8年。在20世纪初，依靠科技进步取得生产增长只占5%，进入20世纪90年代以后，其增长占90%以上。这种变化，不仅大幅度增加了商品的市场供给，而且也极大地刺激了消费者需求。

（二）新技术的发展和运用促使新的行业产生

新的产业部门、新行业的出现通常是新技术发展的必然结果，由于大量启用自动化设备和采用新技术，出现了许多新行业，包括信息技术、新能源技术、新材料技术、新制造技术、生物技术、海洋技术和空间技术等。新技术革命的蓬勃发展促进了产业革命，而产业革命所包含的主导技术群和技术体系则催化了社会经济的变革，甚至整个社会结构、时代文化和价值观的更新，必将带来大量新的市场机会。与此同时，新技术也会使某些行业受到环境威胁，使旧行业受到冲击甚至被淘汰。新的科学技术是一种“创造性的毁灭力量”，要求企业在进行产品开发决策时必须重视周围技术环境因素的变化，避免把有限的人力、物力资源投入到没有前途的产品研制中去。

在企业的技术开发工作中，市场营销部门应发挥重要作用，应对技术工作提供指导，使新产品的设计和老产品的改良符合市场需要。因为科学家们感兴趣的主要是解决科学技术上的难题，而不是发明可上市的新产品。但对企业的市场营销来说，技术上的突破只有在符合市场需求的情况下才有价值。

（三）科学技术的发展能够提高营销效率

科学技术的发展直接影响企业的经济活动。在现代社会中，生产率水平的提高主要依靠新技术的开发、生产工艺和生产流程的创新等。同时，技术开发也能够扩大和提高劳动对象的利用广度和深度，这些会影响企业的管理程序和市场营销活动。科学技术既为市场营销提供了科学理论和方法，又为市场营销提供了物质手段。首先，新的交通运输工具诸如高铁及动车等的出现使产品运输效率大大提高，信息、通信设备的改善便于企业组织营销，提高了营销效率。其次，科学技术的发展可以使促销措施的实施更加有效。再次，现代计算机技术的发明及应用，可使企业及时了解消费者的消费需求及动向，并以此作为企业营销活动的客观依据，使企业营销活动更加切合消费者的实际需求情况。

（四）新技术的发展可以改变消费者购物习惯

随着网络技术的发展与应用，出现了网络购物等居家购物方式，现代商业中自动售货机、邮购、电话订货、电视购物等方式的出现，既满足了消费者的需求，又提高了企业的营销效率。可以说，网络营销是现代电子技术高度发展所带来的营销方式的重大变革，现代电子技术为营销活动创造了一个由电脑和通信交汇的网络空间，消费者可以在这个空间获取信息、自由购物，同时企业可以在这个空间进行广告宣传、市场营销研究和推销商品等。

总之，科学技术的进步和发展，必将给现代社会的经济、政治、军事以及社会生活等各个方面带来深刻的变化，这些变化必将深刻地影响企业的营销活动，进而给企业造成有利或不利的影响，甚至关系到企业的生存和发展。因此，企业应特别重视科学技术这一重要的环境因素对企业营销活动的影响，以便能够抓住机会，规避风险，求得生存和发展。

四、自然环境

自然环境是指能够影响社会生产过程的自然因素，包括自然资源、企业所处地理位置、生态环境等。日益恶化的自然环境是20世纪90年代以来企业以及公众面临的主要问题之一，这种问题的存在既可能成为企业发展的机遇，也可能对企业产生潜在的威胁，当今世界的自然环境变化共同影响着企业市场营销的未来走向。

（一）自然资源逐渐枯竭

通常来说，地球上的自然资源可以划分为三大类：第一，取之不尽、用之不竭的资源，如空气等；第二，有限但可再生的资源，如森林、粮食等；第三，有限又不能再生的资源，如石油、煤和各种矿物。由于现代工业文明无限度地索取和利用，导致矿产、森林、能源、耕地等资源日渐枯竭，甚至连以前认为永不枯竭的水也在世界某些大城市出现短缺。目前，自然资源的短缺已成为各国经济发展的制约因素，对于企业来说，最直接的威胁就是资源成本特别是能源成本的上升。

（二）环境污染日益严重

过去，经济发展以大量消耗资源、能源作为动力，这种粗放型的经济增长方式极大地消耗着地球资源，使人类付出了惨重的代价。随着工业化和城市化的发展，环境污染日益严重，人类面临着资源枯竭、海洋污染、土地沙化、温室效应、物种灭绝和臭氧层破坏等一系列生态环境危机。对此，全世界都在日益关注，但在另一种意义上这也为企业的发展提供了市场机会，生物肥料、污染控制设备都会取得更为广阔的市场。

（三）地理位置的选择与利用

企业所处地理位置，对掌握信息、贮运商品、扩大销售有很大影响。地处中心地区的企业，交通便捷，获取信息快，运输方便，有利于促销；地处偏僻地区的企业，则获得信息慢，运输不便，行销难度大；另一方面，企业地理位置条件不同，往往会有不同的级差收益。如新修公路、铁路，将促使沿线经济带地区发展，导致地价升值。企业所处地理位置在企业经营中的重要作用要求营销人员密切关注交通建设信息，在新建、扩建、改建选址上多下功夫，以同样的支出获取最大的收益。

（四）国家对自然环境保护的加强

由于公众对自然环境的日益关心，许多国家的政府都对自然资源管理加强干预，但是政府为了社会利益和长远利益而对自然资源加强干预，往往与企业的经营战略和经营效益相矛盾。例如，为了控制污染，政府往往要求企业购置昂贵的控制污染设备，这样就可能影响企业的经营效益。因此，企业的营销管理者要妥善解决这种矛盾，力争做到既能减少环境污染，又能保证企业发展和提高经营效益。

自然环境对企业营销的影响还表现在地理特征对消费需求的影响上。例如，中国北方寒冷与南方炎热的气候，都会对产品提出不同的环境适应性要求。如果从经营成本上考虑，平原地区道路平坦，运输费用比较低；而山区丘陵地带道路崎岖，运费自然就高。可见，气候和地形地貌不仅影响企业的经营、运输、通信、分销等活动，而且会影响一个地区的经济、文化和人口分布状况。因此，企业开展营销活动时，必须考虑当地的气候与地形地貌，使营销策略能够适应当地的地理环境。

五、政治环境

政治环境是指企业市场营销活动所处的外部政治形势和状况，一般分为国内政治环境与国际政治环境两部分。

（一）国内政治环境

国内政治环境包括企业所在国政府的方针、政策的制定与实施、政治局势的变化等。

1. 国内政策。任何国家在不同时期都会根据需要颁布经济和社会发展政策，制定经济和社会发展方针，这些方针政策不仅影响本国企业的营销活动，而且影响外国企业在本国市场的营销活动。例如，国家可以通过增加产品税来抑制某些商品的需求，通过征收个人收入调节税影响消费者的购买力等。从对国外企业的影响来看，市场国的方针、政策是外国企业营销的重要环境因素，将会直接或间接影响外国企业在市场国的营销活动。目前，国际上各国政府所采取的对企业营销活动有重要影响的政策和干预措施主要有：进口限制、税收政策、价格管制、劳动工资政策等。

2. 国内政治局势。政治局势指企业营销所处的政治稳定状况。一个国家的政局稳定与否会给企业营销活动带来重大的影响：如果政局稳定、生产发展、人民安居乐业，就会给企业创造良好的营销环境；相反，政局不稳、社会矛盾尖锐以及秩序混乱，不仅会影响经济发展和居民的消费购买力，而且对企业的营销心理也有重大影响。战争、暴乱、罢工、政权更替等政治事件都可能对企业营销活动产生不利影响，给企业投资和营销带来极大的风险。

（二）国际政治环境

国际政治环境包括政治权力、政治冲突和国际关系对企业营销活动的影响三个方面。

1. 国际政治权力。企业若从事国际市场营销，首先必须考虑欲进入的市场所在国家的政治权力状况，包括社会性质和政治体制、各政党之间的关系与各自的立场和政策等。通过上述对性质和体制方面的研究，可以更好地了解这个国家的贸易法令、条例规章以及通过行使主权的各项控制，包括进口限制、外汇控制、劳务限制、国有化等方面情况，分析和估计进入这个市场的可能性和前景。

2. 国际政治军事冲突。从事国际市场营销的企业，除了应当对市场所在国家或地区的政治权力结构加以重视外，还要关注政治冲突给企业营销活动造成的影响。这是因为一个国家和地区的政局稳定还是动荡，对于企业的经营活动具有巨大的影响。如2003年美国对伊拉克的战争就是一个突出的例证。战争爆发使许多面向中东市场的企业经营受阻，如亚洲一些国家和地区因政局不稳造成旅游业收入损失惨重。但是战争中大规模的武器弹药消耗为军火商带来了巨大的机会，美国的大军火商和一些垄断企业，靠剧增的军火订单大发其财。其他与军事有关的企业，如美国一些供应军队食品的企业也遇到了赚钱的大好良机。而战争结束后百废待兴，又为国际商人提供了新的工程建设等方面的巨大市场机会。

3. 国际关系。从事国际市场营销的企业还要注重分析国际关系，主要包括两个方面的内容。

（1）企业所在国与营销对象国之间的关系。例如，中国在国外经营的企业要受到市场国对于中国外交政策的影响。如果该国与中国的外交关系良好，则对企业在该国经营有利；反之，如果该国对中国政府持敌对态度，那么中国的企业就会受到不利的对待，甚至是受到攻击或抵制。中美两国之间的贸易关系就经常受到两国外交关系的影响。

（2）国际企业的营销对象国与其他国家之间的关系。国际企业对于市场国来说是外来者，其营销活动要受到市场国与其他国家关系的影响。例如，中国与伊拉克很早就有贸易往来，后者曾是中国钟表和精密仪器的较大客户。海湾战争后，由于联合国对伊拉克的经济制裁，使中国很多企业与伊拉克企业的贸易往来不能进行。这说明国际企业的营销对象国与其他国家之间的关系，也是影响国际企业营销活动的重要因素。

六、法律环境

企业市场营销的法律环境主要指直接或间接地影响企业市场营销活动的各种法律法规。企业总是在一定的法律环境中运行的，法律环境是企业经营不可忽视的环境因素。

（一）国内法律环境

国内市场营销法律环境主要是指国家主管部门颁布的各项法律法规、条例等，尤其是其中的经济法规，国家的法律及政策法规是否完备，对企业的营销会产生巨大影响。法律法规首先是使市场竞争环境公平化、秩序化；其次是向消费者倾斜，保护其合法利益；此外，法律法规还注重对社会整体利益和长远利益的保护。目前中国已经颁布的影响企业营销的法律法规主要有：《公司法》《反不正当竞争法》《税收法》《广告法》《商标法》《价格法》《消费者权益保护法》《环境保护法》《经济合同法》《专利法》《食品卫生法》《涉外经济合同法》《进出口关税条例》等。这些法律法规从不同角度影响企业的营销活动。企业的营销人员要认真研究和遵循法律法规并充分利用法律法规和政策来推进市场营销活动，从而实现营销目标。

（二）国际法律环境

在国际市场营销中，企业如欲进入国际市场，熟悉和了解国际法律就成为一个重要的问题，否则就会受到法律制裁。例如，美国《反托拉斯法》规定，不允许几个公司共同商定产品价格，一个公司的市场占有率超过20%就不能再兼并同类企业。除上述特殊限制外，各国法律对营销组合中的各种要素往往有不同的规定。从当前企业营销活动法律环境的情况来看，有两个明显的特点：一是管制企业的立法增多，法律体系越来越完善；二是政府机构执法更严。企业要想在国际市场上取得成功，营销人员不但要熟悉国际法律，而且要善于加以运用。

七、社会文化环境

人类在某种社会环境中生活，必然会形成某种特定的文化。文化是影响人的欲望和行为的重要因素。人们在不同的文化背景下生活，就会形成不同的观念和信仰，有着不同的行为规范。社会文化是指一个社会的民族特征、风俗习惯、伦理道德、价值观念、生活方式、教育水平、语言文字、社会结构等的总和。它主要由核心文化和亚文化两部分组成。核心文化是某一社会群体所共同拥有的核心信仰和价值观念，核心文化具有延续性，可以代代相传。企业营销人员应针对不同的社会文化环境及特征制定有效的营销策略。

（一）价值观

价值观是人们对社会生活中各种事物的态度和看法，是区分不同文化类型、不同社会和不同群体的根本，价值观是社会文化的核心内容，价值观念是一种信仰，是一种能明确或含蓄地影响人们的行为方式的基本观念。在不同的国家或民族之间，甚至是同一国家、同一民族的不同群体之间，人们的价值观念也可能迥然不同。不同的价值观念影响着人们的消费需求与消费行为。有些国家的人时间观念很强，准时成为社会中受人尊敬、获得信赖的前提。因此，能节约时间的产品就会受到欢迎，如快餐、速溶饮料。东方人将群体、团结放在首位，因此广告宣传要注重人们对产品的共性认识；西方人则注重个体和个人的创造能力，因此产品包装要显示出醒目或标新立异的特点。企业营销要注意价值观念方面的这些差异，对于不同的价值观念，企业营销人员应采取不同的策略。

（二）宗教信仰

宗教对人们的态度、价值观及生活方式有重大的影响，是构成社会文化因素的一个主要方面。不同的宗教有不同的价值观和行为准则，基督教、伊斯兰教、印度教和佛教是当今世界最主要的宗教。比如，伊斯兰教忌食猪肉，犹太教有星期五吃鱼的习惯，基督教重视圣礼、节日，推崇节俭、勤劳、守时等。

对市场营销者来说，必须研究各种宗教信仰的规范，在尊重人们宗教信仰的前提下，用恰当的营销策略满足各种有宗教信仰的人们的需要。

此外，还要注意宗教组织和宗教派别对企业营销活动的影响。一种新产品的出现若得到宗教组织的赞同或支持，它将会号召教徒使用和购买；假如它认为该商品与宗教信仰相冲突，则会提出限制，禁止教徒使用。因此，企业可把宗教组织作为重要的公共关系对象来看待，使之成为有力的促销力量。

（三）审美观

审美观是人们对自然、艺术、社会生活的审美标准、审美方式和审美习惯。在不同的文化环境下，人们对美有着不同的评价，颜色在不同国家和地区就有不同的寓意。如白色在日本、欧洲和美国代表纯洁、光明、坦率和美好，而在印度却代表不受欢迎；绿色在日本和巴西代表不吉利、不吉祥，是一种恶兆，但在多数国家却代表着春天、青春、生机、平静和安全。人们在市场上挑选、购买商品的过程，实际上也就是一次审美活动。审美观对产品的设计、色彩、广告促销中的音乐、商标名称有着重大的影响。近年来，中国人民的审美观念随着物质水平的提高，发生了明显的变化，表现为追求健康的美、追求形式的美、追求环境美。在这种趋势下体育用品、运动服装需求上升，鲜艳、明快、富有活力的色调以及对环境的美感体验成为消费的重点。

（四）风俗习惯

风俗习惯是人们历代传递下来的，在长期经济与社会活动中形成的一种消费方式。禁忌是风俗习惯的特殊表现形式，如中国人比较喜欢“2”“6”“8”“9”这几个数字，对“4”比较忌讳，西方基督徒都忌讳“13”。中国人喜欢逢年过节送酒，因为酒与“久”同音，代表健康长寿；吃年夜饭要有鱼，代表年年有余。不同的消费习俗具有不同的商品需要，研究消费习俗，有利于对消费用品的生产与销售进行管理，有利于正确、主动地引导健康的消费。了解目标市场消费者的禁忌、习俗、避讳、信仰、伦理等是企业进行市场营销的重要前提。

在研究社会文化环境时，还要重视亚文化群对消费需求的影响。每一种社会文化的内部都包含若干亚文化群。例如，移民、外侨、特殊阶层，由于他们不同的生活经历，表现出不同的信念和价值观，从而有不同的消费需求和行为。如根据中国传统，结婚等喜庆日着红色服装以示吉祥；而根据西方传统，结婚时着白色礼服，表示纯洁。现在中国沿海城市有许多人受西方文化影响，风俗习惯已有所改变，对其中健康有益的部分，营销者应予以支持，而对那些腐朽有害的内容，则应予以坚决抵制。企业市场营销人员可以把每一个亚文化群视为一个细分市场，生产经营适销对路的产品，满足顾客需求。

总之，市场营销的宏观环境主要包括以上几个方面，这些对企业来说，都是不可控制的变数，企业只有设法适应这些环境，而不能改变环境，这是营销学的传统观点。但是近年来有些美国学者提出了不同的见解，修正和发展了传统的营销理论：他们认为，企业的营销活动不仅受外部环境的制约，同时通过向外提供产品和服务，传播信息以及开展公共关系活动，如通过游说影响立法，利用宣传报道形成公众舆论等，也可以影响外部环境，使之变得有利于企业达到自己的目标。看似不可控制的环境障碍，经过营销者的不懈努力，也是可以克服的。

第三节　市场营销微观环境分析

一、企业内部环境

企业的微观营销环境主要由企业内部参与营销的各部门以及企业的供应商、营销中介、顾客、竞争者和社会公众组成，在企业微观营销环境的若干层次中，首要的层次就是企业自身，它处于企业市场营销环境的中心。企业目标的实现要靠企业内部各方面力量相互配合，如制造、采购、研究与开发、财务、市场营销等的协作。企业的市场营销部门和其他业务部门是互相关联的，营销部门的决策要考虑到其他部门的业务活动。企业营销部门和其他业务部门要接受企业最高管理层的领导，营销部门必须根据最高管理层制定的企业任务、目标、战略和策略等来做市场营销决策和制定市场营销计划，并经最高管理层审批方可执行。企业内部各个部门、各个管理层次之间的分工是否科学，协作是否和谐，均影响到企业营销管理决策和营销方案的实施成功与否。

二、供应商

供应商是企业的整体顾客价值交付系统的重要环节。供应商为企业提供所需资源以生产其产品或者服务。供应商环境的发展对企业营销有相当大的影响。主要表现在以下几个方面。

1. 供货的稳定性与及时性。原材料、零部件、能源及机器设备等货源的保证，是企业营销活动顺利进行的前提。供应量不足或质量不佳，都会影响企业按期完成交货任务。从短期来看，这会损失销售额，从长期来看，则会损害企业在顾客中的信誉。因此，企业必须和供应商保持密切的联系，及时了解和掌握供应商的变化和动态，使货源的供应在数量上、质量上、时间上和连续性上能得到切实的保证。

2. 供货的价格变动。毫无疑问，供货的价格直接影响企业的成本。如果供应商提供原材料的价格高，生产企业亦将被迫提高其产品价格，这可能影响到企业的销售量和利润。企业要时刻注意价格变化趋势，特别是对原材料和主要零部件的价格现状及趋势更要做到心中有数，只有这样才能使企业应变自如，不至于面对突然情况而措手不及。

3. 供货的质量。供货的质量包括两个方面：一是供应商所提供的商品本身的质量，如果供应的货物质量不高，有这样或那样的问题，那么企业所生产出来的产品就不可能是高质量的产品。二是售前和售后服务水平，有的机器设备需要有优良的维修服务保障，才能确保机器设备的质量水平。有鉴于此，企业应选择那些能够保证产品质量、交货期准确、售前和售后服务水平高和低成本的供应商。

对于供应商，传统的做法是选择几家不同的供应商，并使它们互相竞争。这样做虽然能使企业节约进货成本，但也隐藏着很大的风险，如供货质量参差不齐、过度的价格竞争使供应商负担过重而放弃合作等。现在越来越多的企业开始把供应商视为合作伙伴，一方面为选择优秀的供应商严格确定资格标准，如技术水平、财务状况、创新能力和质量观念等；另一方面积极争取那些业绩卓越的供应商，与他们建立良好的、长期的合作关系。

三、营销中介机构

营销中介机构是指协助企业使其产品顺利到达目标顾客手中的各种企业或个人，包括中间商、物流公司、营销服务机构和金融机构，这些都是市场营销不可缺少的环节，企业的营销活动都必须通过他们的协调才能顺利进行。例如，企业生产集中与需求分散的矛盾，就必须通过中间商的分销来解决；资金周转不灵，则需要求助于银行和信托机构。随着市场经济的不断发展和完善，社会分工越来越细，这些中介机构的影响也越来越大，因此，企业在市场营销过程中，必须重视营销中介对营销活动的影响，并能处理好同他们的合作关系。

1. 中间商。中间商是指帮助企业寻找顾客或者完成销售的分销公司，中间商可分为两类：代理中间商和买卖中间商。代理中间商包括代理商、经纪人和生产商代表，专门介绍客户或与客户磋商交易合同，但并不拥有商品所有权。买卖中间商又称经销中间商，主要包括批发商、零售商和其他再售商。他们首先购买商品，拥有商品所有权，然后出售商品。中间商对企业产品从生产领域流向消费领域有重要的影响。中间商由于与目标顾客直接打交道，中间商的销售效率、服务质量会直接影响企业的产品销售，因此，必须选择使用合适的中间商。在与中间商建立合作关系后，要随时了解和掌握其经营活动状况，并采取激励性合作措施，推动其业务活动的开展，当发现中间商不能履行其职责或市场环境发生变化时，企业应及时解除与中间商的关系。

2. 物流公司。物流公司协助制造商储存和运送产品。运输公司负责将产品由一个地点运送到下一个地点，包括铁路公司、汽车运输公司、航运公司和其他收取运费的公司。企业必须权衡考虑成本、交货期、速度、安全等因素，选择最佳的储存和运输方式。

3. 营销服务公司。营销服务公司是协助企业寻找正确的目标市场，并为其促销产品的公司，包括市场调查公司、广告代理公司、宣传媒介和营销咨询公司等。如果企业决定利用这些营销服务机构，应该审慎选择，因为这些公司在创意、品质、服务和价格等方面有很大的差异。企业必须定期评估它们的表现，及时更换表现不佳的公司。

4. 财务中介。财务中介包括银行、信贷公司、保险公司和其他协助产品交易融资和降低风险的公司，大部分的买卖双方都需要依靠财务中介公司为交易融资。资金成本的高低和信贷额度都会影响营销的绩效，因此企业必须与重要的财务中介建立良好的关系。在现代经济生活中，企业与金融机构有着不可分割的联系，如企业间的财务往来要通过银行账户进行结算，企业财产和货物要通过保险公司进行保险等。银行的贷款利率升降、保险公司的保险金额增减，都会使企业的营销活动受到影响，若信贷来源受到限制则会使企业处于困境。诸如此类的情况都将会直接影响企业的日常运转，因此，企业必须与金融中间机构建立起密切的关系，以保证企业资金融通渠道畅通。

四、顾客

顾客就是市场，是企业进行营销活动的出发点和归宿。顾客的需求特点及其变化正是企业营销努力的起点和核心，认真分析目标顾客需求的变化趋势是企业非常重要的基础工作。市场营销学根据购买者不同的购买动机来对企业的目标顾客进行分类，具体包括消费者市场、生产者市场、中间商市场和政府市场等。

五、竞争者

企业在市场上只要不是垄断经营，便有竞争对手。即使在某一市场上只有一个企业在提供产品或服务，没有现实的对手，但只要存在着需求的替代品的可能性，就不能排除存在潜在的竞争对手。企业要在激烈的市场竞争中获得营销的成功，就必须比其竞争对手更有效地满足目标顾客的需求。企业不仅要满足目标市场消费者的需求，还要考虑在同一目标市场中竞争对手的战略，要在消费者心目中树立比竞争对手更优的定位和产品以获得战略优势。

从消费需求的角度划分，企业在市场上面临着四种类型的竞争者。

1. 一般竞争者，指所有争取同一消费者的竞争者，如手机生产商的一般竞争者就是家电生产者、食品生产者等所有与其争取同一消费者消费的企业。

2. 行业竞争者，是指提供相同或相似产品的竞争者，如丰田公司的行业竞争者就是福特等其他汽车制造商。

3. 产品形式竞争者，是指能够生产提供相同服务的产品的竞争者。例如，汽车制造商的产品形式竞争者就是所有生产汽车、摩托车、自行车、卡车的企业。

4. 品牌竞争者，是指以相似的价格向相同的顾客提供类似产品和服务的竞争者，如福特汽车公司的品牌竞争者主要是丰田、本田、雷诺等其他提供中档价格汽车的汽车制造商。

企业的竞争者除了本行业现有的竞争者之外，还有替代品生产者、潜在进入者、买方、卖方等多种竞争力量，企业通过对竞争对手竞争能力的分析以及与本企业竞争能力的比较，可以发现自己的优势和劣势，创造战胜竞争者的机会。

六、公众

公众是指对企业实现其市场营销目标构成实际或潜在影响的任何团体。现代企业是一个开放的系统，公众会关注、监督企业的营销活动。公众对企业营销方式的态度，企业营销活动对公众利益的影响，相互之间具有极强的内在联系。企业要认真处理好与周围各种社会公众的关系，遵纪守法，注重信誉，开展力所能及的公益活动，树立良好的企业形象。

企业的重要公众包括以下几种。

1. 金融公众。金融公众是指影响企业融通资金能力的各种金融组织和社会集团，如银行、投资公司、股票经纪公司、保险公司等。企业应通过提高自身资金运作质量，确保投资者获得合理的回报，并且不断提高自身信誉，及时协调好各种关系来取得这些公众的信任。

2. 媒体公众。媒体公众主要指报纸、杂志、广播、电视、互联网等具有广泛影响的大众媒体。这些公众对企业的声誉有很重要的作用，企业要争取同这些媒体建立友好关系，力求得到更多的和更好的有利新闻、特写和评论。

3. 政府公众。政府公众是指有关政府机构。任何企业营销计划的制定都必须了解政府相关政策以及未来发展趋势，以增强营销计划的实际可行性。企业必须向相关部门咨询有关产品安全、广告真实性、商人权利等方面可能出现的问题，以便同相关政府部门搞好关系。有战略眼光的企业认为，聘请专职律师是极为有利的，这可以给企业减少许多不必要的麻烦。对于大型跨国公司来说，改善同政府的关系有助于判断政府的对外政策变化趋势，有利于开拓国际市场。

4. 社团公众。社团公众是指那些有可能影响企业开展营销活动的消费者组织、环境保护组织、少数族裔组织以及其他群众性团体等。这类公众对企业产品和企业形象的态度，直接影响着企业对目标市场的定位与选择。比如，减肥者协会认为某种食品的热量太高，那么企业就很容易失去这类消费者对该种食品的需求。消费者协会更是企业应予以重视的社团公众，应有专人负责处理与他们的关系。

5. 社区公众。社区公众是指企业附近的居民群众、社团组织和地方官员等。企业在其营销活动中要避免与周围公众发生利益冲突，应指派专人负责处理社区问题、参加会议或赞助当地有益事业。

6. 一般公众。一个企业需要了解一般公众对其产品的态度，企业所谓的“公众形象”其实就是在一般公众心目中的形象，这对企业的经营和发展都是很重要的。一般公众虽然不能以有组织的方式对企业采取行动，但是企业的形象会影响其惠顾。企业可以通过赞助慈善事业、设立消费者投诉系统等方式树立良好形象。

7. 企业内部公众。企业内部公众包括董事会、经理、员工等。企业要采取各种方式激励内部公众，当企业的员工对企业有好感时，不仅能提高员工的工作效率，而且有利的态度还会扩散到企业外部。

上述各种公众作为企业营销活动的制约力量，决定了企业必须处理好与周围各种公众的关系。为此，一些大的企业一般都设立公共关系部，就是为了处理好与企业内外部社会公众的关系，在公众中树立起企业良好的信誉和形象，这是企业改善微观环境的一个重要方面。

思考题

1. 市场营销环境的含义是什么？有哪些特征？
2. 人口环境对市场营销会产生什么影响？
3. 社会文化环境对市场营销会带来哪些影响？
4. 市场营销微观环境分析包括哪些因素？企业应如何处理与不同公众的关系？

第五章

消费者市场及购买行为分析

在现代社会生活中，人人都要与消费者市场发生联系，以获取所需、满足所求。市场营销的目的是影响消费者的想法和行为。为了影响消费者买什么、何时买以及怎样买，市场营销者必须首先理解他们为什么买。本章考察影响最终消费者购买的因素和过程。

第一节　消费者市场

一、消费者市场的含义

按照顾客购买产品和服务的目的或用途不同，市场可分为消费者市场和组织市场两大类。消费者市场（consumer market）是指为满足生活消费需要而购买商品和服务的个人或家庭所构成的市场。在一定意义上，可以说消费者市场是一切市场的基础，是最终起决定作用的市场。现代社会的任何一家企业，无论是生产型企业还是商业型、服务型企业，无论是直接还是间接为消费者服务，都必须认真研究消费者市场。

二、消费者市场的特点

1. 分散性。从交易的规模和方式来看，消费者市场的购买单位是消费者个人或家庭，购买者数量众多。这些购买者居住的地理空间具有分散性，市场分散，成交频繁。但交易数量零星，绝大部分产品和服务都通过中间商销售，以方便消费者购买。

2. 多样性。人不仅有衣、食、住、行等方面的物质消费需求，还具有高层次的文化教育、艺术欣赏、娱乐消遣、社会往来、旅游休闲、体育竞赛等精神需求。人类这些需要的全面性决定了消费需求的多样性。同时，又因为人们不同的需求层次，消费者的购买次序会因个人、家庭而有所不同，而使得消费者市场具有了鲜明的层次性特点。

3. 差异性。众多的消费者，其收入水平、文化素质、职业、年龄、性格、民族、生活习惯各不相同，他们在消费需求上就表现出各种各样的差异。随着消费购买力的不断提高，人们更加注重个性选择、个性消费，新的细分市场不断涌现，需求差异有不断增大的趋势。

4. 非理性。消费者市场的产品和服务琳琅满目，质量和品质参差不齐。对于消费者来说，可以购买的产品种类繁多，但大部分消费者有时对所购买的产品不能从理性的角度加以评判，尤其是对某些技术性较强、操作比较复杂的商品，更是缺乏购买知识。在多数情况下，消费者多受感情因素的影响，从而使消费者的购买行为呈现非理性的特点。

5. 替代性。随着消费者市场的竞争日益激烈，消费者市场的产品品种日益丰富，能用来满足人们同样需求的产品往往不止一种，消费者可以在不同品种或不同品牌之间进行切换。因此，导致人们的购买力在不同产品、品牌和企业之间流动。

6. 周期性。从消费者对商品和服务的需要来看，有些商品的消费需要消费者常年购买、均衡消费，如食品、副食品、牛奶、蔬菜等生活必需品；有些商品的消费需要随季节购买或节日购买，如一些时令服装、节日消费品；有些商品的消费需要等商品的使用价值基本消费完毕才重新购买，如手机、家用电器等。由此可见，消费者购买具有一定的周期性特点。

总之，对企业来说，充分认识消费者市场的特点具有重要意义，它有助于企业根据消费者市场的特点来制定营销策略，规划企业生产经营活动，为市场提供消费者满意的商品或服务，更好地开展市场营销活动。

三、消费者市场的购买对象

消费者市场的产品种类极其广泛。按照不同分类标准，可以将消费者市场的购买对象划为不同种类。

（一）按照消费者自身的购买习惯分类

按照消费者自身的购买习惯，可以将消费者市场的购买对象分为便利品、选购品和特殊品。

1. 便利品。便利品又称日用品，是指消费者日常生活中所需，需要频繁购买、使用很多、非常熟悉的产品，如食品、饮料、肥皂、洗衣液等。便利品的营销者，应注意分销的广泛性和经销网点的合理分布，以便消费者能及时就近方便购买和消费。

2. 选购品。选购品指消费者购买时要花费一定时间、精力挑选和比较后才决定购买的产品，如服装、家电等。消费者在购买这些产品之前，对这类产品了解不多，因此在决定购买前总要对同一类产品的价格、款式、质量等进行比较。销售这类产品的关键是将销售网点集中起来，给消费者提供更多比较和选择的余地。因此，选购品的营销者应将销售网点设在商业网点较多的商业区以及同类产品销售点相对集中的地点，以便顾客进行比较和选购。

3. 特殊品。特殊品指消费者对其有特殊偏好并愿意花较多时间和精力去购买的消费品，如汽车、高档家具等。这类商品的生产者、营销者一定要树立好品牌形象，提升企业的知名度，加强商品的宣传，赢得消费者的青睐。

（二）按商品的耐用程度和使用频率分类

按照商品的耐用程度和使用频率，可以将消费者市场的购买对象分为耐用品和非耐用品。

1. 耐用品。耐用品指能使用多次、购买频率不高、售价较高的产品，如家电、汽车、家具等。消费者购买这类产品时，决策较为慎重。生产这类产品的企业，要注重技术创新，提高产品质量，同时要做好售后服务，满足消费者购买后的需求。

2. 非耐用品。非耐用品指使用次数较少、购买频率很高、售价较低的产品，如日用品、食品等。这类产品的营销者，要特别注意销售点的设置，以方便消费者购买。

第二节　消费者购买行为及其影响因素

市场营销的基本特征是强调企业的经营活动必须以顾客需要的满足为指向，然而从 20 世纪 50 年代起，重视对顾客购买行为的全面分析才真正开始。消费者购买行为是指消费者在整个购买过程中所进行的一系列有意识的活动。所谓消费者购买行为（consumer behavior）研究，是指研究个人、集团和组织究竟怎样选择、购买、使用和处理物品、服务、创意和经验，以满足他们的需要和愿望。然而，认识消费者购买行为绝不是一件轻松的事情。所以，只有认真研究和分析消费者的购买行为特征，才能有效地开展企业的营销活动，真正把握住企业的消费群体，顺利实现同消费者之间的交换。

一、消费者购买行为的基本模式

行为心理学的创始人沃森建立的“刺激—反应”原理，指出人类的复杂行为可以被分解为刺激和反应两部分：人的行为是受到刺激的反应；刺激来自身体内部刺激和体外环境的刺激两部分，反应总是随着刺激而呈现的。按照这一原理分析，消费者一方面接受各种营销刺激，另一方面就会做出各种反应。在这个过程中，消费者利用“黑箱”作用“消化”营销刺激进而形成了某种反应，产生了消费购买行为①（图 5－1）。

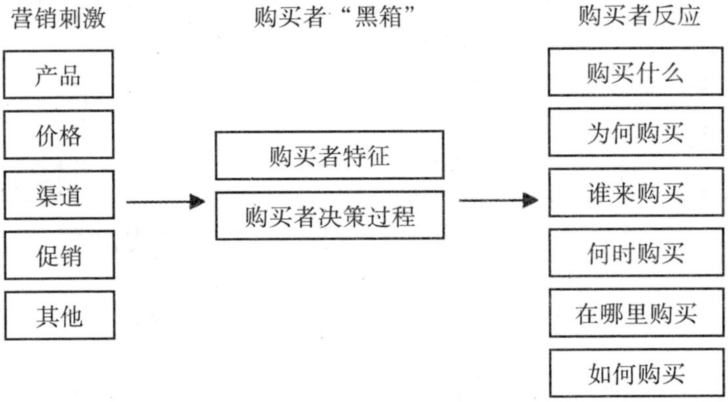

图 5－1　购买者行为模型

注：表中其他包括经济、技术、社会、文化等。

（一）刺激

在消费者市场，各个企业都会采取许多市场营销活动，如产品、价格、销售地点和场所、各种促销方式等，这些都是企业有意安排的对购买者的外部环境刺激；除此之外，购买者还时时受到其他方面的外部刺激，如经济的、技术的、政治的和文化的刺激，等等。所有这些刺激，就成为影响消费者“黑箱”的具体、直接的“环境”。

---

① (美)菲利普·科特勒,(美)加里·阿姆斯特朗著;楼尊译. 市场营销:原理与实践(第 16 版)[M].北京:中国人民大学出版社,2015.

（二）“黑箱”

所有这些具体的、直接的“环境”刺激进入购买者的“黑箱”后，经过了一系列的心理活动，产生了人们看得到的购买者反应。消费者购买行为中的“黑箱”虽然难以一窥其完整内幕，但至少包含两方面内容。

1. 消费者的特征。文化、社会和个人因素等外部刺激影响消费者在购买活动中对不同事物的认识和情绪、意志等心理活动，并制约消费者的反应倾向。

2. 消费者的购买决策过程。这一过程从消费者认识需要开始，经过购买后使用、消费完毕然后告一段落，并且循环往复不断发生新的变化。在这个过程中消费者做出一系列的判断和决定，其决策不仅受购买者心理制约，而且受到外部刺激的影响。

（三）反应

诸多因素的共同作用使消费者最终做出一定的购买行为反应：购买还是拒绝接受，或是表现出再需要更多的信息。具体表现如下。

1. 购买什么（What）。强调的是购买对象。是买便利品、选购品，还是特殊品；是购买耐用品，还是非耐用品。它受制于消费者具体需求，是满足需求的是指内容。

2. 为何购买（Why）。强调的是购买目的。这是隐藏的、错综复杂和难以捉摸的，它受制于消费者需要及消费者对需要的认识。

3. 谁来购买（Who）。强调的是购买组织。无论是以家庭还是以个人为基本消费单位，购买过程都是如此。

4. 何时购买（When）。强调的是购买时机。从消费者对商品和服务的需要来看，消费是有周期性特点的，购买日常生活用品、耐用品、选购品等都是有不同时间的。

5. 在哪里购买（Where）。强调的是购买地点。比如日常必需品可能就近购买；选购品往往到商业街、购物中心购买；某些特殊的商品还需要到专业商店购买。

6. 如何购买（How）。强调的是购买方式，主要包括购买类型、付款方式等。

二、消费者购买行为的类型

（一）根据复杂程度分类

根据消费者购买行为的复杂程度和所购产品的差异程度，可以将消费者购买行为分为复杂型购买行为、协调型购买行为、习惯型购买行为和多变型购买行为。

阿萨尔（Assael）根据购买者在购买过程中的介入程度和品牌间的差异程度，区分了消费者购买行为的四种类型（图 5－2）。购买者介入程度是指消费者对购买活动的关注程度和感知的风险度，可以从谨慎程度、信息收集和参与决策的人数多少来衡量介入程度的高低，其分类可以分为品牌/产品介入、信息介入和购买情景介入[①]；品牌差异程度是指同类但品牌不同的产品在品质、价格、知名度、美誉度等方面存在的差别。

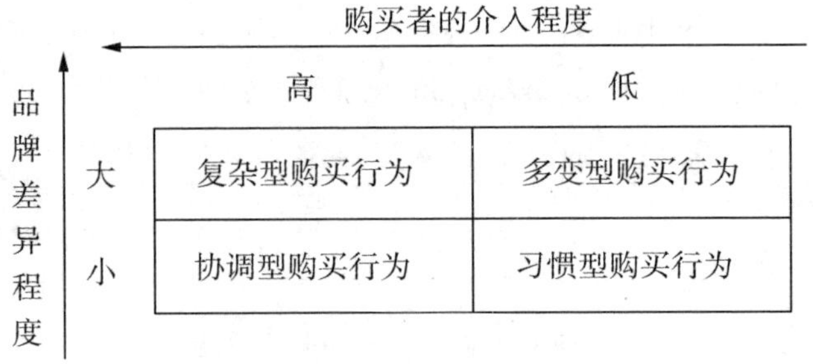

图 5－2　消费者购买行为类型

1. 复杂型购买行为。复杂型购买行为表现为不同品牌的商品之间差异很大、消费者需要高度介入，具体是指消费者的购买决策过程要经历所有重要环节，要经历收集大量的信息、全面的产品评估、慎重的购买决策和认真的购后评价等各个阶段，然后才慎重地做出购买决策，即使在购买后的使用过程中还要对所购买商品进行评价。对于消费者认知度较低、价格昂贵、购买频率低的耐用消费品，如大型家电、汽车、高档家具等商品，消费者通常采用复杂型购买行为。对于复杂型购买行为，营销者应制定策略帮助购买者掌握产品知识，运用各种途径宣传本品牌的优点，影响消费者最终购买决定，简化购买决策过程。

2. 协调型购买行为。协调型购买行为主要表现为不同品牌的商品之间差异

① 秦陇一主编．市场营销学[M]．北京：清华大学出版社，2014．

不大、消费者却高度介入，具体是指消费者并不广泛收集产品信息，并不精心挑选品牌，购买决策过程迅速而简单，但是在购买以后会认为自己所买产品具有某些缺陷或其他同类产品有更多的优点，进而产生失调感，怀疑原先购买决策的正确性。对于这类购买行为，营销者要提供完善的售后服务，通过各种途径经常提供有利于本企业的产品的信息，使顾客相信自己的购买决定是正确的。

3. 习惯型购买行为。习惯型购买行为主要表现为不同品牌的商品之间差异很小、消费者低度介入，具体是指消费者并未深入收集信息和评估品牌，只是习惯于购买自己熟悉的品牌，在购买后可能评价也可能不评价产品。对于习惯型购买行为的主要营销策略是：利用价格与销售促进吸引消费者试用；开展大量重复性广告，加深消费者印象；增加购买参与程度和品牌差异。

4. 多变型购买行为。多变型购买行为主要表现为不同品牌的商品之间差异很大、消费者却是低度介入，具体是指消费者购买产品有很大的随意性，并不深入收集信息和评估比较就决定购买某一品牌，在消费时才加以评估，但是在下次购买时又转换其他品牌。转换的原因是厌倦原口味或想试试新口味，是寻求产品的多样性而不一定有不满意之处。对于寻求多变型购买行为，市场领导者和挑战者的营销策略是不同的。市场领导者为图通过占有货架、避免脱销和提醒购买的广告来鼓励消费者形成习惯性购买行为。而挑战者则以较低的价格、折扣、赠券、免费赠送样品，并且强调试用新品牌的广告来鼓励消费者改变原习惯性购买行为。

（二）根据消费者购买目标选定程度分类

根据消费者购买目标选定程度，可以将消费者购买行为分为全确定型购买行为、半确定型购买行为和不确定型购买行为。

1. 全确定型购买行为。全确定型购买行为是指消费者在购买商品以前，已经有明确的购买目标，对商品的名称、型号、规格、颜色、式样、商标以至价格的幅度都有明确的要求。这类消费者进入商店以后，一般都是有目的地选择，主动地提出所要购买的商品，并对所要购买的商品提出具体要求。当商品能满足其需要时，则会毫不犹豫地买下商品。

2. 半确定型购买行为。半确定型购买行为是指消费者在购买商品以前，已有大致的购买目标，但具体要求还不够明确，最后购买需经过选择比较才完成的。如购买空调是原先计划好的，但购买什么牌子、规格、型号、式样等心中无数。这类消费者进入商店以后，一般要经过较长时间的分析、比较才能完成其购买行为。

3. 不确定型购买行为。不确定型购买行为是指消费者在购买商品以前，没有明确的或既定的购买目标。这类消费者进入商店主要是参观游览、休闲，漫无目标地观看商品或随便了解一些商品的销售情况，有时感到有兴趣或合适的商品偶尔购买，有时则观后离开。

三、影响消费者购买行为的主要因素

图 5－3 表明了影响消费者行为的主要因素。① 消费者生活在纷繁复杂的社会中，其购买行为受到诸多因素的影响，主要包括文化、社会、个人和心理等因素。营销人员对这些因素基本上无法控制，但这些因素是制定市场策略的基础和根据。

文化因素	社会因素	个人因素	心理因素
文化	家庭	年龄和生命周期阶段	动机
亚文化	参照群体	职业与经济状况	知觉及其选择性
	在线社交网络	生活方式	学习
社会阶层	社会角色	个性	信念和态度

图 5－3　影响消费者行为的因素

（一）文化因素

对于消费者行为而言，文化因素的影响力既广又深，其中尤其是以本身所处的文化、亚文化及社会阶层等最为突出。

1. 文化

文化（culture）是指人类社会在社会发展过程中所创造的物质财富和精神财富的总和，是在一定物质、社会、历史传统基础上形成的特定价值观念、信仰、思维方式、宗教、习俗的综合体。文化是一个人产生欲望和行为的最基本动因。人类的行为很大程度上是后天习得的。每个人都在一定的社会文化环境中成长，都是通过在家庭和其他主要教育机构的社会化过程中学到和形成了基本的文化观念。每个群体或社会都有自己的文化，而且文化对购买行为的影响可能在国家之间存在着巨大的差异。

---

① （美）菲利普·科特勒，（美）加里·阿姆斯特朗著；楼尊译．市场营销：原理与实践（第 16 版）［M］．北京：中国人民大学出版社，2015．

2. 亚文化

每一种文化下面都包括更小的亚文化（subculture），即由于相似生活经验和经历而具有相价值体系的群体。在中国，主要有以下三种亚文化群。

（1）民族亚文化群。中国是一个多民族国家，除汉族之外还有众多的少数民族，各民族经过长期发展形成了各自的语言、风俗、习惯和爱好，他们在饮食、服饰、居住、婚丧嫁娶、节日、礼仪等物质和文化生活方面各有特点，这都影响他们的购买欲望和购买行为模式。

（2）宗教亚文化群。宗教是人类社会发展到一定阶段的历史现象，在现阶段，中国居民有宗教信仰的自由，客观上存在信奉佛教、道教、伊斯兰教和天主教等宗教的群体。这些宗教的文化偏好和禁忌，会影响信仰不同宗教人们的购买行为和消费方式。

（3）地理区域亚文化群。中国是个幅员辽阔的国家，南方和北方，东部、中部和西部，城市和农村，沿海和内地，山区和平原等不同地区，由于地理环境、风俗习惯和经济发展水平的差异，人们具有不同的生活方式，这也会影响人们的购买行为。

3. 社会阶层

社会阶层（social class）是一个社会中因具有相同价值观念、兴趣和行为而稳定存在的有序社会群体。一般而言，社会阶层不是由单一因素造成的，社会学家往往根据职业、收入来源、教育水平、价值观和居住区域等对人们进行一种社会分类，是按照层次排列的，具有同质性和持久性的社会群体。

社会阶层有许多特征。比如，同一个社会阶层的人们，其行为模式有许多相似性；不同社会阶层的人在一生中可能由于种种变化而改变自身的社会地位，这种变化的程度取决于社会阶层的稳固程度。

市场营销者之所以对社会阶层比较感兴趣，是因为同一社会阶层中的人有着类似的购买偏好和行为，而不同的社会阶层在服装、家居装饰、休闲活动和汽车等领域则具有不同的产品和品牌偏好。

（二）社会因素

人们在做出购买决定时，一般乐于听取所信赖之人的意见以降低购买决策中潜在的风险，并从了解他人的想法和行为中获得慰藉。因此，消费者购买行为也受到诸如家庭、参照群体、社会角色与地位等一系列社会因素的影响。

1. 家庭

家庭是指居住在一起，由拥有血缘、婚姻或者领养关系的两个人或更多人组成的群体。家庭是社会的基本单位，也是社会中重要的消费者购买组织，它强烈地影响着人们的价值观、人生态度和购买行为。研究表明，80%的消费购买行为是由家庭所掌控的。家庭作为一个消费单位，对住房、家具、家电、汽车等以家庭为单位购买和消费的居家商品有着重要的影响。随着家庭人口规模的缩小及家庭数量的增加，势必影响对有关产品的需求。

2. 参照群体

参照群体是指个人在做出购买或消费决策时用来作为参照、比较的个人或群体。参照群体可以分成直接参照群体和间接参照群体(表5－1)。

表5－1　参照群体分类

参照群体	直接参照群体	基本群体（primary groups）
		次要群体（secondary groups）
	间接参照群体	向往群体（aspirational groups）
		厌恶群体（dissociative groups）

直接参照群体也称为成员群体，即一个人从属的、并受其直接影响的群体。直接参照群体又分为基本群体和次要群体。基本群体是一个人经常受其影响的群体，如家庭、朋友、邻居等，基本群体成员之间频繁接触，相互影响，往往是非正式组织。次要群体是一个人不经常受其影响的群体，如工会、宗教职业协会等，次要群体多为正式组织，群体成员之间相互影响较少。

间接参照群体是指某人的非成员群体，即此人不是其中的成员，但又受其影响的一群人。间接参照群体又分为向往群体和厌恶群体。向往群体是指某人推崇的一些人或希望加入的集团，例如体育明星、影视明星等就是崇拜者的向往群体。厌恶群体是指某人讨厌或反对的一群人。一个人总是不愿意与厌恶群体发生任何联系，在各方面都希望与其保持一定距离，甚至经常反其道而行之。

参照群体对消费者购买行为的影响主要表现为：（1）参照群体为消费者展示出新的行为模式和生活方式；（2）由于消费者有效仿或反对其参照群体的倾向，因此，消费者对某些事物的看法和对某些产品的态度也受到参照群体的影响；（3）参照群体促使人们的行为趋于某种一致，从而影响消费者对某些产品和品牌的选择。

3. 在线社交网络

随着信息与网络技术的发展，社会生活中诞生了另一个新的群体——虚拟群体，它主要基于虚拟社区而非地域性社区而形成，它从时间和空间上根本改变了传统的社会交往和人际沟通的方式，形成了许多独特的观念与准则。同时，在线社交网络这种新型的社会互动方式迅速发展起来。在线社交网络（online social networks）是人们交流或交换信息和意见的在线交流社区。社交网络媒体的范围从博客（Consumerist，Gizmodo 和 Zenhabits）、信息版（Craigslists）到社交网站（Facebook，Twitter，YouTube，Pinterest 和 Foursquare）以及虚拟世界（SecondLife 和 Everquest）。这种新型的 B2B 和 B2C 对话方式给销售人员带来很大的启示。

市场营销者开始利用新出现的社交网络和其他“网络语言”来推销他们的产品，建立更紧密的客户关系。与其单向地向已对广告感到厌倦的消费者投放商业信息，营销人员更希望通过使用社交网络与消费者进行互动，从而成为他们谈话与生活的一部分。

4. 社会角色

社会角色是指一个社会按照其社会准则将其社会成员分为相对稳定的不同阶层。同一社会阶层的人，其消费方式有相似之处，不同阶层的人，其消费偏好、购买行为和购买习惯有较大区别。一个人一生会扮演多种社会角色，然而每个人在各个群体中的位置取决于他的角色和地位。总之，一个人扮演的角色不同，意味着他应从事不同的活动，因而在衣、食、住、行等方面也就有不同的要求，从而对消费行为产生不同的影响。

（三）个人因素

个人因素主要指消费者行为受个人特征的影响，特别是受购物者年龄、家庭和生命周期阶段、职业和经济状况、生活方式、个性和自我意识等的影响。一个购买者的行为往往是由其人格特征决定的。

1. 年龄和生命周期阶段

人在一生中要购买许许多多产品和服务，不同年龄的消费者有不同的需求和偏好。家庭生命周期是一个以家长为核心的家庭的生命全过程，一般从一个人成年独立生活开始，直到年老并入子女家庭或死亡为止。一个家庭的发展可按家长年龄、婚姻和子女状况等分为若干阶段，在不同的阶段所需要的产品和服务是不同的。

2. 职业与经济状况

不同职业的消费者扮演者不同的社会角色，承担并履行着各自的责任和义务，有着不同的价值观和行为准则，对商品的需求和兴趣也各不相同。

一个人的经济状况、收入水平对其购买行为有着更为直接的影响，人们的消费心理和购买模式往往随着其经济状况的变化而变化。不同的收入水平，决定了不同的购买能力，决定了需求的不同层次和倾向。

3. 生活方式

生活方式是指一个人的生活形式，是人们生活、花费时间和金钱的方式的统称，它反映了人们的个人活动、兴趣和态度。不同生活方式显然有着不同的购买需求。目前，较为完善的细分生活方式的方法有两种：AIO 模式（Activities，Interests，Opinions）和 VALS 分类方法（Values And Lifestyles）。AIO 模式通过描述消费者的活动、兴趣和意见来度量生活方式的实际形式，而 VALS 方法按照自我导向和资源丰缺两个标准，定义了八个类别的生活方式，将消费者细分为现实者、满足者、信念者、成就者、奋斗者、经历者、工作者和挣扎者，这种细分有助于企业选择目标顾客，进行营销沟通，明确产品定位策略。①

4. 个性

所谓个性，是指导致一个人对其所处环境产生相对一致和持续反应的独特心理特征。个性通常以性格特征的形式反映出来，例如自信、主导性、交际能力、自我约束能力、自我保护能力、适应能力和进取心等。个性对分析消费者对某些产品或品牌的选择行为是非常有用的。

许多品牌也有自己独特的个性，消费者更倾向于选择与自身个性相符的品牌。品牌个性（brand personality）是某种品牌所具有的人类特质的具体组合。有研究人员将品牌的个性特征划分为下列五种：真诚（朴实、诚实、健康、开朗）；兴奋（勇敢、坚定、创意、时尚）；能力（可靠、智慧、成功）；成熟（高档、迷人）以及强健（适合户外、坚强）。还有消费行为专家说："你的个性决定了你消费什么，观看什么电视节目，购买什么产品以及你做出的其他决策。"② 因此，市场营销人员尽量使产品或品牌呈现出来的观念或意识与消费者的个性相吻合，就会收到"我们消费什么就是什么"的良好效果。

（四）心理因素

消费者的购买行为还受到如下心理因素的影响。

1. 动机

动机是推动一个人活动的驱动力，是行为的直接动因，它促使一个人采取某种行动，并规定行为的方向。动机由需要而生，消费者行为实际上就是解决

---

① 郭国庆．市场营销学(第 2 版)［M］．北京：中国人民大学出版社，2014.

② See Jennifer Aaker. Dimensions of Measuring Brand Personality, Journal of Marketing Research. August 1997.

需要问题的行为。不同的人有着不同的需要，意味着不同的人具有不同的动机；同一个人在不同发展阶段、不同时期，也有着不同的动机；同样，同一个人在某一个购物决策和行为中也有着多种动机的存在。

心理学家已经发展了人类动机理论，其中比较流行的两个理论（弗洛伊德和马斯洛的理论）对于消费者分析和营销有着很不相同的意义。

（1）弗洛伊德理论。弗洛伊德认为人们对影响其行为的心理因素基本上没有认识。他相信随着人们的成长，人们压抑了许多渴望。这些渴望并没有完全消失，也没有被完全控制，它们会在梦里、会在无意识的话语里、会在意念活动中出现，并最终反映在心理上。所以，弗洛伊德不认为人们完全了解自己的动机。

弗洛伊德的理论表明，一个人的购买决策受潜意识动机的影响，也许购买者本身也并不了解这些潜在动机。因此，一个在“婴儿潮”年代出生的人，购买了一辆宝马跑车可能会被简单地解释为他喜欢风掠过头发的感觉；从另一个更深入的层次来考虑的话，他可能希望给人留下成功的印象；如果再深入，他购买这辆车可能是希望自己可以找回年轻、独立的感觉。

（2）马斯洛理论。马斯洛试图解释为什么人们会在特定的时间被特定的需求所驱使：为什么一个人会把大部分时间和精力放在安全问题上，而另一个人则把时间和精力放在获取社会地位上。马斯洛认为，不同的人有不同的需要，这样人们在生理、精神上的需要也就具有了广泛性与多样性。由于每个人的具体情况不同，其解决需要问题的轻重缓急自然有所不同，这样客观上就存在一个“需要层次”。根据需要的重要性和发生的一般顺序，人们多种多样的需要大体分为五个层次（图5－4）。

图5－4　马斯洛的需要层次理论示意图

马斯洛的需要层次理论认为，五种需要像阶梯一样从低到高，按层次逐级递升，但这样次序不是完全固定的，可以变化，也有种种例外情况。一般而言，某一层次的需要相对满足了，就会向高一层次发展，追求更高一层次的需要就成为驱使行为的动力。相应的，获得基本满足的需要就不再是一般激励力量。

另外，五种需要可以分为高低两级，其中生理上的需要、安全上的需要和感情上的需要都属于低一级的需要，这些需要通过外部条件就可以满足；而尊重的需要和自我实现的需要是高级需要，它们是通过内部因素才能满足的，而且一个人对尊重和自我实现的需要是无止境的。同一时期，一个人可能有几种需要，但每一时期总有一种需要占支配地位，对行为起决定作用。任何一种需要都不会因为更高层次需要的发展而消失。各层次的需要相互依赖和重叠，高层次的需要发展后，低层次的需要仍然存在，只是对行为影响的程度大大减小。

马斯洛和其他行为科学家都认为，一个国家多数人的需要层次结构是同这个国家的经济发展水平、科技发展水平、文化和人民受教育的程度直接相关的。在不发达国家，生理需要和安全需要占主导的人数比例较大，而高级需要占主导的人数比例较小；而在发达国家，则刚好相反。在同一国家不同时期，人们的需要层次会随着生产力水平的变化而变化。

马斯洛的理论在一定程度上指出了人的需要变化的一般规律及各种需要在需要结构中的关系，可用于分析消费者行为的发展趋势。

2. 知觉及其选择性

在认识过程中，消费者不仅借助感觉器官对商品的个别属性进行感受，而且能将各个个别属性联系、综合起来，进行整体反映，这就是知觉。知觉是人脑对直接作用于感觉器官的客观事物各个部分和属性的整体反映。消费者知觉，是指消费者将由外部输入的各种各样的刺激加以选择使其有机化，并作为有意义的首尾一贯的外界映象进行解释的过程，即知觉是人对所感觉到的东西经过分析综合后的整体反映。例如，面对一个滔滔不绝地介绍其保险业务的保险推销员，陈先生可能感到这个推销员的行为过分或不够诚实，而李先生可能认为该推销员的介绍有利于自己接受该项保险业务。

从知觉的性质来看，消费者知觉的选择性包括选择性注意、选择性扭曲和选择性保留。

（1）选择性注意。选择性注意又称为选择性暴露，即受众是否注意到媒介及其信息。这是受众心理选择过程的第一个环节。受众对媒介的接触具有很强的选择性，他们往往从自己原有的意见、观点和兴趣出发，将自己“暴露”在经过选择的传媒及其内容的面前。受众更倾向于接触与原有态度较为一致的信息，而尽量回避那些与己见不合的信息。这样，对传播者来说，最为重要的便是使自己所传递的信息对受众更具吸引力。

人们在日常生活中面对许多刺激物，不可能对任何刺激物都加以注意，绝大多数都被筛选掉了，那些能引起人们注意的刺激物，便是选择性注意。大量研究表明，有三种情况较能引起人们的注意：一是与目前需要有关的；二是预期将出现的；三是变化幅度大于一般的、较为特殊的刺激物，如降价 50% 比降价 5% 的广告，会引起人们更大的注意。

选择性注意意味着，在激烈的市场竞争中，营销者要开动脑筋，千方百计引起消费者对其产品的注意。

（2）选择性扭曲。选择性扭曲是指人们有选择地将某些信息加以扭曲，使之符合自己的意向。选择性扭曲是一种倾向，它将信息加以扭曲，使之合乎自己的意思，并以符合人们预想的方式理解信息。即使刺激引起了人们的注意也不一定能达到预期的目标。这是因为人们面对客观事物，有一种把外界输入的信息与头脑中早已存在的模式相结合的倾向。这种按人们已有的想法来解释信息的倾向，就是选择性曲解。例如，某一商品在消费者心目中已树起信誉，形成品牌偏好，即使一段时间该品牌的质量下降了，消费者也不愿意相信；而另一新的品牌即使实际质量已优于前者，消费者也不会轻易认可，总以为原先的那个品牌会更好些。总之，人们倾向于用自己已有的观念解释信息，而非向自己的偏见做斗争。

选择性曲解意味着营销人员必须理解消费者的思路，以及这些思路对广告和销售信息的解释会产生什么影响，并在此基础上寻找能引起消费者注意的广告语言。例如，著名的牙刷广告“一毛不拔”，以及减肥药品“曲美，锁住你的目光”等即属此类。还有一种选择性曲解是某些中小企业利用消费者对知名企业的品牌忠诚，利用消费者视觉上的模糊打“擦边球”，如“彬彬”西服模仿“杉杉”西服即属此类。其优点是“好风借马力”，利用消费者的选择性曲解，借他人品牌扬自家之名。其弱点是低估了消费者的认识能力，一旦企业站稳脚跟，欲长期发展，就会发现一个模糊的品牌难以获得消费者的“芳心”。因此，企业不要在这方面利用消费者的选择性曲解，这不是一种好办法。

（3）选择性保留。选择性保留就是人们由于观点、兴趣、生活经验的不同，对所经历过的事物有选择性地识记、保持、再现或再认。

消费者有时不是对自己的需要与购买动机指向的商品及有关方面进行深入认识之后采取购买行为，而主要凭着自己的感觉和感性认识做出购买决定，这种购买行为称为感性购买。消费者有时则是在对自己的需要和购买动机指向的商品及有关方面获得深入的认识之后，凭着自己的理性判断或理性认识做出购买决定，采取购买行为，这种购买行为称为理性购买。上述情况，往往因消费者或商品的不同而出现较大的差异，有时也受到环境因素的影响。

对企业来说，了解目标市场上各类消费者感性购买与理性购买的情况，以及自己经营的商品的感性度或理性度，对于适当地安排市场营销组合是十分必要的。

3. 消费者的学习

学习（learning）是指由经验引起的个人行为的改变。学习论者认为，大多数人类行为是通过学习获得的。学习是通过驱动、刺激、诱因、反映和强化间的相互作用发生的。

驱动是一种激发行动的强烈的内部刺激。当驱动直接指向某种具体的刺激目标时，它就变成一种动机。例如，消费者自我实现的驱动可能促使他想购买一部某品牌的手机。消费者对购买手机想法的反应又与周围的诱因有关。诱因是决定人们何时何地以及如何反映的微弱刺激。例如，某人注意到商店橱窗里的该品牌的手机，听到一个特别的报价或者和朋友讨论等，都可能成为影响消费者购买手机的诱因。

假设消费者买了一部该品牌的手机，如果这次经验是物有所值，消费者可能会更多地使用或者向别人介绍使用该品牌的手机，并且他的这种反应会被强化。下次再购买手机或类似产品时，该消费者购买该品牌产品的可能性会更大。

学习理论对市场营销的实际意义在于，它们可以把产品与强烈的驱动联系起来，利用激励性诱因，并提供积极的强化作用，使人们产生产品需求。

4. 信念和态度

人们在实践和学习中形成信念和态度，信念和态度又反过来影响他们的购买行为。

信念（belief）是个人对事物持有的具体看法。人们对特定商品和服务形成一定的信念后，就构成了该产品和品牌的形象，进而影响人们的购买行为。

态度（attitude）是个人对事物或观念相对稳定的评价、感觉和偏好。态度导致人们喜欢或不喜欢某种事物，并对它们亲近或疏远。某品牌手机的购买者可能会持有以下态度："要买就买最好的"，"某公司制造的产品是世界上最好的"，"创造性和自我表达是生活中最重要的事情"，等等。如果是这样的话，该品牌手机正好符合消费者的这种态度。

态度一旦形成，很难改变。人们的态度形成一种固定的模式，要改变态度就需要调整其他许多相关因素。因此，公司应该让它的产品适合既有的态度，而不是试图改变态度。当然，也有例外，这种例外必须要有很好的策划、信服的证据才行。

第三节　消费者购买决策过程分析

消费者的购买决策是一个动态发展的过程，这一购买过程一般会经历五个阶段（图5－5）。显然，消费者的购买过程早在实际购买发生之前就已经开始了，而且购买之后还会持续影响很久。但是，并非所有的购买都要经历所有的五个阶段。消费者可能会越过或颠倒某些阶段，特别是对于习惯型购买行为。然而，本节仍将运用图5－5的模式来阐述消费者面对一项高度介入的采购时所发生的全部思考过程。

图5－5　消费者购买决策过程

一、确认需求

需求的产生是购买过程的起点。消费需求可能是人体内部刺激引起的，当一个人的正常需要——比如饥饿、干渴——强烈到某种程度时，就变成了一种驱动力；消费需求也可能由外部刺激引起的，例如，广告或朋友的讨论可能让消费者考虑是否要买辆新车。需求有强有弱，持续时间有长有短。一般而言，需求越强烈，持续的时间越长，要求欲望的满足就越迫切。当一种商品可能同时满足几种需求时，市场对这种商品的需求就会加强。

一般而言，营销者的任务是识别并创造引起消费者某种需求的环境。须要充分注意两方面的问题：一是注意了解那些与本企业的产品实际上或潜在有关联的驱动力；二是消费者对某种产品的需求强度会随着时间的推移而变动，并且被一些诱因触发。在此基础上，企业还要善于安排诱因，促使消费者对企业产品产生强烈的需求，并立即采取购买行动。

二、收集信息

消费者形成购买某种商品的动机后，如果对其需求目标清晰、动机强烈，而且购买对象符合要求又能买到，同时购买能力允许，一般就会立即购买；如果不熟悉该商品的情况，就要先收集信息。例如，一旦决定购买一辆新车，消费者可能会更多关注汽车广告、朋友的车以及关于汽车的话题，或者会主动在互联网上搜索，和朋友交流或通过其他方式收集信息。收集信息可避免购买决策失误，减少风险。这是因为掌握的信息越多、越全面，消费者就越有可能以低价买到同样质量的产品，或者以同样价钱买到更多、更好的产品。

消费者可以通过这几种渠道获取信息：个人来源（如家庭、朋友、邻居和熟人）、商业来源（广告、销售人员、经销商网站、移动网络、包装和展览）、公共来源（大众传媒、消费者评审组织和网络搜索），以及经验来源（对产品的操作、检查和使用）等。这些信息来源的相对影响因产品和购买者而异。

一般情况下，消费者得到的大多数产品信息来自商业渠道，即营销者所控制的来源。然而，最有效的信息来源是个人来源。商业来源一般起告知作用，但个人来源具有判断或评价产品的作用。随着获取信息的增多，消费者对各种品牌特征的认知与了解也逐渐增多。因此，营销者必须设计营销组合，以使消费者了解其品牌。此外，市场营销者应该认真识别消费者的各种信息来源，分析、评估其相对重要程度。

三、评估备选方案

消费者从各种渠道收集到信息后，就要对这些信息加以分析、研究、对比，进行优劣的评价，筛选方案，即消费者如何处理信息并选择品牌的过程。很明显的是，没有一种适合所有购买情况的简明、单一的评估过程。一般而言，消费者对产品的判断大多建立在自觉和理性的基础之上，消费者评价一般会涉及以下几个问题。

1. 产品属性，即产品能够满足消费者需要的特性。但消费者不一定将产品的所有属性都视为同等重要。营销人员应分析企业产品应具备哪些属性，分析不同类型的消费者分别对哪些属性感兴趣，以便进行市场细分，对不同需求的消费者提供具有不同属性的产品。例如，消费者对笔记本电脑感兴趣的属性是运算速度、质量、便携性和价格，而对数码照相机感兴趣的属性却是品牌、像素、外观、体积和价格。

2. 属性权重，即消费者对产品有关属性所赋予的不同的重要性权数。一般而言，消费者对某一产品属性记忆深刻的是其特色属性，但特色属性不一定是该产品最重要的属性。在非特色属性中，有些可能被消费者遗忘，而一旦被提及，消费者就会认识到它的重要性。营销人员应更多地关心属性权重，而不是属性特色。

3. 品牌信念，即消费者对某种品牌优劣程度的总的看法。消费者可能会就每一个品牌产生不同的信念，比如，确认哪个品牌在哪一属性上相对较差，总体上又如何。消费者的信念会因其经验衍生的真实属性以及选择性注意、选择性扭曲和选择性保留而不同。

4. 效用函数，即描述消费者所期望的产品满足感随产品属性的不同而有所变化的函数关系。效用函数与品牌信念的联系是，品牌信念指消费者对某品牌的某一属性已达到何种水平的评价，而效用函数则表明消费者要求该属性达到何种水平才会接受。

5. 评价模型，即消费者对不同品牌进行评价和选择的程序和方法。假如消费者备选的汽车购买方案已经被减到三个品牌，同时，假设消费者主要看中四个属性——款式、油耗、保修服务和价格。已知消费者已经了解每个品牌在各个属性上的表现。如果某款车在所有属性上都表现最好，显然市场营销者能够预测到消费者的选择非它莫属。然而，每个品牌无疑有着不同的吸引力，消费者也许仅仅根据一个属性做出购买决策，那也很容易预测消费者的选择，如果更重视汽车的款式，就会购买自认为款式最好的那款车。但是，大多数消费者会综合考虑几种因素，而且每一种的权重不同。只有了解这四种属性对你而言的相对重要性，市场营销者才能更可靠地预测消费者的选择。

因此，市场营销者应该研究消费者的品牌方案的实际评估过程。只有知道了消费者是如何评估产品，市场营销者才能采取措施去影响消费者的选择。

四、决定购买

评价行为会使消费者对可供选择的品牌形成某种偏好，从而形成购买意图，进而购买所偏好的品牌。在购买意图和决定购买之间，有两种因素会起作用。

1. 他人态度。消费者的购买意向容易受到他人态度的影响。他人态度的影响力取决于：他人否定态度的强度，反对态度越强烈，影响越大；他人与消费者的关系，关系越密切，影响越大；他人的权威性，他人对此项购买越具有权威性，越有发言权，其影响就越大。

2. 意外情况。也就是说，尽管偏好和购买意图对购买行为有直接影响，但并不总是导致实际购买。消费者修正、推迟或者回避做出某一购买决定，往往是受到了可觉察风险的影响。可觉察风险的大小随着冒这一风险所支付的价格高低、不确定属性的比例以及消费者的自信程度而变化。营销人员必须了解引起消费者有风险感的那些因素，进而采取措施来减少消费者的可觉察风险。

五、购后行为

消费者购买了商品并不意味着购买决策过程的终结。消费者往往通过使用产品、与其他人交流，形成对自觉的购买选择进行检验和评价。消费者对所购买的商品是否满意以及会采取怎样的行为，对企业目前和以后的营销活动都会产生很大的影响。

在这个阶段，消费者通常通过用两种理论来进行衡量和比较。

（一）心理预期理论

心理预期理论认为消费者购后满意与否，取决于其期望效用与产品实际效用的一致性。一般期望效用和实际效用可能出现以下三种关系。

一是实际效用大于心理期望效用。此时，消费者感到非常满意，而且两者相差越大，满意程度越高。

二是实际效用与心理期望效用完全相符。此时，消费者感到满意，至少不会不满意。

三是实际效用小于心理期望效用。此时，消费者必然产生不满意感，并且不满意感的强弱同样取决于两者相差的程度。

一般而言，消费者的期望建立在更多的商业信息上，所以，营销者应如实介绍、推荐产品，尽量使消费者的期望效用与产品实际效用相一致，切忌夸大、吹嘘。

（二）认知失调理论

认知失调理论认为，不论企业生产的产品情况如何，消费者购买之后都会不同程度地产生不满，而且他们对不满意感的关心甚至超过了对该产品或品牌最大效用的关心。消费者会为所选品牌的缺点而担心，也会为没有得到未购品牌的好处而感到不安，因此，消费者每次购买之后，或多或少都会存在不平衡感。

如果消费者通过购买商品使自己的需要得到满足，并感到满意，不仅能使消费者与企业（产品）之间建立良好的信赖关系，而且消费者还会积极向他人宣传和推荐，帮助企业吸引更多的顾客。如果消费者对企业及其产品有更多的不满意，会很快破坏消费者对公司及其产品的印象。因此，企业（营销人员）应该经常测量顾客的满意度，建立鼓励消费者投诉的机制。这样，企业（营销人员）就能了解自己的业绩以及应该如何改进。

消费者购买的实现是以上几个阶段共同作用的结果。在每个阶段，消费者都可能改变主意。通过研究完整的消费者购买决策过程，企业（营销人员）根据各个阶段的不同情况，拟定相应的营销战略和措施，找到帮助消费者顺利决策的方法，引导消费者的购买行为。

思考题

1. 消费者市场有什么特点？
2. 消费者购买行为包括哪些类型？
3. 影响消费者购买行为的因素有哪些？
4. 市场营销者为什么会对消费者生活方式感兴趣？他们会运用什么维度来测量生活方式？
5. 马斯洛的理论对于消费者分析和营销有什么价值？

第六章

组织市场及购买行为分析

第一节　组织市场概述

一、组织市场含义

组织市场规模巨大，涉及的销售金额和产品项目数量远远大于消费者市场。如前所述，市场营销学根据购买者的不同，将市场分为消费者市场和组织市场两大类。

一般而言，组织市场（organizational market）是由那些采购产品或服务的正式组织构成的，也就是指工商企业为从事生产经营活动以及政府部门和非营利机构为履行职责而购买产品和服务所构成的市场。

二、组织市场类型

一般而言，组织市场可以划分为三种类型。

1. 产业市场。产业市场（industrial market），又叫生产者市场或企业市场，它是指一切购买产品和服务并将之用于生产其他产品或劳务，以供销售、出租或供应给他人的个人和组织。通常由以下产业所组成：农业、林业、水产业，制造业，建筑业，通信业，公用事业，银行业、金融业和保险业，以及服务业等。

2. 中间商市场。中间商市场（research market），也被称为转卖市场、转卖者市场，是指那些通过购买商品和劳务转售或出租给他人以获取利润的个人和组织，转卖者不提供形式效用，而是提供时间效用、地点效用和占有效用。转卖者市场由各种批发商和零售商组成。批发商是指这样的商业单位：它购买商品和劳务，并将之转卖给零售商和其他商人以及产业用户、公共机关用户和商业用户等，但它不把商品大量卖给最终消费者。零售商的主要业务则是把商品或劳务直接卖给消费者。

3. 政府市场。政府市场（government market）是指那些为执行政府的主要职能而采购或租用商品的各级政府单位，也就是说，一个国家政府市场上的购买者是该国各级政府的采购机构。由于各国政府通过税收、财政预算等掌握了相当大一部分国民收入，所以形成了一个很大的政府市场。

三、组织市场的特点

组织市场和消费者市场虽然相关，却截然不同。因此，搞清楚组织市场的特征有助于区分组织市场和消费者市场，特别是那些与消费者市场特别相似的组织市场。

1. 组织市场的规模和复杂性

通常，组织市场的购买者数量较消费者市场的少，但是每个购买者每次交易的规模和价值相对比较大。同时组织市场的购买者往往集中在某些区域，以至于这些区域的业务用品购买量在全国市场中占据相当的比重。例如，中国汽车业的零部件供应商把产品卖给为数不多的几个汽车制造企业，如一汽集团、上汽集团、北汽集团、广汽集团和东风集团等，它们多集中在北京、上海、广州、武汉等地。显然每个购买者对于供应商都是十分重要的，如果失去任何一个购买者，这将严重的影响供应企业的销售额（和就业）。大客户一般都是很重要的，要设法与他们建立长期的密切关系，有时要有专门的营销队伍服务于消费量大的购买者，进行多次长期访问，从而赢取并保持持续的订单。总之，组织市场在总交易量、客户经营活动的规模和多样性、生产阶段的数量和持续时间等方面，要比消费者市场大得多、复杂得多。

2. 组织市场需求的特性

组织市场通过一系列的增值阶段为消费者市场提供产品，所以最终消费的需求是引发组织市场供给的最终力量。组织市场的需求是从组织市场到消费者市场间各增值阶段一系列需求的派生。例如，出版社用纸市场的需求取决于对书籍和杂志的需求。如果最终消费品需求疲软，那么对所有用以生产这些消费品的企业产品的需求也将下降。组织市场的供应商必须密切关注最终消费者的购买类型和影响他们的各种环境因素。

组织市场对产品或服务的总需求量受价格波动影响较小。一般而言，原材料的价值越低或原材料成本在制成品成本中所占的比重越小，其需求弹性就越小。在短期内组织市场的需求特别无弹性，因为任何组织不能随时对其生产方式或运营模式做许多变动。

人们对企业用品和服务的需求要比对消费品及服务的需求更为多变。消费品需求增加一定比例，往往能够引起生产追加产出所必需的工厂和设备上升更大的比例，经济学家把这种现象称为加速原理。有时候，消费品需求仅上升10%，却能在下一阶段引起企业用品需求上升200%；而当消费品需求下降10%，可能会在企业需求上造成雪崩。

3. 组织市场购买的特性

由于组织市场具有购买者数量较少，而其购买规模较大的特性，与消费者市场相比，通常影响组织购买决策的人较多。大多数组织有专门的采购委员会，其由技术专家、高层管理人员和一些相关人员组成。特别在购买重要商品时，决策往往是由采购委员会中成员共同做出的。供应企业的营销人员不得不雇用一些受过良好培训、有专业知识和人际交往能力的销售代表和销售队伍，与同样经过专业训练、具有丰富专业知识的采购人员打交道。

由于专业性采购，且交易涉及的金额较大，组织购买者通常直接从生产厂商那里购买产品，而不经过中间商，那些技术复杂和价格昂贵的项目更是如此。同时，由于组织市场购买者占据谈判中强有力的地位，可以让卖方做出让步，反过来购买自己产品。有些情况下，购买者要求卖方反过来购买自己产品以确保订单的安全。

许多组织购买者日益转向大设备租赁，以取代直接购买。承租人能得到一系列好处：获得更多的可用资本，得到出租人最新的产品和上乘的服务以及一些税收优惠。出租人则最终将得到较多的净收益，并有机会将产品出售给那些无力支付全部贷款的顾客。

第二节　产业市场购买行为分析

组织市场的购买者购买商品或服务的目的与最终消费者不同，因而由他们所构成的组织市场及其购买行为与消费者市场及其购买行为存在明显的差异。组织购买者行为（business buyers behavior）是指一些组织为了出售、租赁或供应其他组织用于生产而购买产品和服务的行为。在组织购买过程（business buying process）中，组织购买者首先决定需要什么产品和服务，然后寻找备选的供应商和品牌，并进行评价和从中选择。组织市场中的营销者必须竭尽所能理解组织市场和组织购买者行为，才能够更好地实施营销方案与策略。

一、产业市场主要购买类型

1. 直接重购。直接重购（straight re-buy）指按部就班地重复以往的购买决策，通常由采购部门按常规采购完成。直接重购的往往是要不断补充、频繁购买的产品或服务，如生产所需的主要原材料。负责采购的有关人员在库存低于预定水平时，便会考虑通知进货。通常，被选中的供应商会努力维持产品和服务质量；落选的供应商则应尝试增加价值或消除不满，以便购买者在下一次购买时会重新考虑他们。

2. 修正重购。修正重购（modified re-buy）指购买者希望调整对产品或服务的要求、价格、交易条件或供应商。这类购买情况比较复杂，参与购买决策过程的人数较多。这种购买类型给那些已经列入“供应商名录”的供应商带来了威胁，同时对那些未列入“供应商名录”的供应商而言，则意味着一个机会。

供应商的营销人员必须要做好市场调查和预测工作，努力开发新的品种规格，并努力提高生产效率，降低成本，设法维护自己的既得市场。

3. 新购。新购（new task）是指企业为了增加新的生产项目或更新设备而第一次采购某一产品或服务的购买行为。对市场营销者来说，买方新购是最好的机会，也是最大的挑战。须要尽可能多地接触购买决策的关键影响者，积极地提供尽可能多的帮助和信息。在直接重购中，购买者制定的决策最少；而在新购情况下，购买者制定的决策最多。

二、购买过程的主要参与者

买方组织的决策制定单位被称作采购中心（buying center），由在企业采购决策制定过程中发挥作用的所有个人和单位组成，包括产品或服务的实际使用者、购买决策的制定者、购买决策的影响者、实际购买者以及控制购买信息的人。他们在购买决策中分别扮演以下六种角色中的一种或几种。

1. 使用者。使用者是将要使用该产品或服务的组织成员。他们往往也是最初提议购买的组织成员，并对所购产品的品种、规格决策有着重要的影响。

2. 影响者。影响者是指在生产者用户内部和外部、能直接或间接影响购买决策的人。他们能以自己的技术知识对购买决策施加影响。属于影响者的人员有总经理、采购经理、采购部门的采购员、生产人员、办公室人员、研发工程师和工程技术人员等。

3. 采购者。采购者是指有正式的权力选择供应商和安排采购条件的人。购买者帮助形成产品要求，但他们的主要作用是选择供应商和进行谈判。在一些复杂的采购谈判中，购买者还会包括高层管理者。

4. 决策者。决策者是指有正式或非正式权力，并能决定购买与否的角色。在一般例行的采购中，采购者常常也是决策者；若是较复杂的采购，做决策的往往是高层管理人员。决策者对采购中心的其他成员的意见有否决权。

5. 批准者。批准者，是指有权批准决策者或采购者所提方案的人。

6. 信息控制者。信息控制者是指控制了信息流向采购中心的其他人。比如，采购代理、技术人员，他们可以拒绝或中止某些供应商及其信息到达采购中心的主要成员手中。

采购中心不是购买组织中一个固定的、正式任命的单位，它是由不同的人为了不同的采购任务而组织起来的一套采购角色。在组织内部，采购中心的规模和组成因不同的产品和采购类型而各异。采购中心还可能包括一些不很明显的非正式参与者，他们也许制定决策或者对购买决策产生强有力的影响。有时，即使采购中心内部的人也不清楚所有的采购参与者。许多组织在做购买决策时，不断变化的采购中心参与者之间也会发生复杂的互动结果。

三、影响组织购买者的主要因素

同消费者购买行为一样，组织市场的购买行为也同样会受到各种因素的影响。图 6－1 展示了对组织购买者有影响的各类因素。①

环境因素	组织因素	人际关系因素	个人因素
经济发展	目标	权力	年龄
供应条件	战略	地位	收入
技术发展	结构		受教育程度
竞争发展	制度	同理心	专业资格
文化与习俗	流程	说服力	对风险的态度

图 6－1　影响组织购买行为的主要因素

① （美）菲利普·科特勒，（美）加里·阿姆斯特朗著；楼尊译．市场营销：原理与实践（第 16 版）[M]．北京：中国人民大学出版社，2015.

（一）环境因素

在影响组织购买者购买行为的诸多因素中，在很大程度上受到当前和预期经济环境的影响。一方面，生产资料购买者受当前经济状况和预期经济状况的严重影响，当经济不景气时，基本需求水平往往会下降，生产者就会缩减投资、减少采购，压缩原材料的库存和采购。另一方面，原材料的供给状况是否紧张，也是影响购买者采购的一个重要的环境因素。企业往往会储存较多的紧缺物资以保证生产的连续性。

除此之外，组织购买者还受到技术、政治和竞争动态的影响。同时，文化和习俗也可能强烈地影响组织购买者对市场营销者的行为和战略的反应，尤其是在国际市场营销环境中。

（二）组织因素

组织因素也是影响组织购买者购买行为的重要因素。每一个购买组织都有自己的目标、战略、结构、制度和流程，组织市场中的营销者必须很好地理解这些因素，才能使自己的营销有的放矢。具体来说，要了解以下内容。

1. 采购部门在组织中的地位。是一般的参谋部门，还是专业职能部门，如果是参谋部门，就只能向生产、设计等部门提出咨询建议。

2. 各部门在组织内的级别。如果采购部门与生产、财务、技术等部门同级，直接向最高主管负责，那么权力就很大。

3. 组织内部的购买决策权是集中决定还是分散决定。采购责任是在总厂和分厂之间进行分工，分厂完全有权决定采购；还是完全由公司总部决定，集中采购。

4. 在决定购买的过程中，谁参与最后的决策。

（三）人际关系因素

采购中心的成员包括质量管理者、采购申请者、财务主管、技术人员等，这些成员的地位不同、权力大小不同、说服力不同，他们之间的关系亦有所不同。因此，在购买决定上呈现较为纷繁复杂的人际关系。但是，评价这些人际关系因素和群体动态常常非常困难。人际关系因素常常非常微妙。只要有可能，组织市场中的营销人员必须尽力理解这些因素，并制定周全的策略。

（四）个人因素

参与企业采购决策的每一个人都具有个人动机、感知和偏好。这些个人因素受到诸如年龄、收入、受教育程度、专业资格、个性和对风险的态度等个人特征的影响。而且，购买者具有不同的购买风格。有些人是技术类型的，习惯在选择供应商之间对竞争性提案进行深入的分析；另一些购买者是天生的谈判高手，善于在卖者之间挑起竞争，借此获得最优惠的交易条件。

四、购买决策过程

组织购买决策过程视组织采购类型的不同而变化。其中新购的决策过程最为复杂，最为典型，涉及的阶段最多，一般涉及以下八个阶段（图6－2）。

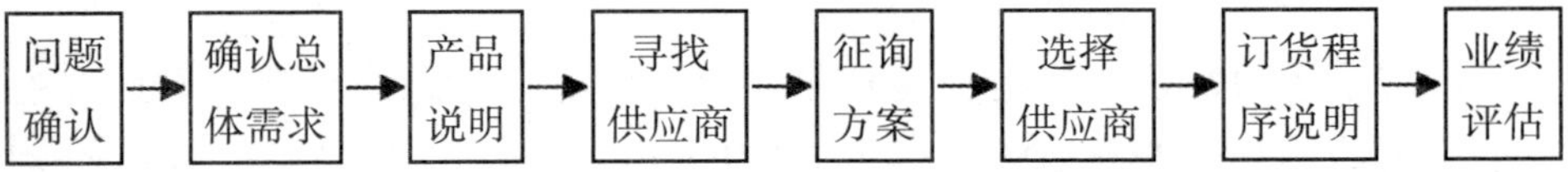

图6－2　组织购买决策过程的主要阶段

1. 问题确认。采购过程始于采购的需要和需求。问题确认是组织内部或外部刺激的结果。从组织内部来看，可能是公司决定推出一款新产品，因而要求添置新的生产设备和原材料；也可能是企业的生产机器出了故障，需要更换新的零部件；还可能是采购经理对当前供应商的产品质量、服务或价格不满意。从外部来看，购买者在市场上获得了一些新想法，看到一则新广告，或者听到销售人员声称可以提供更好的产品或更低价格，等等，使得企业采购中心或高层管理人员认识到购买某种产品或服务的需要和需求。

2. 确认总体需求。认识到需求之后，购买者就要着手确认总体需求，说明所需产品项目的特点和质量。对标准产品来说，这一过程是简单的。但对于复杂的产品而言，购买者需要与其他人，如工程师、使用者等，合作确定所购产品项目的各个细节。供货企业的营销人员在此阶段要帮助采购单位的采购人员确定所需产业用品的特征和数量。

3. 产品说明。购买者就该产品项目的技术性能制定产品说明，这常常需要专业团队帮助进行价值分析，意在说明购买“是否值得”。价值分析（value analysis）是一种常用的方法，所谓“价值”是指拟购项目的功能（function）与其耗费资源的关系，即与成本费用的比例关系。而功能则包括产品用途、效用、作用等。为了提高效益，企业相关人员会调查了解拟购项目是否具备所需要的、必要的功能，并分析在保障功能的前提下，如何才能降低采购费用，甚至包括去掉一些多余的功能。销售者也可以利用价值分析法，作为一种寻找新客户的有用方法。通过向购买者展示制造产品的更好方法，外部的销售者也可以将直接重购转化为新购，争取获得新业务。

4. 寻找供应商。然后，购买者用户会思考“谁能供应”的问题，即寻找所需的合格供应商，并建立自己的“供应商名录”。采购任务越新，产品项目越复杂，交易金额越昂贵，购买者用于搜寻供应商的时间就越长。通常购买者可以借助考察工商名录、进行计算机搜索或电话征询其他公司的推荐等方法，列出一份合格供应商的名单。

供应商必须想方设法使自己的名字出现在重要的工商名录上，并在市场上建立良好的声誉。销售人员应该注意那些正在寻找供应商的公司，并争取让他们考虑自己的公司。

5. 征询方案。在此阶段，购买者邀请一些通过资格审核的供应商提交方案。相应的，一些供应商会发送相关产品目录或者委派销售人员上门。但是，当产品项目复杂或所涉金额高时，购买者通常会要求每位备选供应商提供更为详细的书面方案或进行正式的展示。

供应商企业必须具备根据购买者征询方案的要求调研、撰写和展示方案的技能。若是书面提交，就要注意从市场营销的角度帮助客户分析该项采购对提升其竞争力或市场份额的战略意义，而不能只是一些有关技术参数组成的文件；若是口头陈述，还应尽量鼓舞对方的信心。总之，要善于使自己企业的能力、资源条件等因素在客户心目中占据强有力的地位，这样才能在竞争中获胜。

6. 选择供应商。一般而言，采购中心根据供应商产品质量、产品价格、信誉、及时交货能力、技术服务等来评价和选择最有吸引力的供应商。采购中心在做出决定之前，往往还要和那些较为中意的供应商谈判，争取较低的价格和更好的条件。最后，采购中心成员仔细评价方案并选择一个或几个供应商。许多精明的采购经理一般都宁愿有多条供应来源，以免受制于人，而且这样能够对各个供应商进行比较。同时，随着营销理念的发展，越来越多的企业已经开始倾向于把供应商看作合作伙伴，设法帮助他们提高供货质量、供货及时性，提高经营管理水平，进而开展供应商营销。

供应商营销主要包括两方面的内容：一是确定严格的资格标准以选择优秀的供应商，这些标准可以包括技术水平、财务状况、创新能力、商业信誉、质量观念等；二是积极争取那些成绩卓著的供应商使其成为自己的合作伙伴。因这种营销活动与产品流动方向是相反的，故也称为“反向营销”。

7. 订货程序说明。接下来，购买者开始准备订货程序说明，包括向选中的供应商订货，并列明诸如技术要求、所需数量、交货时间、退货政策和保证等条件。关于维护、维修和运营条件，购买者通常运用“一揽子”合同来缔结一种长期关系，供应商承诺在设定时期内，以协议好的价格在购买者需要时重复供应。

8. 业绩评估。交货以后，采购中心及有关人员会对各个供应商的表现进行评估，比如收集使用者的意见，要求他们对不同供应商的满意程度打分。这种对供应商的绩效评估，可以促使组织购买者继续向某供应商订货，也可能导致修正重购或停购。

总之，图 6 – 2 所展示的八个阶段购买过程模型，描述了组织购买的概况，在新购的情况下尤为如此。但是，实际的组织购买过程通常要复杂得多。在直接重购或修正重购的情况下，其中的某些阶段会被压缩或跳过。每个组织都有自己的购买方式，对各种不同的购买情况也往往有各自的要求。

第三节　中间商市场购买行为分析

中间商的购买决策与购买行为，同样受到环境因素、组织因素、人际因素和个人因素的影响。中间商市场的需求也主要由消费者市场的需求来引申或派生，且多带有组织购买的性质。所以，中间商市场和产业市场有较多的相似之处。

一、中间商购买行为的主要类型

中间商的购买行为可分为如下三种主要类型。①

1. 购买全新产品。全新产品是指中间商第一次购买某种从未采购过的新产品。在这种情况下，可根据产品市场前景的好坏、买主需求强度、产品获利的可能性等多方面因素，决定是否购买。购买决策过程的主要步骤与产业购买者大致相同，即也由问题确认、确定总体需求、产品说明、寻找供应商、征询方案、选择供应商、订货程序说明和业绩评估等八个阶段构成。

2. 选择最佳卖主。中间商已经确定将要购买的产品，但要考虑选择最佳的供应商，确定从哪家供应商处进货。当中间商拟用中间商品牌销售产品时，或由于自身条件限制不能经营所有供应商（而只能是其中一部分供应商）的

---

① 郭国庆主编．市场营销学(第 2 版)[M]．北京:中国人民大学出版社,2015.

产品时，就需要从众多的供应商中选择最优者。

3. 寻求最佳条件。中间商并不想更换供应商，但试图从原有供应商那里获得更为有利的供货条件，如更及时的供货、更合适的价格、更积极的促销合作等。

二、中间商的购买决策

一般而言，中间商从事采购业务需要就以下问题进行决策。

（一）决定购买的时间和采购数量

中间商对购买时间的要求极其严格。采购人员常常把下订单的时间一再拖延，直到最后一刻，以便更准确地把握消费者和供应商的需要，使所购商品适销对路并避免库存积压。一旦下单，又往往要求尽快到货，并迅速转手卖出，以防止占用资金。

一般而言，由于中间商利润小，因此其购买批量总是较大，他们希望多购、多销以谋取更多的收益。购买批量的具体变化程度，通常依据现有存货水平和预期的需求水平而定。往往存在两种不同的情况：或偶然性地大量订购，这样可以降低中间商客户的采购成本，使其从供应商处获得更大的折扣；或经常性的小批量订购，这样可以减少库存。中间商据此进行成本—效益分析，然后做出有利的决策。供应商企业要明确了解中间商的意图，从而采取相应的方法和措施吸引中间商。

（二）选择供应商

中间商的采购以赢利为目的，而且购买者可能数量多、金额大，因此不同于消费者的购买。消费者经常即兴购买、冲动购买，他们对供应商的选择比较随意；中间商则不然，他们与产业市场购买者相似，大多属于理性购买，对供应商及产品的选择更为慎重。面对众多的供应商，中间商一般是根据交易优惠条件、合作诚意及当时所处的营销环境、产品销路、经营能力、本身经营风格等加以筛选。

（三）决定采购的品类

品类是指中间商准备提供给市场的商品和服务的组合，一般取决于中间商的定位战略。从既能体现自身经营特色又能最大限度地吸引商圈内购买者的角度出发，中间商往往从以下四种类型中进行选择。

1. 独家品类。独家品是指中间商只经销一家供应商的产品。这类产品多属于专利产品，或有较多技术含量的产品，某种特殊品或奢侈品，厂商联营、合作企业的产品或当地市场从未有过的新产品等。

2. 专深品类。专深品是指中间商同时经销多家供应商的同类产品，包括不同的品牌、型号和规格的产品。

3. 广泛品类。广泛品是指中间商经销多家供应商的多种产品，经营范围较广但没有跨行业。

4. 杂乱品类。杂乱品是指中间商经营许多相互之间没有什么关联的产品。

（四）选择购买条件

购买条件直接影响着中间商的利益，因此，中间商总是力争从供应商处得到尽量多的优惠。比如，向制造商要求折扣，推迟付款或申请广告津贴；要求及时、迅速交货；要求供应商有充分的保证以应对商品一旦不受欢迎或有缺陷、破损而需要处理的局面；一旦遇到顾客投诉或其他产品质量问题或事故，就要求生产者无条件地承担责任等。

第四节　非营利组织与政府市场购买行为分析

一、非营利组织及其市场购买行为

非营利组织是指，为了维持正常运作和履行职能而购买产品和服务的，不以营利为目的的机构团体。一般而言，非营利组织的运作并不是为了产生利益，这一点通常被视为这类机构团体的主要特性。

（一）非营利组织的类型

不同的非营利组织有其不同的工作目标和任务，一般而言，可以依据它们承担的社会职能及不同特征，分为三种基本类型。

1. 公益性非营利组织，即履行国家职能的非营利组织，通常以国家或社会整体利益为目标，服务于整个社会。这种类型的非营利组织除了各级政府和有关部门外，常见的还有担负保卫国家重任的军队，负责社会公共安全的警察、消防队等。

2. 促进群体交流的非营利组织。这类组织是指促进群体内成员的交流，沟通思想和情感，宣传普及某种知识和观念，推动某项事业的发展，维护群众利益的各种组织，包括各种职业团体、业余团体、宗教组织、专业学会和行业协会等。

3. 提供社会服务的非营利组织。这类组织为某些公众的特定需要提供服务，包括学校、医院、红十字会、卫生保健组织、新闻机构、图书馆、博物馆、文艺团体、基金会、福利和慈善机构等。

（二）非营利组织的购买特点

1. 限额采购。非营利组织的设立不以营利为目的，其正常运转的活动经费主要来自社会捐助或政府经费，其经费的使用受到严格的控制。因此，非营利组织的采购必须量入为出，不能随意增加。

2. 保质低价。非营利组织由于受到经费预算的限制，大多数营利组织在采购时往往会选择报价低的供应商，同时为了维持运行和履行组织职能，所购商品的质量和性能都必须保证实现这一目的。

3. 受到控制。为了使有限的资金发挥更大的效用，非营利组织采购人员受到较多的控制，只能按照规定的条件购买，缺乏自主性。

4. 程序复杂。非营利组织购买过程的参与者多，程序也较为复杂。

（三）非营利组织的购买方式

一般而言，非营利组织的采购方式大概可以分为公开招标选购、议价合约采购和日常性采购三种。

1. 公开招标选购。非营利组织的采购部门通过在报刊、网络等传播媒体上登载广告或发出信函，说明采购商品的名称、规格、数量和有关要求，邀请不特定的供应商在规定期限投标。有意争取这笔业务的企业，在规定的期限内填写标书，说明可供商品的名称、品种、规格、数量、交货日期、价格等，然后将其密封后送交组织招标的有关部门。招标单位在规定的日期开标，选择报价低且符合要求的供应商与之成交。采用这种方法时，购买者一般不必要与供应商反复磋商，而且处于较主动的地位。

2. 议价合约采购。非营利组织的采购部门工作人员和若干供应商就某一采购项目的价格和有关交易条件展开谈判，最后与符合要求的供应商签订合同，达成交易。这种采购方式多用于复杂的工程项目，因为这类项目往往要涉及重大的研发费用和风险。

这类合约的定价有多种方法，如“成本加定价法”“固定定价法”“固定价格加奖赏法”（即供应商若降低其成本，则可多赚）等。供应商利润过多可重新议价，使之合理，又无损于双方。

3. 日常性采购。非营利组织为了维持日常办公和组织正常运行而进行的采购。这类采购所需资金少，购买者对商品比较熟悉，通常以现金形式进行。

二、政府采购行为

政府市场是指由那些履行国家职能、服务于国家和社会，以实现社会整体利益为目标的有关组织所形成的市场，如各级政府部门、警察、军队等。政府采购的目的是满足社会公共需要及维持自身正常运转，所以，其采购范围十分广泛。为了有效地行使职能，通常会以较为庞大的开支作为后盾，从而形成了一个独特的、巨大的消费市场。2015 年，中国政府采购为 21070.5 亿元，政府采购规模首次突破 2 万亿元，同比增长 21.8%，占全国财政支出和 GDP 的比重分别达到 12% 和 3.1%。[①]

（一）政府采购的特点

1. 资金来源的公共性。政府采购的资金来源为财政拨款和需要由财政偿还的公共借款，这些资金最终来源于纳税人的税收和公共服务收费，因此，政府的购买行为会受到法律法规的约束和社会公众的监督。

2. 采购目的的非营利性。政府采购为非商业性采购，不能以营利为目标，也不是为销售而购买，而是通过采购为政府部门提供消费品或向社会提供公共利益。

3. 采购对象的广泛性和复杂性。政府采购的对象既有标准产品，也有非标准产品；既有价值低的产品，也有价值高的产品；既有有形产品，也有无形产品；既有军用产品也有民用产品，从一般的办公用品到武器装备、航天飞机等，包罗万象。

4. 极强的规范性。政府采购不是简单的钱货两清交易，而是按有关政府采购的法规，根据不同的采购对象、采购规模及采购时间要求等，采用不同的采购方式和采购程序进行采购，使每项采购活动规范运作，体现公平竞争等原则。一项复杂的、涉及金额较大的采购业务，往往可能要经过几个部门批准，有的还要经过反复论证，决策时间较长，手续复杂而规范。

（二）政府采购方式

《中华人民共和国政府采购法（2014 年修订）》明确指出，政府采购主要通过公开招标、邀请招标、竞争性谈判、单一来源采购、询价等方式来选择合适的供应商，并且对每种方式的适用情况都做出了相应的规定。

---

① 李丽辉．中国政府采购规模首破两万亿[N]．人民日报，2016-8-13，第 2 版．

1. 公开招标

公开招标，是指招标人以招标公告的方式邀请不特定的法人或者其他组织投标。采用公开招标方式采购的，采购代理机构必须在财政部门指定的政府采购信息发布媒体上发布招标公告。公开招标作为政府采购的主要采购方式，在《政府采购法》中得到了确认，采购人有义务认真遵照执行，进行政府采购活动。采购货物或者服务应当采用公开招标方式的，其具体数额标准，属于中央预算的采购项目，由国务院规定；属于地方预算的政府采购项目，由省、自治区、直辖市人民政府规定。采购人采购的货物或服务达到规定数额标准，除特殊情况外，应该采用公开招标的采购方式。

（1）具体采购程序

①需求方编制采购预算，并到政府采购管理部门填写采购申请表。

②政府采购管理部门根据项目类别及相关规定批准采购方式。

③采购中心或采购代理机构根据政府采购管理部门的审批方式组织招标。

④编写招标文件。需求论证完成并定稿后，采购中心或采购代理机构负责编写完成全部招标文件。

⑤发布招标公告。招标公告应当载明招标人的名称和地址、招标项目的性质、数量、实施地点和时间以及获取招标文件的办法等事项。招标人应当确定投标人编制投标文件所需要的合理时间。依法必须进行招标的项目，自招标文件开始发出之日起至投标人提交投标文件截止之日止，在指定媒体上发布招标公告。从公告日期到开标日期不少于20天。

⑥发售招标文件。投标人在招标公告要求的时间内到采购中心或采购代理机构购买招标文件获得投标资格。

⑦询标答疑。投标人在获得投标文件后如对投标文件有疑问可向招标单位提出，招标单位、项目单位（采购人）也可以根据需要安排投标人现场勘察。准备答疑文件，进行书面答疑。

⑧开标准备。开标前一周内，采购中心或采购代理机构准备评标专家备选名单，制订评标办法。开标前1—2天，采购中心或采购代理机构抽取评标专家。

⑨投标、开标。采购中心或采购代理机构在规定的时间地点接受投标。开标由招标人主持，邀请所有投标人参加。开标时，由投标人或者其推选的代表检查投标文件的密封情况，也可以由招标人委托的公证机构检查并公证；经确认无误后，由工作人员当众拆封，宣读投标人名称、投标价格和投标文件的其

他主要内容。

⑩组织评标。评标由招标人依法组建的评标委员会负责。

⑪评标结果确认。采购中心或采购代理机构在评标工作结束后5个工作日内将评标结果报项目单位（采购人）。

⑫发布中标结果公示。采购中心或采购代理机构将中标结果（中标人、中标金额等）在政府采购管理部门指定的媒体上进行公示，公示期为7个工作日。

⑬发布中标通知书。如公示期内无质疑，采购中心或采购代理机构将在公示期结束后向中标人发布中标通知书。

⑭签订合同及合同备案。采购人和中标人应当自中标通知书发出之日起30日内，按照招标文件和中标人的投标文件订立书面合同。

⑮项目结束文件归档保存。采购中心或采购代理机构将项目有关文件正本整理归档保存。

（2）适用范围

在适用上，公开招标方式适用于市场上供应商数量较多且能提供质量差别不大的产品或服务。例如，采购人没有什么特殊要求的电器产品，通过公开招标方式，可以加大竞争性，投标者为了中标，就要在价格方面给予更大的优惠并且在售后服务上提出优惠条件，而产品或服务的质量又有保障，从而提高财政资金的使用效率。

（3）优缺点分析

政府采用公开招标的方式，其优点在于，由不特定多数的投标人参加投标，竞争性强，整个招标投标和决标过程的透明度高，便于监督，较好地避免在采购过程中以权谋私和舞弊行为。中国财政部发布的《政府采购货物和服务招标投标管理办法》对公开招标的程序进行规范，保证了在招投标工作中的程序公正。

公开招标方式在具有上述诸多优点的同时，也存在着缺点，其最大的缺点就是程序烦琐。从采购人确定采购机构和采购需求，制招标文件、定标底、发布采购公告，到投标商进行投标准备，开标、评标、决标再到最后采购人与供应商签订政府采购合同，其间经历一个漫长的过程，所需时间长。另外，无论是对于招标人还是投标人耗费的人力、物力、精力成本较大。公开招标方式对于采购数量小、时间要求紧、潜在投标人少的采购活运适用性不强，还需要其他采购方式进行补充。

2. 邀请招标

邀请招标，是指招标采购单位依法从符合相应资格条件的供应商中随机邀请三家以上供应商，并以投标邀请书的方式，邀请其参加投标。

（1）邀请招标的程序

①采用邀请招标方式采购的，招标采购单位应当在政府采购管理部门指定的政府采购信息媒体发布资格预审公告，公布投标人应具备的资格条件，资格预审公告的期限不得少于 7 个工作日。

②投标人必须在资格预审公告期结束之日起 3 个工作日内，按公告要求提交资格证明文件。

③招标采购单位从评审合格的投标人中通过随机方式选择 3 家以上投标人，并向其发出投标邀请书，邀请书发出后给投标供应商的投标准备时间还需 20 天。

可见，邀请招标比公开招标要多一道程序，就是资格预审，从时间上来说要多 10 个工作日。其他招标文件制作、开标、评标、定标等程序与公开招标程序一样。

（2）适用范围

符合下列情形之一的货物或者服务，可以依照本法采取邀请招标方式采购。

一是只有采购项目比较特殊，如受保密项目和急需或者因高度专业性等因素影响的产品，由于潜在供应商数量较少，公开招标与不公开招标都不影响提供产品的供应商数量的。

二是若采用公开招标方式，所需时间和费用与拟采购的项目总金额不成比例，即采购一些价值较低的采购项目，用公开招标方式的费用占政府采购项目总价值比例过大的情况，采购人只能通过邀请招标方式来达到经济和效益的目的。

（3）优缺点分析

这种招标方式与公开招标方式相比，其优点是采购人只向有限数量的符合资格的人发出邀请投标书，从总体上讲节约了招标投标费用，也提高了采购效率。当然，邀请招标方式适用的前提是采购人应该掌握市场供求情况，对潜在的供应商比较了解，才能准确地发出邀请投标书。

该方式的缺点是由于接受邀请投标的投标人数量少，与公开招标相比竞争性弱，招标人获得更大的价格或者售后服务优惠的可能性较小。同时，由于采购人只对特定的几个潜在供应商发出邀请招标书，那么向谁发出邀请谁就有机会成为真正的供应商。这种情况下，采购人有可能接受潜在供应商的商业贿赂，向不具备资格的供应商发出邀请招标书，采购人权力寻租的可能性比较大。

3. 竞争性谈判

竞争性谈判采购，是指谈判小组从符合相应资格条件的供应商名单中确定不少于三家的供应商参加谈判，并向其提供谈判文件的一种采购方式。

（1）竞争性谈判采购程序

采用竞争性谈判方式采购的，应当遵循下列程序。

①成立谈判小组。谈判小组由采购人的代表和有关专家共 3 人以上的单数组成，其中专家的人数不得少于成员总数的 2/3。

②制定谈判文件。谈判文件应当明确谈判程序、谈判内容、合同草案的条款以及评标成交的标准等事项。

③确定邀请参加谈判的供应商名单。谈判小组从符合资格条件的供应商名单中确定不少于 3 家的供应商参加谈判，并向其提供谈判文件。

④谈判。谈判小组所有成员与单一供应商分别进行谈判。

⑤成交供应商的确定。成交供应商必须是最低报价。

（2）该方法的适用范围

符合下列情形之一的货物或者服务，可以依照本法采取竞争性谈判采购。

①经公开招标或邀请招标后，没有供应商投标，或者有效投标供应商数量未达到法定数量，以及重新招标未能成立的。招标失败的几种情况有：招标后没有供应商投标；招标后有效投标供应商没有达到法定的 3 家以上，或者是投标供应商达到了 3 家以上，但其中合格者不足 3 家的；再进行重新招标也不会有结果且重新招标不能成立的。

②技术复杂或者性质特殊，不能确定详细规格或者具体要求的，主要是指由于采购对象的技术含量和特殊性质所决定，采购人不能确定有关货物的详细规格，或者不能确定服务的具体要求的，如电子软件开发与设计等。

③由于公开招标采购周期较长，当采购人出现不可预见的因素（正当情况）急需采购时，无法按公开招标方式规定程序得到所需货物和服务的。

④采购对象独特而又复杂，以前不曾采购过且很少有成本信息，不能事先计算出价格总额的。

当出现上述任何一种情形时，法律允许不再使用公开招标采购方式，可以依照本法采用竞争性谈判方式来采购。

（3）优缺点分析

此种采购方式与招标采购方式相比，其优点是利用这种采购方式，采购程序相对简化，有利于提高采购的效率。特别是在采购人需要采购的商品或服务属于紧急需要的情况下，它可以在较短时间内完成采购过程，可以提高政府采购的时间效益。就经济效益讲，竞争性谈判采购最终确定供应商的条件是报价最低者，可以有效地降低采购成本，提高政府采购经济效益。另外，由于这种采购方式选择谈判对象的权力在于采购人或者采购代理机构，所以他们从保护民族工业的角度出发，可以不选择外国厂商作为谈判的对象，从而有力地保护民族工业。

竞争性谈判在具有上述优点的同时，同样有其缺点。例如，由于谈判小组与潜在供应商之间的谈判均是一对一秘密进行，使得谈判的参与者之间有了串通协商定价的机会，在实践中造成采购的产品或服务价格虚高，容易产生舞弊和权力寻租的情况。

4. 单一来源采购

单一来源采购，也称直接采购，是指达到了限额标准和公开招标数额标准，但所购商品的来源渠道单一，或属专利、首次创造、合同追加、原有采购项目的后续扩充和发生了不可预见的紧急情况，不能从其他供应商处采购等情况。

（1）单一来源采购的基本程序

①由采购人、专家组成采购小组。

②采购小组协助采购中心或采购代理机构编制单一来源采购文件，并经采购人确认。

③采购文件送政府采购管理部门审查、备案。

④发出采购邀请函。

⑤组织单一来源采购商谈小组。

⑥采购小组与供应商谈判，确定成交价格并经采购人确认，编写谈判报告。

⑦签发成交通知书。

⑧采购人与中标人签订采购合同。

⑨采购中心或采购代理机构装订采购文件、存档，同时送采购人存档、政府采购管理部门备案。

（2）适用范围

符合下列情形之一的货物或者服务，可以采用单一来源方式采购：只能从唯一供应商处采购的；发生了不可预见的紧急情况，不能从其他供应商处采购的；必须保证原有采购项目一致性或者服务配套的要求，需要从原供应商处添购，且添购资金总额不超过原合同采购金额百分之十的。

（3）优缺点分析

这种采购方式具有采购速度快、程序简单，能节约时间成本等优点，同时减少了招标等方式的管理成本。但是由于单一来源采购只有一个供应商，其竞争性为零，而且整个采购过程无需公开，所以导致透明度低，可监督性弱，在交易过程中，更容易导致各种不规范和腐败行为，容易出现权力寻租情况。只有在特殊情况下才能采用此种采购方式，并且各国法律都对此种采购方式限定了严格条件，谨慎使用。

5. 询价采购方式

询价采购，是指询价小组根据采购需求，从符合相应资格条件的供应商名单中确定不少于三家的供应商，向其发出询价单让其报价，由供应商一次报出不得更改的报价，然后询价小组在报价的基础上进行比较，并确定最优供应商的一种采购方式。也就是我们通常所说的货比三家，它是一种相对简单而又快速的采购方式。

（1）询价采购基本程序

①成立询价小组。询价小组采购人代表和有关专家共 3 人以上的单数组成，其中专家的人数不得少于成员总数的 2/3。询价小组应当对采购项目的价格构成和评定成交的标准等事项作出规定。

②确定被询价的供应商名单。询价小组根据采购需求，从符合相同资格条件的供应商名单中确定不少于 3 家的供应商，并向其发出询价通知书让其报价。

③询价。询价小组要求被询价的供应商一次报出不得更改的价格。

④确定成交供应商。采购人根据符合采购需求，质量和服务相等且报价最低的原则确定成交供应商，并将结果通知所有被询价的成交供应商。

（2）适用范围

采购的货物规格、标准统一、现货货源充足且价格变化幅度小的政府采购项目，可以采用询价方式采购。

（3）优缺点分析

询价采购的优点由于在询价采购中供应商只有一次报价机会而且不得更改，为了在竞争中获得机会，供应商报价时就会尽量降低报价，便于采购人在从中选择最低报价，提高财政资金的使用效益。此外，询价采购没有讨价还价的过程，可以缩短采购过程，节省采购时间。

但是询价采购由于对比的主要是价格因素，但对于供应商售后服务质量、配货速度并不确定，所以这种方式可能会在后续服务上出现问题。此种采购方式还存在着在确定被询价的供应商时随意性大、操作程序不规范等问题。

思考题

1. 组织市场有什么特点？

2. 谁参与产业市场的购买决策？作为营销人员，怎样识别购买决策中心每位成员在决策过程中各自发挥的作用？

3. 简述产业市场购买者做出购买决策的过程。

4. 简述政府采购的特点。

5. 政府采购的方式有哪些？各有哪些优缺点？

第三篇

市场营销战略篇

第七章

目标市场战略

发现和评价市场机会，寻找和占领目标市场，关系到企业的长远发展和全局利益。由于各地区经济、文化、区位等方面的差异，使得各地区消费者的需求存在着很大的差别，即使同一个地区，消费者的需求也千差万别。因此，随着现代经济发展，社会生活日益丰富和多样化，面对竞争激烈、消费者需求多样化的复杂市场，企业只有运用市场细分策略，发挥本企业优势，选定目标市场，准确进行市场定位，才能有效满足消费者不同的需求，实现预期的经营目标。本章主要研究构成目标市场战略的三个方面内容：市场细分、目标市场选择及市场定位。

第一节　市场细分

一、市场细分的含义和作用

（一）市场细分的含义

市场细分的概念是由美国的温德尔·史密斯（Wedell-R. Smith）教授于20世纪50年代中期首次提出的。20世纪50年代以前，市场基本上处于生产营销导向时期，即企业把消费看成是具有相同需求的整体市场，生产产品的品种、营销渠道、广告宣传形式等都比较单一。这时企业只要拥有产品就可以从市场营销活动中获得利益，企业之间的竞争主要是价格竞争，市场的区分也主要是高价商品市场和低价商品市场。

进入20世纪50年代以后，由于企业生产能力的提高，使得产品竞争加剧，价格下跌。同时，由于市场上商品数量增加，消费者有较大的挑选余地，因此，卖方市场逐渐发展成为买方市场。这时，许多企业开始将市场营销理念作为企业经营的基本指导思想，企业经营开始进入市场营销导向时期，企业开始从满足消费者的不同需求出发，向市场提供不同的产品，并采取不同的市场营销组合。例如，美国宝洁公司发现消费者在洗涤不同质料的衣服时对肥皂的含碱量有不同的需求，于是研发并生产出三种牌子的肥皂，满足了消费者的不同需求，宝洁公司获得了极大的成功。1956年，温德尔教授在总结一些企业实践经验的基础上，发表了《市场营销策略中的产品差异化与市场细分》，提出在产品的性能、使用范围（功能）、型号、尺寸、附件等方面想办法，给消费者一个不同的感受。温德尔教授关于“市场细分”的概念和主张，引起了企业界和理论界的高度重视，并被市场营销人员普遍承认并广泛应用。

综上所述，所谓市场细分，是指企业通过市场调研，依据消费者（包括生活消费者和生产消费者）的需求欲望、购买行为和购买习惯等方面的差异，把整体市场划分为若干个消费群体，从而确定企业目标市场的分类过程。在这里，每一个需求特点大体相同的消费者群就是一个细分市场，也称“子市场”或“亚市场”。显然，分属不同细分市场的消费者对同一产品的需求欲望与购买行为等存在着明显的差异，而属于同一细分市场的消费者，他们的需求欲望与购买行为等则极为相似。

（二）市场细分的作用

市场细分是企业深入了解消费者需求以确定企业经营方向的重要途径。实践证明，科学合理地细分市场，对于企业经营成功具有重要作用。

1. 市场细分有利于企业发现有利的市场机会，在市场上不断开拓和创新。通过市场细分，企业可以认识每个细分市场上需求的差异、这些需求被满足的程度以及各细分市场上的竞争情况。经过分析比较，结合企业自身的能力，就可以发现需求没有得到满足，或被满足的程度较低、竞争者尚未进入或竞争对手很少，且本企业有能力提供产品去满足这些需求的细分市场。这些细分市场上就存在对本企业最有利的经营机会，抓住这样的市场机会，确立宜于自身发展的目标市场，并制定相应的营销策略，不断开拓和创新，就有可能取得市场优势地位，提高市场占有率。

2. 市场细分有利于提高企业的竞争能力，取得投入较少、产出较高的经营效益。这是因为，首先，市场细分能够增强企业的适应能力和应变能力，在较小的细分市场即子市场上开展营销活动，可以加强市场调研的针对性，企业易于掌握消费需求的特点及其变化，这就有利于及时、正确地规划和调整产品结构、产品价格、销售渠道和促销活动，使产品保持适销对路，并迅速送达目标市场，扩大销售。其次，建立在市场细分化基础上的企业营销，能避免在整体市场上分散使用力量，企业有限的人力、财力、物力资源能够集中使用于一个或几个细分市场，扬长避短、有的放矢地开展针对性经营，不仅费用低，竞争能力也会因此得到提高。最后，通过市场细分，易于看清每个细分市场上竞争者的优势和劣势，有利于企业避实就虚地确立自己的目标市场，这有利于增强企业的竞争能力，提高经营效益。

3. 市场细分有利于满足不断变化、千差万别的社会消费需求，促进社会效益的提高。众多企业奉行市场细分策略，尚未满足的消费需求就会逐渐成为不同企业的一个又一个的市场机会与目标市场，这样，新产品就会层出不穷，同类产品的花色品种就会丰富繁多，消费者或用户也就有可能在市场上购买到称心如意的商品，从而提高社会效益。

4. 市场细分有利于小企业在竞争中求得生存和发展。市场细分策略蕴含着这样一种思路，即企业并非一味追求在整体市场上占有一席之地，而是追求在较小的细分市场上占有较大的市场份额。这样一种价值取向，不仅对大、中型企业开发市场具有重要意义，对小型企业的生存和发展也尤为重要。一般而言，小企业资金有限，技术薄弱，在整体市场或较大的细分市场上缺乏竞争能力。而通过市场细分，则往往能够发现大企业尚未顾及的某些未被满足的市场需求，从而能够在这些力所能及的较小或很小的细分市场上推出相应的产品，取得较好的经营效益。一些小企业以见缝插针之长，收拾遗补阙之利，在竞争激烈的市场上也能生意兴隆，甚至还能在某一方面独占鳌头，其奥秘就在于此。而这正是正确运用市场细分策略的表现。

二、市场细分的理论依据和类型

（一）市场细分的理论依据

进行市场细分，不是由人们的主观意志决定的，而是由市场经济内在矛盾的发展引起的。市场细分的理论依据是消费需求的差异性。从消费者需求的差异性来看，对有些产品，消费者的需求差别比较显著，而有些产品，消费者的需求差别则较小甚至基本相同。根据消费者需求的差异程度，市场可被分为同质市场和异质市场。当消费者对产品的需求大致一致，并且对企业同一营销策略反应也十分相似时，即称为同质市场，如食盐，所有消费者对食盐的需求基本相同。在同质市场上，竞争者向市场提供的商品及采取的营销策略大致相同，竞争的焦点集中在价格上。当消费者对产品的质量、款式、价格等有不同要求，而且对企业的同一营销策略会做出不同反应时，称为异质市场，如食品、服装、化妆品等市场都属于异质市场。

大量的商品市场都属异质市场，只有很少的商品市场属于同质市场。在异质市场上，具有类似需求的顾客群就构成了一个子市场（细分市场）。例如，生产服装的企业可根据消费者的年龄结构，将服装市场划分为老年市场、中青年市场和少儿市场等；也可以根据消费者的性别特点，将其划分为男装市场和女装市场等。每一个细分市场都有不同的消费特点，企业应根据市场环境及自身条件等因素，确定选择哪一个或哪几个细分市场作为目标市场，针对目标市场上消费者的需求特点，提供相应的产品并采取相应的营销组合。

由此可见，市场细分的客观基础是消费者需求的两重性，即差异性和相似性。消费者需求的差异性是由多种因素的综合影响形成的，消费者的需求因性别、年龄、收入、居住地点、文化传统及需求层次的差异而千差万别。但另一方面，消费者的需求虽存在差异，但并不是每人各属一种类型，而是有相当数量的消费者在对某种产品的需求上存在着相似或一致性。这种相似或一致性是由人们的居住环境、收入阶层、民族传统等因素的同质性决定的，每个具有类似性的消费者群就形成一个具有一定个性特点的细分市场。

消费者需求的差异性使市场细分成为必要，而某些消费者需求的相似性或一致性使市场细分成为可能。市场细分就是按照求大同存小异的原则对市场进行划分的，并且这种划分随着消费者需求的差异性和相似性的变化而不断变化。

（二）市场细分的类型

在各种因素作用下，消费者对产品的各种属性呈现出不同的偏好，这种偏好在一定市场上通常表现为三种类型，企业要根据消费者偏好来确定如何进行市场细分。

1. 同质型偏好。是指对某种产品，所有消费者对它的偏好都大致相同，即消费者对产品的各种特性都有同样的需求，不存在明显的差别。例如，像火柴、灯泡之类的产品，不管是年老的还是年轻的，也不管是男性还是女性，对它们的要求基本没有差别（图 7 – 1）。对这类商品，企业没有必要进行市场细分，但要重视产品所有特性在市场营销中的作用。

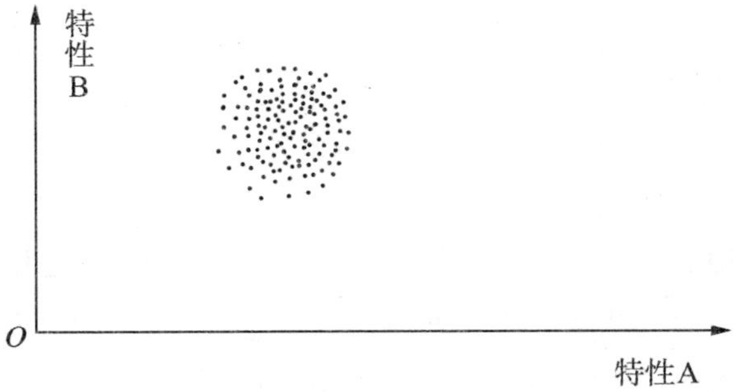

图 7－1　同质型偏好

2. 分散型偏好。指消费者对产品特性的要求和偏好各不相同，有的偏好特性 A，有的偏好特性 B，有的偏好其中的几种特性，即消费者对某种产品的偏好很不集中，在坐标图中，偏好点呈分散型（图 7－2）。经营这种产品的企业，可以将市场细分为多个子市场，然后根据自己的条件，选择目标市场，提供适合目标市场需要的具有某种或某几种特性的产品。

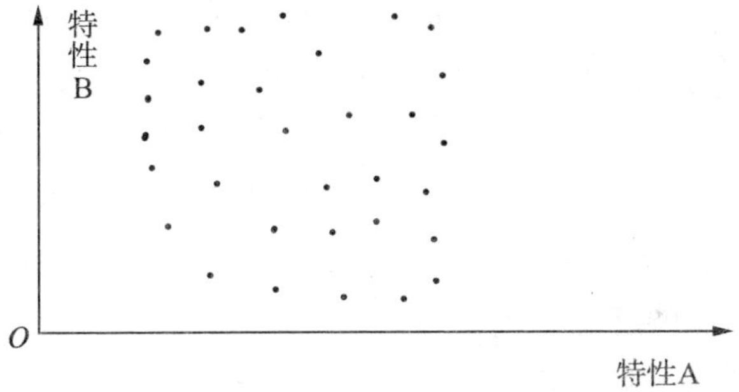

图 7－2　分散型偏好

3. 群体型偏好。即具有不同偏好的消费者，构成各自不同的群体。在群体内，消费者的需求偏好基本相同，这样就形成了若干个自然细分市场（图 7－3）。企业应发挥自己的优势，设法占领某一个或某几个细分市场。

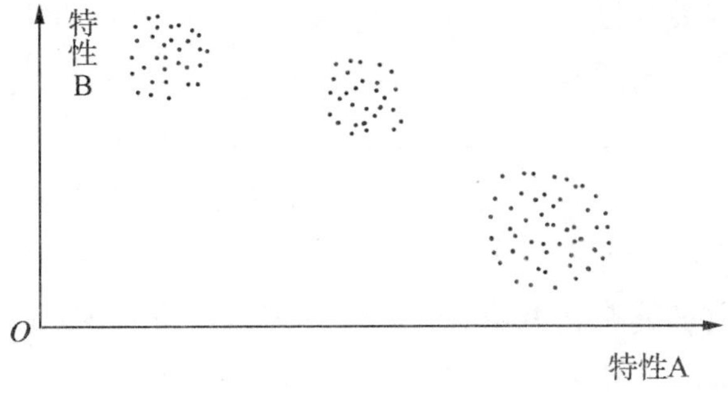

图 7－3　群体型偏好

三、市场细分的原则

成功、有效的市场细分，应当考虑四个方面的条件，或者说，应当遵循四条基本原则。

1. 可衡量性原则。可衡量性是指用来细分市场的依据和细分化的市场是可以衡量的。如果不可衡量，企业就无法分配适量的资源来开发这一市场，这就要求企业必须运用可以度量的标准作为市场细分的依据。因此，要保证市场细分的可衡量性。首先，要做到所确定的细分依据清楚明确，不能模棱两可，以便在每一个细分市场上找到真正相似的消费行为。其次，要做到所确定的细分依据，必须能够从消费者那里得到确切的情报，并且可以衡量这些因素的重要程度，以便能够进行定量分析。同时，经过细分后的市场范围、容量、潜力等也必须是可以衡量的，各细分市场之间要有明显的区别，这样才有利于企业确定目标市场。

2. 可接受性原则。可接受性即企业对细分出的市场的可接受程度。这要考虑两个方面的因素：一是各个细分市场的吸引力的大小，也就是市场需求量的大小，需求量越大，可接受程度就越高；二是考虑企业自身的条件，即企业的人力、物力、财力、技术等方面能否满足市场的需求。市场细分的目的是使企业能够利用自己的资源与力量进入目标市场，因此，在确定细分标志、进行市场细分时，要注意结合企业的具体条件，保证企业利用现有的人力、物力和财力，发挥企业营销策略的作用，使企业顺利进入目标市场，并能有效地开展经营。

3. 规模性原则。规模性即细分市场应该具有一定的规模，细分市场的购买力应能使企业获得足够多的利润。企业细分市场的主要目的在于确定目标市场，为目标市场提供适销对路的产品并获得盈利。这就要求细分后确定的目标市场应有足够的规模和发展的潜力，以保证企业不仅在短时间内盈利，还能使企业取得较长期的经营效益。细分市场规模大小要根据产品的具体情况而定，同时还要考虑其潜在的需求。

4. 稳定性原则。稳定性是指细分后的市场在一定时期内保持相对稳定，以便企业长期而有效地占领该市场。只有细分市场具有相对稳定性，企业才能据以制定相应的营销战略和策略。否则，如果市场变化太快，就会给企业带来较大的风险，从而不能作为企业的目标市场，这种市场细分就没有意义。稳定的细分市场可以使企业在占领目标市场后的相当时期内不需改变，减少企业营销风险，使企业取得长期稳定的发展。

四、市场细分的依据

市场细分的依据也就是进行市场细分选取的标志，主要由影响市场消费需求的多种因素构成。由于购买者在不同市场上的表现行为存在着很大差异，不同的市场就有不同的细分依据。这里按消费者市场和组织市场两种情况分述。

（一）消费者市场细分依据

消费者市场细分的依据较多，大体上可以概括为人口状况、地理条件、消费者心理和消费者购买行为四个方面，每个因素又包括一系列的细分因素。

1. 按人口因素细分。按人口因素细分指根据人口统计项目划分市场。人口统计项目主要包括年龄、性别、职业、受教育程度、收入、家庭规模、宗教、种族等因素。人口因素是决定消费者行为的最重要的因素，且容易衡量。因此，人口因素是消费者市场细分的重要依据。例如，按年龄可以把市场划分为儿童市场、少年市场、青年市场、中年市场和老年市场，许多消费品市场如食品、服装、书刊等，年龄是最基本的依据；按民族可以划分为不同民族的市场，不同民族的市场有不同的要求、习惯；还有许多消费品如炊具、洗衣机、电冰箱、电视机等以家庭为消费单位的产品，则可按家庭的规模来细分。按人口因素细分市场主要是为企业选择和确定具体的服务对象。

2. 按地理因素细分。地理因素指消费者所在的地区、气候、城乡、人口密度等。在消费者市场上，按地理因素细分，往往是细分市场的第一步。具体的细分标准有洲际、国别，城乡区别、气候区别等。地理细分之所以可行，是因为处在不同地理环境下的消费者，对于同一类产品往往有不同的需求和偏好，他们对产品的性能、价格、销售渠道、广告宣传等营销措施的反应也常常存在差别。按地理因素细分市场，有利于企业开拓区域市场。

3. 按消费者心理因素细分。消费者因其生活方式、个性、爱好以及年龄、收入、职业等的不同，往往有不同的购买心理，从而影响消费需求。把同类的心理需求划归一起，然后针对同类心理需求组合企业的营销策略，这就是按心理因素细分市场。心理因素主要包括生活方式、个性、价值观念等，这些都是影响消费需求的较为复杂和微妙的因素。生活方式是消费者对工作、学习、生活消费、娱乐等的特定习惯及倾向性的方式，影响人们对产品的喜好和需求，汽车、服装、家具、化妆品等的生产企业往往根据消费者的生活方式对市场进行细分。个性是指消费者的性格差异。人的性格因其生活环境、血质、受教育程度、经历不同而多种多样，有的开放、有的保守，有的处事果断、有的优柔寡断，等等，不同性格的消费者有不同的购买需求。价值观念是消费者对商品的不同利益要求，表现在市场需求上有的求廉，有的求新，有的求名，有的从众、随大流。企业可把市场分为廉价市场、折扣市场、精品市场以及名优特品市场等。

4. 按消费者购买行为因素细分。消费者由于生活、经济状况、风俗习惯等的差异，购买行为受购买行为因素等的影响呈现出不同的特点。购买行为因素包括购买时间、购买地点、购买数量、购买频率、对品牌的支持等。从购买时间来说，消费者有一定的购买习惯和特点，有的表现为常年购买，有的表现为季节性购买；从购买地点来说，有人喜欢在商品集中销售地区购买，有的则喜欢分散购买；从购买数量来看，消费者市场可分为大量购买、中量购买和少量购买市场；从购买频率看，有的商品为经常性购买（如牙膏、肥皂等日用生活必需品），有的商品购买频率较低（如电冰箱等耐用消费品），企业可据此划分市场，如日用品市场、特殊品市场等；从消费者对商品品牌的支持程度来看，有坚定忠诚型、转移忠诚型、非忠诚型等。

表 7－1　　消费者市场细分的依据

细分标准	细分市场的类型
人口因素	
性　别	男性、女性
年　龄	儿童、少年、青年、中年、老年
职　业	工人、农民、教师、军人等
收　入	高收入、中等收入、低收入
民　族	汉族、维吾尔族、藏族、朝鲜族等
家庭规模	1—2 人、3—4 人、5 人以上
文化程度	文盲、小学、中学、大学等
地理因素	
洲际区别	亚洲、欧洲、南美洲、北美洲、非洲、大洋洲等
国家区别	中国、美国、日本、印度、罗马尼亚等
地区区别	东北、西北、华北、华东、华南等
城乡区别	城市、农村，大城市、中等城市、小城镇等
气候区别	北方、南方，热带、温带、寒带等
地形区别	山区、平原、丘陵、盆地等

（续表）

细分标准	细分市场的类型
消费心理因素	
生活方式	朴素型、时髦型、事业型
价值观念	求实型、求新型、求美型、好奇型等
个　　性	自信、顺从、保守型
购买行为因素	
购买时间	常年性、季节性
购买地点	集中区、分散区
购买数量	大量、中量、少量
对品牌支持程度	坚定忠诚型、转移忠诚型、非忠诚型等

消费者市场细分的依据如表 7－1 所示。上述消费者市场细分的依据，在实际中要灵活运用，既可采用单一变量，也可同时采用多个变量。一个企业究竟选用哪些变量作为市场细分的依据，应当仔细分析，匠心独运，视具体情况而定，切忌生搬硬套。

（二）组织市场细分的依据

组织市场同消费者市场存在着很大差别。组织市场一般属集团性购买，购买的商品主要是用于生产消费或集体生活消费，购买者基本是理性购买，受心理因素的影响较小。因此，组织市场有自己特有的细分标准，这些标准主要包括最终用户的要求、用户规模和用户地理位置等几个方面。

1. 最终用户。最终用户因其经营内容不同，有不同的利益要求，最终用户是组织市场细分最常用的依据。如某铝制品公司根据最终用户的需求，可以将本公司的市场划分为汽车制造业市场、住宅建筑业市场、饮料罐装业市场等。

2. 用户规模。用户规模也是细分组织市场的重要依据。用户规模越大，购买力越大；用户规模越小，则购买力越小。大客户数量虽少，但购买数量很大；小客户数量多，但购买量却相对较少。企业应区别对待，制定不同的营销策略。

3. 用户的地理位置。每个国家和地区都因为自然资源、气候和历史传统、产业政策等因素形成若干工业地区。因此，生产者用户比消费者用户在地区上更为集中，企业可按用户的地理位置细分市场。按用户的地理位置细分市场，使企业将经营目标放在用户集中地区，有利于生产资料商品的销售，可以大大节约推销人员在不同客户之间奔波的时间，更加充分地利用销售力量；还可以更有效地规划运输路线，提高货物装运效率，减少运输费用。

同消费者市场细分一样，组织市场细分的依据也应该灵活运用。在实践中，大多数企业都不是用一种标准进行市场细分的，而是有层次地、交替地运用一系列因素细分市场，识别目标市场的机会。

五、市场细分的步骤

市场细分作为一个过程，通常要经过下列步骤来完成。

1. 选定企业产品的市场范围。每一个企业，在制定发展战略之前都要确定生产什么以及为哪一部分消费者服务。企业一旦决定进入该行业，便要考虑选定可能的产品市场范围。企业产品的市场范围应以市场的需求而不是产品的特性来定。

2. 选择市场细分的因素。市场细分因素可以是一种因素，更多的是两种以上因素的结合。选择的根据通常是既往营销活动的结果与经验。例如，一个冰箱经销商可能要考虑按地理因素、人口因素和消费者心理因素来细分其商品的市场。

3. 在选定的细分因素中，挑选出具体的细分变量作为分析单位。例如，采用地理因素细分市场的企业，可能选择城市和乡村作为细分的分析单位；采用人口因素细分市场的企业，可能选择年龄作为细分的具体单位。

4. 调查设计并组织调查。调查的目的是取得与已选细分变量有关的数据和其他相关资料。当然，调查对象应是相关联的消费者或用户，要了解他们的需求，从中分析出目标顾客。

5. 分析、评估各个细分市场的规模和性质。通过调查，各个细分市场的轮廓已经清楚，并已编排完成。此时，就要仔细审查、估量细分市场的大小、竞争状况和变化趋势等。

6. 选择细分市场，设计市场营销策略。通过分析，可发现有利可图的细分市场往往不止一个，但企业的资源和短期生产能力又是有限的。因此，应将若干个有利可图的细分市场按盈利程度排列成序，从盈利程度最高的细分市场顺序选择目标市场，直至企业的能力不能满足为止。然后，就应当有针对性地分别制定市场营销变项组合，包括产品开发、价格策略、渠道选择、销售促进等，以便有效地进入被选作目标市场的细分市场。

六、市场细分中常见的失误

在市场营销活动中运用市场细分理论指导实践已成为许多企业的自觉行动。但市场细分并非万应灵药，并非有百利而无一弊，也不是对所有企业都有效。有些企业的营销管理人员在运用中走向极端，从而导致在细分过程中的失误。在市场细分中的失误主要有两种类型。

1. 使用细分因素过多，把市场分得过细过小。市场细分最大的问题是：有可能增大生产成本和推销费用。如果片面地理解细分的作用，认为把市场分得越细越好，运用多种因素作为细分的标准，从而把市场分得很细，反而使企业没有力量或没有必要占领该市场。因为在这种情况下，企业如果要全面占领这些市场，就必须进行多品种、小批量生产和推销，这意味着规模效益较小。出现这种失误的根本原因是，这些决策人员没有认识到细分市场仅仅是寻找市场机会的手段，而不是目的本身，从而出现了为细分而细分市场的现象。所以，应当把握住市场细分的层次，适可而止，以确保市场细分带来的利益超过因细分化而增加的投入。

2. 细分标准一成不变，不适应市场环境变化的要求。由于市场环境会因为经济的迅速增长或市场疲软、物价迅速上涨或下跌等原因而发生变化，消费者的市场需求也会有相应的变化。这样，根据原来的市场条件进行的细分可能已不适应消费者的要求，如按收入划分的高、中、低档商品市场可能因收入变化而使消费者的购买升格或降级，从而使原来划分的市场已不适应现在的需要。在这种情况下，如果还按老标准划分的市场进行经营，就不可避免地出现失误。

在实际工作中，当发现细分市场过细而带来不利影响时，就应当实施“反细分化策略”，即将许多过于狭小的细分市场组合起来，使市场范围扩大，从而以较低的价格去满足这一市场需求。具体的方法有两种，一是用缩减产品线的方法来减少细分市场，以现有的产品来满足更大的市场需求，通过扩大产品批量来降低价格，增加销售；二是把几个较小的细分市场集合起来，选择适合于这些市场的普通产品组织生产，以较低的价格吸引消费者。通过反细分化，把分得过细的市场范围扩大，以实现从不值得占领到值得占领，从经济效益差到经济效益好的目标转变。

第二节　目标市场选择

一、选择目标市场的基本程序

所谓目标市场，就是企业营销活动所要满足的市场需求，是企业决定要进入的细分市场。企业的一切营销活动都是围绕着目标市场进行的。选择和确定目标市场，明确企业的具体服务对象，关系到企业目标的落实，是企业制定营销策略的首要内容。企业对目标市场的选择是在市场细分的基础上进行的，其基本程序如下。

（一）对各细分市场的市场潜量进行评估

对各细分市场的市场潜量进行评估的目的是找出市场规模值得进一步调研的市场，即初选出潜在的目标市场。为了避免漏掉能为企业产品提供广阔前景的市场，企业应当对所有细分市场进行评估，但为了避免花许多钱去调查对企业产品没有前途的市场，这种评估应当快捷、经济，尽量应用公共来源可以获得的资料数据。

1. 评估方法。企业对市场潜量的评估通常有两种方法。

（1）直接估计。市场潜量和一些社会经济因素之间存在着一定的函数关系，即：

$$S_i = f(x_1, x_2, \cdots, x_n)$$

其中，S_i代表特定产品 i 在计划期间内在既定市场的潜在销售量，x_1至 x_n 代表能够共同确定 S_i的经济因素和社会因素。S_i可通过两种方法估计出来，一种是在掌握该细分市场前几年实际销量的基础上，运用时间序列分析法，预计其今后的可能销量；另一种是根据当地生产量和进出口情况进行估计，即

$$\text{市场销售量} = \text{当地生产量} + \text{进口量} - \text{出口量}$$

在此基础上再考虑各方面因素对市场潜量进行估计。

（2）间接估计。就绝大多数商品而言，上述直接估计市场潜量所需要的

各种数据很难从公布的资料中找到。这时，企业通常是对市场潜量进行间接估计，即采用定量的经济与社会统计资料作为衡量市场潜量的指标。这些指标各国（地区）都应当有，并且可在各国及各细分市场之间进行比较。用于反映市场规模的最常用的指标有：国民生产总值、人均国民生产总值、国内生产总值的平均增长率及进口量等。企业在选择指标时，要考虑拟销产品的消费者或用户的特征，即应当选择那些最接近消费者或用户特征的经济与社会统计资料作为指标。例如，如果拟销产品是家用电器，那么选择私人耐用品的消费支出作为指标比国内生产总值好得多；如果拟销产品为机器，那么与该机器相关的部门的工业生产指标也优于制造业占国内生产总值的比重。一般而言，综合运用几个指标比单用一个指标好。

2. 选中与淘汰的决策。在对各个细分市场的市场潜量进行评估的基础上，根据企业规定的标准对其进行筛选，即如果 $s_{ij} \geqslant a$（s_{ij}表示 i 产品在 j 市场的市场潜量或市场规模，a 是以货币、单位、排列顺序或指数表示的临界值），则该细分市场可作为进一步调查研究的潜在目标市场。由于 s_{ij}可以用几项指标来评估，则企业可以采取以下几种做法。

（1）确定所有被选择的市场指标的最低值，排除指标低于这些值的国家或市场。该做法是假设一个市场的市场潜量严格地取决于每一个指标，只要有一项指标达不到所规定的最低值，该市场即被淘汰。

（2）在所有被采用的指标中，确定一项或几项起决定性作用的指标，并将决定性指标低于最低值的市场淘汰，而不管别的指标如何。

（3）对所有指标值进行加权平均，即企业根据各指标对市场潜量的影响程度确定相应的权数。如果各指标的加权平均值小于最低值，则该市场即被淘汰。

（二）对潜在目标市场中的行业市场潜量进行评估

在初步选择出潜在目标市场以后，还要为该拟销产品类进行更为精细的市场潜量评估——行业市场潜量评估，以便从中找出目标市场。

行业市场潜量（IMP）是指所有卖主在战略规划期间在指定国家或市场销售特定产品的最有可能的总销量。所以，行业市场潜量是在未来相当长的一段时间内（比如3至5年）所预期的行业总销量，它是企业对目前的产品市场大小和将来可能的增长的经营性判断。

1. 评估方法。企业估计行业市场潜量时可采用两种基本方法。

（1）顺向估计法。顺向估计法可以表示为：

$$\text{IMP}=f\ (x_1x_2\cdots x_n)$$

其中，x_1至x_n是一组与行业潜量相关的预期变量，一般用对历史资料的回归分析决定它们的相关关系。这种方法适用于对买主非常广泛的消费类产品的行业市场潜量估计。例如，可以使用下列预期变量来估计电视机的行业市场潜量：家庭数目、识字人口比例、城市人口比例、人均收入、生活费用指数、单价、单价与人均收入的比例等。这些变量的系数可以从电视机历史销量的回归分析中获得。

（2）逆向估计法。逆向估计法可表示为：

$$\text{IMP}=S_1Q_1+S_2Q_2+\cdots+S_nQ_n$$

其中，S代表构成行业市场总体（即各细分市场）的各个部分的最终用户的数量，Q代表每个部分的用户购买拟销产品的平均数量。如果每个部分的实际购买资料是现成的，那么 IMP 可以通过时间序列分析进行评估。但由于用户实际购买的资料很难获得。因此，对经营者来说，通常理想的办法是不直接用Q的数值，而用各个部分的实际或潜在用户与销量有关的特征函数来进行间接估计。这样，上述公式可调整为

$$\text{IMP}=a_1u_1+a_2u_2+\cdots+a_nu_n$$

式中，u变量代表不同用户组（各市场部分）的产量、职工人数或其他特征，a变量代表使用系数，即和u相关的被使用产品的数量。因此，a_1可以代表每件产品的组成材料量、零件数等，u_1可以代表该市场部分的最终用户的实际和潜在的总产量。这种逆向估计法最适合于工业品，尤其是最终用户数量有限的工业品。

2. 选中与淘汰决策。在对潜在目标市场的行业市场潜量进行评估的基础上，企业要根据两方面的因素对其进行选中与淘汰决策，它们分别是：目前市场的实际规模和各潜在细分市场在战略规划期间的预期增长率。因此，选中与淘汰决策涉及市场规模与增长率两者的权衡（表 7－2）。

表 7－2　行业市场潜量大的细分市场的选择

年实际增长率				
	高	1	2	3 选中
	中	4	5	6
	低	7 淘汰	8	9
		小	中	大

当前市场规模

在具体操作时，企业经营者可给表中的三种增长率规定具体百分数，给三类规模不同的市场规定具体金额或数量。如果某市场位于格“3”中，则该市场显然可以被认为行业市场潜量大而被选中，因为它的实际市场潜量大且增长率高；反之，如果某市场位于格“7”中，则该市场必然被淘汰。而位于其他格中的市场是被选中还是被淘汰，则取决于企业经营者对市场规模与增长率的权衡。例如，如果企业看重当前的市场规模，则会接受位于格“9”的市场；而如果企业看重增长率，则会接受位于格“1”的市场。

经过企业经营者的选中与淘汰决策，最后某些市场（如位于格“2”中的市场）被作为行业市场潜量大的市场而被接受，但这些市场中哪一个或哪几个可以作为目标市场，则要在对本企业的产品在这些市场的销售潜量进行评估以后才能决定。

（三）对企业销售潜量进行评估

所谓企业销售潜量，是指在既定进入模式和营销努力的条件下，企业的特定产品在战略规划期间的最大可能销量。企业销售潜量也可视为企业在某细分市场的该行业市场中所能占有的份额。它不但依赖于外部市场因素，而且取决于企业进入市场的战略。不同的进入战略会产生不同的企业销售潜量。具体来说，企业销售潜量取决于进入模式（出口、许可贸易、投资等）、取决于营销规划中心营销努力水平（投入该产品的资源、定价、经销与促销方针等）。因此，估计企业销售潜量需要考虑多方面的因素，包括市场进入条件、竞争能力、经销渠道能否获得、消费者或用户情况及所需营销努力等。企业经营者在对这些因素进行综合评估的基础上，估计出企业在各细分市场上的销售潜量，从中选择企业销售潜量最大的一个或几个细分市场作为目标市场。

二、目标市场策略

（一）目标市场策略类型

企业在选择目标市场之后，就要对目标市场采取一定的营销策略，以达到预期的经营目的，这就是目标市场策略。归纳起来，有三种不同的目标市场策略可供企业选择：无差异性策略、差异性策略、集中性策略。

1. 无差异性策略

无差异性策略又称无选择性策略，指企业把整个市场作为自己的目标市场，不进行市场细分，即企业为整个市场生产单一的标准化产品，采用一种市场营销组合策略，试图满足所有消费者的需求，占领总体市场。其指导思想是：市场上所有消费者对某一产品的要求和爱好基本相同，企业可以用单一的产品和单一的营销手段加以满足。如美国可口可乐公司在20世纪50年代以前相当长的一段时间内，只生产一种口味、一种瓶装的可口可乐饮料，只采用“请喝可口可乐”一种广告宣传，可说是典型的无差异性营销策略。

企业采用这一市场策略必须具备一定的条件：所经营的产品选择性差，如煤炭、石油、粮食等行业，这些产品选择性较差，购买者对它们的需求基本相似，因而无须进行市场细分；具有大规模的单一生产线；有广泛的销售渠道；在市场上有较高的知名度。因此，只有少数大企业有能力采取这种策略。

无差异性市场策略的优点是：有利于企业通过大批量、少品种生产，大量分销而降低产品成本，并相应节约市场调研和促销费用；有利于企业获得规模效益，增加利润；有利于企业以廉价争取更多的顾客。缺点是难以满足不同消费者群体之间的差异性需求和爱好，难以适应市场需求的发展与变化，并且容易导致竞争激烈和市场饱和。

在生产观念和推销观念时期，大多数企业实施无差异性策略。但在现代市场上，随着消费者需求多样化、个性化发展，生产水平和科技进一步发达，竞争加剧，许多企业放弃这种策略。因此，它的适用范围逐渐缩小。

2. 差异性策略

差异性策略又称选择性策略，指企业选择两个或两个以上的细分市场作为目标市场，推出多种不同花色、款式、规格和档次的产品，采用不同的市场营销组合，分别满足不同类型的消费者群体的需求。其指导思想是：消费者对产品的需求是多种多样的，企业可以将原有市场按消费者的一定特征进行细分，然后针对各种细分市场的不同需求和爱好，生产出各种相适应的产品和相适应的营销手段分别加以满足。如美国可口可乐公司20世纪50年代以后采用这一策略，根据消费者的不同需求和偏好，生产出不同口味、不同包装的各种饮料，并对不同产品设计不同的广告宣传。

差异性市场策略的优点是：有利于实现产品品种、营销方式和广告宣传的多样化，增强产品适销性和应变能力，较好地满足不同消费者的需求；如果企业能够同时在几个细分市场上都占有优势，就会使企业的信誉迅速提高。缺点是由于品种、分销渠道及广告宣传等因素的扩大和多样化，使生产和营销成本也相应增加。那些选择性较强、需求弹性大、规格等级复杂的商品较适宜于采用这种策略。随着需求多样化的发展和竞争的激烈，此策略为越来越多的企业所重视和运用。但对于一些资金不足、技术薄弱、资源有限、管理水平不高的企业（尤其是中小型企业）来说，采用这一策略务必慎重。

3. 集中性策略

集中性策略又称密集性策略，指企业在市场细分的基础上，集中推出一种或少数几种产品，采用一种或少数几种营销组合方式，选择一个或少数几个细分市场作为目标市场实行专业经营。其指导思想是：消费者的需求是多种多样和规模巨大的，而企业的资源和能力是有限的，与其在较多的细分市场上获取较低的市场占有率，不如在较小的细分市场上获得较高的市场占有率，甚至占据领先地位。采用这种策略的多是资源能力有限的中小型企业。

集中性策略的优点是：营销对象比较集中，有利于企业集中使用资源，节约营销费用；有利于企业有效地利用自身优势，集中力量向某一特定市场提供最好的服务，从而比较容易获得较高的市场占有率，在市场上确立优势地位；有利于企业深入了解目标市场消费者的需求与爱好，并有针对性地创造出产品的特色。缺点是目标市场狭窄，风险较大。一旦目标市场没选准，或目标市场情况突变，如价格猛跌、市场上出现强有力的竞争者或购买者兴趣转移等，将给企业带来严重影响甚至损失，企业就可能陷入困境。

（二）目标市场策略的选择

上述三种目标市场策略的特征是：无差异性策略着眼于整体市场，差异性策略着眼于大部分或较多细分市场，集中性策略着眼于个别细分市场。三种策略各有其优、缺点和适用条件，企业在具体选择时，应综合考虑各种策略的优缺点、适用对象和范围以及企业外部环境和内部条件等因素，然后权衡利弊得失决定。概括地说，企业在选择目标市场营销策略时，应综合考虑以下因素。

1. 企业资源和规模。企业资源和规模主要指企业的人力、物力、财力和生产、技术、销售力量。在不考虑其他因素影响的前提下，资源丰富、规模较大、实力雄厚的企业，可采用差异性或无差异性策略；资源不足、规模较小、实力有限的企业，适宜于采用集中性策略。

2. 产品的同质性。产品的同质性即产品的类似程度，指消费者所感受的消费特征相一致的程度。有些产品如食盐、大米等，虽然客观上存在着质量差异，但多数消费者并不了解或无必要加以区分，适宜采用无差异性策略；有些产品如化妆品、服装、家用电器等，消费者对它们的款式、花色、规格、质地等方面的差别感受深刻，购买时选择性较强，企业就应采用差异性策略或集中性策略。

3. 市场的同质性。市场的同质性即消费者需求的类似程度，指消费者需求、偏好及其他特点相一致的程度。如果市场上大多数消费者的需求、偏好基本接近，类似程度高，企业可采用无差异性策略；如果各消费者群体之间的需求与偏好相差甚远，类似程度低，企业则应采取集中性策略或差异性策略。

4. 产品的生命周期。产品处于不同的阶段须采用不同的目标市场策略。一般而言，当产品进入导入期、成长期时，企业重点是挖掘对产品的基本需求，扩大销路，难以同时推出几种产品，可采用无差异性策略或集中性策略。当产品进入成熟期后，企业或采用差异性策略，开拓新的市场；或采用集中性策略，保持原有市场，维持、延长产品的生命周期。

5. 市场竞争状况。市场竞争状况主要指市场竞争态势、竞争结构、竞争者数目多寡及竞争对手的策略。企业应主要根据竞争各方的实力和竞争对手的策略灵活确定自己的策略，或针锋相对，采用与竞争对手相同的策略；或避实就虚，采用与竞争对手不同的策略。

（三）目标市场选择中常见的失误

1. 市场机会评价失误

对于细分后的市场中是否存在能转变为企业机会的市场机会，需要企业的营销人员对市场进行认真分析，通过比较鉴别，去发现机会和利用机会。在评价市场机会中，常见的失误有两种。

（1）怨天尤人，坐失良机。有些企业的营销管理人员在自己的效益不佳时，不是从内部找原因，积极地进行调查研究，开发市场，而是怨天尤人，把问题归咎于外部环境。如抱怨市场疲软，认为市场疲软造成经济滑坡，因而没有市场可以开发，没有市场机会可以利用。就这样，这些人一方面利用市场疲软来掩盖自己的工作失误，另一方面在埋怨和叹息中消磨自己的时间，眼睁睁地看着别人扩大市场规模，自己却一次又一次地失去发展机会。还有一些人抱怨外面对企业的限制太多，而自己的权力又太小，因而没有力量去开发和占领市场。实际上，外部的因素和企业权力的大小不是取得高效益的主要原因，只要企业发挥了自己的积极性和主动性，市场的大门是向一切企业敞开的。

（2）满眼机会，实施无益。在评价市场机会中的另一种失误是在评价中不能严格掌握标准，而是凭想当然办事，结果在这些人眼里市场机会俯拾即是，但如果投资生产，其结果却不是难以实施，就是效益太差。那些投产时先天不足的企业就属于这种类型。

2. 目标市场选择失误

在选择目标市场问题上容易出现的失误是步人后尘，随波逐流，结果出现了多数企业选择不当的“多数谬误”。

所谓多数谬误，是指过多的企业均以同一市场需求作为自己的目标市场，从而导致该产品的供应远远大于需求。其具体表现为：一旦看到某种产品或某类产品价高利大，或供不应求，价格上涨，不少地区便不问青红皂白地盲目上马，众多同类企业蜂拥而出。在这种情况下，竞争异常激烈，参与的企业都好像挤在一座独木桥上，只有窄窄的一条路，不仅那些被挤到桥下的企业会被淹死，剩下的企业也会筋疲力尽。造成“多数谬误”的原因，一是企业在选择目标市场时信息不准，没有掌握全部的市场情况；二是没有按选择目标市场的要求办事，没有进行深入的分析研究；三是不懂辩证法，目光短浅，看到人家生产这一产品赚了钱，自己再去步人后尘，结果失利。

要避免出现“多数谬误”，在目标市场选择时就应当注意以下情况。一是选择目标市场不仅要考虑该市场具有一定的规模、较大的发展潜力和企业具有一定的优势，还必须考虑到该市场的盈利潜力是不是最大和该市场容不容易进入。因为只有这样，才能限制一部分企业的欲望，减少以该市场作为目标市场的企业数量。否则，市场的吸引力过大，而企业又比较容易进入该市场，那么许多竞争对手也就会遵循同一逻辑行事，就出现了“多数谬误”。二是要注意接受宏观指导。企业所处的微观位置使其不可能全面了解市场的供求状况，具有独立的经济利益使企业偏重于追求利润。在这种情况下，宏观指导对减少“多数谬误”起着特别重要的作用。因此，通过宏观指导，可以减少许多企业一哄而起、一拥而上的状况，在实际工作中，一旦发现选择目标市场失误，要及时采取调整措施，或调整产品方向，或调整产品结构，把力量转到更适合自己条件的市场上去。当然，出现“多数谬误”有时并不是本企业的原因，但由于许多企业加入竞争行列，那些实力雄厚、成长迅速的企业自然而然地成为竞争对手，本企业在该目标市场上面对的竞争压力骤然增大。因此，如果企业在选择了目标市场后就迅速发展起来，成为本行业中实力雄厚的大公司，可以利用自己的实力在该市场坚持下去；如果选择了目标市场后不能迅速形成自己的特色和优势，尽管进入市场较早，也只能忍痛退出。

第三节　市场定位

一、市场定位的含义

企业进行市场细分和目标市场的选择，是为了更好地发挥企业的优势，更好地满足消费者的需求。但目标市场上通常会存在着同类产品的竞争者，其竞争策略各不相同。同时，消费者对各种同类产品的评价程度也不一样。因此，企业在选定目标市场之后，还要根据目标市场的竞争情况、消费者对各种产品的评价标准以及市场容量和饱和程度等外部情况，并结合企业自身状况（包括企业在市场上的地位、市场份额、产品的特点及所处的生命周期、企业的规模、实力及企业所追求的目标等）进行市场定位。

所谓市场定位，就是确定企业在目标市场上的位置，也就是说确定企业整体形象在顾客心目中的位置。企业整体形象是产品形象、价格形象、服务形象、信用形象等多方面形象的综合。企业整体形象的好坏，即企业市场定位能否成功，不仅取决于企业自身的努力，而且取决于消费者的心理状态。当企业的市场定位与整体形象在顾客心目中的位置相一致时，企业的市场定位就成功；不一致时，就失败，就需要重新定位。

市场定位是通过为自己的产品创立鲜明的特色或个性，从而塑造出独特的市场形象来实现的。产品的特色或个性，有的可以从产品实体上表现出来，如形状、成分、构造、性能等；有的可以从消费者心理上反映出来，如豪华、朴素、时髦、典雅等；有的表现为价格水平，有的表现为质量水准等等。

企业在进行市场定位时，一方面要了解竞争对手的产品具有何种特色，另一方面要研究顾客对该产品的各种属性的重视程度（包括对实物属性的要求和心理上的要求），然后根据这两方面进行分析，再选定本企业产品的特色和独特形象。至此，就可以塑造出一种消费者或用户将之与别的同类产品区别开来的观念，并按一定方式去看待的产品，从而完成产品的市场定位。

例1：某电冰箱厂G决定进入100升电冰柜市场。假定通过调查知道目标消费者对该产品最为关注的是质量水准和价格高低，又了解到目标市场上现有A、B、C、D四个生产厂家的力量和位置。在这种情况下，G厂的产品应如何定位呢？

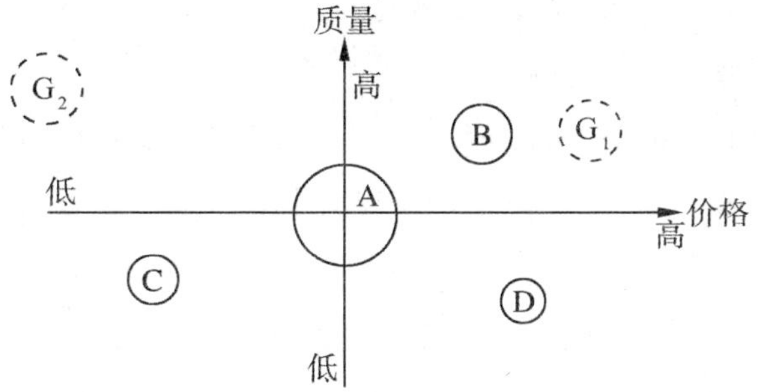

图7－4　产品定位示意图

图7－4中的A、B、C、D四个圆圈代表目标市场上的四个竞争者，圆圈的大小代表各自的销售额。G的决策可以有以下两种选择方案。

方案一：选定竞争者B附近（如G_1的位置），准备生产高质量高价格的电冰柜，与B争夺市场。如此定位必须考虑以下条件：第一，高价高质的电冰柜的市场容量大，足够容纳两个企业所生产的全部产品；第二，本企业能比B企业生产出更好的产品，结构更为合理，或具某种独特功能等；第三，这样定位与本企业的资源、特长、声望是相称的。

方案二：定在左上角的空白处（例如G_2处），即生产高质量低价格的产品。这是一个较受顾客欢迎的市场区，尚无厂家提供产品。因为高质量必然会提高成本，若采用低价格则有可能造成亏损。因此，企业要定位于此必须具备下列条件：第一，本企业具有生产较高质量电冰柜的物质和技术条件；第二，本企业生产高质量电冰柜的成本较低，虽然市场售价较低，但仍然能达到预期利润目标；第三，通过宣传及促销，能够有效地使潜在消费者相信本企业所生产的电冰柜远比C企业的质量高，同时并不比B企业的差，亦即让消费者清楚本企业产品能够达到“物美价廉”。唯有如此，才能保证不断扩大销售，提高市场占有率，靠规模效益实现企业的营销目标。

二、市场定位方法

市场定位方法有多种，多向量图法和二维空间定位法是常用的两种方法。

（一）多向量图市场定位法

多向量图市场定位法是指利用非数量的或顾客偏好的资料构成的一个有特定构面数目的图形结构以进行市场定位的方法。其具体步骤如下：

1. 选择某一产品的两种主要要素作为横纵两坐标，画出十字坐标；

2. 在每一坐标线的两端标明其程度；

3. 按顺时针方向标明象限；

4. 收集市场上的同类产品资料，分别在图上标明其相应的位置；

5. 对比处在不同位置上的其他产品的顾客偏爱度，确定本企业产品的位置。

例2：某企业运用多向量图定位法给本企业生产的F产品（食品）定位。

如图7－5所示，该企业选择F产品的营养和口味作为主要要素，画出十字坐标，并在每一坐标线的两端标明口味和营养的程度，然后按顺时针方向标明象限，根据收集到的市场上竞争对手的同类产品（A、B、C、D、E）资料，按其在市场上的实际形象（或特征）在定位图上确定了相应的市场位置。最后企业根据目标市场上大多数消费者的评价标准，即对该产品的口味和营养要求，并根据自己的资源条件，把F产品定在第四象限（即低营养、浓香型）的一个恰当位置上。

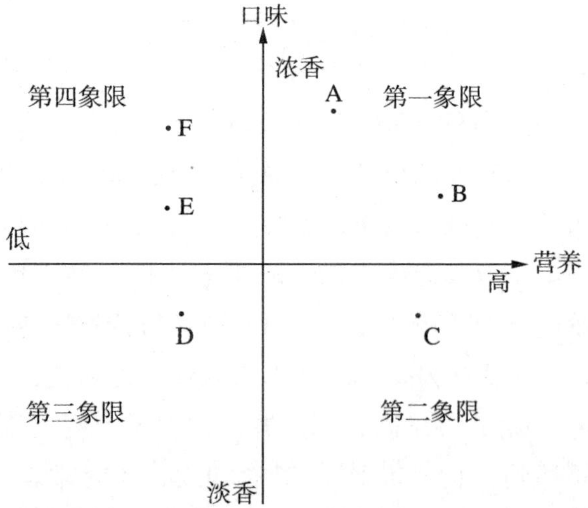

图7－5　某企业F产品多向量市场定位图

（二）二维空间市场定位法

二维空间市场定位法，是指利用纵坐标与横坐标构成的二维空间图进行市场定位的方法。

多向量图定位法所反映的是企业或产品形象的点位置（即在市场上某一点的位置），而二维空间市场定位法则反映消费者的偏好区及各企业所占市场空间大小或拥有消费者数量的多少。

二维空间市场定位法的具体步骤如下：

1. 选择某一产品的两个因素分别作为纵坐标和横坐标，画出二维空间坐标图；
2. 在纵横坐标线上分别标出产品要素的名称；
3. 根据调查结果标出消费者的偏好区；
4. 标出其他同类产品的市场范围和位置；
5. 确定本企业产品的位置。

例 3：某企业运用二维空间定位法对新产品进行市场定位。

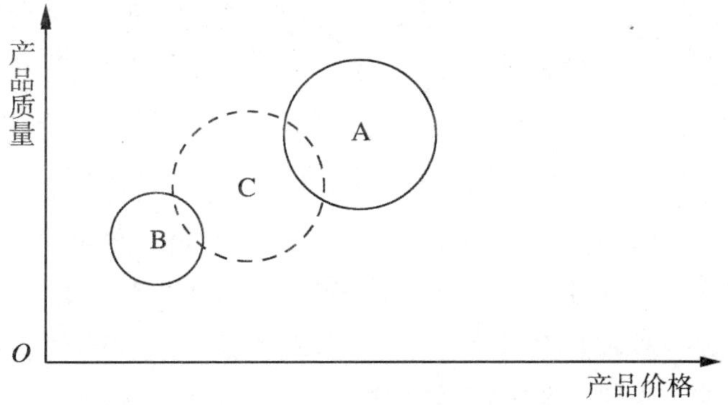

图 7－6　某企业二维空间新产品定位图

如图 7－6 所示，该企业选择产品价格和产品质量两因素分别作为横坐标和纵坐标，画出二维空间坐标图。根据调查发现消费者的偏好区为 C（虚线圈表示）。竞争对手 A、B 分别拥有不同的市场范围，且 A 产品比 B 产品所占的市场范围更大，更靠近消费者的偏好区。企业开发的新产品要想拥有更大的市场范围，就必须更能接近消费者的偏好，因此，企业新产品应位于 A 产品和 B 产品之间的位置上。

二维空间市场定位法，同样也适用于企业形象的市场定位。

三、市场定位策略

以上分析表明，市场定位策略是一种竞争策略，它显示了一种产品或一家企业同类似的产品或企业之间的竞争关系。定位方式不同，竞争态势也不同。下面分析三种主要定位策略。

1. 避强定位。企业经过分析后发现所面临的目标市场虽然竞争者较多，竞争较为激烈，但仍然有一部分消费者的需求未得到满足，存在一定的市场缝隙或空白，而且自己的产品又难以直接同竞争者抗衡，就应将自己定位在市场的空白处，避开强有力的竞争对手，在夹缝中求生存、图发展，与竞争者保持鼎足之势。例 1 中的方案二就属于这种定位方式。其优点是能够迅速地在市场上站稳脚跟，并能在消费者或用户心目中迅速树立起一种形象。由于这种定位方式市场风险较小，成功率较高，常常为多数企业所采用。

2. 迎头定位。当企业发现目标市场上竞争者较多，且需求潜力很大，所生产的产品也可同竞争者相匹敌时，便可以采取一种与在市场上居支配地位的，也即最强大的竞争对手"对着干"的定位方式，同竞争者共坐一席。在例 1 中，方案一就是一种迎头定位。显然，迎头定位有时会是一种危险的战术，但不少企业认为这是一种更能激励自己奋发向上的可行定位尝试，一旦成功就会取得巨大的市场优势。实行迎头定位，必须知己知彼，尤其应清醒估计自己的实力；不一定试图压垮对方，只要能够平分秋色就已是巨大的成功。

3. 重新定位。通常指对销路小、市场反应差的产品进行二次定位。在例 1 中，如果 G 厂在一段时间内实施方案一未获成功，转而实施方案二，就是重新定位。很明显，这种重新定位旨在摆脱困境，重新获得增长与活力。这种困境可能是企业决策失败所引起的，也可能是由于对手有力反击或出现新的强有力竞争对手而造成的。不过，也有的重新定位并非因为已经陷入困境，相反，却是产品意外地扩大了销售范围而引起的。例如，专为青年人设计的某种款式的服装在中老年消费者中也流行开来，该服装就会因此而重新定位。

实行市场定位应与产品差异化结合起来。如上所述，定位实际上是心理上的，它产生的结果是潜在消费者或用户怎样认识一种产品，对一种产品持什么态度。产品差异化是在类似产品之间构成区别的一种策略。因而，产品差异化是达到市场定位目标的一种手段，没有产品差异化，在同一目标市场上就不会有竞争的产品，不会有替代的产品，不会有互为补充的产品，也就没有了市场定位。

思考题

1. 市场细分有哪些作用？
2. 市场细分的原则有哪些？
3. 试述消费者市场细分的依据。
4. 简述目标市场策略及其选择。
5. 简述市场定位策略。

第八章

市场竞争战略

如今的企业面临着前所未有的残酷竞争。企业面对现有的竞争格局和严酷的经济环境，为了能在市场竞争中取胜，必须建立有效的市场竞争战略。本章将分析讨论竞争者、竞争战略及市场地位与竞争战略。

第一节　市场竞争者分析

企业在市场营销活动中只了解顾客是远远不够的，还必须了解其竞争对手，知己知彼，方能百战不殆。

一、竞争对手的界定与识别

企业在参与竞争过程中，首先要界定竞争对手，即了解行业中的竞争来自哪些方面才能准确识别自己的竞争对手。

界定竞争力量的目的是为了识别自己的竞争对手。从狭义上来看，识别竞争者看似是一项简单的任务，企业可以把竞争者定义为以相似的价格向相同的消费者提供产品和服务的其他企业，但实际上，企业面对的是范围更广泛的竞争者。竞争者可能包括所有生产提供相同服务和产品的企业，甚至可以扩大到所有彼此争夺消费者手中钞票的企业。在识别竞争者的过程中企业一定要避免“竞争者近视”，即不能只关注现有的竞争者，更要关注潜在的竞争者。很多企业往往不会输给显在的竞争者，却会葬送在隐蔽性较强的潜在竞争者手里。

企业可以从行业和市场两个角度来识别自己的竞争者。从行业的角度是指提供同一类产品或可相互替代产品的企业。从市场角度来看是指那些满足相同市场需要或服务于统一目标市场或消费群体的企业。

二、评估竞争者

界定识别竞争者后，企业需要做的工作是评估竞争者，如竞争者的目标、竞争者的优劣势、竞争者的反应等。

（一）竞争者的目标

了解竞争者的目标是评估工作的基础。每个竞争者的目标并不是单一的，往往是一组目标的组合，如盈利能力、市场效率、销售增长率、技术领先地位及服务领域的地位等。了解竞争者的目标组合后，就能解释竞争者对其当前状况是否满意，以及对于不同的竞争性行为将做出什么反应。例如，一个追求成本领先的企业会对竞争者在消减成本的生产技术上取得的突破反应强烈，而对于竞争者在广告费用上的增减不会表示出格外的关注。

企业还必须关注其竞争者在不同细分市场的目标与表现。如果了解到竞争者发现了一个新的细分市场，那么这可能是一个营销机会；如果发现竞争者正计划进军目前有本企业提供产品与服务的细分市场，就必须提高警觉，时刻准备出击。

（二）评估竞争者的优劣势

1. 顾客价值分析

顾客价值分析（customer value analysis）是一种有效的评估竞争者优劣势的工具。具体就是指将本公司与其他竞争对手进行对比，揭示公司所具有的优势和劣势。

顾客价值分析的关键是在每个目标市场中考察与竞争者产品的差异，发现自己与竞争者优势不同的、自己可以很好地满足消费者需求的方面。如果在消费者看重的属性上，企业的产品或服务可以超过竞争者，那么企业就可以在定价上有更好的优势，赚取更多的利润，获取更多的市场份额。如果企业在一些关键属性上的表现比竞争者差，企业就应该加大投资或者主动避开以寻找能使本企业领先于竞争者的其他重要属性。

2. 竞争者的类型

根据阿瑟·D. 利特尔（Arthur D. Little）咨询公司的观点，根据每个竞争者的优劣势可以将竞争者在目标市场中划分为六种。

（1）主宰型。控制着其他竞争者的行为，有广泛选择战略余地的竞争者。

（2）强壮型。这类竞争者可以采取不会危及本企业长期地位的独立行动，同时竞争者的长期地位也不受其他竞争活动的影响。

(3) 优势型。在特定战略中有较多力量可供利用，有较多机会改善其地位的竞争者。

(4) 防守型。这类竞争者经营状况令人满意，足以继续经营，但它在领导者的企业的控制下生存，改善自己地位的机会较少。

(5) 虚弱型。经营情况不能令人满意，但仍有改善的机会，不改变就会被迫退出市场的竞争者。

(6) 难以生存型。经营状况很差并且没有改善机会的竞争者。

这个观点可以帮助企业对在市场向谁提出挑战做出决策。

3. 强竞争者还是弱竞争者

企业可以把精力集中于某类或某几类竞争者。选择强竞争者和弱竞争者也是企业考虑的问题。多数企业喜欢将弱竞争者作为目标，这样需要的资源少、时间短。虽然在这个过程中，企业也许节省了资源，但是在自己能力提升方面可能会毫无进展。企业还应与强竞争对手竞争，来磨炼和提高企业的能力。

4. “好”的竞争者还是“坏”的竞争者

“好”的竞争者是指企业在与其竞争中可以从中获益。如它可以分担市场和产品开发成本，并促使技术规范化。可以更好地满足不同的细分市场，带来产品差异化水平的提高，最后，“好”的竞争者的存在可以扩大市场总的需求。苹果的 iPad 平板电脑和亚马逊的 Kindle 电子阅览器就是一对“好”的竞争者。亚马逊的 Kindle 先于苹果 iPad 三年出现在市场上，很多人认为苹果的 iPad 创造了 Kindle 的终结者。但是事实并非如此，极具竞争力的 iPad 创造了一个增长惊人的平板电脑需求，市场总需求的扩大让两者都获益匪浅。Kindle 的销售额自 iPad 问世以来增长迅速。苹果现占据高价平板电脑市场的主要份额，亚马逊的 Kindle 则领导着低价平板电脑的市场。

“坏”的竞争者是指那些不依照产业内的规则行事，它们参与竞争并不是扩大市场总需求，而是按照自己的规则抢夺有限的市场。近些年来传统的报纸业都面临着“破坏性”竞争者。与传统报纸内容重合的数字服务就是“坏”的竞争者。

“好”的竞争者的特点是：遵守行业规则；对行业增长潜力提出一切实际的设想；根据合理的成本定价；把自己限制在行业的某一部分或某一细分市场；推动他人降低成本；提高产品差异化；接受为他们的市场份额和利润所规定的大致界限。而“坏”的竞争者的特点是：违反行业规则；企图用不正当手段扩大市场份额；不顾一切冒大风险；生产能力过剩仍然继续投资。

（三）评估竞争者反应

了解了竞争者的目标、优劣势仍不足以解释其针对本企业的行动可能采取的市场行为，并且每个企业都有自己的企业文化和经营理念，企业要想预期竞争者可能采取的行动就必须深刻理解竞争者的反应模式。

1. 强烈反应型竞争者。有些企业对市场的竞争因素的变化十分敏感，一感觉到竞争者的挑战马上就会做出迅速强烈的反击。而且这种反击属于报复式的，势必将挑战者置于死地。这种报复往往是致命的、甚至是不计后果的。这类强烈反应型竞争者通常都是市场上主导者，具有某些方面的绝对竞争优势。一般企业轻易不敢或不愿与其发生正面的竞争。例如，宝洁不会允许竞争者的新产品轻易进入市场，许多企业都避免与宝洁直接交锋，因为它们知道宝保洁公司一旦受到挑战一定会猛烈还击。

2. 选择型竞争者。有些竞争企业只会有选择地对某些方面做出反应。国内大多数企业对降价竞争措施总是反应很灵敏 ，会做出强烈的反应，但对其他方面却不予以理会。如有些企业则对改善服务，改进产品，强化促销等方式不会太在意，认为这些不会对自己构成直接的威胁。

3. 迟钝型竞争者。每个竞争者的反应模式都不相同。有的企业对竞争者的行动不会做出快速的反应。此类迟钝型竞争者不迅速反应的原因也是不同的：有的企业反应迟钝可能是应为资金缺乏；有的可能因为他们认为自己的顾客很忠诚，不会轻易转投别人的怀抱。

4. 不规则型竞争者。这类竞争者对市场所做出的反应通常是随机的，不遵循什么规则，让人摸不着头绪。不规则型竞争者对市场竞争的变化有可能会做出反应有可能不做出反应；它们既可能迅速反应也可能迟缓反应；反应既可能是剧烈的也可能是柔和的。

三、设计竞争情报系统

1. 建立系统。收集竞争情报的资金和时间成本往往都是很高的。企业最好以一种节约且有效的方式设计竞争情报系统。建立竞争情报系统首先明确主要的信息及其来源。为了识别这方面信息，需要委派一人专门管理这个情报系统。如果有的企业自己没有独立的能力建立正规的竞争情报系统，可以指派专门主管人员对特定的竞争者进行监视。

2. 收集资料。建立系统后，通过系统从各个领域（销售人员、销售渠道、供应商、市场调研公司等）和公共数据（政府出版物、网上数据库等）收集信息。

3. 评估与分析。系统检查信息的有效性和可靠性，对其进行解释与组织。

4. 传播与反应。系统将关键的信息发送给相关决策者，并解答相关部门对有关竞争者的问题，从而让相关部门了解竞争者行为的原因，以及竞争者优劣势和会采取的反应模式。

四、企业采取的对策

企业在分析了竞争者的目标、优劣势、反应模式后就要确定攻击对象，在确定进攻对象时，需要考虑的参考因素有以下几个方面。

1. 竞争者的强弱。为了迅速提高自己的市场份额，大多数企业会选择弱小的竞争者作为进攻的目标。很显然，对弱小的企业的进攻成功率很高，但是长期在自己明显处于优势地位的市场进行竞争，对企业不一定有利。企业不能回避强大的对手，而应该采取适当的策略，攻击强竞争者的弱点，以便在提高市场份额的同时提高自身的竞争力。

2. 竞争者与本企业的相似程度。大多数的企业会把精力集中于同类产品的不同品牌之间的竞争，即与自己生产的产品极其相似的企业进行有限市场的争夺。然而，与相似竞争者竞争，尤其是想彻底击垮相似竞争者难度比较大，且结果不总是令人满意。例如，20 世纪 70 年代末，美国博士伦眼镜公司在与其他同样生产隐形眼镜的公司竞争中大获全胜，竞争者完全失败便将企业卖给了比博士伦公司竞争力更强的大公司，结果是博士伦公司要面对更强大的竞争对手，处境更困难。

3. 竞争者表现的好坏。竞争者的存在会给企业带来不同的利益。“好”的竞争者可以给企业带来战略利益，正如前面提到的“好”的竞争者会增加市场总需求、分担市场、产品开发成本等，“好”的竞争者对企业是有利无弊的；而“坏”的竞争者总是违规打破行业的平衡。企业应支持“好”的竞争者，攻击“坏”的竞争者。如 IBM 公司视克雷研究公司是“好”的竞争者，因为克雷研究公司遵守行业规则，固守它的超级电脑细分市场，不攻击 IBM 的核心市场；却将日本的富士通视为“坏”的竞争者，因为富士通以补贴价格和差异很小的产品攻击 IBM 的核心市场。

只有在认真分析以上因素后，企业才能从战略上选择自己的攻击对象，以确保攻击能使自己不断壮大。

第二节　市场竞争战略原则和市场竞争战略形式研究

市场竞争战略是企业为了谋取自身利益而在市场上开展的争取市场份额的活动，是企业在市场上开展竞争的谋略，是企业不可缺少的战略之一。

一、市场竞争战略原则

1. 知己知彼。市场上的竞争是企业与竞争者双方力量和智慧的较量，事先了解自己与对方的实力，才能为企业制定正确的竞争战略提供前提条件，不至于出现盲目行动。

2. 目标集中。竞争者有可能在多个方面发动对企业的进攻，企业不宜同时在几个方面与竞争者展开竞争，而是应该根据双方力量对比选择一个作为目标展开竞争，第一个实现后再以此方式选择下一个目标竞争市场。

3. 抓住时机。当企业参与竞争时，既可以在产生之初解决也可以在产生之后某个时期解决，具体何时解决要瞅准时机，抓住机会。

4. 量力而行，适可而止。虽然企业在参与竞争时不能等到有绝对取胜的把握再进入，但通常要在比较有取胜的把握时才进行。因此，要在竞争中充分考虑到双方的力量对比，或者根据己方的力量量力而行。另外，参与竞争的最终目的在于更大程度地满足目标消费者，使企业获得更大的效益，而不是单纯消灭竞争对手。因此，竞争并不提倡将竞争对手置于死地，将对手消灭的结果有可能在自己全力以赴对付竞争者时，市场上众多的第三方趁机取得渔翁之利。

二、市场竞争战略形式研究

（一）行业竞争结构分析的五压力模型

与企业发展相关的因素很多，企业在决定竞争原则和竞争战略时必须考虑行业中的竞争力量及其结构。美国战略学家迈克尔·波特（Michael Porter）提出市场中存在的五种竞争力量是：同行业竞争者，潜在竞争者，替代产品，购买者和供应商（见图 8－1）。

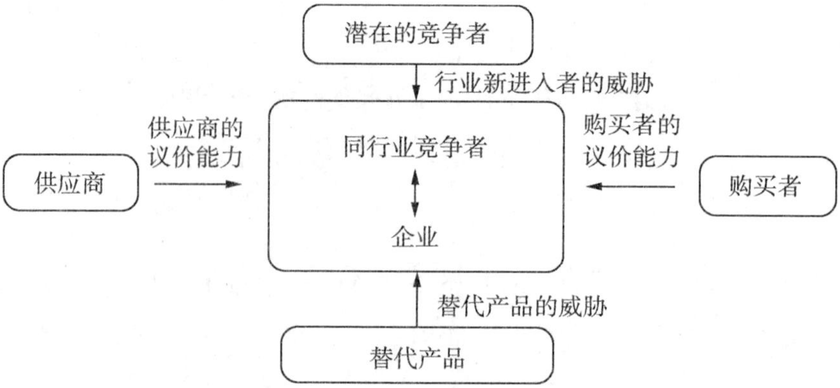

图 8－1　行业竞争结构分析五压力模型

这五种基本力量决定了该行业的竞争强度，因此，企业应重点分析这些力量的竞争力强弱，然后结合自己的优劣势，确定自己在竞争中的位置。

1. 同行业竞争者。同行业企业之间的竞争是不可避免的。当企业对来自竞争者的进攻进行反击时，它会为了增强自己的优势而利用价格、广告、渠道、产品等因素发起进攻时，又将导致同行业成员采取相应的竞争行动。同行业企业之间的竞争主要受以下行业因素制约：行业的发展阶段、行业的集中程度、行业的产品差异程度以及行业的规模状况等。

2. 潜在的竞争者。行业的利润会吸引来新的竞争者，新的竞争者的加入会增加新的生产能力，并要求重新瓜分市场份额和重要资源。另外，某些多元化经营的大型企业还经常利用其资源优势从一行业侵入另一行业。这些新加入的竞争者将会导致价格下降、利润减少。为了减少或避免潜在竞争者的威胁，关键在于设置进入行业的障碍。

3. 替代产品。替代产品是指与某一产品具有相同的功能、能满足同一需求的不同性质的其他产品。随着科学技术的发展，替代产品将越来越多，企业都面临着与替代产品生产企业的竞争。竞争的程度取决于产品替代的密切度、替代产品的成本水平和行业的获利水平。

抵御替代产品的威胁，最好由行业采取集体行动，如组织行业协会，共同研制开发产品和改进产品的质量，联合开展持续、大规模的广告宣传等活动等。

4. 购买者。企业与购买者的竞争是买卖双方的竞争，竞争的焦点是产品的价格、质量、服务等。企业面对的有来自以下几种购买者的竞争。

第一，需求量大的购买者，具有讨价还价的能力。

第二，标准化、大路货的购买者。这类购买者可随意选择供应企业并利用供应企业之间的竞争得到好处。

第三，充分掌握市场需求、市场价格、市场竞争、产品信息的企业具有很强的议价能力。

第四，购买者能够通过后向一体化取得所需的原材料也可增强议价能力。

因此，为了减少购买者的威胁，企业应该选择理想的目标客户，比如其特定的购买需求与企业相对供应能力相匹配；其讨价还价能力和所要求的服务成本相对比较低；具有比较好的发展潜力等。

5. 供应商。供应商往往通过提高价格、降低产品质量和服务水平等手段对企业施加压力，企业必须注意供应商在交易中的表现。

第一，如果企业面临着实力强大的供应商，那么通常是供应商在价格、质量和贸易条件等方面具有相当大的主动权。当供应商面临着同类产品供应或者某些替代产品供应的激烈竞争时，那么即使再强大的供应商其讨价还价的能力也会受到一定限制。

第二，如果企业是供应商的重要客户，那么由于关系密切，供应商会相对采取积极态度，通过合理的价格和各种促进手段保证彼此关系的协调发展。

第三，如果当供应商的某种产品成为企业经营活动中一个至关重要的因素时，供应商会提高讨价还价的能力。

因此，企业为了减少供应商的竞争威胁，应该在保证供货相对稳定的基础上尽可能使自己的供应商多样化，这样可以促使供应商之间的竞争，使企业获得竞争优势。

（二）市场竞争战略的基本形式

1. 成本领先战略

成本领先战略是指企业通过扩大生产和经营的规模，从而实现规模经济和范围经济、提高经营效益，加强管理，进而降低总成本来取得竞争优势。

（1）成本领先战略的优势

采取成本领先战略的企业可以获得高于产业平均利润水平的利润，采取该战略的企业往往因为成本较低，可以在同等价格出售产品时获得较高利润；采取该战略可以使企业拥有较大的降价空间，提升企业抵抗价格攻击战的能力；企业可以以较低的价格销售产品，从而扩大市场份额，进而享受规模效益带来的好处；采用该战略的企业无疑可以拥有使用价格战的武器。价格战是市场竞争中非常有效的进攻手段。通过价格战不仅可以提高行业的进入门槛，也可以清理行业门户。

（2）成本领先战略的劣势

企业采用总成本领先战略时，为了维护成本优势和市场领导地位，需要购买和使用大量高效率的设备，而这些设备专用性较强，使企业产品更新换代缓慢，产品制造中适应市场变化进行调整的灵活性差。同时，成本领先战略通常依赖较高的市场占有率和较大的规模，而大量生产与销售必然使产品的品种单一，这将不可避免地影响和降低产品对顾客需求的满足程度。当顾客对需求的满足程度比对价格更关注时总成本领先战略将失去竞争优势。

（3）使用总成本领先战略需要具备的条件

第一，具有规模经济优势。只有在规模经济优势明显的情况下，企业通过扩大销售降低运营成本，才能使成本领先战略得以实施。在规模效益显著的行业中，也只有那些比竞争者拥有更先进技术设备的企业，或者比竞争者拥有更具市场吸引力品牌的企业，能通过扩大产品销售提高市场占有率获得市场竞争优势，并形成进一步提高市场占有份额、降低成本的良性循环。

第二，具有较高的成本管理水平。只有那些有着很好的产品质量控制水平、成本控制水平的企业才可能将成本优势转化为现实。

2. 差异化战略

差异化战略是指为了使企业的产品在质量、功能、品种、样式、档次、商标、包装等方面具有明显的特色，或产品能被顾客感受到独特性，从而形成与竞争对手明显的区别，以此获得竞争优势的策略。

（1）差异化战略的优势

相对于成本领先战略来讲，差异化战略更容易实现，因为在整个行业每个环节都可以产生差异化。企业可以根据自己在不同环节的实现差异化能力的实际情况进行创新，因此差异化的进入门槛要比降低成本低得多。差异化战略成为企业在行业竞争中赢得高收益的可行战略。因为差异化战略可以利用消费者对品牌的忠诚度来避开价格战的威胁，它可以使利润增加但不必刻意追求低成本；消费者的忠诚度可以加强竞争对手进入的门槛。

（2）差异化战略的劣势

企业采用差异化战略时有可能会有来自两方面的风险：一方面是竞争者的模仿，当企业投入自己的精力获得差异化的收益时，一些仿效者会紧随其后，而迅速使差异化的优势缩小，并且仿效者的营销成本远远低于采用差异化战略的企业；另一方面的风险是，如果企业为差异化战略投入过高的资金，而消费者又不愿意为这种差异支付相应的高价格时，这种差异就成为无效的差异。

（3）差异化战略的实现方式

第一，产品差异化。包括产品质量差异化，产品创新差异化，产品附加值差异化等。

第二，服务的差异化。指通过改变服务的方式和质量，向顾客提供与其他竞争者不同的，更为优质、完善和便利的服务。

第三，企业和产品形象的差异化。通过改进企业的形象或者产品识别系统，使企业和产品形象更有文化底蕴，增强消费者对企业的信任感。

3. 集中化战略

集中化战略是指企业集中力量为一个或几个细分市场提供产品和服务，而不是追求全部市场。在选中的细分市场上运用成本领先，抑或者差异化战略或者两者兼有的战略。

（1）集中化战略的优势

企业能够以更高的效率、更好的效果为某一细分市场的消费者提供产品或服务。

（2）集中化战略的风险

第一，集中化战略可能受到消费者消费偏好发生变化的影响，一旦消费者从企业的特定的产品转移到一般产品，集中化的战略就无效。

第二，集中化战略容易受到价格战的影响。采用集中化战略中的产品的特色与个性很难抵挡低价格带给消费者的吸引力。

（3）集中化战略实施的条件

第一，市场上的消费者群体以不同的需求存在或以不同的方式来使用产品。

第二，在企业的目标市场上不存在采取相同战略的企业。

第三，企业的资源有限，没有能力进入或拓展新的市场。

第四，细分市场在规模、成长机会和获利能力等方面存在很大差异，使细分市场具有较强的吸引力。

（三）战略联盟

战略联盟是指两个或两个以上的企业，为实现共同的目标而建立的合伙关系。也可以说，是相互竞争的两个或多个企业为了战胜共同的竞争对手，而采取的一种“竞争联合”。它包括围绕某一产品而进行的投资、研究与开发、生产、市场营销等方面的全面合作，也包括只是创造和各种信息的交流活动等。

战略联盟是现在企业广泛使用的竞争战略之一。它可以使不同的企业共同分担风险、共享资源、获取新技术，迅速开拓新市场。企业之间要建立战略联盟，双方都必须要具有某方面的比较优势，比如能够给对方带来所需要的技术、资源，只是分担风险和进入市场的机会等。通常，文化上相似的企业更易于成为联盟中的合作伙伴。

1. 战略联盟的形式

企业可以根据不同的目的，可以采取不同的战略联盟形式。如果双方从事的活动是同一产业中的类似活动，适合建立水平战略联盟；如果双方从事的活动是同一产业中的互补性活动，便适合建立垂直战略联盟。

（1）水平战略联盟

水平战略联盟指联盟双方共同从事某一项经营活动，从而模糊了企业之间竞争和合作的差别，其目的在于共同应对市场竞争。首先，通过建立水平战略联盟，可以使企业获得规模经济，减少多余的生产能力，转移知识产权，降低经营风险。如 2007 年，长虹和微软合作建立信息家电技术联合实验室，共同开发多媒体交互式电视和便携式媒体中心（PMC）。其次，战略联盟不仅仅表现在吸收先进技术方面，还体现在管理、生产技术及培训和专业服务等方面。2008 年，海尔集团与奔驰技术集团结成战略联盟，根据联盟协议，奔驰要将其在汽车方面的制造体系移植到海尔洗衣机制造中，以提高生产效率和产品品质。双方在营销联盟中获得利益主要来自于联盟利用共用的销售渠道和网络可以得到更多消费者，通过信息共享和联合广告宣传，降低营销成本。

（2）垂直战略联盟

垂直战略联盟是指处于生产和流通不同阶段的企业建立的战略联盟。联盟双方互相承诺从事对方的某些活动，双方可签约也可不签约。这样可以使双方既保持紧密的联系又继续保持自己的独立性。

在垂直战略联盟中，企业首先确认自己的优势，然后集中力量从事该项经营活动，同时通过协议让有优势的联盟伙伴从事自己不能从事的活动。垂直联盟最典型的是生产商同中间商的联盟、生产商与销售商的联盟。

2. 建立战略联盟的原则

（1）具有相同的战略目标。建立联盟的企业要有一个共同的战略目标，而且追求战略目标的时间也要一致。

（2）优势互补。优势互补指联盟成员提供给联盟的、为实现共同战略目标而需要的某种不同的优势。同样，所有成员的不同弱势都能从联盟其他成员提供的优势中得以补充。

（3）利益平衡。指联盟的任何一个成员所付出的优势与弱势所得到的补充应大体是平衡的。

（4）实力相当。联盟中各成员实力相当有助于联盟的平衡。

（5）灵活性。市场环境在不断变化，各成员企业的内部环境也在不断变化，导致各成员的目标、资源条件和相互之间的实力对比也相应发生变化，联盟一定要有灵活性，能针对各种较大变化做出及时、适当的调整。

第三节　市场地位与竞争战略

每个企业都要依据自己的目标、资源和环境，以及在目标市场上的地位，来制定竞争战略。根据企业在目标市场中所处的不同竞争地位，可以将企业分成市场领导者、挑战者、跟随者和补缺者。因其竞争地位不同，企业只能采取与其地位相符的竞争战略。

一、市场领导者战略

市场领导者是指拥有最大的市场份额，经常在价格、产品、渠道和促销上起引导作用的企业。大多数行业都存在一个公认的市场领导者，它是市场竞争的导向者也是其他企业挑战、效仿或躲避的对象。为了保住市场领导者的地位，企业一般会采取的战略有扩大市场需求总量、保护原有市场份额以及在原有基础上进一步扩大自己的市场份额。

（一）扩大市场需求总量

当市场总需求扩大时，受益最大的是市场领导者。比如，在美国快餐的市场总需求扩大时，作为市场领导者的麦当劳肯定是获益最大，因为它是美国快餐市场中占有份额最大的。

市场领导者可以通过以下三种途径扩大市场需求总量。

1. 不断发现新的使用者。市场领导者通常会通过吸引新的使用者或未开发的细分市场来扩大市场需求总量。欧洲最大的玩具生产商乐高一直以男孩为目标消费者，通过开发新的产品线，乐高成功地开辟了女孩市场。2012 年以前，90% 的乐高产品都是男孩购买的，2012 年乐高推出一条专门为女孩开发的生产线——LEGAO Friends。在深入观察了男孩女孩在玩玩具行为上的差别后，LEGAO Friends 推出具有柔和色彩的积木和建筑组件，这条生产线成为乐高公司历史上最成功的产品线之一，使其 2012 年的销售提高了 25%，利润增加了 35%。

2. 开发产品新用途。市场领导者会在开发产品新用途方面扩大市场需求总量。美国人通常在早餐吃麦片，而麦片制造商成功说服人们在一天的其他时间段中将麦片当零食吃，从而扩大了产品的总需求。

3. 增加产品使用量。市场领导者还可以通过说服人们更频繁地使用产品或在某种场合下更多地消耗产品来提高产品使用量。例如，吉列锋速 3 的剃须刀盒都配有一个蓝条，随着使用次数的增加，这个蓝条的颜色会变浅。大约使用 12 次以后，蓝条颜色就会消失，消费者就需要更换刀片。这是“为了提醒人们他们还未在使用吉列刀片中获得足够经验”，吉列的执行董事曾经直率地说，“我希望我们能让人们每四天就更换一次刀片。更换次数越多，我们的销售量就越大。”

（二）保护原有市场份额

市场领导者在努力扩大市场总的需求量的同时，必须时刻警惕竞争者的挑战，被挑战者取而代之是领导者最大的威胁。可口可乐必须提防百事可乐；麦当劳必须时刻提防汉堡王。

面对进攻，市场领导者如何更好地防御呢？最好的防御就是发起有效的进攻，最好的做法就是持续有效地创新技术、创新产品，以保持自己的领导地位。

美国伊士曼·柯达以其容易使用的照相机、高质量的胶卷和殷实利润而闻名。但柯达遭到了更有创造精神的竞争者的攻击，其中的许多竞争者是来自日本的公司。日本富士进入了被柯达视为主要领域的彩色胶卷的市场，它以低于柯达 10% 的价格提供高质量的彩色胶卷。柯达激烈地反击以保护自己在美国的胶卷市场份额。柯达针对富士的低价竞争进行了一系列的产品改进，柯达的广告和促销费用大大超过富士，其二者的费用比例为20∶1。柯达成功捍卫了自己在美国的地位。

然后，柯达进一步采取行动：柯达建立了独立的日本分公司，日本本地职员增加了 3 倍，它同时买下日本分销商并组成自己的日本销售队伍，柯达还大量增加在日本的促销和宣传活动。这种主动进攻日本市场的行为给柯达带来了巨大的利润。首先：日本提供了巨大的销售与利润机会；其次，新照相技术的原产地日本让柯达在技术上有了更好的发展；最后，在与日本合资的企业帮助下，柯达了解了日本的制造工艺。最重要的是，柯达进攻日本市场，富士必须在日本国内投入巨大的资源以防御柯达的进攻，柯达成功地牵制了富士在美国的资源。

当市场领导者不具备进攻的条件时，要做好自己阵地的防御。可供市场领导者选择的防御性战略有六种。

1. 阵地防御。阵地防御是根据企业目前主要的产品的业务建立牢固的防线。针对竞争对手在产品、价格、渠道和促销方面可能采取的进攻战略而制定自己的预防性营销战略，并在竞争对手发起进攻时坚守原有产品和业务阵地。阵地防御是防御的基本形式，主要是静态的防御，但不能作为唯一的形式。静态的防御只能保护自己现有的市场和产品，而企业更重要的任务是通过创新来拓展新的市场。

2. 侧翼防御。侧翼防御指企业在自己的主阵地的侧翼建立辅助的阵地，以保护自己的周边和前沿，必要时可作为企业反攻的阵地。例如，超级市场的日用品业务受到以廉价为特征的折扣商店的攻击，为此，超市通过推广廉价的无品牌的商品并在城郊和居民区开设便利店来击退折扣商店的进攻。

3. 先发防御。先发防御是一种比较积极的防御策略，即在竞争者尚未进攻之前，先主动攻击它，前提条件是当竞争者的市场占有率达到某一危险的比例时，就对它发动攻击，使其自危。

4. 反击防御。当市场领导者受到攻击时，它必须向对方做出反击以示回应。在反击防御中有效的反击就是侵入攻击者的主要阵地，迫使其撤回部分力量守卫，这就叫作“围魏救赵”。

5. 运动防御。在运动防御中，市场领导者把它的范围扩展到新的领域中去，而这些领域在将来可以成为防守和进攻的中心。

6. 收缩防御。收缩防御也称为战略撤退，这种有计划的收缩不是单纯的放弃市场，而是放弃较弱的领域，将兵力集中于较强的领域。

（三）扩大市场份额

市场领导者通常通过进一步增加其市场份额来发展壮大。在很多市场中，市场份额小小的提高都意味着销售额的巨大增长。研究表明，利润随着市场份额的增加而增长。

总之，处于领先地位的市场领导者必须全面掌握各种不同的竞争战略，既能做好进攻又能做好防御，从而提高市场占有份额，使企业获得长期的市场领导地位。

二、市场挑战者战略

市场挑战者是在行业中仅次于市场领导者，并有实力向市场领导者发动挑战的企业，一般指在行业中位居第二、第三或者以后的位次的企业。

市场挑战者可以攻击市场领导者，这是一种风险高但是收益也高的战略，目的是夺取市场领导者地位。也有的挑战者可能只是想获得更多的市场份额。市场挑战者在进攻时需要确定战略目标和竞争对手后选择进攻策略。

（一）确定战略目标和竞争对手

战略目标与竞争对手是密切相关的，对不同的对手有不同的策略，一般挑战者有以下三种选择。

1. 攻击市场领导者。攻击市场领导者时，挑战者应仔细调研领导者的弱点和失误，有针对性地进攻。

2. 攻击与自己实力相当者。目前经营业务业绩不佳、财力拮据，却与自己规模相当的公司也是挑战者很好的攻击对象。

3. 攻击地方性小企业。近些年来，中国的几个大啤酒公司的发展就是通过吞并地方小企业实现的。

（二）选择进攻策略

在确立了战略目标和竞争对手之后，挑战者有五种进攻的策略可供选择。

1. 正面进攻。正面进攻指集中攻击竞争对手的强项而不是弱项，如在产品开发、价格、渠道及促销等方面发起攻击。正面进攻的胜负取决于力量的强弱，若无在相应方面优于对手的资源和能力就不宜采取此策略。

2. 侧翼进攻。侧翼进攻指选择竞争对手的弱点或“缺口”，以己之长攻彼之短。例如，进攻偏僻地区的市场或某个细分市场，有时这些地区市场几乎没有竞争者的销售力量，或这些细分市场并未被竞争者明确意识到，因此是最容易取得攻击胜利的薄弱之处。

3. 包围进攻。包围进攻指企业针对竞争对手的一个阵地，从前后左右几条战线上同时进攻，迫其全面防守。例如，产品包围战，就是针对竞争对手的产品，推出质量、风格、特点各异的数十种同类产品，以此全面覆盖竞争对手的产品，达到夺取市场的目的。

4. 迂回进攻。迂回进攻是一种最间接的进攻策略，它不进攻竞争对手现有的市场，相反，对这些产品和市场采取回避态度，绕过竞争者，再去开发新产品去满足未被竞争对手满足的市场；或者开展多元化经营，进入竞争对手不相关的行业；或者是新的未被竞争对手视为经营区域的地区市场。

5. 游击进攻。游击战在军事上是以小胜大、以弱胜强的有效战略，游击进攻就是利用这种特点向竞争对手的不同领域或不同部位发动小规模、断断续续的进攻，以达到骚扰对手、干扰对方的士气的目的，并最终获取对方阵地的策略。

三、市场跟随者战略

并不是所有的居于二、三名的企业都想挑战市场的领导者。挑战领导者收益巨大但是风险也巨大，并且需要通入巨大的力量，许多企业为此付出惨重的代价。因此，有些企业倾向于跟随而不是挑战领导者。

跟随者可以获得巨大的好处。在领导者为开发新产品和新市场承担了巨大的资本投入后，跟随者可以采用“拿来主义”，所以跟随者尽管不会替代领导者，但同样可以获得可观的利润。当然，跟随者也不是没有战略的，其跟随战略可以分为三类。

1. 紧密跟随。这种策略是跟随者在尽可能多的细分市场和营销组合方面模仿市场领导者。这种跟随者有时像是挑战者，但是它不从根本上侵犯到领导者的地位，所以不会与领导者产生直接冲突。有些跟随者甚至堪称靠拾取领导者的残余而谋生的寄生虫。

2. 距离跟随。这种策略是跟随者在主要方面，如目标市场、产品创新、价格水平和分销渠道等方面都跟随领导者，但仍保持若干差异。市场领导者比较喜欢这种跟随者，因为领导者发现距离跟随不会对自己的市场计划带来任何干扰，而且可以避免自己遭到垄断市场的指责。距离跟随者可以通过兼并小企业而使自己发展壮大。

3. 有选择跟随。即某些方面仿效领导者，但又有所不同，也就是说有选择跟随者不盲目跟随而是择优跟随，在跟随的同时还要发挥自己的创新性，但又不与领导者进行竞争。有选择跟随者中有些可能发展为挑战者。

四、市场补缺者战略

几乎每个行业都有一些专门服务于缝隙市场的企业，它们不去追求大规模的细分市场，只是专注于一些不被领导者、挑战者、跟随者所注意的缝隙市场。补缺者由于服务的目标消费群体非常集中，因此能更好地了解消费者的需求，从而能提供更有价值的产品，从而获得可观的利润。

（一）理想的补缺市场的特征

理想的补缺市场应具有以下几个特征。

1. 有足够的市场潜力和购买力。

2. 利润有增长的潜力。

3. 对主要竞争者不具有吸引力。

4. 企业具有占据该补缺市场所必需的资源和能力。

5. 企业已有的能力足以对抗竞争者。

（二）市场补缺者的策略

进入补缺市场的主要策略是在产品、渠道或者目标消费者等某方面的专业化。

1. 按终端消费者专业化划分，企业专门致力于为某类最终使用者服务。

2. 按纵向专业化划分，企业专门致力于某种垂直水平的生产，如一个制铝厂可集中生产铝锭、铝合金门窗等。

3. 按顾客规模专业化划分，企业可集中力量为某一规模的客户服务。

4. 按地理区域专业化划分，企业把销售只集中在某个地方或某一区域。

5. 按产品或产品线专业化划分，企业只生产一种产品或一条生产线，如在实验室设备行业中，有的企业只生产显微镜或者仅仅生产显微镜片。

6. 按客户订单专业化划分，企业专门按照客户的订货单定制产品。

7. 按质量和价格专业化划分，企业专门生产经营某种质量和价格的产品，如专门生产高质高价产品或低价产品。

8. 按服务项目专业化划分，企业专门提供某一种其他企业没有的服务项目。

9. 按分销渠道专业化划分，企业专门服务于某一类分销渠道，如专门生产适于超级市场销售的产品。

思考题

1. 处于市场不同地位的企业可以采用的市场竞争战略有哪些？

2. 企业分析自己的竞争对手时需要做哪些工作？

3. 市场竞争战略有哪些？

第四篇

市场营销策略篇

第九章

产品策略

产品是市场营销组合中的首要要素。任何企业在制定市场营销战略计划时，首先要考虑的就是产品策略问题。产品是市场营销活动的中介，只有通过它才能使生产者和消费者之间实现交换的目的；同时，企业只有提供满足消费者需求的产品和服务，才能实现获取利润的目标。因此，产品策略直接影响和决定着其他市场营销组合的因素，其成功与否关系着企业市场营销的成败。

第一节　产品与产品组合策略

一、产品概念与产品整体概念

企业的市场营销活动是以满足目标市场的需求为中心的，而市场需求的满足只能通过向其提供适当的产品来实现。企业为了向市场提供满意的产品，就应对现代产品概念有一个全面的认识。

（一）产品的基本概念

关于产品的概念，有狭义和广义之分。狭义的产品概念是局限于某种物质的形态和具体的用途上，一般被理解或表述为：由劳动创造，具有价值和使用价值，能满足人类需求的有形物品。广义的产品概念具有极其宽泛的外延和深刻的内涵，一般表述为：能够通过交换满足消费者或用户特定需求和欲望的一切有形物品和无形的服务。其中，有形物品包括产品实体及其品质、款式、特色、品牌和包装等；无形服务包括可以使顾客的心理产生满足感、信任感以及各种售后支持和服务保证等。[①]

（二）产品整体概念

产品整体概念有五个基本的层次，即核心产品、形式产品、期望产品、延伸产品以及潜在产品。

1. 核心产品。核心产品指的是企业向顾客提供的产品的基本效用和消费者可以获得的利益，它是产品的最基本层次，也是消费者真正想要购买的服务。从某种意义上来看，顾客购买产品并不是为了想要拥有这个产品，而是为了想要得到这个产品所能带来的利益。例如，顾客购买 MP3 并不是为了单纯地得到某些零部件或者外壳等物体，而是为了可以用来听音乐。

2. 形式产品。形式产品指的是产品的品质、款式、特征、外观、包装等方面，它是核心产品借以实现的实体或者形式。消费者对产品的第一感官印象就是源自于其形式产品，核心产品必须要通过形式产品才能够实现。

3. 期望产品。期望产品指的是消费者在购买时通常会期望该产品应该具备的一组属性和条件。它代表了消费者希望产品具备的特性，产品具有了这种特性并不意味着消费者一定会采取购买行为，但是如果产品不能达到消费者心中的期望，购买行为就不会发生。例如，旅馆的客人期望得到清洁的床位、洗浴用品、浴巾等服务，因为大多数旅馆均能满足旅客这些一般的期望，所以旅客在选择档次大致相同的旅馆时，一般不是选择哪家旅馆能提供期望产品，而是根据哪家就近和方便而定。企业必须了解消费者的期望，并将这种期望赋予自己的产品。

4. 延伸产品。延伸产品是指顾客购买产品时，附带可以获得的各种除了产品以外的利益，如送货上门服务、免费安装、维修、退货、资讯等。例如，购买 MP3 播放器，可以获得一年的免费保修服务和免费下载歌曲的服务。假如企业的延伸产品使用得当，会产生意想不到的效果，从而形成竞争优势。尽管企业所提供的核心产品和形式产品都一样，但是延伸产品不一样的，也会给消费者以不同的印象，从而影响购买。

5. 潜在产品。潜在产品是指随着科学技术的发展和消费者需求的变化，现有产品包括所有附加产品在内的可能的创新与变化，可能发展成为未来最终产品的潜在状态的产品。潜在产品指出了现有产品的可能的演变趋势和前景。

---

① 何静文，戴卫东主编. 市场营销学. 北京：北京大学出版社，2014.

对企业来说，要保持产品对消费者的吸引力，占据市场主导地位，就需要时刻注意潜在产品的发展。

核心产品、形式产品、期望产品、延伸产品与潜在产品作为产品的五个层次是密不可分的。其中，核心产品是基础，通过一定的形式产品提供给消费者；人们在购买某一特定产品时，不仅要考虑核心产品部分，还要考虑形式产品和期望产品部分能否满足自己的需求；在提供产品的同时，企业还要提供广泛的服务和附加利益，形成延伸产品，同时发掘潜在产品。

（三）产品整体概念的意义

产品整体概念是对现代市场经济条件下的产品的科学表述。产品的整体概念对企业的市场营销活动有非常重要的意义，主要表现在以下几个方面。

1. 产品整体概念是以满足消费者的需求为中心。从产品的整体概念可以知道，产品整体中不同层次、不同方面的任何部分，都是以消费者的基本利益为核心。消费者购买一种产品，就是购买以产品基本利益为核心的多层次、多方面的价值整体。从产品整体概念可以得出，只有通过提供包含各种价值的整体产品，才能满足消费者的需求。因而，不懂得产品整体概念的企业，就不可能很好地满足消费者的需求。

2. 产品整体概念把产品由一种物质实体扩展为多层次的组合体，便于确定产品的市场地位。随着科学技术的发展，新的实体产品不断涌现，消费者对产品的要求也越来越多样。产品的单一实体形式，已不能较好地满足消费者的需要。消费者在购买产品时，不仅仅关心产品所带来的实体效用，同时还注重产品所带来的附加利益。因此，市场营销者只有将产品的三个层次较好地结合，在三个层次上形成自己的产品特色，才能将自己的产品与竞争者的产品区别开来，形成产品的整体特色。

3. 产品整体概念强调服务是产品的一个组成部分。随着市场竞争的日益激烈，大多数产品处于买方市场，消费者对产品的挑选更加挑剔。如现在国内许多消费者在购买电冰箱时，通常是依相应的服务做出选择。因此，伴随销售产品的各种服务不再是企业的额外负担，而是企业提高自己产品竞争力的一项有力措施。①

---

① 万晓主编. 市场营销(修订本)[M]. 北京:清华大学出版社、北京交通大学出版社,2012.

二、产品的分类

（一）按有形与耐用程度分类

产品按照是否耐用和是否有形，可分为耐用品、非耐用品和服务产品。

1. 耐用品。耐用品是指在正常情况下可多次使用的有形物品。

2. 非耐用品。非耐用品是指在正常情况下一次或几次使用就被消费掉的有形物品。

3. 服务产品。服务产品是指不具有实体，而以各种劳务形式表现出来的无形产品。

（二）按用途分类

产品按照用途，可分为消费品和生产用品。

1. 消费品。消费品是指消费者为个人或家庭消费而购买的物品。根据消费者的购买习惯，消费品可分为便利品、选购品、特殊品和非寻觅品四类。便利品是指价格低廉、消费者购买频繁的产品，包括日用品、随意购买品和急需品。选购品是指消费者愿花费较多时间和精力对其功能、质量、式样、价格等特性做反复比较后才决定购买的产品。特殊品是指具有特定品牌或具有独特的品质特色、拥有特定购买群的产品。非寻觅品是指消费者不知道的产品，或者虽然知道却没有兴趣购买的产品。

2. 生产用品。生产用品是指用于制造其他产品所需的物品和特定服务。生产资料产品的购买者主要是产业部门，其营销活动与消费品营销相比需更多的专业技术知识。按照如何参与生产过程，生产用品分为以下几种：原材料和零部件；资产项目，即参与生产过程的生产资料，其价值将分期、分批地转入新产品中；供应品和服务，即不直接参与生产过程，而是为生产过程的顺利进行提供帮助的产业用品。①

三、产品组合

企业为了满足目标市场的需求，同时分散风险，增加利润，往往根据企业自身的情况，生产不止一种产品。这些产品对企业的重要性不同，在企业的整体经营领域及目标市场上所处的地位也不同。随着外部环境的变化和企业的发

① 何静文，戴卫东主编. 市场营销[M]. 北京：北京大学出版社，2014.

展，企业经营的各种产品也会发生相应的变化。企业需要依据市场需求和自身情况，确定生产哪些产品，明确产品之间的相互关系，这是企业产品组合决策的主要内容。

1. 产品组合的概念

产品组合是指企业生产经营的全部产品及其品种、规格的组合或搭配，是企业全部产品线和产品项目的有机组合方式。

产品线又称产品系列或产品大类，是指能满足同类需求，在功能、使用与销售等方面具有类似性质的一组密切相关的产品。产品项目是指产品线内各种不同规格、型号、款式、档次、特色、价格水平的具体产品。

2. 产品组合分析

企业的产品组合主要从广度、深度和关联度三个方面进行分析。

产品组合的广度，又称产品组合的宽度，是指企业生产经营的产品线的数目，它表明企业的经营范围。产品线越多，代表企业的经营范围越广。一般而言，综合性企业经营的产品大类较多，产品组合的广度较宽；而专营性企业经营的产品大类较少，产品组合的广度较窄。

产品组合的深度，是指每条产品线中包含的产品种类的数目。一个企业不同产品线包含的产品种类往往并不相同。有的产品线按照式样、品种、规格等可以划分为较多产品种类的搭配，产品组合的深度较大。

产品组合的关联度，又称产品组合的密度，是指企业各条产品线在最终用途、生产条件、销售渠道或其他方面相互关联的程度，它表明产品种类之间的一致性。通常来说，实行专业化经营的企业旗下各产品线之间的关联度较大，而实行多元化经营的企业由于同时涉及多个行业，各产品线之间的关联度相对较小。

产品组合的广度、深度与关联度为企业制定产品决策提供了依据。产品组合的广度、深度或关联度不同，就构成了不同的产品组合。企业可以通过选择和决定产品组合的广度、深度、关联度，灵活制定和实施不同的产品组合策略，来调整和扩展企业的产品和服务。①

四、产品组合策略的选择

企业在产品组合决策中，可供选择的产品组合决策主要有以下几种。

---

① 王槐林，李林. 市场营销学[M]. 北京：中国农业大学出版社，2010.

（一）扩大产品组合策略

扩大产品组合策略包括开拓产品的广度和加强产品的深度。拓宽产品组合的广度是指增加一条或几条产品线，扩展产品经营范围，实现产品多样化。新增加的产品线，既可以与原有的产品线有关，也可以不相关。加强产品组合深度是指在原有的产品线内增加新的产品项目，增加企业的经营品种。如果新增的品种与竞争对手的相似，企业就应制定有一定特色的营销组合，比如为消费者提供更多的售前、售中和售后服务等。

扩大产品组合策略的优点是：充分利用企业的人力、物力和财力资源，避免企业能力的浪费，提高企业经营效益；减少企业受市场需求变动的影响，分散市场风险，降低损失；更好地满足不同偏好的消费者的各种需求，提高产品的市场占有率，并提高企业的声誉。

（二）缩减产品组合策略

缩减产品组合策略，是指通过缩小产品组合的广度或深度，实行集中经营。许多企业通常在市场不景气特别是原料和能源紧张时采取这种策略。从产品组合中剔除那些获利能力小的产品线和产品项目，以便集中力量经营那些获利大的产品线和产品项目。

缩减产品组合策略的优点是：集中技术资源改进保留的产品线，便于降低成本，提高竞争力；有利于生产经营的专业化，提高生产效率，降低成本，使企业向纵深发展，寻求合适的目标市场；减少资金占用，加速资金周转。①

（三）产品延伸策略

产品延伸策略，是指部分或全部地改变企业原有产品的市场地位，把产品线延长，超出组合目前的范围。产品延伸的目的是为了适应顾客需求的变化，配齐该产品的所有规格和品种；或者是为了利用剩余的生产能力，开辟市场。产品延伸有三种形式：向上延伸，向下延伸，双向延伸。

1. 向下延伸。向下延伸指企业原来生产高档产品，后来决定增加低档产品。企业采取这种策略的主要原因是：企业发现其高档产品的销售增长缓慢，不得不将其产品大类向下延伸；企业的高档产品遇到激烈的竞争，必须用进入低档产品市场的方式来反击竞争者；企业当初进入高档产品市场是为了建立其质量形象，然后向下延伸；企业增加低档产品是为了填补空隙，不使竞争者有

---

① 万晓主编. 市场营销（修订本）[M]. 北京：清华大学出版社，2012.

机可乘。

企业在采取向下延伸策略时，会遇到如下风险：企业原来生产高档产品，后来增加低档产品，有可能使品牌的形象受损，因此，低档产品最好用新的品牌，不要用原先高档产品的品牌；企业原来生产高档产品，后来增加低档产品，有可能激怒生产低档产品的企业，导致其向高档产品市场发起进攻；企业的经销商可能不愿意经营低档产品，因为经营低档产品所得利润较少。

2. 向上延伸。向上延伸指企业原来生产低档产品，后来决定增加高档产品。主要原因是：高档产品畅销，销售增长较快，利润率高；企业估计高档产品市场上的竞争者较弱，易于击败；企业想使自己成为生产种类全面的企业。

采取向上延伸策略也要承担一定的风险：可能引起生产高档产品的竞争者进入低档产品市场，进行反攻；未来的顾客可能不相信企业能生产高档产品；企业的销售代理商和经销商可能没有能力经营高档产品。

3. 双向延伸。双向延伸指原定位于中档产品市场的企业掌握了市场优势以后，决定向产品大类的上下两个方向延伸，一方面增加高档产品，另一方面增加低档产品，扩大市场阵地。

（四）淘汰产品策略

这是企业对一些已经确认进入衰退期的产品线和产品项目采取的策略。主要有以下几种方式可以选择。

1. 立即放弃。当以下几种情况发生时，企业应立即放弃该产品线和产品项目：确认产品已进入衰退期，无发展前途；该产品如果继续存在，将危害其他有发展前途的产品；该产品的市场售价已不能补偿成本等。

2. 逐步放弃。如果立即放弃没有前景的产品可能对企业造成巨大损失，并给顾客造成被突然抛弃的印象，这种情况下，应采取逐步放弃策略，有计划地逐步减产直到淘汰，使顾客的使用习惯能逐步适应，企业的资源有计划地逐步转移，在生产和财务管理上平稳过渡。

3. 自然淘汰。企业不主动放弃产品，而是留在市场上使之完全衰竭直至被市场淘汰。采取这种策略，在短时间内仍可获得一定的销售量和利润，但也面临着丧失新市场机会的风险。

第二节　品牌和包装策略

一、品牌和商标的概念

（一）品牌

1. 品牌的概念

品牌是指用于识别产品（或服务）的名称、术语、符号、象征或设计，或是它们的组合，其目的是把不同竞争者生产的同种产品区别开来。

品牌俗称牌子，它主要包括品牌名称和品牌标志。简单地讲，品牌是指消费者对产品及产品系列的认知程度，是具有企业典型标志的组合体。

2. 品牌的内涵

品牌的基本作用是辨认、识别。它因此而承载了多重含义，这些含义包括：（1）属性，这是品牌最基本的含义，品牌首先代表着特定的商品属性，如奔驰意味着工艺精湛、制造优良、昂贵、耐用、速度快，公司可用一种或几种属性做广告；（2）利益，品牌体现了特定的利益，顾客不是在买属性而是买利益，这就需要属性转化为功能性或情感性的利益。就奔驰而言，“工艺精湛、制造优良”可转化为“安全”，“昂贵”可转化为“令人羡慕、受人尊重”的利益；（3）价值，品牌体现了生产者的某些价值感；（4）文化，品牌能代表某种文化，如奔驰蕴涵着“有组织、高效率、高品质”的德国文化；（5）个性，不同的品牌会使人们产生不同的联想，由品牌个性所决定，奔驰让人想到一位严谨的老板，红旗则让人想到一位严肃的领导；（6）用户，品牌暗示了购买或使用产品的消费者类型。当受众可识别一个品牌的六个方面时，这个品牌可称为深度品牌，否则只是一个肤浅品牌。品牌最持久的含义是价值、文化、个性，这些构成了品牌的实质。

（二）商标

1. 商标的概念

商标是一个法律概念，是指按法定程序向商标注册机构提出申请，经商标注册机构审查，予以核准，并授予商标专用权的品牌或品牌中的一部分。商标受法律保护，任何人未经商标注册人许可，皆不得仿效或使用。

2. 品牌与商标的联系与区别

商标与品牌既有密切联系又有所区别，联系在于商标是品牌的重要组成部分，所有的商标都是品牌，但并非所有的品牌都是商标。品牌是一个笼统的总名词。商标是受法律保护的品牌。区别在于商标是一个法律概念，而品牌是一种商业称谓。两者是从不同角度指称同一事物，因此两者常常被混淆。在中国，还有注册商标与未注册商标之分。

3. 品牌化

企业为其产品选择、规划、决策品牌名称，品牌标志，并向政府有关部门进行注册登记的全部活动，称之为“品牌化”，注册之后则产生商标。

品牌要注册成商标必须具备法律规定的条件，那就是具备显著特征。下列情况应认为不具备显著特征：（1）专业用语、行业用语及图形；（2）本商品通用的标志，与本商品有关联的文字、图形；（3）表示商品质量、主要原料、功能、用途等特点的文字、图形；（4）广告、宣传、展览会的常用词汇；（5）印刷体表示的一个或两个外文字母、汉语拼音字头；（6）单纯的阿拉伯数字；（7）地理名称等。

此外，申请注册的商标不得与他人的注册商标相同或相近，且不是商标法禁用的文字和标志。①

二、品牌策略

品牌策略是整个产品策略的一个重要组成部分。为了使品牌在市场营销中更好地发挥作用，必须采取适当的品牌策略。企业在制定品牌策略时，一般可以做出以下几种选择。

（一）品牌有无策略

1. 使用品牌。大多数产品都使用品牌。

2. 不使用品牌。许多企业对某些消费品不规定品牌名称和品牌标志，也不向政府注册登记，实行非品牌化。企业推出无品牌产品的主要目的是节省包装、广告等费用，降低价格，扩大销售。但如今，无品牌的产品已越来越少，像大米、面粉、蔬菜、肉制品等过去从不使用品牌的商品，现在也被装在精美的包装内，并冠以品牌出售，以获得品牌化的利益。

---

① 何静文，戴卫东主编. 市场营销学[M]. 北京：北京大学出版社，2014.

（二）品牌归属策略

一旦决定对产品使用品牌，就必须决定采用制造商的品牌还是采用中间商的品牌，或这两种品牌混合使用。

1. 使用制造商的品牌。传统上，品牌是厂商的制造标记，产品的设计、质量、特色都是由制造商决定的。所以制造商品牌一直支配着市场，绝大多数制造商都使用自己的品牌。但是，近年来中间商的品牌日益增多。

2. 使用中间商的品牌。中间商品牌或称经销商品牌，是指制造商将产品大批量地卖给中间商，中间商再使用自己的品牌将产品转卖出去。一般而言，如果企业要在一个对本企业的产品不熟悉的新市场上推销产品，或者在市场上本企业的商誉远远不及销售商的商誉，则适宜采用中间商的品牌。

3. 制造商品牌和中间商品牌混合使用。混合使用品牌有以下两种情形：一部分产品使用制造商的品牌，另一部分产品采用中间商的品牌；或为了进入新市场，先采用中间商品牌，待产品在市场上打开销路以后，再改用制造商品牌。

（三）家族品牌策略

家族品牌也叫统一品牌，主要指企业对其所生产的同类产品（甚至全部产品），只使用一种品牌，又称为“单一品牌”策略，如海尔的品牌策略。

采用家族品牌的优点可使产品和企业的整体形象统一起来，可大大降低新产品的促销成本，有利于企业利用已有的声誉迅速增强消费系列产品的声誉，解除顾客对新产品的不信任感。家族品牌的缺点是企业面临较大的品牌风险，一旦某个产品出现问题，可能会殃及整个家族品牌。

采用统一品牌策略应具备如下条件：企业采用的品牌在市场上已获得一定的信誉，在市场上保持领先地位；采用统一品牌的各种产品具有相同的质量水平。如果各类产品的质量水平不一，则不宜使用统一品牌策略。

（四）个别品牌策略

个别品牌是指企业决定其各种不同的产品分别使用不同的品牌名称。例如，可口可乐公司就采用个别品牌策略，像碳酸型可乐饮料设计名称是“可口可乐”，柠檬水设计名称是“雪碧”，橙汁汽水设计名称是“芬达”，混合果汁饮料设计名称是“酷儿”，茶饮料设计名称是“天与地”，等等。

企业采取个别品牌名称策略需要投入大量的广告宣传费用、时间和精力。但这种策略也具有许多优势：一是可以起到隔离保险作用，品牌的负面影响不会相互波及对方；二是企业可以发展多种产品线和产品项目，开拓更广阔的市场；三是便于品牌间形成竞争机制，发展多种产品线和产品项目，起相互激励的作用。

（五）品牌扩展策略

品牌扩张策略也叫品牌延伸策略，是指企业利用其成功品牌名称的声誉来推出改良产品或新产品，也可以推出不同功能特点、不同质量水平、不同规格甚至不同包装和造型的产品的策略。

企业采用这一策略，可以节省宣传新品牌的促销费用，使新产品能迅速顺利地进入市场。如中国海尔集团借助海尔冰箱在市场上的良好信誉，将彩电、空调、洗衣机等家电都采用"海尔"品牌推向市场，取得了较大的成功。但是，如果推广的品牌已在市场上有较高的声誉，则推广的新产品也必须与其有同样良好的质量、服务等，否则不仅会影响新产品的销售，更重要的是会降低已有品牌的声誉。

（六）多品牌策略

多品牌策略是指企业对同一种类产品使用两个或两个以上的品牌。

采用多品牌策略的优点是：多种不同的品牌只要被零售商接受，就会占用较多的货架面积，而使竞争产品的陈列空间相对减少；采用多种品牌可以吸引更多的品牌转换者，提高市场占有率。因为大多数消费者都不会只忠诚于一种品牌而毫不注意其他品牌。他们都是不同程度的品牌转换者，发展多种不同的品牌，就可以吸引更多的消费者；发展多种不同的品牌，有利于在企业内部形成激励，提高效率。

但是，企业的品牌并不是多多益善。企业推出多种品牌时，可能每种品牌都只有极低的市场占有率，而没有利润率很高的品牌。这样，企业的资源就会过分分散，而不能集中于较成功的品牌。这时，企业就必须放弃一些较弱的品牌，将资源优势集中在保留下来的品牌上，以期夺取竞争对手的市场，而不是自相竞争。

三、商标策略

商标策略是指是指企业为实现、实施商标战略，根据商品特点、市场状况、企业自身条件而制定的商标工作与方式方法。商标策略是企业营销策略的重要组成部分。商标策略的种类主要如下。

（一）使用商标与不使用商标策略

商标的使用是以一定的费用为代价的，当某些商品受特殊因素的影响不需要或无明显效果时，也可以不使用商标。选择不使用商标的策略，主要有下面三种情况：首先，从商品本身的性质来看，有些商品不可能在生产过程中形成一定的特性而与其他商品相区别，消费者在选购时也没有识别商品来源的要求；其次，从商品经营的特点看，有些商品属于国家计划品种，由国家统一经营，如特殊钢材、飞机、大型设备等，可不使用商标；最后，从消费者习惯来看，人们长期习惯于无商标商品，如食盐、熏肉等，可采用无商标策略。

（二）统一商标与个别商标策略

统一商标策略，是指企业生产经营的商品均使用同一商标。如青岛海尔集团的电冰箱，用的都是“青岛海尔”商标。采用统一商标策略，其商品必须是同类或类似，且档次基本一致。否则，不宜使用。

个别商标策略，是指企业根据商品的不同情况而采用不同的商标。主要适用于四种商品：一是不同类别的商品，如美国通用汽车公司生产的不同种类的汽车，就分别使用了不同的商标；二是不同档次的商品，一般而言，当生产经营的商品档次不同时，应分别设计商标；三是不同品种的商品，即品种不同，使用不同的商标；四是新商品。

（三）单一商标与多种商标策略

单一商标策略就是商品只使用一种商标。它的好处是成本费用低，便于管理。多种商标策略就是同一种商品使用两种以上的商标。企业采用多种商标策略的目的在于使两种商标彼此比较，自我构成一种竞争态势，以吸引消费者注意。

（四）保留与更换商标策略

一般而言，只要商标在市场上还有一定声誉，还能使商品销售获得满意的经济效益，就应保留继续使用，采用保留商标策略。

当商标或由于设计上的原因，或由于管理上的原因，或由于消费者爱好转移等在消费者心目中形象不佳，声誉受损，致使商品销路受到严重影响时，可考虑采用更换商标策略。

（五）商标注册与不注册策略

对于一个企业来说，是采取注册商标策略，还是采取不注册商标策略，主要考虑企业规模和商品特点两个因素。规模较大的企业生产能力强，设备技术力量雄厚，经营管理组织系统相对健全，能够稳定地生产产品，为提高产品的竞争能力，一般而言应采取注册商标策略。反之，则采用不注册商标策略。

从商品的特点来看，对于较为稳定地生产一种或几种商品的厂家，如果商品销货范围较广，当商品处于市场寿命成长期时，为了扩大商品宣传，应采用注册商标策略；而对于生产一次性商品、临时性商品、季节性商品、不定型商品和原材料没有保证的商品的厂家，商品的销售范围较窄，销售量有限，商品市场寿命处于投入期时，则宜采用不注册商标策略。

四、包装策略

（一）包装的含义及种类

包装指的是为了在流通过程中保护产品、方便运输、促进运输，按照一定的技术方法而采用一定的容器或者其他包扎物将产品保护起来的一个措施。大多数产品都是经过包装之后才推向市场的，它也属于产品整体概念中的形式产品，产品的包装也会在一定程度上影响产品的销售情况，是产品质量和形象的重要组成部分。

包装按其在流通过程中的功用不同，可分为运输包装和销售包装。运输包装又称外包装或大包装，是指为了适应储存、搬运过程的需要所进行的包装，主要有箱、袋、包、桶、坛、罐等包装方式。销售包装又称内包装或小包装，是指为了消费者携带、使用、美化和宣传产品的包装。该包装不仅能保护产品，而且能更好地美化和宣传产品，吸引和方便消费者。

（二）包装的作用

包装的作用主要表现在以下几个方面。

1. 保护商品。包装可防止或减少产品在供应、运输、储存和销售过程中的各种损坏，如破损、变质、散落、挥发、虫蛀等。一般除了沙、石等初级原材料不用包装外，其他绝大多数商品都需要用包装来保护。

2. 便于运输和消费者使用商品。产品从生产地到消费者手中，一般都要经过运输和储存等过程。产品经过包装后，便于在运输的过程进行装卸，并能节约运输和储存空间。同时，包装后的商品也便于消费者携带和使用。

3. 促进销售。包装能从外观上反映企业产品的特色，改进产品的外观，吸引顾客的注意力。好的包装能使产品在众多同类产品中脱颖而出，激发消费者购买的欲望，起到广告的作用和促销的功能。

4. 提高产品的价值。搞好产品包装可以实现商品的价值和使用价值，并且精美的包装还能使商品增加价值，树立商品的高贵形象，从而诱导消费者愿意用高价购买，为企业增加利润。

（三）包装策略

1. 类似包装策略。类似包装策略，也称统一包装策略或产品线包装策略，是指企业将生产的多种不同产品，在包装上采用相同或类似的图案、色彩、结构、形状、标签或其他共同特征，使消费者容易意识到这是同一企业生产的产品。这个策略可以让消费者一看到类似的包装，就可以确定是同一企业的产品，壮大企业的品牌声势；而且还可以充分利用企业的品牌优势，消除消费者对产品的不信任感，从而促进销售。但是这种策略只适用于质量水平大致相同的产品，对于具有较多不同档次的产品的企业，则不适合使用这种策略，不然，它会对企业的高端产品产生影响。

2. 等级包装策略。等级包装策略是指企业将产品分成若干等级，对高档优质产品采用优质包装，一般产品则采用普通包装，使包装与产品的价值和质量相称、表里一致、等级分明，以方便购买力不同的消费者选购。

3. 配套包装策略。配套包装策略指的是企业将相互有关联的产品配套包装在同一包装内，然后配套供应出售的做法。这种策略能够方便消费者购买、携带和使用，有利于扩大销售。例如，将洗发水、护发素和发膜一起包装，然后配套出售。采用这种包装的时候要注意产品的关联度，不要随意配套。

4. 再使用包装策略。再使用包装策略也称双重用途包装策略，是指用户将包装容器内的商品使用完毕后，原包装物还可做其他用途。如装果汁的瓶子用完后可以用作喝水杯，饼干盒可用来盛饼干或瓜子等。这种包装策略一方面有助于引起消费者的购买兴趣，另一方面还可以促进重新购买，起到潜移默化的广告宣传作用。缺点是包装成本高。

5. 附赠品包装策略。附赠品包装策略指在包装物内附有赠品或附赠奖券以诱发消费者重复购买，是一种有效的营销推广方式。这是目前国外市场上比较流行的包装策略。例如，儿童市场上的玩具、糖果等商品附赠连环画、认字图；化妆品包装中附有赠券，积累到一定数量，可以得到不同的赠品等。

6. 改变包装策略。改变包装策略是指企业随着产品的更新和市场的变化，相应地改变包装设计，以维持或扩大产品销售。企业把陈旧、落后或没有吸引力的包装放弃，改用新的包装材料，以改进原有产品的形象，增强产品的诱惑力，促进产品的销售。但是，使用这一策略应该注意的是，更新包装对促进产品销售固然很重要，但是根本还是要提高产品质量，至少要达到使用要求。

7. 绿色包装策略。绿色包装策略是指包装物可重复利用的包装策略。在包装设计时，选择可重复利用或可再生、易回收处理、对环境无污染的包装材料，容易赢得消费者的好感与认同，也有利于与国际包装技术标准接轨和环境保护，从而为企业的发展带来良好的前景。如用纸质包装替代塑料袋装；羊毛材质衣物中夹放轻柔垫纸来取代硬质衬板，既美化了包装，又顺应了发展潮流，一举两得。

8. 异类包装策略。异类包装策略指企业的各种产品都有自己独特的包装，设计上采用不同的风格、色调、材料。这种包装策略使得企业不致因某一种商品营销失败而影响其他商品的市场声誉，但是增加了包装设计费用，新产品进入市场时需更多的销售推广费用。

第三节　产品生命周期及其营销策略

一、产品生命周期阶段

产品生命周期是指产品从进入市场到退出市场所经历的市场生命循环过程。产品只有经过研发、试销，然后进入市场，它的市场生命周期才算开始；产品退出市场，标志着生命周期的结束。

典型的产品生命周期一般可分为四个阶段，即导入期、成长期、成熟期和衰退期（如图 9－1 所示）。

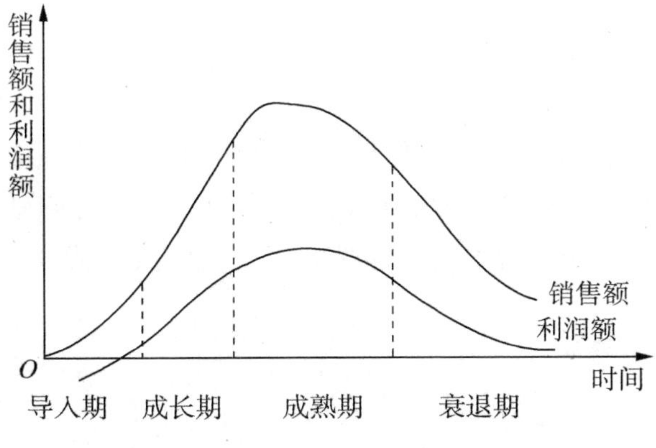

图 9－1　典型的产品生命周期

1. 导入期。新产品投入市场，便进入导入期。此时，顾客对产品还不了解，只有少数追求新奇的顾客可能购买，销售量很小。在这一阶段，由于市场及技术方面的原因，产品不能大批量生产，因此成本高，销售额增长缓慢，企业不但得不到利润，反而可能亏损。

2. 成长期。当产品在导入期的销售取得成功以后，便进入成长期。这时顾客对产品已经熟悉，大量的新顾客开始购买，市场逐步扩大。产品已具备大批量生产的条件，生产成本相对降低，企业的销售额迅速增加，利润也迅速增长。在这一阶段，竞争者看到有利可图，纷纷进入市场参与竞争，使同类产品供给量增加。同时期需求的迅速增长，使产品价格维持不变或略有下降，市场竞争加剧。

3. 成熟期。经过成长期以后，市场需求趋于饱和，潜在的顾客已经很少，销售额增长缓慢直至转而下降，标志着产品进入了成熟期。这个阶段的持续期一般长于前两个阶段，给营销管理层带来最难应对的挑战。大多数产品都处于生命周期的成熟阶段。成熟阶段可分为三个时期：成长、稳定和衰退。第一时期是成长中的成熟，此时由于分销饱和而造成销售增长率开始下降，销售额增长缓慢；第二时期是稳定中的成熟，市场已经饱和，大多数潜在消费者已经试用过该产品，竞争空前激烈，未来的销售受到人口增长的制约；第三时期是衰退中的成熟，此时销售的绝对水平开始下降，顾客开始转向其他产品或替代品。

4. 衰退期。随着科学技术的发展，新产品或新的代用品出现，将使顾客的消费习惯发生改变，转向其他产品，从而使原来产品的销售额和利润额迅速下降，产品进入衰退期。①

二、延长产品生命周期的方法

1. 加大促销，扩大购买。即使产品处在成长期或成熟期，企业仍然要重视提高产品质量和服务质量，综合运用人员推销、营业推广、广告宣传和公共关系等促销手段，培养消费者的品牌偏好，促成购买习惯，增加使用频率，以扩大销售。

2. 实施产品改革措施，往往可以有效地延长产品的生命周期。特别是对那些处于成熟期的产品，可以通过对产品功能、质量以及特性等方面进行改进，以吸引新的消费者，使原本停滞不前，呈现下降趋势的销售量得以回升。产品改革的具体措施有：一是产品外观改革，即通过不断地满足消费者的审美

---

① 郭国庆主编. 市场营销学(第2版)[M]. 北京：中国人民大学出版社，2015.

观念的变化，使产品外观更加漂亮，以吸引更多的消费者；二是提高产品质量，即通过不断地提高产品的使用性能，以高品质的产品质量吸引更多的消费者；三是增加产品功能，即通过不断地给产品增加新的特性或功能，以此来扩大产品的适用性；四是加工材料的改革，即通过不断地研制或使用新材料来延长产品的生命周期。

3. 开拓产品新市场。由于不同区域市场消费存在着明显的差异性，企业可利用这种差异性开拓新的市场，如有的产品在本地市场已开始衰退，可以转销外地市场，城市市场滞销可以向农村市场发展；有的产品可以先争取女性顾客，再争取男性顾客；满足了儿童市场需求，再开拓老年市场等。

4. 拓展产品新用途。有的产品的用途随着生产力发展、科技水平和消费水平的提高而不断拓展。新的用途一旦开拓出来，其市场生命周期必然得以延长。例如，纸过去主要用于书写和印刷，后扩展到餐巾纸、装饰纸及纸桌布等。

三、产品生命周期营销策略

（一）导入期营销策略

导入期开始于新产品首次在市场上普遍销售之时。新产品进入导入期以前，需要经历开发、研制、试销等过程。进入导入期的产品的市场特点是：产品销量少，促销费用高，制造成本高，销售利润常常很低甚至为负值。在这一阶段，促销费用很高，支付费用的目的是要建立完善的分销渠道。促销活动的主要目的是介绍产品，吸引消费者试用。

在产品的导入期，一般可由价格、促销、渠道等因素组合成各种不同的营销策略。若仅考察促销和价格两个因素，则至少有以下四种策略。

1. 快速撇脂策略。快速撇脂策略是指企业以高价格和高促销费用推出新产品，迅速扩大销售量以取得较高的市场占有率，快速收回投资的策略。采取这种策略必须有一定的市场环境，如目标顾客具有较强的求新心理，急于求购该新产品，并且愿意以比较高的价格购买；产品本身有特色，有吸引力，但市场知名度不够，需要大力宣传；企业面临潜在的竞争者威胁，必须迅速使消费者形成对自己产品的偏好，建立品牌形象。

2. 缓慢撇脂策略。缓慢撇脂策略是指企业采用高价格、低促销费用的方式推出新产品，以求获得更多的利润的策略。企业采取这种策略应具备的条件是：市场规模相对较小，现实的和潜在的竞争威胁不大；新产品具有独特性，有效地填补市场空白；适当的高价能为市场所接受。

3. 快速渗透策略。快速渗透策略是指企业以低价格和高促销推出新产品的策略。这种策略价格低、销售费用高，企业的利润微薄，甚至亏损，但显著的作用是能以最快的速度取得尽可能大的市场占有率。企业采取这种策略应具有的条件是：市场规模大，大部分顾客对价格反应敏感，并有强大的潜在竞争力量。

4. 缓慢渗透策略。缓慢渗透策略是指企业以低价格和低促销费用推出新产品的策略。低价格使产品易被消费者接受，同时低促销可尽可能降低成本，实现较多的利润。企业采取这种策略应具备的条件是：市场容量大，消费者对产品熟悉但对价格反应敏感。采取该策略还应密切注意潜在竞争者，否则会被竞争者抢先占领市场。

（二）成长期的营销策略

成长期旺盛的市场需求与高额的利润，会引来竞争对手的参与。因此，该阶段的企业营销重点是扩大市场占有率和巩固市场地位，企业可采取以下几种市场营销策略。

1. 产品策略。在该阶段，消费者在购买时有一定的选择余地，企业为了扩大销售，使现实的购买者增加购买，使潜在的购买者实施购买，应采取创名牌的产品策略。企业可通过改进和完善产品，提供优良的售后服务等措施，提高产品的竞争力，使消费者产生信任感。

2. 价格策略。企业根据市场竞争情况和自身的特点灵活作价。如果企业产品占有垄断地位，可适当调高价格；如果是属于竞争性产品则可适当降价以招徕顾客。一般而言，在此阶段，保持价格不变是最好的良策，否则会失去已建立起来的消费群体的信任。选择适当的时机降低产品的价格，既可以争取那些对价格比较敏感的顾客来购买，又可以冲击竞争对手。

3. 渠道策略。巩固原有的销售渠道，增加新的销售渠道，开拓新的市场，扩大产品的销售范围。企业应进一步细分市场，通过细分市场，找到新的尚未满足的市场空间，根据顾客需要组织生产，同时建立新的分销渠道，以便快速进入这一新的市场。

4. 促销策略。加强促销环节，树立强有力的产品形象。促销的重心应从介绍期的建立产品知名度转移到宣传产品的特殊性能、特色，提高产品及企业的形象和声誉上。主要目标是建立品牌偏好，维系老顾客，争取新顾客。[①]

---

① 何静文，戴卫东主编. 市场营销学[M]. 北京：北京大学出版社，2014.

（三）成熟期的营销策略

产品经过成长期以后，销售量的增长会缓慢下来，利润开始缓慢下降，这表明产品已开始走向成熟期。进入成熟期以后，产品的销售量增长缓慢，逐步达到最高峰，然后缓慢下降；产品的销售利润也从成长期的最高点开始下降；市场竞争非常激烈，各种品牌、各种款式的同类产品不断出现。在这一阶段，企业可以采用的策略有以下几种。

1. 市场改进策略。市场改进策略的目的是巩固老顾客，尽可能赢得新顾客，开拓新市场，提高产品的销售量。这种策略不是改变产品本身，而是发现产品的新用途或改变推销方式等，以使产品的销售量扩大。这种策略的实现方式是寻找新的细分市场，使产品进入尚未使用本产品的市场；刺激现有顾客，增加使用频率；发展产品的新用途。

2. 产品改进策略。产品改进策略是指产品通过在性能、质量、功能等方面的适当改进，重新推向市场，吸引更多的消费者。具体的产品改进策略有以下几种：品质改进，主要侧重于增加产品的功能、效用；性能改进，给产品增加新的特性，如大小、重量、附加特性等款式改进。这主要是满足消费者对产品美学的要求，使产品有独特的个性，有较高的美学欣赏价值；服务改进，增加附加服务会大大促进消费者的购买。

3. 市场营销组合改进策略。主要目的是通过营销组合中某一个要素或若干要素的改进来延长产品的成熟期，使企业获得更多的利润。常见的策略有：在产品品质不变的情况下，降低价格，从竞争者手中吸引一部分顾客；加强广告宣传，提高产品的市场知名度；增设销售网点，方便顾客的购买；改进产品包装，吸引不同需求的顾客；增加产品的附加价值，刺激顾客的购买动机等。

（四）衰退期的营销策略

在这一时期，企业既不要在新产品未跟上来时就抛弃老产品，以致完全失去已有的市场和顾客；也不要抱住老产品不放而错过机会，使企业陷于困境。企业可以采取以下几种营销策略。

1. 集中策略。集中策略是把企业的人力、物力和财力集中在具有最大优势的细分市场上，经营规模相对缩小，以最有利的局部市场获得尽可能多的利润。在投资方面，企业可以用本企业与同行业中最大竞争对手的相对市场销售额比率来进行决策。

2. 维持策略。维持策略是企业继续沿用过去的策略，仍按照原来的细分市场、使用相同的销售渠道、定价及促销方式，直到这种产品完全退出市场为止。这是因为新老产品之间有一个交替阶段，并且还会有一些顾客有继续使用老产品的习惯。

3. 收缩策略。收缩策略是企业大幅度降低促销水平，尽量减少销售和推销费用，以增加目前的利润。这样可能导致产品在市场上的衰退加速，但又能从忠于这种产品的顾客中得到利润。

4. 放弃策略。放弃策略是企业对衰退比较迅速的产品，应该当机立断，放弃经营。企业可以采取完全放弃的形式，如把产品完全转移出去或立即停止生产；也可采取逐步放弃的方式，使其所占用的资源逐步转向其他产品，力争使企业损失减少到最低限度。

第四节　新产品策略

一、新产品的概念和分类

（一）新产品的概念

新产品指的是以前没有出现过的，属于现在新开发出来的产品。只要是以前没有出现过的产品都属于新产品，而不管是整体的创新还是部分的创新。市场营销学中使用的新产品概念不是从纯技术角度理解的，产品只要在功能或形态上得到改进，与原产品产生差异，并为顾客带来新的利益，即视为新产品。企业新产品开发的实质是推出不同内涵与外延的新产品。对大多数企业来说，新产品是改进现有产品而非创造全新产品。

（二）新产品的分类

新产品按照不同的标准有多种分类方法，常见的分类方法有以下几种。

1. 按照产品新颖程度。可分为全新新产品、换代新产品、改进新产品和仿制新产品。

（1）全新新产品，是指采用新原理、新材料及新技术制造出来的前所未有的产品，如汽车、飞机、电子管、尼龙、电脑等。全新新产品是应用科学技术新成果的产物，它往往代表科学技术发展史上的一个新突破。一个完全新型产品的出现，从研制到大批量生产，往往需要耗费大量的人力、物力和财力，这不是一般企业所能胜任的。

（2）换代新产品，是指产品的基本原理不变，部分采用新材料、新元件或新技术，使产品的功能、性能、经济指标有显著改变的产品。如电子计算机问世以来，从电子管、晶体管、集成电路到第四代大规模集成电路，甚至具有人工智能的第五代。换代新产品的开发难度较全新产品小，是企业进行新产品开发的重要形式。

（3）改进新产品，是指在材料、构造、性能、包装等某一个方面或几个方面进行了改进的新型产品。它是对老产品的改进，是由基本型派生出来的改进型，如药物牙膏、减肥香皂等。改进新产品的开发难度不大，也是企业产品发展经常采用的形式。

（4）仿制新产品，是指对市场上已有的新产品在局部进行改进和创新，但保持基本原理和结构不变而仿制出来的产品。例如，某些产品在国外已经投放市场，不算新产品，但中国还未生产过，如中国某一厂商进行仿制，在国内市场上首次提出的新产品，就属于仿制新产品。仿制新产品的开发仍然有其积极意义，尤其是落后国家对先进国家已经投入市场的产品的仿制，有利于填补国家生产空白，提高企业的技术水平。

2. 按新产品的区域特征分类。可分为国际新产品、国内新产品、地区新产品和企业新产品。

（1）国际新产品，是指在世界范围内首次生产和销售的产品。

（2）国内新产品，是在国外已经不是新产品，但国内第一次生产和销售的产品。这类新产品一般为引进国外先进技术，填补国内空白的产品。

（3）地区新产品和企业新产品，是指国内已有，但本地区或本企业第一次生产和销售的新产品。由于有现成的技术和样品可以借鉴，因而这种新产品的发展具有非常好的客观条件，是企业经常采用的一种产品发展形式。①

3. 按新产品的开发方式分类。可分为技术引进新产品、独立开发新产品和混合开发的产品。

（1）技术引进新产品，是直接引进市场上已有的成熟技术制造的产品，这样可以避开自身开发能力较弱的难点。

（2）独立开发新产品，是指从用户所需要的产品功能出发，探索能够满足功能需求的原理和结构，结合新技术、新材料的研究独立开发制造的产品。

（3）混合开发的产品，是指在新产品的开发过程中，既有直接引进的部分，又有独立开发的部分，将两者有机结合在一起而制造出的新产品。

---

① 万晓主编. 市场营销（修订本）[M]. 北京：清华大学出版社、北京交通大学出版社，2014.

二、新产品开发的方式

新产品开发的方式，基本有以下五种。

1. 独创方式。独创方式是指由企业独立进行产品的全部开发工作。其目的是为了发展有本企业特色的新产品而在市场上占据有利地位。这种方式一般适用于技术力量雄厚的大型企业，有些中小企业也可以用这种方式开发不太复杂的产品或开发仿制新产品和改进新产品。

2. 引进方式。引进方式是指为了尽快发展某种比较成熟的产品，向国外生产这种产品的企业引进技术，购买专利来开发新产品。这种方式能使企业在较短的时期内掌握原来没有的技术，节省研制费用，缩短与竞争对手的差距；同时还能使企业产品迅速赶上国际先进水平。

3. 改进方式。改进方式是指以企业的现有产品为基础，根据用户的需要，采取改变性能、变换款式或扩大用途等措施来开发新产品。采用这种方式可以依靠企业现有设备和技术力量，开发费用低，成功把握大。但是，长期采用改进方式开发新产品，会影响企业的发展速度。

4. 协作方式。协作方式是指由企业、高等院校或科研院所协作进行新产品的开发。由于许多新产品开发涉及广泛的学科领域，需要投入大量的人力、物力和财力，这种协作方式可以取长补短，发挥集体优势。这种方式应用十分广泛，不仅被大多数中小企业所采用，许多大企业也很重视该方式。

5. 结合方式。结合方式是指将独创与引进相结合的方式。这种方式是在充分利用本企业技术的基础上，引进某些先进技术，以弥补自己的不足；或是在充分吸收国外先进技术的基础上，结合本企业实际情况进行创新。这种方式花钱少，见效快，产品有竞争力。能够较好地发挥引进技术的作用，提高企业发展新产品的能力。

三、新产品开发的程序

（一）新产品构思

新产品的构思也被称为创意，是为了满足消费者某种新的需求而提出的设想方案。尽管并不是所有的构思点子都可以被生产成为产品，但是能够收集的点子越多，就越能发现一些有意义的构思，也发现一些有利于企业开发的机会。在本阶段，企业的主要责任是积极寻找好的产品构思。构思的来源可以是非常广的：科学家的研究，企业营销人员的营销经验，访问消费者的使用经验，管理高层、竞争对手等都可以为企业提出点子和创意。此外，大学、咨询机构、专利机构、有关报刊等，也是获得新产品构思的有效渠道。好的产品构思需要灵感和努力，同时也要借助某些能创造灵感的技术，主要有以下几种。

1. 产品属性排列法。这种方法将某一产品的主要属性列示出来，然后对每一属性进行分析研究，提出产品组合改进建议，从而在原有产品的基础上开发新产品。

2. 关联法。这种方法先将若干种产品排列组合起来，然后分析每一产品与其他产品的关系，由此产生新产品开发的构思。

3. 结构分析法。这种方法要求先找产品组合问题的各个结构面，然后审查结构的各个方面之间的关系，再通过各种新组合，产生产品构思。

4. 消费者提问分析法。由消费者提出他们使用某一产品时所遇到的问题，每一个问题都可能是一个新构思的线索，从中挑选产品组合值得开发的构思。

5. 头脑风暴法。这种方法一般由 6—10 人在一起，就某一问题展开讨论，各抒己见，别人不准批评。这种头脑风暴会议将大大激发参会人员的创造想象力，产生各种各样的构思。这样，通过整理就可以得到许多有价值的构思。

（二）构思的筛选

所谓构思的筛选，就是对取得的产品构想加以评估，研究其可行性，并筛选出可行性较高的产品构思。筛选构思的目的就是淘汰那些不可行或可行性较低的产品创意，使公司将有限的资源集中于成功率较大的创意上。

（三）产品概念的形成与检验

产品构思和产品概念具有不同的含义。产品构思是企业从自身的角度考虑的有关企业可能向市场提供的产品的构想，如一种新型饮品、一种新的书写工具等。经过筛选后保留下来的产品构思只是为新产品开发指明一个方向，它必须经过进一步的开发、完善才能形成产品概念。产品概念是企业从消费者的角度对特定的产品创意所做的详尽的描述，如产品的性能、外观、提供给消费者的具体效用、价格、名称、包装等，它能真正指导新产品的开发。

从产品创意到产品概念一般要经过两个步骤：第一步是产品设计，要求将产品创意用文字、图形、模型等明确地表现为产品的几种设计方案，即几种不同的产品概念；第二步是产品鉴定，要求结合市场定位对每个产品的几种产品概念进行认真的评价修改，通过市场调研了解主要顾客对这些产品概念的反应，进一步完善和确定最终的产品概念。

(四) 制定市场营销战略

产品概念形成后，企业的有关人员应该拟定一个有关新产品的营销战略规划。这份营销战略规划主要包括三部分：说明目标市场的规模、结构、行为、新产品的市场定位，未来几年的销售额、市场占有率、利润率等；略述新产品的计划价格、分销渠道、促销方式及第一年的市场营销预算等；阐述新产品的远景发展情况并提出设想，如长期销售额和利润额目标、产品生命周期不同阶段的营销组合策略等。①

(五) 可行性分析

新产品开发的可行性分析主要是针对新产品开发的条件、技术、经济、生产条件、市场环境、社会制约、市场需求、企业财务等方面进行。它主要避免企业盲目开始新产品的开发，在保证产品开发的成功上发挥着较大的效用，企业主要做好财务方面、技术方面、环境适应性方面、社会评价方面以及综合分析五个方面的评价工作。

(六) 新产品开发

新产品开发经过了商业分析之后，新产品的概念就会送到开发研究部门，由他们负责产品模型或者样品的研制。新产品开发的这一阶段将以文字、图形来表示的产品概念变成了实体上的产品。这是对新产品开发很重要的一个步骤，假如新产品不能开发成功，那么企业投入在开发该新产品下的资金将会全部“打水漂”。

(七) 试销

产品成功开发出来之后，就会开始着手产品的试销。这是一种通过小范围目标市场消费者的产品购买情况的了解，以检验新产品对消费者的吸引力、收集产品使用情况、消费者对产品的意见等，为下一步的产品改进提供依据。有一些产品会经过“试销—改进—试销”的过程之后才正式上市，但是也有一些产品没有经过试销就被直接投入到市场中了。在试销阶段，企业主要做出试销的地区范围、时间安排，对试销中要收集的资料、试销所需要的费用开支做好准备，对试销的战略行动做好部署。

(八) 正式上市

新产品在经过试销成功后，企业就要选择合适的时机将产品投入市场，进行正式的销售。

---

① 王槐林，李林主编. 市场营销学（第2版）. 北京：北京大学出版社，2014.

1. 推出时机。新产品的推出时机应该要考虑到老产品的销售情况，最好是在旧产品进入衰退期之后推出，不然会加速旧产品进入衰退期的速度，造成企业的损失。新产品的推出也要考虑到竞争对手的新产品，假如本公司的新产品与竞争对手的新产品在某种程度上同质，那么抢先推出的一方将会获得更多的消费者关注。另外，新产品的推出时机也应该考虑产品的销售季节，最好是在应季推出，以吸引消费者的眼球，而且也可以不给竞争对手模仿类似甚至改进的时机，获得市场先机。

2. 推出地点。新产品的推出地点应该结合企业的实际能力以及市场情况等方面综合考虑之后，再做决定。一般而言，大企业可以直接将新产品推向整个市场，而小企业则应该选择一个较小的地区市场作为它的推出地点，在占领这个市场之后，再慢慢向其他地区扩散。

3. 目标顾客。不同的目标顾客会有不同的消费习惯，因此企业在推出新产品之前就应该先确定新产品的目标顾客，然后再根据目标顾客的特征，制定相应的市场营销方案，以吸引目标顾客购买。

4. 营销组合策略。根据产品的特点以及消费者的特征，企业从自身的资源能力出发，制定包括产品、渠道、价格和促销在内的市场营销组合方案。

（九）用户调查

新产品成功投放市场之后，企业经常会进行用户调查，通过对新产品使用中出现的问题、产品的满意度等进行调查，为后期的产品改进、新产品研发提供有力的支持。只有这样，才能让企业走在其他竞争企业的前面，不断推出新产品，吸引更多的消费者，获得市场利润。①

四、新产品开发的策略

1. 领先策略。领先策略就是在激烈的产品竞争中采用新原理、新技术、新结构优先开发出全新产品，从而先入为主，领略市场上的无限风光。这类产品的开发多从属于发明创造范围，采用这种策略，投资数额大，科学研究工作量大，新产品实验时间长。

2. 超越自我策略。超越自我策略的着眼点不在于眼前利益而在于长远利益。这种暂时放弃一部分眼前利益，最终以更新、更优的产品去获取更大利润的经营策略，要求企业有长远的“利润观”，注意培育潜在市场，培养超越自

① 靳娟，赵永新，刘瑛主编. 市场营销[M]. 西安：西安交通大学出版社，2014.

我的气魄和勇气，不仅如此，更需要有强大的技术作后盾。

3. 紧跟策略。采用这类策略的企业往往针对市场上已有的产品进行仿造或进行局部的改进和创新，但基本原理和结构是与已有产品相似的。这种企业跟随既定技术的先驱者，以求用较少的投资得到成熟的定型技术，然后利用其特有的市场或价格方面的优势，在竞争中对早期开发者的商业地位进行侵蚀。

4. 补缺策略。每个企业都不可能完全满足市场的任何需求，在市场上总存在着未被满足的需求，这就为企业留下了一定的发展空间。这就要求企业详细分析市场上现有产品及消费者的需求，从中发现尚未被占领的市场。

思考题

1. 如何理解产品的整体概念的意义及分类？

2. 什么是产品的生命周期？各阶段有何特点？企业在各阶段可采取哪些策略？

3. 如何理解品牌和包装策略？

4. 如何理解新产品开发的方式、程序和策略？

第十章

价格策略

产品价格涉及生产者、经营者、消费者等各方面的利益，是市场营销组合中最为灵活、敏感而又难以控制的因素，它直接影响着企业产品的市场竞争力的强弱、市场份额的大小和赢利的多少。因此，价格策略是企业市场营销组合策略中一个极其重要的组成部分。随着营销环境的日益复杂，制定价格策略的难度越来越大，不仅要考虑成本补偿问题，还要考虑消费者的接受能力和竞争状况。如果价格不能被消费者接受，那么市场营销组合的各种努力都是徒劳的。所以说，与产品策略、促销策略和分销渠道策略相比，价格策略是企业可控因素中最难以确定的因素，这就要求企业更加重视商品的价格决策工作。

第一节　定价目标和定价程序

一、定价目标的概念和分类

定价目标是指企业通过产品定价所要达到的目的。任何企业都不能孤立地制定价格，而必须按照企业的目标市场战略及市场定位战略的要求来进行。同时，企业管理人员还要制定一些具体的经营目标，如利润额、销售额、市场占有率等，这些都对企业定价具有重要影响。定价目标从根本上来说是由企业的经营目标所决定的，是企业经营目标在定价上的具体反映。企业经营目标最终是尽可能多地获取利润，因此，定价的终极目标也是尽可能多地获取利润。但是，由于企业营销环境、产品特征、市场供求、市场竞争等的不同，对不同产品或同一产品所处的不同阶段，就应确定不同的定价目标。

（一）以利润为目标

利润目标是企业定价目标的重要组成部分，获取利润是企业生存和发展的必要条件，是企业经营的直接动力和最终目的。因此，利润目标为大多数企业所采用。利润目标通常包括利润最大化目标、预期投资收益目标和适当利润目标三种。

（二）以销售为目标

以销售为目标是指企业以促进产品销售作为定价的目的，通过销售量/额的增长来提高利润。具体包括以下几种。

1. 销售收入最大化目标

这种定价目标是指企业在保证一定的利润水平的情况下，谋求销售收入的最大化。这是一种常见的定价目标。美国经济学家鲍莫尔认为，一旦企业的利润达到可以接受的水平，企业的利润目标与收入目标相比，就会处于次要的地位。这是因为销售收入的提高对企业具有重要意义。销售收入的增加意味着企业产品的认可程度、企业在市场中的竞争地位和企业的经营规模的增长，这说明企业是一个有发展前途的企业。企业在采取销售收入最大化的定价目标时，要处理好销售额的提高与利润扩大的关系，以及与市场份额扩大的关系，不要因为提高销售额而损害了企业的利润和市场份额。

2. 提高市场占有率目标

一般而言，市场占有率是企业经营状况和企业产品竞争力的直接反映。作为定价目标，市场占有率与利润的相关性很强，市场占有率提高了，企业的利润也会相应地增加。特别是当市场占有率达到一定程度时，企业往往可以在一定程度上控制和左右产品的市场价格。从长期来看，较高的市场占有率必然带来高利润。美国市场营销战略影响利润系统的分析指出：当市场占有率在10%以下时，投资收益率大约为8%；市场占有率在10%至20%时，投资收益率在14%以上；市场占有率在20%至30%时，投资收益率约为22%；市场占有率在30%至40%时，投资收益率约为24%；市场占有率在40%以上时，投资收益率约为29%。因此，以市场占有率为定价目标具有获取长期较好利润的可能性。因此，许多企业把提高市场占有率作为定价目标。

市场占有率目标在运用时存在着保持和扩大两个互相递进的层次。保持市场占有率的定价目标的特征是根据竞争对手的价格水平不断调整价格，以保证足够的竞争优势，防止竞争对手占有自己的市场份额。扩大市场占有率的定价目标就是从竞争对手那里夺取市场份额，以达到扩大企业销售市场乃至控制整个市场的目的。

3. 保持与分销渠道良好关系目标。分销渠道是实现产品销售的重要条件，企业必须建立与分销渠道的良好关系。定价时考虑价格要有利于产品在流通的中间环节顺利分销。这就要求企业充分研究价格水平对中间商的影响，顾及中间商的利益，制定对中间商有吸引力的价格，激励中间商销售本企业的产品。对于新企业、刚入市的新产品，以及对中间商依赖性较强的产品，这种定价目标尤其重要。企业大多采用低价让利、高额回扣、价格折扣、价格补贴等措施来保持与分销渠道的良好关系。

（三）以维持生存为目标

在企业处于经济萧条、生产过剩、竞争加剧的经营环境中，或面临消费者需求和偏好发生变化的情况时，需要把维持生存作为主要目标。为了确保工厂继续开工和使存货出手，企业必须制定较低的价格，并希望市场是价格敏感型的。与生存相比，利润次要得多。许多企业通过大规模的价格折扣来保持企业活力。只要其价格能弥补变动成本和一些固定成本，企业的生存便可得以维持。维持企业生存目标只能是短期定价目标，从长期来看，企业要么设法改变处境，获得利润；要么只有退出。

（四）以稳定价格为目标

稳定的价格通常是大多数企业获得一定目标收益的必要条件，市场价格越稳定，经营风险也就越小。稳定价格目标的实质即通过本企业产品的定价来左右整个市场价格，避免不必要的价格波动。按这种目标定价，可以使市场价格在一个较长的时期内相对稳定，减少企业之间因价格竞争而发生的损失。

为达到稳定价格的目的，通常情况下是由那些拥有较高的市场占有率、经营实力较强或较具有竞争力和影响力的领导者先制定一个价格，其他企业的价格则与之保持一定的距离或比例关系。对大企业来说，这是一种稳妥的价格保护政策；对中小企业来说，由于大企业不愿意随便改变价格，导致其竞争性减弱，而且其利润也可以得到保障。在钢铁、采矿业、石油化工等行业内，稳定价格目标得到最广泛的应用。

将定价目标分为利润目标、销售额目标、维持生存目标和稳定价格目标，只是一种实践经验的总结，它既没有穷尽所有可能的定价目标，又没有限制每个企业只能选用其中的一种。由于资源的约束，以及企业规模和管理方法的差异，企业可能从不同的角度选择自己的定价目标；不同行业的企业有不同的定价目标，同一行业的不同企业可能有不同的定价目标，同一企业在不同的时期、不同的市场条件下也可能有不同的定价目标，即使采用同一种定价目标，其价格策略、定价方法和技巧也可能不同。企业应根据自身的性质和特点，具体情况具体分析，权衡各种定价目标的利弊，灵活确定自己的定价目标。[①]

（五）以产品质量最优为目标

企业也可以考虑产品质量领先这样的目标，并在生产和市场营销过程中始终贯彻产品质量最优化的指导思想。这就要求用高价格来弥补高质量和研究开发的高成本。产品优质优价的同时，还应辅之以相应的优质服务。

二、定价程序

一般企业的定价程序可以分为四个步骤：选择定价目标、分析市场情况、选择价格策略和确定最后价格。

（一）选择定价目标

企业定价首先要按照企业的目标市场战略和市场定位战略的要求，选择定价的目标。一般而言，企业可供选择的定价目标有生存导向目标、利润导向目标、市场占有率导向目标、质量领先目标等。企业在选择定价目标时，应权衡各种定价目标的因素和利弊，慎重地加以选择和确定。

（二）分析市场情况

根据企业营销能力，估算成本，计算成本费用和销量界限，测定需求价格弹性有关物价的政策法规，分析竞争者的价格情况。

（三）选择价格策略

在分析测定各种因素之后，应选择适当的方法和策略以实现企业的目标。价格策略是企业为实现定价目标，对价格采取的基本态度。企业的价格策略大致可以分为以下三种。

1. 低价策略。这种价格策略适合下列情况的产品选择：需求价格弹性较大的产品；市场容量较大，且生产不太困难的产品；产品生命周期趋于成熟或处于衰退期的产品；随着产品销量的扩大，可以使单位产品成本的固定成本明显下降的产品。

2. 平价策略。这种价格策略适合下列情况的产品选择：市场上供求较为平衡的产品；需求弹性不大的产品；要稳定占有市场的产品。

3. 高价策略。这种价格策略适合下列情况的产品选择：需求弹性小或缺

---

① 万晓主编. 市场营销（修订本）. 北京：清华大学出版社，2012.

乏的产品；消费者很难判断产品质量的新产品；受到国家及有关部门嘉奖的产品。

（四）确定最后价格

企业围绕既定的定价目标，根据已经收集的资料，选择适当的定价策略，核定产品的最后价格。企业在确定产品的最后价格时，需要考虑下列因素。

1. 成本，主要包括生产该产品所消耗的原材料、辅助材料、燃料电力、包装物、工资、车间经费、企业管理费、销售费等。

2. 盈利，主要包括工业利润和税金。

3. 出厂价，即产品的全部成本加该产品的盈利。企业选定最后价格时，还需考虑消费者、职工、中间商等对所定价格的意见，以及竞争者的反应等，以便使价格既能为顾客接受，又能为企业带来利润，有利于企业营销战略的实现。①

第二节　影响企业产品定价的因素

一、产品成本

对企业的定价来说，成本是一个关键因素。产品的价格主要由成本、税金和利润构成，因此产品的最低价格取决于生产这种产品的成本费用。从长远来看，任何产品的价格都应高于所发生的成本费用，这样在生产经营过程中所发生的耗费才能从销售收入中得到补偿，企业才能获取利润。企业必须在激烈的价格战的压力下，充分了解成本的具体构成及变化情况，努力降低成本，控制价格，扩大销售增加赢利。企业产品定价考虑的成本包括：固定成本、变动成本、总成本、平均成本、边际成本和机会成本等。

二、市场需求

市场需求是影响企业对产品定价的重要因素。产品的最高价格取决于产品的市场需求，最低价格取决于产品的成本费用。在最高价格和最低价格的幅度内，企业能把产品价格定多高，则取决于竞争者同种产品的价格水平。可见，

① 何静文，戴卫东主编. 市场营销学［M］. 北京：北京大学出版社，2014.

市场需求、成本费用、竞争产品价格对企业有着重要影响，而需求又受价格和收入变动的影响，所以考虑需求对定价的影响时，应把握以下几点。

（一）供求与价格的关系

1. 需求与价格的关系。一种商品的需求是指消费者在一定时期内在各种可能的价格水平下愿意而且能够购买的该商品的数量。需求与价格的关系是，当商品价格下降时，市场需求量上升；商品价格上升时，市场需求量下降。也就是说，价格与需求之间存在反方向的变动关系。

2. 供给与价格的关系。一种商品的供给是指生产者在一定时期内在各种可能的价格下愿意而且能够提供出售的该种商品的数量。供给与价格的关系为，当产品价格上升，刺激生产者为追求更多利润而进一步扩大生产和供应，导致市场上该产品供给量上升；反之，当产品价格下降，生产者认为利润不理想而收缩生产规模，就导致市场上该产品的供给量下降。供给与价格的变动方向相同。

3. 均衡价格。在市场经济条件下，供给与需求必须互相适应。因此，供给与需求在价格的变动中最终会趋于平衡，即它们在某一个价格点上最终相交，这个价格点被称为价格均衡点，这时市场供求处于平衡状态。此时，该商品的价格是买卖双方都能接受的“均衡价”。一种商品的均衡价格是指该商品的市场需求量和市场供给量相等时的价格。均衡价格是市场上供给与需求两种力量相互作用的结果，当市场上其他一些影响供给与需求的因素（如消费者的收入水平、生产者的技术水平等）发生变化时，会导致供给与需求发生变化，从而带来均衡价格的变化。均衡价格仅仅是相对稳定的。

（二）需求的价格弹性

需求的价格弹性反映了需求敏感程度，以需求量变动的百分比与价格变动的百分比之比值来计算。它的大小一般依据需求弹性系数来测定，是需求量变动百分比除以价格变动百分比。用公式表示为：

$$EP = \frac{\Delta Q}{Q} / \frac{\Delta P}{P}$$

式中：EP 为需求弹性系数；ΔQ 为目标期与基期需求量的差（需求量的变动量），Q 为基期需求量；ΔP 为目标期与基期价格的差（价格变动量），P 为基期价格。

需求弹性系数的大小往往受商品的可替代性、用途的广泛性、对消费者生活的重要程度、消费支出在消费者总支出中所占的比重以及所考察的消费者调节需求量的时间因素的影响。

由于不同的产品具有不同的需求弹性，因此定价策略需要考虑需求弹性。通常考虑以下三种情况：

当 $EP>1$ 时，说明该商品的需求量的相对变动大于它的价格的相对变动，此种商品的需求富有弹性。价格的升降会引起需求量更大幅度的变化，因此，降低价格会增加企业的销售收入；相反，提高价格会减少企业的销售收入，即销售收入与商品的价格成反方向的变动。“薄利多销”的经营理念适合这种商品。

当 $EP<1$ 时，说明该商品的需求量的相对变动小于它的价格的相对变动，此种商品的需求缺乏弹性。价格的升降会引起需求量较小幅度的变化，因此，降低价格会使企业的销售收入减少；相反，提高价格会使企业的销售收入增加，即销售收入与商品的价格成同方向的变动。定价时则可适当采取高价以增加销售收入。

当 $EP=1$ 时，称为单位弹性，即需求量相对变动等于价格的相对变动，反映出需求量与价格等比例变化。如果该商品的价格下降10%，其销售量会上升10%；相反，如果该商品的价格上升10%，其销售量则下降10%。此时价格变动与需求量变动处于适宜状态，价格变化对销售收入的变化没有影响。企业针对这种产品一般采用市场通行的价格，主要选择其他营销手段去扩大销售量、提高赢利，而不以调整价格为主要手段。①

三、市场竞争

根据市场竞争程度的不同，可以把市场分为完全竞争、完全垄断、不完全竞争和寡头竞争四种类型。不同的类型决定着企业定价策略的不同。

1. 完全竞争。完全竞争也称自由竞争，它是一种理想化了的极端情况。在完全竞争条件下，市场上有许多企业且其产品具有完全的同质性，而且其对市场信息尤其是市场价格变动的信息完全了解。此时，卖者和买者都只能按照由市场供求关系决定的市场价格来买卖商品，也就是说，在完全竞争市场下，买卖双方只能是价格的接受者，而不是价格的决定者。而要获取较多的利润，

① 王槐林，李林. 市场营销学[M]. 北京：中国农业大学出版社，2010.

也只能通过提高劳动生产率，节约成本费用，使本企业的成本低于同行业的平均成本。事实上，这种完全竞争的市场状态并不存在，很多商品只是接近于完全竞争状态。

2. 完全垄断。完全垄断是完全竞争的反面，是指一种商品的供应完全由独家控制，形成独占市场。在完全垄断竞争情况下，交易的数量与价格由垄断者单方面决定。完全垄断在现实中也很少见。其主要特征是：企业没有竞争对手，独家或少数几家企业联合控制市场价格。通常主要通过市场供给量来调节市场价格。完全垄断一般只能在特定的条件下才能形成，比如拥有资源垄断、专卖、专利产品的企业，像通信、电力、自来水等，方可处于垄断地位。从理论上讲，垄断企业完全有定价的自由。但实际上，垄断企业提高产品价格总量会引起消费者的抵制和政府的干预。同时，对市场的完全垄断会使企业缺乏降低成本的外在压力，导致销售价格较高及生产效率低下，社会资源配置不佳。

3. 不完全竞争。它介于完全竞争与完全垄断之间，是现实中存在的典型的市场竞争状况。其主要特征是：同类产品在市场上有较多的生产者，市场竞争激烈，由于产品存在着差异性，使少数拥有某些优势的企业可以创造一种独特的市场地位，影响并控制一定的市场价格。在不完全竞争的市场中，由于竞争者众多，企业较少受竞争者市场营销战略的影响。不完全竞争条件下，最少有两个以上买者或卖者，少数买者或卖者对价格和交易数量起着较大的影响作用，买卖各方获得的市场信息是不充分的，他们的活动受到一定的限制，而且卖者提供的同类商品有差异，因此，他们之间存在着一定程度的竞争。在不完全竞争情况下，企业的定价策略有比较大的回旋余地，它既要考虑竞争对象的价格策略，也要考虑本企业定价策略对竞争态势的影响。企业必须采取适当方式，了解竞争者所提供的产品质量和价格。

4. 寡头竞争。寡头竞争是竞争和垄断的混合物，也是一种不完全竞争。它是指某种产品的绝大部分由少数几家企业垄断的市场状况。其主要特征是：少数企业共同占有大部分的市场份额，并控制和影响市场价格，个别企业难以单独改变价格。在寡头竞争条件下，商品的价格主要实行操纵价格，即由寡头们通过协议或默契决定。这种价格一旦决定，会保持较长时期不变，一般不会出现某个寡头升降价格，其他寡头随之升降价的现象，但各个寡头在广告宣传、促销方面竞争较激烈。在现实经济中，寡头竞争比完全垄断更为普遍，如西方国家的汽车业、飞机制造业、钢铁业等都是寡头竞争。在寡头竞争条件下，各个寡头企业是相互依存、相互影响的。各个寡头企业对其他企业的市场营销战略和定价策略非常敏感，任何一个寡头企业调整价格，都会马上影响其他竞争对手的定价策略，因而任何一个寡头企业做决策时都必须密切注意其他寡头企业的反应和决策。

四、企业的营销组合

价格策略作为营销组合策略中的一个重要组成部分，企业选择价格策略时，必须考虑与其他营销策略的相互影响，必须与商品的整体设计、分销和促销策略相匹配，形成一个合理的营销组合。如果产品是根据非价格因素来定位的，那么有关质量、促销和销售的决策就会极大地影响价格。如果价格是一个重要的定位因素，那么价格就会极大地影响其他营销组合因素的决策。但是，即使产品以价格为特色，企业也需要牢记，顾客很少只依据价格就做出购买行为。相反，顾客寻找能够带给其最大价值的产品，这些价值的表现形式就是支付价格之后所能得到的利益。例如，营销组合中的渠道因素，对企业的影响不仅表现在产品的销售量上，还表现在对产品的定价决策上。渠道的长度对产品定价的影响相当明显。如果营销渠道长，企业必须考虑渠道上的每个环节必须赚取满意的利润才会全力去销售自己所代理的产品，因此，产品渠道越长，则定价不得不随之提高。同时，渠道上的代理商和销售商通常存在一定的依赖心理，等待产品生产商的广告宣传支持，产品生产商因此必须投入大量的宣传费用，这种投入转化为产品成本，使得定价必然上升。

五、消费者心理

消费者的心理行为是企业制定价格时必须考虑的一个重要因素。通常消费者在选购商品时，总是根据某种商品能为自己提供效用的大小来判定该商品的价格，他们对商品一般都有客观的估价。面对不太熟悉的商品，消费者常常从价格上判断商品的好坏，从经验上把价格同商品的使用价值挂钩。消费者心理和习惯上的反应是很复杂的，某些情况下会出现完全相反的反应。例如，在一般情况下，涨价会减少购买，但有时涨价会引起抢购，反而会增加购买。因此，在研究消费者心理对定价的影响时，要持谨慎态度，要仔细了解消费者心理及其变化规律。

六、国家政策与法律

企业产品的价格既受市场供求和价值规律的影响，也受国家相关政策的影响。因为市场有失灵的时候，政府就需要通过运用经济、法律、行政等手段对市场进行宏观调控，有时甚至需要直接对市场价格进行宽严程度不同的管制。国家政策对企业产品定价的影响表现在两个方面。一是直接对企业产品价格的影响，如国家的价格政策、规定的价格基数和控制的价格浮动幅度等；二是国家政策对企业定价的影响并不是直接表现出来的，而是通过其他方面影响着企业，如国家在行业调控方面的政策，往往影响着企业的成本，并因此影响到企业产品的定价。同样，国家的货币政策也会对企业产品定价产生影响。另外，国家的价格法规也是企业在进行价格决策时必须遵守的。政府为发展市场经济制定的一系列政策、法规，既有监督性的，也有保护性的，还有限制性的，它们在经济活动中制约着市场价格的形成，是各类企业定价的重要依据。因此，企业在经营过程中应密切注意货币政策、贸易政策、法律和行政调控体系等对市场流通和价格的影响，尽可能地规避政策风险。

七、企业产品特性和自身状况

企业制定产品价格时也必须考虑产品的属性、特征等因素，如产品的种类、标准化程度，产品的易腐、易毁和季节性、时尚性等对价格有不同要求。

企业自身状况也对价格有影响。企业状况主要指企业的生产经营能力和企业经营管理水平对制定产品价格的影响。不同的企业由于规模和实力的不同，销售渠道和信息沟通方式不同以及企业营销人员的素质和能力高低的不同，对价格的制定和调整应采取不同的策略。

第三节　定价方法

定价方法，是企业在特定的定价目标指导下，对产品成本、市场需求及竞争进行充分的研究后，运用价格决策理论，计算出产品价格的具体方法。企业产品价格的高低要受市场需求、成本费用和竞争情况等因素的影响和制约。企业制定价格时理应全面考虑这些因素。但是，在实际定价工作中往往只侧重某一个方面的因素。企业定价有三种导向，即成本导向、需求导向和竞争导向。

一、成本导向定价法

成本导向定价法，是以成本为导向的定价方法。它是指在成本上加上一个标准的或固定的利润来决定产品价格的方法，具体包括成本加成定价法、目标收益定价法、边际成本定价及盈亏平衡定价法四种方法。

（一）成本加成定价法

成本加成定价法就是在单位产品成本的基础上加上按照单位产品成本的一定比率所确定的利润作为产品的价格的一种定价方法。其计算公式为：

单位产品总成本＝单位产品固定成本＋单位产品变动成本

＝总固定成本/预计销售量＋单位产品变动成本

单位产品价格＝单位产品成本×(1＋成本加成率)

成本加成率为预期利润占产品成本的百分比。确定成本加成率须考虑企业产品的需求价格弹性。如果某品牌商品的需求价格弹性高，成本加成率就应相对低些；如果某品牌商品的需求价格弹性低，成本加成率则应相对高些。

成本加成定价法被很多企业所采用，主要原因在于：成本的不确定性一般比需求弱，将价格盯住单位成本，可以大大简化企业定价程序，而不必根据需求情况的瞬息万变频繁做调整；只要行业中所有企业都采取这种定价方法，则价格在成本与加成相似的情况下也大致相似，价格竞争也会因此降至最低限度。许多人感到成本加成法对买者和卖者都比较公平，当买者需求强烈时，卖者不利用这一有利条件牟取额外利益仍能获得公平的投资报酬。

（二）目标收益定价法

目标收益定价法又称目标回报定价法、目标利润定价法，是根据企业的总成本或投资总额、预期销量和目标收益额来确定价格的一种定价方法。其基本公式为：

目标利润率＝1/投资回收时间×100%

单位产品的目标利润

＝(投资总额×目标利润率)÷预期销售量

单位产品价格＝(单位变动成本＋单位固定成本)＋单位产品的目标利润

＝单位总成本＋单位产品的目标利润

目标收益定价法的重点是保证产品的销售价格达到企业预期的目标利润率。企业根据总成本和估计的总销售量，确定期望达到的目标收益率，再进行价格推算。

与成本加成定价法相类似，目标收益定价法也是一种生产者导向的产物，很少考虑到市场竞争和需求的实际情况，只是从保证生产者的利益出发制定价格。另外，先确定产品销量，再计算产品价格的做法完全颠倒了价格与销量的因果关系，把销量看成是价格的决定因素，在实际上很难行得通。尤其是对于那些需求的价格弹性较大的产品，用这种方法制定出来的价格，无法保证销量的必然实现，那么，预期的投资回收期、目标收益等也就只能成为一句空话。不过，对于需求比较稳定的大型制造业、供不应求且价格弹性小的商品，市场占有率高、具有垄断性的商品以及大型的公用事业、劳务工程和服务项目等，在科学预测价格、销量、成本和利润四要素的基础上，目标收益法仍不失为一种有效的定价方法。

（三）边际成本定价法

边际成本是指每增加或减少单位产品所引起的总成本的变化量。由于边际成本与变动成本比较接近，而变动成本的计算更容易一些，所以在定价实务中多用变动成本代替边际成本，而将边际成本定价法称为变动成本定价法。因此，边际成本定价法也叫边际贡献定价法，这种方法以变动成本作为定价基础，只要定价高于变动成本，企业就可以获得边际收益（边际贡献），并用以补偿固定成本，剩余的就是盈利。其计算公式为：

单位产品价格 =（总变动成本 + 边际收益）÷ 预计销售量

单位产品价格 = 单位产品变动成本 + 单位产品边际贡献

如果边际贡献等于或超过固定成本，企业就可以保本或盈利。这种方法适用于产品供过于求、卖方竞争激烈的情况。在这种情况下，不考虑固定成本尽量维持生产。边际成本定价法有较大的灵活性，在实际操作中，多用变动成本代替边际成本，较为有效地应对竞争或扩大市场。

边际成本定价法改变了售价低于总成本便拒绝交易的传统做法，在竞争激烈的市场条件下具有极大的定价灵活性，对于有效地对付竞争者，开拓新市场，调节需求的季节差异，形成最优产品组合可以发挥巨大的作用。

(四) 盈亏平衡定价法

盈亏平衡定价法也称保本定价法，是指在销量既定的条件下，企业产品的价格必须达到一定的水平才能做到盈亏平衡、收支相抵。既定的销量就称为盈亏平衡点，这种制定价格的方法就称为盈亏平衡定价法。科学地预测销量和已知固定成本、变动成本是盈亏平衡定价的前提。在此方法下，为了确定价格可利用如下公式：

盈亏平衡点价格 = 固定成本 ÷ 销量 + 单位变动成本

以盈亏平衡点确定价格只能使企业的生产耗费得以补偿，而不能得到收益。因此，在实际中均将盈亏平衡点价格作为价格的最低限度，通常再加上单位产品目标利润后才作为最终市场价格。有时，为了开展价格竞争或应付供过于求的市场格局，企业采用这种定价方式以取得市场竞争的主动权。

从本质上说，成本导向定价法是一种卖者定价导向，它忽视了市场需求、竞争和价格水平的变化，在有些时候与定价目标相脱节，不能与之很好地配合。此外，运用这一方法制定的价格均是建立在对销量主观预测的基础上，从而降低了价格制定的科学性。因此，在采用成本导向定价法时，还须要充分考虑需求和竞争状况，来确定最终的市场价格水平。

二、需求导向定价法

需求导向定价法是一种以市场需求强度及消费者感受为主要依据的定价方法，其特点是灵活有效地运用价格差异，对平均成本相同的同一产品，价格随市场需求的变化而变化，不与成本因素发生直接关系。需求导向定价法主要包括理解价值定价法、需求差异定价法和反向定价法。

(一) 理解价值定价法

理解价值定价法是指企业以消费者对商品价值的理解度为定价依据，运用各种营销策略和手段，影响消费者对商品价值的认知，形成对企业有利的价值观念，再根据商品在消费者心目中的价值来制定价格。

理解价值定价法的关键和难点，是获得消费者对有关商品价值理解的准确资料。企业如果过高估计消费者的理解价值，其价格就可能过高，难以达到应有的销量；反之，若企业低估了消费者的理解价值，其定价就可能低于应有水平，使企业收入减少。因此，企业必须通过广泛的市场调研，了解消费者的需求偏好，根据产品的性能、用途、质量、品牌、服务等要素，判定消费者对商品的理解价值，制定商品的初始价格。然后，在初始价格条件下，预测可能的销量，分析目标成本和销售收入，在比较成本与收入、销量与价格的基础上，确定该定价方案的可行性，并制定最终价格。调研的方法包括以下三种。

1. 直接价值评定法。邀请与产品有关的人员，如中间商、顾客、产品专家等，直接对商品的价值进行评定，给出他们认为合理的价格，然后在调研数据的基础上，利用一定的技术方法确定商品的最终价格。

2. 相对价值评分法。邀请有关人员对本企业的产品和其他企业同类产品进行打分，根据评分结果排出一个顺序，然后根据其他产品的市场平均价格，为本企业产品确定最终价格。

3. 诊断评议法。在相对价值评分法里，邀请相关人员给各个企业的产品打分时，还可以根据产品的不同属性特征给出一个分值，然后根据每种属性的重要性及对价格的影响力，确定相应的权数，然后用加权平均法计算出各企业产品的最后得分，进而确定本企业产品价格。

采用理解价值定价法时，企业并非完全处于被动地位，而是可以在充分了解消费者对商品理解价值的基础上，尽可能地采用多种手段去影响消费者对商品价值的理解。尤其是建立一个强势品牌，来影响消费者对产品价值的认知，使之形成对企业的产品有利的价值。一瓶法国香水与一瓶国产香水的价格相差几十倍，甚至上百倍，这种差价形成的主要原因不是成本和质量，而是法国香水的品牌极大地提升了消费者的认知价值。

（二）需求差异定价法

所谓需求差异定价法，是指产品价格的确定以需求为依据，首先强调适应消费者需求的不同特性，而将成本补偿只放在次要的地位。这种定价方法，对同一商品在同一市场上制定两个或两个以上的价格，或使不同商品价格之间的差额大于其成本之间的差额。其好处是可以使企业定价最大限度地符合市场需求，促进商品销售，有利于企业获取最佳的经济效益。

根据需求特性的不同，需求差异定价法通常有以下几种形式。

1. 以用户为基础的差别定价。它指对同一产品针对不同的用户或顾客，制定不同的价格。比如，对老客户和新客户、长期客户和短期客户、女性和男性、儿童和成人、残疾人和健康人、工业用户和居民用户等，分别采用不同的价格。

2. 以地点为基础的差别定价。它随着地点的不同而收取不同的价格，比较典型的例子是影剧院、体育场、飞机等，其座位不同，票价也不一样。例如，体育场的前排可能收费较高，旅馆客房因楼层、朝向、方位的不同而收取不同的费用。这样做的目的是调节客户对不同地点的需求和偏好，平衡市场供求。

3. 以时间为基础的差别定价。同一种产品，成本相同，而价格随季节、日期甚至钟点的不同而变化。例如，供电公司在用电高峰期和闲暇期制定不同的电费标准；电影院在白天和晚上的票价有别。对于某些时令商品，在销售旺季，人们愿意以稍高的价格购买；而一到淡季，则购买意愿明显减弱，所以这类商品在定价之初就应考虑到淡、旺季的价格差别。

4. 以产品为基础的差别定价。不同外观、花色、型号、规格、用途的产品，也许成本有所不同，但它们在价格上的差异并不完全反映成本之间的差异，而主要区别在于需求的不同。例如，棉纺织品卖给纺织厂和卖给医院的价格不一样，工业用水、灌溉用水和居民用水的收费往往有别，对于同一型号而仅仅是颜色不同的产品，由于消费者偏好的不同，也可以制定不同的价格。

5. 以流转环节为基础的差别定价。企业产品出售给批发商、零售商和用户的价格往往不同，通过经销商、代销商和经纪人销售产品，因责任、义务和风险不同，佣金、折扣及价格等都不一样。

6. 以交易条件为基础的差别定价。交易条件主要指交易量大小、交易方式、购买频率、支付手段等。交易条件不同，企业可能对产品制定不同价格。比如，交易批量大的价格低，零星购买价格高；现金交易价格可适当降低，支票交易、分期付款、以物易物的价格适当提高；预付定金、连续购买的价格一般低于偶尔购买的价格。

由于需求差异定价法针对不同需求而采用不同的价格，满足不同顾客的需求，能够为企业谋取更多的利润，因此，在实践中得到广泛的运用。但是，也应该看到，实行区别需求定价必须具备一定的条件，否则，不仅达不到差别定价的目的，甚至会产生副作用。这些条件包括以下四个方面。

首先，从购买者方面来说，购买者对产品的需求有明显的差异，需求弹性不同，市场能够细分，不会因差别价格而导致顾客的反感。

其次，从企业方面来说，实行不同价格的总收入要高于同一价格的收入。因为差别定价不是目的，而是一种获取更高利润的手段，所以企业必须进行供求、成本和盈利分析。

再次，从产品方面来说，各个市场之间是分割的，低价市场的产品无法向高价市场转移。这种现象可能是由于交通运输状况造成的，也可能是由于产品本身特点造成的。如劳务项目难以通过市场转卖而获取差额利润，所以，适宜采用差别定价方法。

最后，从竞争状况来说，无法在高价市场上进行价格竞争。这可能是本企业已垄断市场，竞争者极难进入，也可能是产品需求弹性小，低价不会对消费者需求产生较大的影响；还可能是消费者对本企业产品已产生偏好。[①]

（三）反向定价法

反向定价法是指企业依据消费者能够接受的最终销售价格，计算自己从事经营的成本和利润后，逆向推算出产品的批发价和零售价。这种定价方法不以实际成本为主要依据，而是以市场需求为定价出发点，力求使价格为消费者所接受。分销渠道中的批发商和零售商多采取这种定价方法。

这种定价方法以市场需求为主要依据，关键在于如何正确测定市场可销零售价格水平，分销渠道中的批发商及零售商多采用这种方法来制定价格。测定市场可销零售价格水平的方法有以下三种。

1. 主观估计法。由企业内部的人员根据市场上的各种信息对零售价格水平进行估计。

2. 客观估计法。由企业外部的有关人员和消费者根据市场上的各种信息对零售价格水平进行估计。

3. 实销估计法。在不同的地区根据不同的对象用不同的价格进行实地销售，并通过问卷等形式征求消费者对价格的意见，再确定出相关的零售价格水平。

三、竞争导向定价法

竞争导向定价法是根据应对竞争或避免竞争的要求，以市场上的竞争者的产品价格作为企业定价的依据，结合本企业与竞争者之间的产品特色，制定出具有竞争力的产品价格，并根据竞争者价格的变动进行调整。竞争导向定价主要包括以下方法。

（一）随行就市定价法

在垄断竞争和完全竞争的市场结构条件下，任何一家企业都无法凭借自己的实力而在市场上取得绝对的优势，为了避免竞争特别是价格竞争带来的损

---

① 万晓主编. 市场营销（修订本）［M］. 北京：清华大学出版社、北京交通大学出版社，2012.

失，大多数企业都采用随行就市定价法，即将本企业某产品价格保持在市场平均价格水平上，利用这样的价格来获得平均利润。此外，采用随行就市定价法，企业就不必去全面了解消费者对不同价差的反应，从而为营销、定价人员节约了很多时间。

采用随行就市定价法，最重要的就是确定目前的“行市”。在实践中，“行市”的形成有两种途径：第一种途径是在完全竞争的环境里，各个企业都无权决定价格，通过对市场的无数次试探，相互之间取得一种默契而将价格保持在一定的水准上；第二种途径是在垄断竞争的市场条件下，某一部门或行业的少数几个大企业首先定价，其他企业参考定价或追随定价。

（二）产品差别定价法

从根本上来说，随行就市定价法是一种防御性的定价方法，它在避免价格竞争的同时，也抛弃了价格这一竞争的“利器”。产品差别定价法则反其道而行之，它是指企业通过不同的营销努力，使同种同质的产品在消费者心目中树立起不同的产品形象，进而根据自身特点，选取低于或高于竞争者的价格作为本企业产品价格。因此，产品差别定价法是一种进攻性的定价方法。

产品差别定价法的运用，首先要求企业必须具备一定的实力，在某一行业或某一区域市场占有较大的市场份额，消费者能够将企业产品与企业本身联系起来。其次，在质量大体相同的条件下实行差别定价是有限的，尤其对于定位为“质优价高”形象的企业来说，必须支付较大的广告、包装和售后服务方面的费用。因此，从长远来看，企业只有通过提高产品质量，才能真正赢得消费者的信任，才能在竞争中立于不败之地。

（三）密封投标定价法

在国内外，许多大宗商品、原材料、成套设备和建筑工程项目的买卖和承包以及选择生产经营协作单位、出租出售小型企业等，往往采用发包人招标、承包人投标的方式来选择承包者，确定最终承包价格。一般而言，招标方只有一个，处于相对垄断地位，而投标方有多个，处于相互竞争地位。标的物的价格由参与投标的各个企业在相互独立的条件下来确定。在所有投标者中，报价最低的投标者通常中标，它的报价就是承包价格。这样一种竞争性的定价方法就称为密封投标定价法。

在招标投标方式下，投标价格是企业能否中标的关键性因素。高价格固然能带来较高的利润，但中标机会却相对减少；反之，低价格，利润低，虽然中标机会大，但其机会成本可能大于其他投资方向。那么，企业应该怎样确定投标价格呢?

首先，企业根据自身的成本，确定几个备选的投标价格方案，并依据成本利润率计算出企业可能盈利的各个价格水平。其次，分析竞争对手的实力和可能报价，确定本企业各个备选方案的中标机会。竞争对手的实力包括产销量、市场占有率、信誉、声望、质量、服务水平等项目，其可能报价则在分析历史资料的基础上得出。最后，根据每个方案可能的盈利水平和中标机会，计算每个方案的期望利润，其计算公式如下：

每个方案的期望利润 = 每个方案可能的盈利水平 × 中标概率（%）

最后，根据企业的投标目的来选择投标方案。①

第四节　定价策略及调整

所谓定价策略，是指企业在一定的价格决策目标指导下，根据商品的特点、市场状况、竞争状况和消费者购买行为而采取的定价手段。定价方法侧重于确定产品的基本价格，而定价策略则侧重于根据市场具体情况，运用价格手段去实现企业定价目标。由于企业生产经营的产品和所处市场状况等条件的不同，企业的定价策略也有所区别。

一、折扣定价策略

在交易过程中，直接或间接降低价格，以此来争取更多顾客的价格策略。

1. 数量折扣策略。数量折扣是指按消费者购买数量的多少，分别给予不同的折扣，购买数量越多，折扣越大。数量折扣的目的是鼓励大量购买或集中向本企业购买，实质是将大量购买时所节约费用的一部分返还给购买者。一般分为累计折扣和非累计折扣。累计折扣规定顾客在一定时间内，购买商品若达到一定数量或金额，则按其总量给予一定折扣。非累计折扣也叫一次性数量折扣，规定一次购买某种产品达到一定数量或购买多种产品达到一定金额，则给

① 万晓主编. 市场营销(修订本)[M]. 北京:清华大学出版社、北京交通大学出版社,2012.

予折扣优惠，其目的是鼓励顾客大批量购买，促进产品多销、快销。

2. 现金折扣策略。现金折扣是根据购买者在规定付款时间内付清款项而折价让利的一种折扣形式，实际是一种变相降价。这一方式可吸引较多顾客，鼓励购买者提前付款，以尽快收回投资，加速资金周转。采用现金折扣一般要考虑三个因素：折扣比例，给予折扣的时间限制以及付清全部货款的期限。在西方国家，典型的付款期限折扣表示为“2/10，Net 30”。其含义是在成交后10天内付款，买者可以得到2%的折扣；超过10天，在30天内付款不予折扣；超过30天付款要加付利息。

3. 交易折扣策略。交易折扣是指企业根据交易对象在产品流通中的不同地位、功能和承担的职责给予不同的价格折扣。交易折扣的多少，随行业与产品的不同而有所区别；同一行业和同种商品，则要依据中间商在工作中承担风险的大小而定。通常的做法是，先定好零售价，然后再按一定的倒扣率，依次制定各种批发价及出厂价。在实际工作中，也可逆向操作。

4. 季节折扣策略。季节折扣是企业给那些购买过季商品的顾客的一种减价，使企业的生产和销售在一年四季保持相对稳定。例如，啤酒生产厂家对在冬季进货的商业单位给予大幅度让利，羽绒服生产企业则为夏季购买其产品的客户提供折扣。季节折扣有利于减轻库存，加速商品流通，迅速收回资金，促进企业均衡生产，充分发挥生产和销售潜力，避免因季节需求变化所带来的市场风险。

5. 价格折让策略。折让是根据价目表给顾客以价格折扣的一种类型。它主要有以下两种形式：促销折让，指生产企业为了鼓励中间商开展各种促销活动，而给予某种程度的价格减让；以旧换新折让，指消费者购买新货时将旧货交回企业，企业给予一定价格优惠的方法。

二、地理定价策略

地理定价策略是指企业依据商品的特性、所在地区的市场情况、交货条件、费用分摊等的不同，对不同的地区实行不同的价格的策略。地理定价的形式包括原产地定价、统一交货定价、分区定价、基点定价。

1. 原产地定价策略。原产地定价（FOB）就是顾客（买方）按照厂价购买某种产品，企业（卖方）只负责将这种产品运到产地某种运输工具（如卡车、火车、船舶、飞机等）上交货。交货后，从产地到目的地的一切风险和费用概由顾客承担。如果按FOB价购买，那么每一个顾客都各自负担从产地到目的地的运费，这是很合理的。但这样定价对企业也有不利之处，即远地的顾客有可能不愿购买这个企业的产品，而购买其附近企业的产品。

2. 统一交货定价策略。统一交货定价与原产地定价相反，企业对卖给不同地区顾客的某种产品都按相同的厂价加相同的运费（平均运费）制定价格。也就是说，不论顾客距离本企业的远近，都实行统一价格，没有地区差价。这种定价策略计算方便，不但有利于企业加强对最终产品售价的控制，而且远方的顾客愿意购买本企业的产品，有利于企业扩大产品的销售范围。但是，近处的购买者为远处的购买者承担了部分费用，会感到不公平。这种定价策略适合于运费占总价比例小的产品。

3. 分区定价策略。这种形式是企业把全国（或某些地区）分为若干价格区，对于卖给不同价格区顾客的某种产品，分别制定不同的地区价格。距离企业远的价格区，价格定得较高；距离企业近的价格区，价格定得较低。在各个价格区范围内实行一个价。企业采用分区定价也存在问题，在同一价格区内，有些顾客距离企业较近，有些顾客距离企业较远，前者就不合算；处在两个相邻价格区界两边的顾客，他们相距不远，但是要按高低不同的价格购买同一种产品。

4. 目的地交货价策略。目的地交货价指在顾客所在地交货的价格，它相当于国际贸易中的到岸价（CIF）。目的地交货价实际上就是生产者的全部生产成本，相当于批发商业通用的“送货制价格”。使用这种策略时，是企业出于竞争需要或为了使消费者更满意，由自己负担货物到达目的地之前的运输、保险和搬运等费用。

5. 基点定价策略。基点定价是指企业选定某些城市作为基点，然后按一定的厂价加上从基点城市到顾客所在地的运费来定价，而不管货物实际上是从哪个城市起运的。有些企业为了提高灵活性，选定多个基点城市，按照离顾客最近的基点城市计算运费。采用基点定价，买方可以选择到最近的基点购买，这样远距离的价格会相对降低，从而有利于企业扩大市场。这种定价策略一般适用于产品笨重，运输成本比例高，市场范围大，生产地点分布较广的产品。

6. 运费补贴策略。运费补贴指对距离遥远的顾客，企业适当给予其价格补贴的一种定价策略，其实质是运费折让。由于企业产品向跨地区市场渗透，导致市场范围扩大、费用增加、产品价格提升，这迫使买方只能弃远求近购买产品。为了争夺远距离的潜在消费者，企业必须通过采取运费补贴价格来扩大市场销售区域。运费补贴策略一般适用于较大的商品，如钢铁制品等。

三、心理定价策略

心理定价策略是指企业根据消费者的心理特点，迎合消费者的某些心理需求而采取的一种定价策略。具体有以下几种形式。

1. 尾数定价策略。尾数定价指在商品定价时，取尾数，而不取整数的定价策略。一般说，价格较低的产品采取零头结尾，常用的尾数为“9”和“8”，给消费者以便宜感，同时因标价精确给人以信赖感而易于扩大销售。此策略适用于日常消费品等价格低廉的商品。

2. 整数定价策略。与尾数定价策略相反，企业有意将产品价格定为整数，以显示产品具有一定质量。这种方法易使消费者产生“一分钱一分货”的感觉，从而提升商品形象。一般多用于价格较贵的耐用品或礼品以及消费者不太了解的产品。

3. 声望定价策略。声望定价指利用消费者仰慕名牌商品或名店的声望所产生的某种心理来制定商品的价格。一般把价格定成高价，因为消费者往往以价格判断质量，认为价高质必优。多用于一些质量不易鉴别的商品，如首饰、化妆品等。

4. 招徕定价策略。招徕定价指企业利用部分顾客求廉的心理，特意将某几种产品的价格定得较低，以吸引顾客、扩大销售。虽然几种低价品不赚钱，但由于低价品带动了其他产品的销售，使得企业的整体效益得以提升，如饭店推出的每日一个“特价菜”。

5. 分档定价策略。分档定价指在定价时，把同类商品比较简单地分为几档，每档定一个价格，以简化交易手续，节省消费者时间。这种定价法适用于纺织业、水果业、蔬菜业等行业。采用这种定价法，档次划分要适度，级差不可太大也不可太小，否则起不到应有的分档效果。

6. 习惯定价策略。习惯定价指按照消费者的需求习惯和价格习惯定价的技巧。一些消费者经常购买、使用的日用品，已在消费者心中形成一种习惯性的价格标准。这类商品价格不易轻易变动，以免引起消费者不满。在必须变价时，宁可调整商品的内容、包装、容量，也尽可能不要采用直接调高价格的办法。日常消费品一般都适用这种定价策略。[①]

---

① 何静文，戴卫东主编. 市场营销学[M]. 北京：北京大学出版社，2014.

四、差异定价策略

所谓差异定价，也叫价格歧视，是指企业按照两种或两种以上不反映成本费用的比例差异的价格销售某种产品或服务。

1. 顾客差价策略。顾客差价策略，即企业按不同的价格把同一产品或服务卖给不同的顾客。例如，电费按工业用电和居民用电两种电价收费；公园对普通游客收取正常门票，对部分人收取半价甚至免票等，都属于这种情况。

2. 产品外观差价策略。产品外观差价策略，即企业对不同型号或形式的产品分别制定不同的价格，但是，不同型号或形式产品的价格之间的差额和成本费用之间的差额并不成比例。例如，相对于质量水平相等的产品，式样陈旧的定价低，式样新颖的定价高。决定价格差大小的并不是成本的差异，而是需求程度的不同。

3. 产品部位差价策略。产品部位差价即企业对于处在不同位置的产品或服务分别制定不同的价格，即使这些产品或服务的成本费用没有任何差异。例如剧院，虽然不同座位的成本费用都一样，但是不同座位的票价有所不同，这是因为人们对剧院的不同座位的偏好和满足有所不同。

4. 销售时间定价策略。销售时间定价指企业在不同季节、不同时期、不同时刻出售同一种产品，所定价格不同。例如，许多企业对其产品根据季节不同定价也不同，旅游业在淡、旺季定价不同，长途电话费在不同时间收费不同。

5. 用途差价策略。用途差价策略，即根据产品的不同用途制定有差别的价格。其目的是通过增加产品的新用途来开拓市场。例如，食用盐加入适当混合物后成为海味盐、调味盐、牲畜用盐、工业用盐等，不同用途的盐以不同的价格销售。

6. 分级差价策略。企业对同一类商品进行挑选整理，分成若干级别，各级之间保持一定价格差额的策略叫作分级差价策略。这种策略是依据市场对该产品的需求情况而定的，其目的是为了便于顾客选购，以满足不同层次的消费需求。

7. 质量差价策略。要使产品的质量为广大消费者所认识和承认，要成为消费者偏爱的名牌产品，才能产生质量差价。对已创名牌的优质产品，可用较大的差价来提高产品的身价，吸引喜爱名牌产品的消费者。

五、产品组合定价策略

在企业产品组合中的产品之间存在需求和成本的相互联系，会带来不同程度的竞争，企业须制定出一系列的价格，使整个产品组合的利润实现最大化。产品组合定价策略有以下几种。

1. 产品线定价策略。产品线内的不同产品，根据不同的质量和档次，结合消费者的不同需求和竞争者的产品情况，来确定不同的价格。如某服装店将男衬衫分别定为290元、90元、30元三种价格，消费者自然会把这三种价格的衬衫分为高、中、低三个档次进行选购。即使这三种价格都有变化，消费者仍会按自己的习惯去购买某一档次的衬衫。企业进行产品线定价应注意的是，产品线中不同产品的价差要适应顾客的心理要求，价差过大，会诱导顾客趋向于某种低价产品上；价差过小，会使顾客无法确定选购目标。

2. 选择品定价策略。选择品定价指在提供主要产品的同时，还附带提供选购产品或附件与之搭配。选择品的定价应与主要产品的定价相匹配。选购品有时成为招徕消费者的廉价品，有时又成为企业高价的获利项目。例如，美国的汽车制造商往往提供不带任何选购品的车型，以低价吸引消费者，然后在展厅内展示带有很多选购品的汽车，让消费者选购。

3. 互补产品定价策略。互补产品是指只有相互配套才能被消费的产品。互补产品中，以价值大且使用寿命长的商品为主件，而价值小寿命短且需经常购买的商品为次件。企业降低主件产品价格，而将购买频率高的次件产品以高价出售，以主件带动次件产品的销售，以此获得较多利润。例如，佳能彩色喷墨打印机售价不高，但彩喷打印机的墨盒很贵，厂家主要靠卖这种特殊的墨盒赚钱。

4. 副产品定价策略。企业在生产过程中，如食用肉类、石油产品和其他化学产品等特定产品时，常常有副产品。这些副产品的处理，需要花费一定的费用。如果能将其直接变卖，将会对主产品的价格产生非常有利的影响，也有助于企业在迫于竞争压力时制定较低价格，以便在市场上增加竞争力。

5. 分部定价策略。分部定价策略也叫两段定价法，服务性企业经常收取一笔固定费用，再加上可变的使用费。例如，电话用户每月都要支付一笔套餐使用费，如果使用次数超过套餐规定，还要再交费。通行做法是固定费用应该较低，以便吸引顾客使用该服务项目，并通过可变使用费获取利润。

6. 产品系列定价策略。企业经常将其生产和经营的产品组合在一起，制定一个成套产品的价格。成套产品的价格低于分别购买其中每件产品的价格的总和，这种定价策略就是产品系列定价策略。常见的有化妆品组合、学生用具组合、厨房用具组合等。这种定价策略的优点有：一是可以通过价格差异吸引购买者，增加销售量；二是可以增加每次交易的成交量，减少交易时间；三是通过恰当的配合，可以实现以畅销品带动滞销品的销售，减少库存积压。

六、新产品定价策略

新产品定价的难点在于无法确定消费者对于新产品的理解价值。如果价格定高了，难以被消费者接受，影响新产品顺利进入市场；如果定价低了，则会影响企业效益。常见的新产品定价策略有以下几种。

1. 撇脂定价策略。撇脂定价策略是指企业以高价将新产品投入市场，以便在产品市场生命周期的开始阶段取得较大利润，尽快收回成本，然后再逐渐降低价格的策略。这种先高后低的定价策略就像从鲜奶中撇去富有营养、有价值的奶油一样，从厚到薄，从精华到一般，故称为撇脂定价策略。这是一种短期内追求最大利润的高价策略。采用这种定价策略的优点是高价格带来高利润，能迅速补偿研究与开发费用，便于企业筹集资金，并掌握调价主动权。缺点是：定价较高会限制需求，销路不易扩大；高价原则会诱发竞争，企业压力大；企业新产品的高价高利时期也较短。撇脂定价策略一般适用于仿制可能性较小、生命周期较短且高价仍有需求的产品。

2. 渗透定价策略。渗透定价策略是指新产品上市之初将价格定得较低以吸引大量的购买者，迅速占领市场取得较高的市场占有率的一种定价策略。渗透价格策略的优点在于：能使产品迅速渗入市场，扩大市场份额，产生规模经济效益；容易获得竞争的主动权；能为公司的未来赢得广泛的忠诚用户；阻止竞争对手介入，有利于控制市场。渗透价格策略的缺点：新产品利润低，收回成本周期长；如果产品的生命周期短，那么结果将会是灾难性的；如果初始定价过低，那么一旦提价，要克服客户的心理障碍可能是很困难的。

3. 满意定价策略。满意定价策略又称温和定价策略，是指企业为了兼得撇脂定价策略和渗透定价策略的优点，将价格定在适中水平上的价格策略。这种价格策略介于撇脂定价和渗透定价之间，是一种居中的价格策略，它既能保证企业获得满意的利润，又能为消费者接受，对买卖双方都有利。该策略具有风险小、易为各方接受和有利于企业实现目标利润等优点。其缺点是特点不突出且较为保守，产品难以打开销路，易使企业失去市场机会。

4. 仿制品定价策略。新产品中有一类仿制品，是企业合法模仿国内外市场某种畅销产品而制造的新产品。这类产品定价的关键在于如何进行市场定位，特别是仿制品的定位应尽量与市场上原有创新者的定位保持一定的价格差。

七、价格调整策略及变动反应

调整价格，可采用减价及提价策略。企业产品价格调整的动力既可能来自于内部，也可能来自于外部。倘若企业利用自身的产品或成本优势，主动地对价格予以调整，将价格作为竞争的利器，这称为主动调整价格。有时，价格的调整出于应付竞争的需要，即竞争对手主动调整价格，而企业也相应地被动调整价格。无论是主动调整，还是被动调整，其形式不外乎是降价和提价两种。

（一）提价策略

1. 提价的原因

提价确实能够增加企业的利润率，但却会引起竞争力下降、消费者不满、经销商抱怨，甚至还会受到政府的干预和同行的指责，从而对企业产生不利影响。虽然如此，在实际中仍然存在着较多的提价现象。其主要原因如下。

（1）由于产品成本上涨，妨碍了企业合理利润的取得，企业只能通过涨价来转嫁负担。这是企业调高价格的最主要原因。

（2）由于产品供不应求，企业必须通过提价来抑制部分需求，以缓解市场压力。

（3）改革产品，企业通过改进产品的质量、性能、结构来提高市场竞争力。

（4）竞争策略的需要，以产品的高价位来显示产品的高品位。

（5）产品税率的变化，企业缴纳各种税、费的提高，致使企业调高产品价格。

2. 提价的方法

（1）直接调高，又称明调，即直接提高产品价格，公开涨价。

（2）间接调高，又称暗调，即企业采取一定方法使产品价格保持不变但实际隐性上升，通过取消折扣、在产品线中增加高价产品、实行服务收费、减少产品的不必要的功能等手段来实现。这种办法十分隐蔽，几乎不露痕迹，如缩小产品的尺寸、分量，使用便宜的代用原料，减少价格折让等。

（二）降价策略

降价策略是指企业为了适应市场环境和内部条件的变化，把原有产品的价格调低。

1. 价格降低的原因

（1）产品供过于求，生产能力过剩。企业库存积压严重，需要扩大业务，但又不能通过产品改良和加强促销等手段来扩大销售。在这种情况下，就必须考虑通过降价来提高销售量。

（2）市场竞争激烈，产品市场占有率下降。迫使企业降低价格来维持和扩大市场份额。

（3）企业为了控制市场，通过降低成本来降价。企业通过销售量的扩大来进一步降低成本费用，从而降低价格。

（4）企业转产，老产品清仓处理。一般在新产品上市之前，须要及时清理积压库存产品。

（5）市场需求不振。在宏观经济不景气的形势下，价格下降是许多企业借以渡过经济难关的重要手段。

2. 降低价格的方法

（1）直接降价，即直接降低产品价格。

（2）间接降价，即企业保持价格目录表上的价格不变。通过送货上门、免费安装、调试、维修、赠送礼品或者增大各种折扣、回扣，以及为消费者投保险等手段，在保持名义价格不变的前提下，降低产品的实际价格。

（三）价格变动反应

适当的价格变化能够产生良好的效果；但是，若变化不当，则适得其反。无论是调高价格还是调低价格，企业都应注意以下几个方面。

1. 消费者对企业产品调价的反应

当企业提价时，消费者会做出各种反应，有利的反应会认为企业的产品质量提高，价格自然提高；或认为这种产品畅销，供不应求，因此提高了售价，而且价格可能继续上升，不及时购买就可能买不到；或认为该产品正在流行等。不利的反应是认为企业想通过产品提价获取更多的利润。消费者还可能做出对企业无害的反应，如认为提价是通货膨胀的自然结果。

消费者对企业降价做出的反应也是多种多样的，有利的反应是认为企业生产成本降低了，或企业让利于消费者。不利的反应有：这是过时的产品，很快会被新产品所代替；这种产品存在某些缺陷；该产品出现了供过于求；企业资金周转出现困难，可能难以经营下去；产品的价格还将继续下跌。

2. 竞争者对企业产品调价的反应

在产品质量相同的市场上，竞争者对企业调价的反应是很重要的。首先，当产品供不应求的时候，竞争者一般都会追随企业的产品提价而提价，因为这对大家都有好处，所有企业产品都能够在较高的价位上全部销售出去，即使有个别企业不提价也不会影响到本企业产品的销售。其次，当由于通货膨胀导致成本上升提高时，只要有一个竞争者因为能在本企业内部全部或部分地消化增加的成本，或认为提价不会使自己得到好处，因而不提价或提价幅度较小，那么其他企业和追随者提价的产品销售都将受到影响，可能不得不降价。某一企业产品降价时，竞争者产品不降价，该企业产品销量会上升，市场占有率也会提高。当然，竞争者也可能采取非价格的手段来应付企业产品降价。但更多的情况是，竞争者会跟风降价，从而进入新一轮产品价格竞争。

3. 本企业对竞争者产品调价的反应

一般而言，当竞争者在同质市场上降价时，本企业也必须随之降价，否则消费者就会购买竞争者的产品而不购买本企业的产品。如果某一企业提价，且提价会给整个行业带来利益时，所有企业会同时提价。若其中一家企业不认为提价对自己有利时，则它的不合作将促使市场领导者和其他公司撤销提价决定。

而在异质市场上，本企业对竞争者调价的反应则有更多的回旋余地。这时消费者在选择供应商时主要考虑服务、质量、可靠性以及其他一些因素，这些因素会降低消费者对较小价差的敏感性。

如果本企业决定对竞争者的降价行为采取有效的行动，那么它可能会采取以下几种反应：第一，降低价格，可将价格降低到竞争对手的价格水平，以便与竞争者的价格相匹配。可以这样做的原因是随着销量的增加，成本下降；市场对价格十分敏感，不降价就会使市场份额下降，市场份额一旦下降，以后就将难以恢复。第二，维持原价，在以下几种情况下，维行原价更有利于本企业；如果降价会使利润减少过多；如果不降价，市场份额不会失去太多；需要时自己夺回市场份额。第三，提高认知质量，可以改进产品、服务和沟通方法，强调与竞争者的低价产品相比，自己的产品具有更高的相对质量。第四，提高价格并改善质量。较高的质量可以用来证明较高的价格，较高的价格能使企业保持较高的利润。第五，推出低价进攻性产品，最好的做法是在产品线中增加较低价格的产品，或者单独创立一种较低价格的品牌。当正在丢失的细分市场对价格很敏感且不会对较高质量的说法感兴趣时，这样做就很有必要。[①]

思考题

1. 影响企业定价的内部因素和外部因素有哪些？
2. 简述定价的程序和方法。
3. 定价策略有哪些？
4. 价格调整策略有哪些？企业价格变动的反应是什么？

---

① 何静文，戴卫东主编. 市场营销学[M]. 北京：北京大学出版社，2014.

第十一章

分销策略

分销策略是市场营销组合策略之一。它同产品策略、促销策略、定价策略一样，也是企业能否成功地将产品打入市场，扩大销售，实现企业经营目标的重要手段。分销渠道策略主要涉及分销渠道概述、中间商、分销渠道的设计与管理以及实体分配策略等内容。

第一节　分销渠道概述

分销渠道是营销组合的四大要素之一。在形成之初，分销渠道的重心在于实现产品在空间上的位移和实际交付，随着营销实践的发展和理论的深入，分销渠道不仅指将产品从制造商手中传递给目标客户的全部分拨过程，而且兼有产权交易、物流管理和促销等功能和内涵。

一、分销渠道的含义和特征

（一）分销渠道的含义

美国市场营销学专家菲利普·科特勒提出，“市场营销渠道”和“分销渠道”是不同的[①]，市场营销渠道是指那些配合起来生产、分配和消费某一生产者的货物或劳务的所有企业和个人。也就是说，市场营销渠道包括某种产品供产销过程中的所有企业和个人，如供应商、生产者、中间商、辅助商以及最终消费者或用户。而分销渠道则是指在某种商品和服务从制造商向消费者转移的

① 陆克斌，沈洁主编. 市场营销[M]. 上海：上海财经大学出版社，2012.

过程中取得这种商品和服务的所有权或帮助所有权转移的所有企业和个人。具体来说，分销渠道的起点是制造商，终点是消费者或用户，中间环节包括各种批发商、零售商、经销商和代理商。

在商品经济条件下，产品必须通过交换发生价值形式的运动，使产品从一个所有者转移到另一个所有者，直至消费者手中，这称为商流。同时，伴随着商流，还有产品实体的空间移动，称之为物流。商流与物流相结合，使产品从生产者到达消费者手中，便是分销渠道或分配途径。

（二）分销渠道的特征

分销渠道一般具有以下特征。①

1. 分销渠道的起点是企业，终点是消费者或用户。

2. 分销渠道是由一系列参加产品流通过程的、相互依存的、具有一定目标的各类型机构结合起来的网络体系。

3. 在分销渠道中，产品或服务从生产领域转移到消费者领域的前提是所有权的转移，并且所有权至少转移一次。

4. 在分销渠道中，除产品所有权转移方式外，在生产者与消费者之间还隐含其他的物质流动形式，如物流、信息流、货币流等。它们相辅相成，但在时间和空间上并非完全一致（图 11－1）。

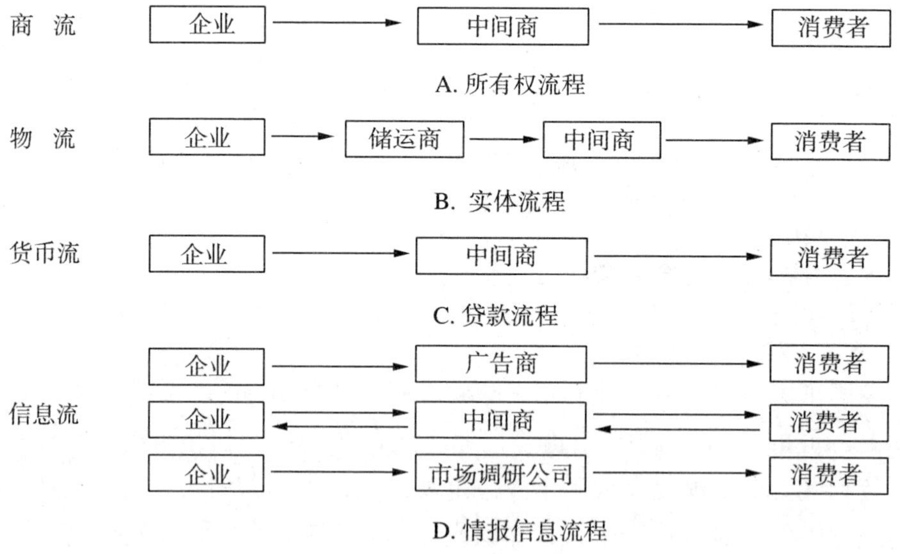

图 11－1　分销渠道的四大流程示意图

① 何静文，戴卫东主编. 市场营销学[M]. 北京：北京大学出版社，2014.

二、分销渠道的功能和作用

（一）分销渠道的功能

分销渠道的基本职能在于将产品从生产者转移到消费者所必须完成的工作加以组织，目的在于消除产品（或服务）在生产者和使用者之间的分离。① 因此，分销渠道有以下基本功能。

1. 联结产销。营销渠道就像一座桥梁，把生产者和消费者连接在一起，使产品供应和消费之间在时间、地点和所有权等方面的差异得以消除。

2. 沟通和反馈信息。信息沟通是产品从生产者向消费者转移的重要条件。为了保证产品的适销对路和有效流动，营销渠道必然时刻努力收集、传播和反馈各类信息，了解现实和潜在的产品销售情况、市场供求的变化，消费者、竞争者及其他市场要素的动态信息等。

3. 促进销售。营销渠道中的中间商以转移产品为基本业务，在经营过程中，会努力地将有关企业产品的信息通过各种促销方式传播给目标消费者，以刺激需求，扩大产品销售量。

4. 风险负担。营销渠道成员在产品流转过程中，由于大量集散产品，因此要承担产品供求变化、自然灾害、价格下跌等风险。

5. 实体分配。产品在实现空间转移时，渠道成员负责货物的运输、仓储及信息处理等具体活动，从而使商品高效、适时地到达消费者手中。

6. 协商谈判。渠道成员在实现产品所有权转移过程中，要就产品的价格、付款方式、促销费用、订货和交货条件等问题进行协商谈判，以保证顺利成交。

（二）分销渠道的作用

分销渠道对企业的营销过程具有重要作用。② 具体体现在以下几个方面。

1. 分销渠道是实现产品销售的重要途径。企业的营销目的是满足消费者需求从而实现企业利润。这一目标能否实现，不仅取决于企业能否生产出符合消费者需要的产品，也取决于这些商品能否及时到达消费者手中，这就需要选择合适的分销渠道。分销渠道选择是否得当将直接影响企业营销目标的实现程度。

---

① 何静文，戴卫东主编. 市场营销学［M］. 北京：北京大学出版社，2014.

② 姜岚主编. 市场营销［M］. 西安：西安交通大学出版社，2013.

2. 分销渠道是了解和掌握市场信息的重要来源。分销渠道是产品转移的途径和通道，又是企业收集市场信息的重要来源。渠道成员在销售产品的过程中，能得到许多市场及产品方面的信息，例如消费者喜欢什么，市场容量大致有多大，产品需要做哪些改进等。生产企业可通过他们得到有关信息，及时调整产品结构，不断满足市场需求。

3. 分销渠道是加速商品流转、节约销售费用、提高企业经济效益的重要手段。分销渠道不畅通，将会造成资金和产品的严重积压，导致企业经济效益下降。反之，若能正确选择分销渠道，合理安排购、销、运、存，则能加速商品流通，加快资金周转，同时也能节省销售费用，从而提高企业经济效益。

三、分销渠道的类型和模式

产品分销渠道可根据其渠道层次的数目来划分类型，确定模式。

（一）分销渠道的类型

1. 根据是否有中间商介入划分。根据是否有中间商的介入，分销渠道可分为直接渠道和间接渠道。

直接渠道又叫零级渠道，是指产品从企业流向最终消费者的过程中不经过任何中间商转手的分销渠道。直销渠道是最简单、最直接的渠道，是工业品分销采用的主要类型；消费品中有部分也采用直接分销类型，如鲜活商品等。

间接渠道是指企业通过若干中间环节，把产品销售给最终消费者或用户的渠道类型。中国消费品、生活资料商品的销售，中小企业的销售工作大多利用间接渠道使自己的产品广泛分销。

2. 根据中间环节层次划分。分销渠道的长度是指产品从企业到最终消费者（用户）的转移过程中所经历的中间环节数。根据中间环节层次的多少，分销渠道分为长渠道和短渠道。

短渠道是指没有或只经过一个中间环节的销售渠道。具体形式有以下两种情况。第一，零级分销渠道，具体模式为“企业—消费者”。第二，一级分销渠道，具体模式为“企业—零售商—消费者”。短渠道的优点是分销渠道短，中间环节少，产品流转成本低，销售速度快，市场信息反馈及时。短渠道的缺点是产品企业承担的商业职能多，难以大规模拓展市场。

长渠道是指经过两个或两个以上的中间环节把产品销售给消费者的分销渠道。具体形式有以下几种情况。第一，二级经销渠道，具体模式为“企业—批发商（代理商）—零售商—消费者”。这是一种传统的也是常用的分销模式。这种模式是指在企业与消费者之间经过两个层次的中间环节的分销渠道。第二，三级分销渠道，具体模式为“企业—代理商—批发商—零售商—消费者”。这种模式是指在企业与消费者之间经过三个层次中间环节的分销渠道。长渠道比较突出的优点是能高效开拓市场并分散经营风险。长渠道比较突出的缺点是渠道长，中间环节多，市场控制性差，产品成本增加，失去低价优势。

3. 根据同一层次中间商多少划分。分销渠道的宽度取决于产品流通过程中每一个层次利用同类型中间商数目的多少。根据同一层次中间商多少，分销渠道分为宽渠道和窄渠道。

宽渠道是指商品从生产领域向消费领域转移过程中同时使用较多数目同种类型中间商的分销渠道。企业采用宽渠道的模式，能方便消费者购买，扩大商品的销售量，促进中间商竞争，从而提高销售效率。但不利于密切厂商之间的关系，并且生产企业几乎要承担全部推广费用。

窄渠道是指商品从生产领域向消费领域转移过程中使用较少数目同种类型中间商的分销渠道。它一般适用于专业性强的产品，或贵重耐用的消费品，由一家中间商统包，几家经销。企业采用窄渠道的模式，将有助于密切厂商之间的关系，同时，它使生产企业容易控制分销渠道。但其市场分销面受到限制，从而会影响商品销售量。

4. 根据企业采用分销渠道的多少划分。根据企业采用分销渠道的多少，可划分为单渠道系统和多渠道系统。

单渠道系统是指企业只通过一条分销渠道销售产品；多渠道系统（复式渠道和混合渠道）是指企业对同一或不同细分市场，同时采用多条渠道的分销体系，并对每条渠道或至少对其中一条渠道拥有较大控制权。

多渠道系统的形式主要有：企业通过两条以上的竞争性分销渠道销售同一商标的产品；企业通过多条分销渠道销售不同商标的竞争性产品；通过多条分销渠道销售服务内容与方式有差异的产品，以满足不同消费者的需求。

（二）分销渠道的模式

渠道的任务是帮助实现产品所有权的转换，所以在理论上，任何一个对产品取得所有权或承担相对独立销售职能的机构，都可以称作一个中间环节，每一个这样的中间环节也称为一个渠道层级。[①] 渠道层级的多少决定了渠道的具体模式。由于产品的消费目的与购买特点等具有差异性，形成了消费品市场的

① 姜岚主编. 市场营销[M]. 西安：西安交通大学出版社，2013.

分销渠道模式和产业市场的分销渠道模式。每一种基本模式又存在具体的分销渠道模式（图 11－2）。

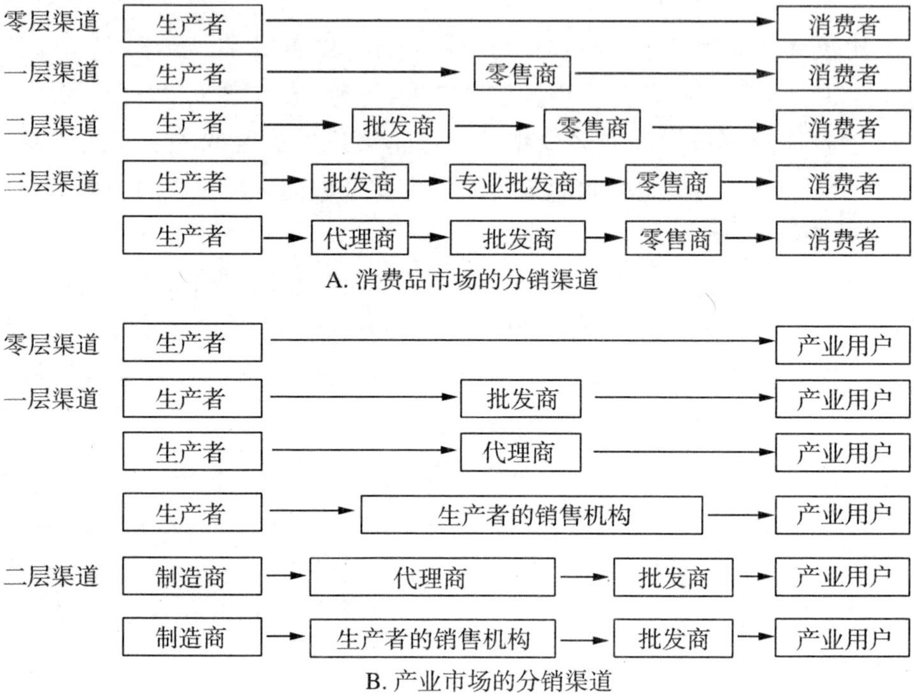

图 11－2　分销渠道的模式

1. 零层渠道

零层渠道，亦称直接分销渠道。制造商直接将产品销售给消费者，其主要方式是上门推销、通过订货会或展销会与客户直接签约供货，网络直销、电视直销和制造商自设商店以及自营自动售货机等都是十分有效的方式。

直销在美国一般称为“直接商业模式”（direct business model），也就是生产企业直接面对最终消费者。美国戴尔计算机公司在产品销售方面就是典型的直销，人们甚至称之为戴尔直销。所谓戴尔直销方式，就是由戴尔公司建立的一套与客户联系的渠道，由客户直接向戴尔公司发订单，订单中可以详细列出所需的配置，然后由戴尔公司按单生产。戴尔的直销模式实质上就是去掉所有中间环节，不利用任何中间商来进行销售。迈克尔·戴尔在自己所著的《戴尔直销》一书中解释说：“在非直销模式中，有两只销售队伍，即制造商给经销商，经销商再给顾客。而在直销模式中，我们只需要一只销售队伍，他们完全面向顾客。别的企业必须保持高库存量，以确保对分销和零售渠道的供货。

由于我们只在顾客需要时生产他们所需要的产品，因此我们没有大量的库存来占用场地和资金，没有经销商和相应的库存带来额外成本，所以我们有能力向顾客提供更高的价值，并迅速扩张。而对每一位新顾客来说，我们能收集到更多他们对产品和服务需求的信息。”

2. 一层渠道

制造商和消费者之间存在一个中间环节，在消费者市场中，这个中间环节通常是零售商，在产业市场则可能是代理商或经纪人。

3. 二层渠道

在制造商和消费者之间存在着两个中间环节，在消费品市场通常指批发商和零售商；在产业市场则可能是代理商和批发商。

4. 三层渠道

与二层渠道不同的是，三层渠道在批发商和零售商之外又增加了一个环节，这个环节可能处于制造商和批发商之间，也可能处于批发商和零售商之间。比如，在国际贸易中，制造商经常销售给国内或国外的一家总代理商，由总代理商通过其批发和零售渠道进行经销。

第二节　中间商

一、中间商的含义、作用和类型

（一）中间商的含义

中间商是指处于生产者和消费者之间，专门从事产品流通活动，以促成商品交易达成的经济组织或个人，或者说是企业向消费者出售产品的中间机构。中间商是分销渠道的中间环节，他们将购入的产品再销售或租赁，创建时间、地点及所有权的效用以获取利润。在商品经济条件下，中间商充当了商品交换的媒介，使商品从生产领域进入消费领域。[①] 因此，中间商对于生产企业的分销活动具有十分重要的作用。

（二）中间商的作用

中间商作为分销渠道的中间环节，连接了市场需求与市场供给，是生产者

---

① 何静文，戴卫东主编. 市场营销学[M]. 北京：北京大学出版社，2014.

与消费者之间的纽带和桥梁。① 其作用主要表现为以下几个方面。

1. 提高产品流通效率。如果没有中间商的介入，生产者直接销售，意味着每个生产者需要与众多消费者发生交易关系。由于生产者自身条件的限制，商品交换范围难以扩大。而中间商利用其专业性强、联系面广的优势，可简化生产者与消费者的交易联系。交易次数的减少，使商品流通的效率大大提高。随着生产者与消费者数量的增加，中间商介入所减少的交易次数就较多，提高流通效率的效果就越明显。

2. 调节生产与消费之间的矛盾。中间商的存在为生产者和消费者提供了便利，同时也调节了生产与消费之间的矛盾。一方面，中间商可以缓和供需之间在时间、地点和商品数量、种类等方面的矛盾；另一方面，中间商能为生产者和消费者带来方便。对消费者而言，中间商充当了他们的采购代理，中间商可以在合适的时间和地点提供所需要的产品、灵活的付款方式和条件以及周到的售后服务；而对于生产者或贸易企业来说，中间商的存在使企业的销路有了保证，降低了流通成本。

3. 有效分担企业的市场营销职能。大多数生产者缺乏将产品直接销售给最终顾客所必需的资源与能力，而这些正是中间商所擅长的。中间商由从事市场营销的专业人员组成，他们更了解市场，更熟悉消费者，对各种营销技巧掌握得更熟练，更富有营销实践经验，并握有更多的营销信息和交易关系。因此，由他们来承担营销职能，工作将更有成效，营销费用相对较低。尤其是企业打算进入某个陌生的地区市场时，中间商的帮助更为重要。

4. 提供市场信息。中间商承担着商品的购、销、运、存的具体业务，能及时收集和掌握来自生产者和市场的信息，传递给消费者。同时，把市场和消费者的信息反馈给生产企业，促进产需结合，使生产企业根据市场情况组织生产，避免盲目生产。

5. 承担风险。在大多数情况下，企业将产品销售给中间商以后，中间商因拥有产品所有权，能帮企业分担产品因失窃、滞销积压、降价、变质、陈旧过时等造成的损失和风险。

（三）中间商的类型

中间商按照不同的标准进行分类，主要有以下两种分类方法。

1. 按照中间商是否拥有商品所有权分类。按照中间商是否拥有商品所有

① 何静文，戴卫东主编. 市场营销学[M]. 北京：北京大学出版社，2014.

权，可将其划分为经销商和代理商。[①]

（1）经销商。经销商是指从事商品交易业务，在商品买卖过程中拥有商品所有权的中间商。按经销商权限的不同，经销方式可分为两种。

①一般经销。经销商通过与生产者签订买卖合同购买商品后，自行在选择的市场上销售，经销商与生产者的关系为简单的买卖关系，双方不需签订经销协议，各自履行买卖合同义务后双方关系即告结束。在这种方式下，生产者可以在同一时间、地区，委派几家经销商来经销同类商品。

②独家经销。独家经销亦称包销，是指在一定时期和一定地区将某种商品给包销商以专营权，交给包销商全权销售的商品销售方式。包销具有“三定三自一专”的特征：“三定”即双方定商品，定地区，定时间；“三自”，即包销商自行购买，自行销售，自负盈亏；“一专”，即包销商享有专营权的特征。

（2）代理商。代理商是直接接受委托人的授权，以委托人的名义向第三者办理与交易有关事项的商业机构或商人，代理人与委托人之间是“委托—代理”关系，不是买卖关系。在商品交易过程中，商品所有权的转移不经过代理商，代理商一般也不承担经营风险，不垫支流动资金。根据代理商取得的委托权限大小，可分为以下三类。

①独家代理，即代理商依照代理协议，在一定的期限和约定区域，享有指定产品的专营权，其职权范围一般仅限于商业性活动。在独家代理情况下，委托人产品在该区域内的销售，无论是否通过该代理商进行，其销售业绩都会计入该代理商的名下。

②一般代理，即代理不享有产品的专营权，委托人可以在同一地区与两个以上的代理商建立业务关系。委托人也可以越过代理商，直接与顾客成交。

③总代理，即代理商依照代理协议，不仅有权代表委托人从事推销产品、签订合同等商业性活动，而且有权代表委托人处理非商业性的事务。总代理有委托授予的广泛权限，其行为若引起不良后果，对委托人会产生较大的损害。所以企业在确定其总代理时要十分慎重，一般是由企业直接外派机构或由关系很密切的单位负责。

2. 按照销售对象的不同分类。按销路对象的不同，中间商分为批发商和零售商。

（1）批发商。批发商是指购买商品和服务并将之转卖给零售商和其他商

---

① 李文国，杜琳主编. 市场营销［M］. 北京：清华大学出版社，2015.

人以及产业用户、公共机关用户和商业用户等，但它不把商品大量卖给最终消费者的商业单位。批发商指那些主要从事批发业务的公司。

（2）零售商。零售商是指购进商品最终销售给消费者用于生活消费的组织和个人。作为生产和销售的中介，零售商处在中介地位靠近最终消费者的一端。

二、批发商的特点及分类

（一）批发商的特点

批发商区别于零售商的最主要标志是一端连接生产商，另一端连接零售商。与零售商相比，批发商具有以下特点。

1. 拥有大量的货物，批量交易与批量作价。这是批发最显著的特点，批发一般要达到一定的交易规模才进行，通常有最低交易量的规定，即批发起点。因此，批发比零售交易平均每笔交易量要大得多。一般而言，批发的价格往往与交易量成反比，即批发量越大，批发成交单价越低；批发量小，批发成交单价相对较高。批发商出售的商品的价格会比市场零售价格低。

2. 批发交易的对象不以最终家庭消费者为目标。由于批发的对象是各类用户，尤其是商业用户（或再销售单位）和产业用户，它们购买商品的目的不是为了供自己最终消费，而是为了进一步转卖或加工所用。因此，通过批发活动，商品还没有最终进入消费领域。但随着中国市场经济的发展和人民生活水平的不断提高，政府机关、事业单位等机构用户和一些家庭消费者通过批发交易购买消费品的情况越来越多，这一点在城市表现得尤为突出。

3. 批量出售货物，不提供零售业务，批发的范围比较广。从主体上讲，批发的主体来源较广，有商业用户、产业用户与业务用户等三类采购者；而零售交易只有最终消费者这一类购买者。从批发机构数量上讲，批发机构数量比较少，但服务覆盖面大；而零售交易到处设立服务网点。从交易范围上看，大批发商多集中在大城市，并以全国为其交易范围；中小批发商多集中在中小城市，并以此为交易范围。零售交易因直接为最终消费者服务，其交易范围要比批发的范围小得多。

4. 批发的双方购销关系易于稳定。批发的对象主要是专门的经销商，比较固定，变化较小；而零售交易的对象是消费者，消费者的购买行为随机性很大。因此，在批发中很容易使双方的关系稳定下来。

5. 批发正朝着专业化方向发展。纵观世界各国批发的现状及发展趋势，专业化方向日益明显。究其原因，主要在于随着商品的种类日益繁多，采购者的选择余地越来越大，为了适应和满足客户的需要，批发商必须备有充足的货源。所谓“充足”的货源主要是指产品线的长度要长，深度要深，即所经营产品品种多、花色、品格、型号、款式等比较齐全，以利于采购者任意挑选。

（二）批发商的分类

批发商主要有四大类型：商人批发商、经纪人和代理商、自营批发机构以及其他批发商。

1. 商人批发商。根据其职能和所提供的服务是否完全，可以分为完全服务批发商和有限服务批发商两大类。

（1）完全服务批发商

完全服务批发商是指能向消费者提供市场营销各项服务功能的批发商。其提供的服务主要有保持存货、雇用固定的销售人员、提供信贷、送货和协助管理等。具体又可分为以下四种类型。

①综合批发商。综合批发商经营不同行业不相关联的产品，范围很广泛，并为零售商提供综合服务。

②专业批发商。专业批发商指其经销的产品是行业专业化的，完全属于某一行业大类，诸如杂货批发商经营各类杂货，五金批发商则经营五金零售商所需的所有产品。因此又称产品线批发商。

③专用品批发商。专用品批发商专门经营某条产品线上的部分产品，如杂货业中的冷冻食品批发商，服装行业中布料批发商等。

④工业品配销商。工业品配销商是指向制造商而不是向零售商销售的商人批发商。

（2）有限服务批发商

有限服务批发商是指为了减少成本费用，降低批发价格，只执行批发商业的一部分职能和提供一部分服务的商人批发商。有限服务批发商又可分为以下六种类型。

①现购自运批发商。现购自运批发商不赊销不送货，客户要自备货车去批发商的仓库选购货物并即时付清货款，自己把货物运回来。现购自运批发商主要经营食品杂货，客户主要是小食品杂货商、饭馆等。

②承销批发商。承销批发商拿到客户（包括其他批发商、零售商、用户等）的订货单后，就向生产者求购，并通知生产者将货物直接运送给客户。承销批发商不需要有仓库和商品库存，只需要一间办公室或营业所办公，因而

也被称为“写字台批发商”。中国玩具批发网就采用类似的方案进行网站交易。

③卡车批发商。卡车批发商从生产者处把货物装车后立即运送给各零售商店、饭馆、旅馆等客户。由于卡车批发商经营的商品多是易腐或半易腐商品，所以一接到客户的要货通知就立即送货上门。实际上卡车批发商主要执行推销员和送货员的职能。

④托售批发商。托售批发商在超级市场和其他食品杂货店设置货架，展销其经营的商品，商品卖出后零售商才付给其货款。这种批发商的经营费用较高，主要经营家用器皿、化妆品、玩具等商品。

⑤邮购批发商。邮购批发商指那些全部批发业务均采取邮购方式的批发商，主要经营食品杂货、小五金等商品，其客户主要是边远地区的小零售商等。

⑥生产合作社。生产合作社主要是农民组建，组织农民到当地市场销售的批发商。

2. 经纪人和代理商。经纪人与代理商不拥有销售渠道中流通的商品，以服务换取佣金或其他付费。

（1）经纪人

经纪人是独立的企业或个人，其既无商品所有权，又无现货，只为买卖双方提供价格、产品及一般市场信息，为买卖双方洽谈销售业务起媒介作用。

（2）代理商

代理商是指接受生产者或消费者委托，从事商品购销业务，但不拥有商品所有权的中间商。又分为企业代理商和销售代理商。

①企业代理商。这种代理商通常和几个制造厂家签订长期代理合同，在一定地区，按照这些企业规定的销售价格或价格幅度及其他销售条件，替这些企业代销全部或部分产品，而制造商按销售额的一定百分比给付佣金。企业代理商虽然同时替几家企业代销产品，但是，这些产品都是非竞争性的、相互关联的品种。代销的产品范围不大，因而他们比其他中间商更能提供专门的销售力量。这种代理商与市场有密切联系，他们能向企业提供关于市场信息及市场需要的产品样式、性能、价格等。企业使用这种代理商的情况，主要有以下几种：自己没有推销员的小企业以及产品种类很少的企业，往往利用这种代理商推销产品；自己有推销员的大型企业，在潜在购买者不多、销售不旺的地区，委托代理商去推销产品；有些企业往往使用这种代理商在某一地区开辟新

市场。

②销售代理商。这种代理商受托负责代销生产企业的全部产品，不受地区限制，并拥有一定的售价决定权。一个生产企业在一定时间只能委托一个销售代理商，且本身也不能再进行直接销售活动。因此，销售代理商实际上是生产企业的全权的独家代理商。销售代理商要对生产企业承担较多的义务，如在代理协议中，一般要规定一定时间内推销的数量，不能同时代销其他企业的类似产品，为生产企业提供市场情报信息，负责商品的促销活动等。销售代理商也实行佣金制，但其比例一般低于企业代理商。

3. 自营批发机构。自营批发机构主要有以下两种类型。

（1）制造商企业与零售商的分销部或营业所。分销部备有存货，常见于木材、汽车设备和配件等行业；营业所不存货，主要用于织物和小商品行业。

（2）办事处。作用与采购经纪人和代理商的作用相似，但前者是买方组织的组成部分。

4. 其他批发商。其他批发商主要指存在于其他特殊经济部门、行业的专业批发商。如为农产品集散服务的农产品收购调运商，为石油集散服务的中转油库，为某些特殊购销方式服务的拍卖公司等。

三、零售商的特点和分类

（一）零售商的特点

相较于其他种类的销售商而言，零售商有其自身的特点。①

1. 交易对象是最终消费者。交易对象是为直接消费而购买商品的最终消费者，包括个人消费者和集团消费者。消费者从零售商处购买商品的目的不是为了用于转卖或生产所用，而是为了自己消费。交易活动在零售商与消费者之间单独、分散进行。

2. 交易活动零星且频繁。零售贸易的交易量零星分散，交易次数频繁，每次成交额较小。因为零售贸易本身就是零星的买卖，交易的对象是众多而分散的消费者，这就决定了零售贸易的每笔交易量不会太大，而较少的交易量不可能维持持久消费，与之相适应，零售贸易的频率就特别高。正由于零售贸易平均每笔交易量少，交易次数频繁，因此，零售商必须严格控制库存量。

3. 处于产品流通的最后环节。零售商是分销渠道的最终环节，面对个人

---

① 何静文，戴卫东主编. 市场营销学[M]. 北京：北京大学出版社，2014.

消费者市场，是分销渠道系统的终端，直接连接消费者，完成产品最终实现价值的任务。

4. 零售业的经营方式（即零售业态）呈现多元化。为解决顾客需求多样、快速变化与零售经营规模效益之间的矛盾，适应不同消费者群体需要，零售业的经营方式（即零售业态）呈现多元化特点，如商店就有百货商店、超级市场，还有专业商店、连锁商店以及折扣商店、便利店和杂货店等各具特色的多种业态，而且还在不断创新。

5. 销售地域范围小。与批发销售不同，零售商的顾客主要是营业点附近的居民和流动人口。因此，零售经营地点的选择（零售选点）成功与否就成为决定经营成败的一个关键因素。这是零售商经营的重要特点。

6. 竞争激烈。与其他行业相比，零售业者之间的竞争显得更为直接、激烈，手法也更加多样。如为了适应顾客的随意性购买及零售市场竞争，零售商千方百计整饰销售现场及周边环境，加强商店整体设计和形象宣传；为了吸引并留住顾客，零售商不断强化特色定位，纷纷对商店位置、营业时间、商品结构、服务项目、广告宣传、促销手段等各种因素，进行综合战略策划，实施差异化营销。

（二）零售商的分类

从经营形式上看，目前零售商的类型主要分为零售商店、无店铺零售和零售组织三种。

1. 零售商店。商店零售又称有店铺零售，特点是在店内零售产品与服务。最主要的类型有专用品商店、百货商店、超级市场、便利店、超级商店、折扣店、仓储商店等。

（1）专用品商店。专用品商店经营的产品线较少，但产品的花色品种较为齐全。例如服装店、体育用品店、家具店、花店和书店等均属于专用品商店。根据经营的产品线的多少可以将专用品商店分为以下几类：第一，单一产品线商店，如服装商店；第二，有限产品线商店，如男士服装店；第三，超级专用品商店，如男士定制衬衫店。这三类专用品商店中，超级专用品商店的发展最为迅速，因为可以利用的目标市场和产品专业化的机会将越来越多。

（2）百货商店。百货商店经营的商品种类繁多，故称百货商店，是综合各类商品品种的零售商店。一般经营多条产品线的产品，每一条产品线都作为一个相对独立的部门进行管理，有专门的采购员和营业员。其特点是：商品种类齐全；客流量大资金雄厚，人才齐全；重视商誉和企业形象，注重购物环境和商品陈列。其组成形式有三种：第一，独立百货商店；第二，连锁百货商店；第三，百货商店所有权集团。由于百货商店之间竞争激烈，还有来自其他零售商，特别是来自折扣商店、仓储商店的激烈竞争，再加上交通拥挤、停车困难和中心商业区的衰落，百货商店正逐渐失去往日魅力。

（3）超级市场。超级市场一般规模较大，经营产品的范围既深又广，不仅种类多，而且每种产品中可供选择的型号、式样也较多。主要以主、副食及家庭日用商品为主要经营范围，是实行敞开式售货、顾客自我服务的零售商店。特点是：实行自我服务和一次性集中结算的售货方式；薄利多销，商品周转快；商品包装规格化，条码化，明码标价，并注明商品的质量和重量。

（4）便利店。便利店是设在居民区附近的小型商店，营业时间长，每周营业七天，销售品种范围有限、周转率高的便利品。消费者主要利用它们做补充式采购，因此便利店的价格要高一些，但因方便，仍受消费者欢迎。

（5）超级商店、联合商店、特级商场。超级商店比传统的超级市场大，主要销售各种食品和非仪器类日用品，同时也提供有关的服务项目，如洗衣、修鞋、支票付现、代付账单和廉价午餐等。联合商店比超级商店更大，呈现出经营多元化的趋势，主要向医药领域发展。特级商场比联合商店还要大，综合了超级市场、折扣和仓储零售的经营方针，经营品种超出了日用品，包括家具、大型和小型家用器具、服装和其他许多品种。特级商场基本经营方针是原装产品陈列，尽量减少商店人员搬运，同时向自行搬运大型家用电器和家具的顾客提供折扣。

（6）折扣店。折扣店是以低价、薄利多销的方式销售商品的商店。其特点是：设在租金便宜但交通繁忙的地段；经营商品品种齐全，多为知名度高的品牌；设施投入少，尽量降低费用；实行自助式售货，提供服务很少。现在，折扣商店已经从经营普通商品发展到经营专门商品。随着折扣店数量的不断增加，折扣店之间、折扣店与百货商店之间的竞争非常激烈，从而导致许多折扣店在经营项目、经营环境、经营方式、店址位置等方面正在不断进行改进。

（7）仓储商店。仓储商店是20世纪90年代后期才在中国出现的一种折扣商店，是一种以大批量、低成本、低售价和微利多销的方式经营的连锁式零售商企业。仓储商店一般具有以下特点：位于郊区低租金地区；建筑物装修简单，货仓面积很大，一般不低于1万平方米；以零售的方式运作批发，又称量贩商店；通常采取会员制销售来锁定顾客。

（8）产品陈列室推销店。这类商店将产品目录推销和折扣原则用于品种繁多、加成高、周转快和有品牌的产品。这些产品包括珠宝首饰、电动工具、箱包、照相器材。这些商店已经成为零售业最热门的形式之一，甚至对传统的折扣商店形成威胁。产品陈列室推销店派发彩色印刷的目录，每本长达数百页。此外还增发季节性的小型增补版，上面标有每一项产品的定价和折扣价。顾客可用电话订货，由店方送货上门，顾客支付运费；顾客也可来商店亲自验货和提货。

2. 无店铺零售。无店铺零售是指不经过店铺销售产品的零售形式。由于科技发展及竞争关系，越来越多的企业采用无店铺零售的方式出售产品，其中最普遍的有以下几种。

（1）直接销售。直接销售主要有挨门挨户推销、逐个办公室推销和举办家庭销售会推销等形式。由于需要支付雇用、训练、管理和激励销售人员的费用，因而直销的成本费用很高（销售人员的佣金为20%至50%）。目前，直销所存在的问题已经引起很多人对这种销售方式的反感。从发展来看，除某些特定种类商品及以某些特定顾客为对象的直接营销外，一般的直接营销很可能被电子销售所代替。

（2）直复营销。它是使用一种或多种广告媒体传播商品信息，以使广告信息所到之处迅速产生需求反应并最终达成交易的销售系统。直复营销者利用广告介绍产品，顾客可通过写信、打电话等形式订货，订购的货物一般通过邮寄交货，顾客用信用卡付款。直复营销者可在广告费用开支的一定范围内，选择可获得最大订货量的传播媒体，目的是迅速实现潜在交换，扩大销售量，而不是为了刺激顾客的偏好和树立品牌形象。

（3）电话营销。市场营销者使用拨出电话直接向消费者和企业销售。而拨入的免费“800”号码则用于接收来自电视和广播广告、邮件或者购物目录的订单。越来越多的企业开始使用“800”电话号码，还不断添加新功能，比如免费传真号码。设计得当、定位准确的电话营销会带来很多好处，包括方便的购买过程以及更丰富的产品和服务信息。

（4）直接邮寄营销。直接邮寄营销是指把产品、宣传材料、催单或其他东西寄送给某个地址的人。直接邮寄非常适合直接的、一对一的沟通和传播，并且对目标市场的选择有很高的针对性，很容易衡量结果如何。

（5）自动售货。自动售货是利用自动售货机器进行商品销售。由于自动售货机向顾客提供全天候售货服务，要经常给相当分散的售货机补充存货，机器常遭破坏，失窃率高等原因，自动售货的成本很高，因此商品的销售价格比一般水平要高15%至20%。但是，售货机被广泛安置在工厂、办公室、大型零售商店、加油站、街道等场所，方便了人们的购买。自动售货始于二战后，现已被用在相当多商品的销售上，包括经常购买的产品（如饮料、糖果、香烟、报纸等）和其他产品（如食品、化妆品、书刊、唱片、胶卷、T恤、袜子、鞋油、保险等）。目前，自动销售的领域还在进一步扩展，自动售货的硬件也在不断得到完善。

（6）购物服务公司。购物服务公司是不设店堂的零售商，专为某些特定顾客，通常是为学校、医院、工会和政府机关等大型组织的雇员提供服务。这些组织的雇员可成为购物服务公司的会员，他们被授权从一批经过挑选的、愿意向这些成员以折扣价售货的零售商那里购货。例如，顾客想买一台电视机时，就可以从购物服务公司领取一种表格，拿到经过批准的零售商那里按折扣价购买。然后，该零售商要向购物服务公司付一小笔费用。

（7）电视购物与网上商店。从形式上看，电视购物就是通过电视媒体向潜在的顾客传递产品信息，最终达到产品销售的目的。网上商店是通过互联网向潜在的顾客展示产品信息，并通过网上订购、网上结算和及时配送，达到产品销售的目的。从消费者角度看，电视购物和网上购物就是坐在家里买东西。包括电视购物和网上商店在内的“在家购物”是零售业增长最快的部分，近年来得到了长足发展，被称为“零售业的第三次革命”。

3. 零售组织。零售组织是以多店铺联盟的组织形式来开展零售活动的。参与组织的商店可以是同一个所有者开办的若干店铺，也可以是不同所有者的若干商店。通过商店之间的联合，可以避免过度竞争，提高零售的规模经济效益，节约成本。具体形式主要有连锁商店和特许经营。

（1）连锁商店。连锁商店是指将自己所拥有的商标、商号、产品、专利和专有技术、经营模式等以特许经营合同的形式授予被特许者使用，被特许者按合同规定，在特许者统一的业务模式下从事经营活动，并向特许者支付相应的费用。特许企业的存在形式具有连锁经营统一形象、统一管理等基本特征。

（2）特许经营。特许经营是一种根据合同进行的商业活动，体现互利合作关系。一般是由特许授予人（简称特许人）按照合同要求、约束条件给予被授予人（简称受许人或加盟者）的一种权利，允许受许人使用特许人已开发出的企业象征（如商标、商号）和经营技术、诀窍及其他工业产权。特许经营分为商品商标型特许经营，经营模式特许经营以及转换特许经营。

第三节　分销渠道的设计与管理

一、影响分销渠道设计的因素

有效的渠道设计，应以确定企业所要达到的市场为起点。从原则上讲，目标市场的选择并不是渠道设计的问题。然而事实上，市场选择与渠道选择是相互依存的。有利的市场加上有利的渠道，才可能使企业获得利润。渠道设计问题的中心环节是确定要到达目标市场的最佳途径，而影响渠道设计的主要因素有以下几个。

（一）产品因素

1. 单价高低。一般而言，产品单价低，其分销渠道就较长、宽、多；反之，分销渠道就短、窄、少。产品的单价低、毛利少，企业就必须大批量销售方能盈利。一些大众化的日用消费品的分销，通常都要经过一个以上批发商，由批发商售给零售商，由零售商售给消费者。单价高的产品，一般采用短渠道。

2. 时尚性。对时尚性较强的产品（如时装等），消费者的需求容易变改变，要尽量选择短的分销渠道，以免错过市场时机。

3. 体积和重量。体积和重量大的产品（如大型设备等），装卸和搬运困难，储运费用高，应选择短而窄的分销渠道，最好是采用直销形式；反之，可以选择长而宽的分销渠道，利用中间商推销。

4. 易损易腐性。如果产品容易腐蚀变质（如食品等），或者容易破损（如玻璃制品等），应尽量采用短渠道，保证产品使用价值，减少商品损耗。

5. 技术性。一般而言，技术性能比较高的产品，需要经常的或特殊的技术服务，生产者常常直接出售给最终用户，或者选择有能力提供较好服务的中间商经营，分销渠道通常是短而窄的。

6. 产品生命周期。新产品试销时，许多中间商不愿经销或者不能提供相应的服务，生产企业应选择短而窄的分销渠道，或者采用代销策略，以探索市场需求，尽快打开新产品的销路。当新产品进入成长期和成熟期后，随着产品销量的增加，市场范围的扩大，竞争的加剧，分销渠道也呈长、宽、多的发展趋势，此时，采用经销策略比代销更为有利。产品处于衰退期时，通常采用缩减分销渠道的策略以减少损失。

（二）市场因素

1. 潜在顾客数量。潜在顾客的多少，决定市场的大小。潜在顾客数量越多，市场范围越大，越需要较多中间商转售，生产企业多采用长而宽的渠道分销策略；反之，就可能直接销售。

2. 目标市场的分布状况。如果某种产品的销售市场相对集中，只是分布在某一或少数几个地区，生产者可以直接销售；反之，如果目标市场分布广泛，分散在全国乃至国外广大地区，则产品须经过一系列中间商方能转售给消费者。

3. 市场需求性质。消费者市场与生产者市场是两类不同需求性质的市场，其分销渠道有着明显的差异。消费者人数众多，分布广泛，购买消费品次数多、批量少，需要较多的中间商参与产品分销，方能满足其需求。产品用户相对较少，分布集中，且购买生产资料次数少，批量较大，产品分销多采用直接销售渠道。

4. 消费者的购买习惯。消费者购买日用品的频率较高，又希望就近购买，其分销渠道多为长、宽、多；对于选购品和特殊品，消费者愿花时间和精力去挑选，宜采用短而窄的分销渠道。

5. 市场风险。当生产企业面临市场风险大时，如市场不景气、销售不稳定、新开辟的目标市场情况不明等，则可选择少数几家中间商运用代销策略。

6. 零售市场进货批量。如果某一市场小零售商居多，进货批量小，生产者就不得不通过批发环节转卖给众多小零售商，分销渠道就较长而宽；如果某一市场上大零售商居多，进货批量大，生产者就可以不经过批发商，直接把产品卖给零售商，于是分销渠道就较短。

7. 竞争者的分销策略。企业选择分销渠道，应了解竞争对手采用的分销策略。一般而言，企业应尽量避免和竞争者使用相同的分销策略，除非其竞争能力超过竞争对手或者没有其他更合适的渠道可供选择与开拓。

（三）企业因素

1. 企业的声誉、资金和控制渠道的能力。企业声誉高、资金雄厚、对渠道管理能力强，可以根据需要自由灵活地选择分销渠道，或长或短，或宽或窄，也可以多种渠道并用，甚至建立自己的分销系统。经济实力有限的中小企业则只能依赖中间商销售产品。

2. 企业的销售能力。通常情况下，企业具有较丰富的市场销售知识与经验，有足够的销售力量和储运与销售设施，就可自己组织产品销售，减少或不用中间商；反之，就要通过中间商推销产品。

3. 可能提供的服务。如果生产企业对其产品大做广告或愿意负担中间商的广告费用，能派出维修人员承担中间商技术培训的任务，或能提供各项售后服务，中间商自然乐意经销其产品；反之，难以取得中间商的合作。

4. 企业的产品组合。一般而言，生产企业希望销售产品批量大、次数少，而众多中小型零售企业进货则是多品种、小批量，如果生产企业产品组合深度与广度大，则众多零售商可直接进货，不必经过批发环节，可以采取短而窄的分销渠道。否则，只好采取长而宽的分销渠道。

5. 企业的经济效益。每一种分销渠道都有利弊得失，企业选择时，应进行量、本、利分析，综合核算各种分销渠道的费用和收益大小，做出有利于提高企业经济效益的渠道决策。

（四）中间商因素

设计渠道时，必须考虑执行不同任务的中间商的优缺点。例如，由生产企业代表与顾客接触，花在每一个顾客身上的成本比较低，因为总成本由若干顾客共同分摊，但生产企业代表对顾客所付出的销售努力则不如中间商的推销员。一般而言，中间商在物流配送、宣传促销、信用条件、退货特权、人员培训和送货频率等方面，都有不同的特点和要求。

（五）营销环境因素

营销环境涉及的因素极其广泛，如一个国家的政治、法律、经济、人口、技术、社会文化等环境因素及其变化，都会不同程度地影响分销渠道的选择。譬如说，国家实行计划控制或专卖的产品，其分销渠道往往是长而单一的。随着市场经济的发展和经济管理体制的改革，原先实行统购统销或计划收购的商品放开经营后，生产企业可以直接销售或多渠道销售。经济形势直接影响分销渠道的选择，如通货紧缩，市场疲软，企业通常会尽量缩减不必要的环节，降低流通费用，以便降低售价。国家有关法律法规的制订，对分销渠道也会造成影响，如反垄断法的制订与实施，会限制垄断性分销渠道的发展。科学技术引起售货方式的革新，使某些日用品能够采用短渠道分销。另外，自然资源的分布与变化，交通条件的改善，环境保护的需要，也会引起某种产品的生产与销售规模的改变，从而引起分销渠道长度与宽度的改革。诸如此类，不胜枚举。从事国际营销的企业，尤其要注意研究各目标国营销环境的特点，方能制定有针对性的分销渠道策略。

二、分销渠道的设计

一般而言，要想设计一个有效的渠道系统，须经过确定渠道目标与限制、明确各种渠道方案、评估各种可能的渠道方案等步骤。

（一）确定渠道目标与限制

有效的渠道设计，应以确定企业所要达到的市场为起点。渠道设计问题的中心环节是确定到达目标市场的最佳途径。每一个企业都必须在产品、市场、企业、中间商和环境等所形成的限制条件下，确定其渠道目标。

（二）明确各种渠道方案

在研究了渠道目标与限制之后，渠道设计的下一步工作就是明确各种不同的渠道方案。渠道方案主要涉及四个基本因素。

1. 中间商的基本类型。企业首先必须明确可以完成其渠道工作的各种中间商的类型。一般由以下方案可供选择：第一，借助直接邮寄和商业杂志，运用现有的推销人员销售产品；第二，扩大企业推销队伍，同时分派各个推销员去与特定的用户接洽；第三，依靠代理商推销产品，但代理商必须熟悉不同行业及不同地区的情况；第四，通过批发商销售产品，要求其进行一定的促销活动并拥有一定水平的存货。

2. 每一分销层次所使用的中间商数目。在每一渠道类型中的不同层次，所用中间商数目的多少受企业市场战略的影响，要求有不同的分销策略，具体而言主要有密集分销、选择分销和独家分销三种表现形式。

3. 渠道成员的特定营销任务。每一个生产者都必须解决如何将产品转移到目标市场这一问题。

4. 生产者与中间商的交易条件以及相互责任。

（三）评估各种可能的渠道方案

每一个渠道方案都是企业产品送达最终顾客的可能路线。生产者所要解决的问题，就是从那些看起来似乎很合理但有相互排斥的方案中选择最能满足企业长期目标的一个方案。因此，企业必须对各种渠道方案进行评估。评估标准有三个，即经济性、控制性和适应性。

1. 经济性标准。在这三项标准中，经济性标准最为重要，因为企业追求的是利润而不是渠道的控制性和适应性。判断一个方案好坏的标准，不应是其能否带来较高的销售额以及较低的成本费用，而是能否取得最大利润。

2. 控制性标准。进行渠道评估时还要考虑对渠道成员的控制问题，以最大限度地降低风险。使用代理商无疑会增加控制上的问题。一个不容忽视的事实是，代理商是一个独立的企业，它所关心的是自己如何取得最大利润。它可能不愿与相邻地区的同一委托人的代理商合作，可能只注重访问那些与其推销产品有关的顾客，而忽略对委托人很重要的顾客。代理商的推销员可能无心了解与委托人产品相关的技术细节，也很难认真对待委托人的促销数据和相关资料。

3. 适应性标准。在评估各渠道选择方案时，还有一项须要考虑的标准，就是生产者是否具有适应环境变化的能力，即应变力如何。每个渠道方案都会因某些固定期间的承诺而失去弹性。当某一生产者决定利用销售代理商推销产品时，可能要签订5年的合同。这5年内，即使采用其他销售方式会更有效，但生产者也不得任意取消销售代理商。所以，一个涉及长期承诺的渠道方案，只有在经济性和控制性方面都很优越的条件下，才可予以考虑。

三、分销渠道的管理

企业管理人员在进行渠道设计之后，还必须对个别中间商进行选择、激励与定期评估，以及对整个渠道系统进行调整。

（一）选择渠道成员

生产者在选择中间商时，常处于两种极端情况之间。一是生产者毫不费力地找到特定的中间商并使之加入渠道系统，可能是因为他很有声望，也可能是因为他能赚钱。在某些情况下，独家分销或选择分销的特权也会吸引大量中间商加入渠道。对于那些毫不费力得到所需数目的中间商的生产者来讲，他们所做的工作只是选择适当的中间商而已。二是生产者必须费尽心思才能找到期望数量的中间商。生产者必须研究中间商如何作购买决策，尤其是在他们制定决策时，对毛利、广告、销售促进、退货保证等赋予的权数。此外，生产者还必须开发一些能使中间商赚钱的产品。

不论生产者遇到上述哪一种情况，他都必须明确中间商的优劣特性。一般来讲，生产者要评估中间商经营时间的长短及其成长记录、清偿能力、合作态度、声望等。当中间商是销售代理商时，生产者还须评估其经销的其他产品大类的数量与性质、推销人员的素质和数量。当中间商打算授予某家百货公司独家分销权时，生产者还须评估该百货公司的位置、未来发展潜力以及经常光顾的顾客类型。

（二）激励渠道成员

生产者不仅要选择中间商，而且还要经常激励中间商使之尽职。对中间商进入渠道的要求和条件已构成部分的激励因素，但仍须生产者不断地监督、指导与鼓励。生产者不仅把产品销售给中间商，而且利用中间商销售产品，这就使得激励中间商这一工作不仅十分必要，而且非常复杂。一般而言，各渠道成员都会为了各自的利益努力工作，但是由于中间商是独立的经济实体，与生产者所处的地位不同，考虑问题的角度也不同，必然会产生矛盾。生产者要善于从对方的角度考虑问题，要明白中间商不是受雇于己，而是一个独立的经营者，有自己的目标、利益和策略。

针对中间商的不同情况，在采取激励措施时，生产者应尽量避免激励过分和激励不足两种情况。当生产者给予中间商的优惠条件超过他努力销售所需的条件时，就会出现激励过分的情况，其结果是销售量提高，而利润下降；当生产者给予中间商的条件过于苛刻，以致不能激励中间商的努力时，则会出现激励不足的现象，其结果是销售量下降，利润减少。所以，生产者必须确定应花费多少力量以及花费何种力量来激励中间商。

（三）评估渠道成员

生产者除了选择和激励渠道成员外，还必须定期评估他们的绩效。

1. 契约约束与销售配额。如果一开始生产者与中间商就签订了有关绩效标准与奖惩条件的契约，就可避免种种不愉快。在契约中应明确经销商的责任，如销售强度、绩效与覆盖率，平均存货水平，送货时间，次品与遗失品的处理方法，对企业促销与训练方案的合作程度，中间商对顾客须提供的服务等。除了针对中间商绩效责任签订契约外，生产者还须定期发布销售配额，以确定目前的预期绩效。生产者可以在一定时期内列出各中间商的销售额，并依销售额多少排出先后名次。需要注意的是，在排列名次时，不仅要看各中间商销售水平的绝对值，而且需要考虑到他们各自面临的各种不同的可控制程度的变化环境，考虑到生产者的产品大类在各中间商的全部产品组合中的相对重要程度。

2. 测量中间商绩效的主要方法。测量中间商的绩效，主要有两种方法可供使用。

（1）将每一个中间商的销售绩效与上期的绩效进行比较，并以整个群体的平均升降百分比作为评价标准。对低于该群体平均水平的中间商，必须加强评估与激励措施。如果对后进中间商的环境因素加以调查，可能会发现一些可原谅的因素，如当地经济衰退、某些顾客不可避免地失去、主力推销员的离职或退休等，其中某些因素可在下一期补救过来，制造商不应因这些因素而对经销商采取任何惩罚措施。

（2）将各中间商的绩效与该地区的销售潜量分析所确定的配额相比较，即在销售期过后，根据中间商的实际销售额与其潜在销售额的比率，将各中间商按先后名次排列，企业的调查与激励措施可以集中于那些未达到既定比率的中间商。

（四）调整渠道系统

生产者在设计了一个良好的渠道系统后，不能放任其自由运行而不采取任何纠正措施。事实上，为了适应市场需要的变化，整个渠道系统或部分渠道成员必须随时加以调整。

企业分销渠道的调整可从三个层次上来研究。从经营层次上看，其调整可能涉及增减某些渠道成员；从特定市场的规划层次上看，其改变可能涉及增减某些特定分销渠道；在企业系统计划阶段，其改变可能涉及在所有市场进行经营的新方法。

1. 增减某些渠道成员。在考虑渠道改进时，通常会涉及增减某些中间商的问题。做这种决策通常需要进行直接增量分析，通过分析，要弄清这样一个问题，即增减某些渠道成员后，企业利润将如何变化。但是，当个别渠道成员对同一系统其他成员有间接影响时，直接增量分析方法就不再适用了。例如，在某大城市中，某汽车制造商授予另一新经销商特许经营权这一决策，会影响其他经销商的需求、成本与士气；而该新经销商加入渠道系统后，其销售额就很难代表整个系统的销售水平。有时，生产者打算取消所有不能在既定时间内完成销售定额的中间商，由此导致总体影响，运用增量分析是难以奏效的。因此，在实际业务中，还不能单纯依据增量分析的结果采取具体行动。如管理人员确实须要对该系统进行定量化分析，最好的办法是用整体系统模拟来测量某一决策对整个渠道系统的影响。

2. 增减某些分销渠道。生产者也会常常考虑一个问题，即它所使用的所有分销渠道是否仍能有效地将产品送达某一地区或某类顾客。这是因为，企业分销渠道静止不变时，某一地区的购买类型、市场形势往往处于迅速变化中。企业可针对这种情况，借助损益平衡分析与投资收益率分析，确定增减某些分销渠道。

3. 调整整个分销渠道系统。这是分销渠道改进和调整的最高层次。对企业来说，最困难的渠道变化决策就是调整整个分销渠道系统，因为这种决策不仅涉及渠道系统本身，而且涉及营销组合等一系列市场营销政策的相应调整，因此必须慎重对待。

第四节　实体分配策略

市场营销活动不仅要刺激并满足消费者的需求，而且还要实现商品的仓储和转移，即实行实体分配。实体分配作为分销渠道的另一侧面，不仅对市场营销，而且对整个宏观产业带来了越来越大的影响。

一、实体分配的范围与目标

实体分配指对原料和最终产品从原点向使用点转移，以满足顾客需要，并从中获利的实物流通的计划及其实施分配，也称为实体流或物流，即产品通过从生产者之手运到消费者之手的空间移动，在需要的地点、需要的时间里，到达消费者手中的过程。

实体分配首先要做销售预测，公司在预测的基础上制定生产计划和存货计划。生产计划要明确采购部门必须订购的原料。这些原料运输到工厂，进入接收部门，作为原材料存入仓库。原材料被转变为制成品，顾客的订货减少了制成品的库存，而生产活动又充实了商品库存。

实体分配必须解决：如何处理订货单，仓库的数目及其类别的选择，应该有多少储备商品以及如何运送商品等。实体分配的目标就是要妥善处理这四个问题。

1. 订单处理。实体分配开始于顾客的订货。订货部门备有各种多联单，分发给各部门。仓库中缺货的商品品目以后要补交，发运的商品要附上发运和开单凭证并将单据副本送各部门。

2. 仓储。仓库数量多，就意味着能够较快将货送达顾客处，但是，仓储成本也将增加，因此仓库数量必须在顾客服务水平和分销成本之间取得平衡。可选择的仓库包括：私人仓库、公共仓库、储备仓库、中转仓库、旧式的多层建筑仓库、新式的单层自动化仓库等。

3. 存货。存货水平代表了另一个影响顾客满意程度的实体分配决策。存货决策的制定包括何时进货和进多少货，其主要指标是最佳订货量。

最佳订货量可以通过观察在不同的可能订货水平上订货处理成本与存货维持成本之和的情况来决定。单位订货处理成本随着订货量增加而下降，这是因为订货成本被分摊到更多的产品上去。单位存货维持成本则随订货量减少而上升，这是因为每单位的储存时间相对长了。最佳订货量的数学公式如下：

$$Q^* = \sqrt{2KD/K_c}$$

式中，Q^* 为最佳订货量；D 为每期需求量，K 为单位订货处理成本；K_c 为每期单位存货维持成本。该公式一般称为经济订货量公式。其假设为：订货成本不变，需求量已知，无数量折扣。

4. 运输

运输是生产者将产品发运给购买者的活动过程。公司可以选择的运输方式包括：铁路、公路、水路、管道、航空、集装箱联运等。在为产品选择运输方式时，托运人应该考虑这样一些标准，如速度、次数、安全、容量、有效性和费用等。如果托运人追求速度，空运和卡车运输就是主要的选择对象；如果以费用低为标准，那么水路运输就是最重要的选择对象。运输决策还必须考虑其他分销要素，如仓库、存货等。当不同运输方式的成本发生变化时，公司应该重新选择，以便找到最佳实体分配方式。

二、实体分配的战略方案

在设计实体分配系统时，常常要在几种不同的战略中进行选择，一般而言，可供选择的战略主要有以下几种。

（一）单一工厂，单一市场

单一工厂通常设在所服务的市场的中心，这样可以节省运费，但是设在离市场较远的地方，可以获得低廉的土地、劳动力、能源和原料。企业在两个设厂地点之间进行选择时，不仅要审慎地估计目前各选择的成本，更需考虑到未来各选择的成本。

（二）单一工厂，多个市场

1. 直接运送产品至顾客。这必须考虑：该产品的特性（如易腐性和季节性），所需运费与成本，顾客订货多少与订货重量，地理位置与方向等。

2. 大批整车运送到靠近市场的仓库。与直运相比，将成品大批运送到靠近市场的仓库，再从那里根据每份订单运送给顾客的方法，要比直运费用少。一般而言，增加新地区仓库所节约的运费与所能增加的顾客惠顾利益之差，如大于建立仓库所增加的成本，那么就应在这一地区增设仓库。如果增设仓库，还应考虑是租赁还是自建。租赁的弹性较大，风险较小，在多数情况下比较有利；只有在市场规模很大而且市场需求稳定时，自建仓库才有意义。

3. 将零件运到靠近市场的装配厂。建立装配分厂的最大好处是运费较低，有利于增加销售额；不利之处是要增加资金成本和固定的维持费用。建厂前要考虑该地区未来销量是否稳定，以及销量是否足以保证投下这些固定成本后仍有利可图。

4. 建立地区性制造厂。建立地区新制造厂要考虑的诸多因素中，最重要的是该行业必须具有大规模生产的经济性，在需要大量投资的行业中，工厂规模必须较大才能得到经济的生产成本。

（三）多个工厂，多个市场

企业有两种选择目标：一是短期最佳化，即在既定的工厂和仓库位置上制定一系列由工厂到仓库的运输方案，使运输成本最低；二是长期最佳化，即决定设备的数量与区位，使总分配成本最低。短期最佳化的有效工具是线性规划技术，长期最佳化的有效工具是系统模拟技术。

思考题

1. 什么是分销渠道？它有哪些特征？
2. 简述分销渠道的类型。
3. 中间商的含义是什么？它有哪些类型？
4. 简述分销渠道设计的影响因素。
5. 实体分配战略包括哪几种类型？

第十二章

促销策略

成功的市场营销活动，不仅要努力开发适销对路的产品，制定具有竞争力的价格并选择合理的分销渠道，善于经营的企业还应根据实际情况，正确制定并合理运用促销策略，采用适当的方式进行促销，及时有效地将产品或劳务的信息传送给目标顾客，沟通生产者、经营者与消费者之间的联系，激发消费者或客户的欲望和兴趣，进而满足其需要，促使其实现购买行为。企业通常运用的促销策略有四种，即人员推广、广告、公共关系与营业推广。

第一节　促销与促销组合

一、促销的含义、类型与作用

（一）促销的含义

市场交换活动是由买方和卖方共同实现的，这种商品交换活动的顺利进行，要求买卖双方相互沟通信息。促销（promotion）是指企业将产品或服务的有关信息通过各种有效的方式进行传播，从而引起消费者兴趣，激发消费者欲望，促进消费者采取购买行为的一种活动。因此，促销的实质是企业与消费者之间的信息沟通，促销的目的是诱发消费者的购买行为。

（二）促销的类型

促销的类型也就是促销的具体方式，主要有以下几种。[①]

1. 降价式促销。即将商品低于正常的定价出售。其运用方式最常见的有

① 何静文，戴卫东主编．市场营销学［M］．北京：北京大学出版社，2014．

库存大清仓、节庆大优惠、每日特价商品等方式。

2. 有奖式促销。顾客有时总想试试自己的运气，所以“抽奖”是一种极有效果的促销活动。需要注意的是，抽奖活动的日期、奖品或奖金、参加资格、如何评选、发奖方式等务必标示清楚，且抽奖过程须公开化，以增强消费者的参与热情和信心。

3. 打折式优惠。一般在适当的时机，如节庆日、换季时节等打折，以低于商品正常价格的售价出售商品，使消费者获得实惠。

4. 竞赛式促销。竞赛式促销是融动感性与参与性为一体的促销活动，由比赛来突显主题或介绍商品，除了可打响商品的知名度以外，更可以增加销售量。

5. 免费品尝和试用式促销。零售店可以在比较显眼的位置设专柜，免费品尝新包装、新口味的食品。非食品和其他新商品实行免费赠送、免费试用，鼓励顾客使用新商品进而产生购买欲望。

6. 焦点赠送式促销。焦点赠送的特色是消费者要连续购买某商品或连续光顾某零售店数次后，累积到一定积分的点券，可兑换赠品或折价购买。

7. 赠送式促销。赠送式促销是店里设专人对进店的消费者免费赠送某一种或几种商品，让顾客现场品尝、使用。通常是在统一推出新商品时或老商品改变包装、口味、性能时使用。

8. 展览和联合展销式促销。举办商品展销会，形成一定声势和规模，让消费者有更多的选择机会；也可以组织商品的展销，比如多种节日套餐销售等。

（三）促销的作用

企业的销售人员通过各种促销活动与消费者进行沟通，各种促销活动分别在不同的阶段对消费者产生某种影响。促销在一定意义上就像购买机器设备一样，是一项“生产投资”，因为它同产值（销售额）、利润息息相关，是营销者必不可少的营销活动和开支。作为信息传播与沟通手段，促销活动对企业的生存和发展至关重要，绝非可有可无之举。促销的具体作用如下。

1. 传递信息，沟通产销。在现代化大生产和商品经济条件下，生产者和消费者之间客观上存在着信息分离。一方面，生产者不知顾客需要什么商品，何时需要，何地需要，易接受什么价格；另一方面，顾客也需了解商品由谁供应，何时供应，何地供应，价格高低等。尤其是随着企业市场营销范围的逐渐扩大，生产者和消费者之间空间分离，产销矛盾进一步扩大，这就要求企业必须进行沟通与促销活动，即采取各种方法，及时向用户、消费者、中间商传递商品信息，引起他们注意，密切生产者、经销商、消费者之间的关系，从而扩大销售。

2. 突出特点，提升竞争能力。突出产品特点是要强调企业的产品与竞争者的产品的差别。在激烈的市场竞争中，企业通过促销活动，宣传本企业产品的独特属性和特点，努力提高产品和企业的知名度，促使顾客加深对本企业产品的了解和喜爱。在增强信任感的同时，也就提高了企业和产品的竞争力。促销常被用来抵消竞争者们的各种活动，使自己在竞争中占据主动地位。

3. 提高声誉，稳定销售。声誉是企业的名声和市场形象，反映了消费者对企业的综合评价和看法。它对企业产品销售起着至关重要的作用。声誉卓著的企业，产品销路通畅；声誉不佳的企业，产品销路阻滞。企业通过促销活动，可以扩大本企业产品的知名度，有助于加深消费者对企业的印象，提高企业声誉，使企业能获得稳定的销售和稳定的市场占有率，从而稳定产品的市场地位。

4. 开拓需求，促进销售。消费者的购买行为具有可诱导性，往往易受外界环境和企业促销宣传的影响。企业主动向消费者、中间商介绍本企业的产品及给他们带来的实际利益，不仅可诱导他们的需求，而且可以创造需求，促进产品销售，从而提高企业产品的市场占有率。

企业的销售人员通过各种促销活动与消费者互动，对其施加影响。但是，促销作为集中销售推广手段，由于其本身的某种局限，有些目的也无法达成，如无法建立品牌忠诚度、无力换回销售衰退趋势、对不被接受产品无力回天等。促销不是万能的，促销是一种“投入”，在运用促销策略时要谨慎。

二、促销组合

（一）促销组合的含义

促销组合是指企业根据产品的特点和营销目标，综合各种影响因素，对人员推销、广告、公共关系和营业推广四种促销方式的选择、编配和综合运用，形成整体促销的策略或技巧。

促销组合体现了现代市场营销理论的核心思想——整体营销。促销组合是一种系统化的整体策略，四种基本促销方式则构成了这一整体策略的四个子系统。每个子系统都包括了一些可变因素，即具体的促销手段或工具，某一因素的改变意味着组合关系的变化，也就意味着一个新的促销策略。

（二）促销组合的方式

1. 人员推销。人员推销指企业派出推销人员或委托推销人员，直接与消费者接触，向目标顾客进行产品介绍、推广，促进销售的沟通活动。

2. 广告促销。广告促销指企业按照一定的预算方式，支付一定数额的费用，通过不同的媒体对产品进行广泛宣传，促进产品销售的传播活动。

3. 公关促销。公关促销指企业通过开展公共关系活动或通过第三方在各种传播媒体上宣传企业形象，促进与内部员工、外部公众良好关系的沟通活动。

4. 营业推广。营业推广指企业为刺激消费者购买，由一系列具有短期诱导性的营业方法组成的沟通活动。

（三）影响促销组合决策的因素

1. 促销目标。促销目标是影响促销组合决策的首要因素。每种促销工具，如广告、人员推销、销售促进和人员推广等，都有各自独有的特性和成本。营销人员必须根据具体的促销目标选择合适的促销工具组合。

2. 市场特点。市场特点不同，直接影响着企业的促销组合。市场特点主要通过市场的地理范围、市场的类型以及不同类型市场潜在顾客的数量三个方面表现出来。市场规模大、范围广时，宜采用广告进行广泛宣传；规模小、地域窄的市场，应以人员推销为主。消费者市场购买者数量多而分散，应以广告宣传、产品包装说明、商品陈列等为主；生产者市场用户少、批量大，宜以人员推销为主。从市场潜在顾客数量来说，数量多的应以广告为主，数量少的则以人员推销为主。

3. 产品性质。由于产品性质不同，消费者及用户的购买行为和购买习惯不同，因而企业所采取的促销组合也会有所差异。一般而言，生活资料的技术结构较简单，购买人数众多，可较多地使用广告，但对中间商则采用人员推销较好。生产资料技术性强，其购买者多为专门用户，宜采用人员推销方式，以便向用户作详细说明并解答疑问。对于生活资料和生产资料，公共关系和营业推广都属于辅助性的促销方式。

4. 产品生命周期。在产品生命周期的不同阶段，促销工作具有不同效用。

在产品的成长期，企业的促销目标是使顾客认知产品。这一时期由于新产品初上市，消费者对其不了解，故必须通过强有力的促销活动来吸引广大消费者的注意。这时，主要采用广告进行广泛宣传，并利用人员推销来选择中间商，并配合以营业推广，促进消费者认识、了解企业产品。

在产品的成长期，企业的促销目标是进一步引起顾客的兴趣，吸引顾客购买，并形成品牌偏爱。这时仍以广告和人员推销为主，广告的内容应突出宣传产品在质量和服务等方面的特色，以提高市场占有率，逐步增加人员推销，以降低成本，增加企业利润。

在产品的成熟期，竞争日益激烈，企业的促销目标是增加购买者的信任感，以战胜竞争对手，保持市场占有率。促销组合仍以广告为主，广告的形式以提示性为主，同时应尽可能多地利用公共关系宣传，以提高企业的声誉。

在产品的衰退期，销量下降，企业的促销目标是使一些老用户继续信任自己的产品，坚持购买，并消除其不满意感。这时的促销组合，应以营业推广为主，辅以保持顾客记忆的少量广告和公共关系宣传。这一时期应降低促销费用，缩小促销规模，以保证足够的利润收入。

5. “推”式策略和“拉”式策略。企业是选择“推”式策略还是“拉”式策略来进行销售，对促销组合也具有重要影响。

“推”式策略是指利用推销人员与中间商将产品推入渠道，生产者将产品积极“推”到批发商手中，批发商积极地将产品“推”给零售商，零售商再将产品“推”向消费者。

“拉”式策略是指企业针对最终消费者，花费大量的资金从事广告及消费者促销活动，以增进产品的需求。如果做得有效，消费者就会向零售商要求购买该产品，于是拉动了整个渠道系统，零售商会向批发商要求购买该产品，而批发商又会向生产者要求购买该产品。企业对“推”式策略和“拉”式策略的选择显然会影响各种促销工具的资金分配。

6. 其他营销因素。影响促销组合的因素是复杂的，除上述五种因素外，本公司的营销风格、销售人员素质、整体发展战略、社会和竞争环境等不同程度地影响着促销组合的决策。营销人员应审时度势，全面考虑才能制定出有效的促销组合决策。

三、促销策略

（一）促销策略的含义

促销策略是市场营销组合的基本策略之一。[①] 促销策略是指企业如何通过

---

① 何静文,戴卫东主编. 市场营销学[M]. 北京:北京大学出版社,2014.

人员推销、广告、公共关系和营业推广等各种促销方式，向消费者或用户传递产品信息，引起他们的注意和兴趣，激发他们的购买欲望和购买行为，以达到扩大销售的目的。企业将合适的产品，在适当地点、以适当的价格出售的信息传递到目标市场，一般是通过两种方式：一是人员推销，即推销员和顾客面对面地进行推销；另一种是非人员推销，即通过大众传播媒介在同一时间向大量顾客传递信息，主要包括广告、公共关系和营业推广等多种方式。这两种推销方式各有利弊，起着相互补充的作用。此外，目录、通告、赠品、店标、陈列、示范、展销等也都属于促销策略范围。

一个好的促销策略，往往能起到多方面作用，如提供信息情况，及时引导采购；激发购买欲望，扩大产品需求；突出产品特点，建立产品形象；维持市场份额，巩固市场地位等。

（二）促销策略的类型

根据促销手段的出发点与作用的不同，可分为两种促销策略。

1. “推”式策略。“推”式策略，即以直接方式，运用人员推销手段，把产品推向销售渠道，其作用过程为，企业的推销员把产品或劳务推荐给批发商，再由批发商推荐给零售商，最后由零售商推荐给最终消费者。该策略适用于以下几种情况：（1）企业经营规模小，或无足够资金用以执行完善的广告计划；（2）市场较集中，分销渠道短，销售队伍大；（3）产品具有很高的单位价值，如特殊品，选购品等；（4）产品的使用、维修、保养方法须要进行示范等。

2. “拉”式策略。“拉”式策略，即采取间接方式，通过广告和公共宣传等措施吸引最终消费者，使消费者对企业的产品或劳务产生兴趣，从而引起需求，主动去购买商品。其作用路线为，企业将消费者引向零售商，将零售商引向批发商，将批发商引向生产企业。这种策略适用于以下几种情况：（1）市场广大，产品多属便利品；（2）商品信息必须以最快速度告知广大消费者；（3）对产品的初始需求已呈现出有利的趋势，市场需求日渐上升；（4）产品具有独特性能，与其他产品的区别显而易见；（5）能引起消费者某种特殊情感的产品；（6）有充分的资金用于广告等。

第二节　人员推销策略

一个企业要进行卓有成效的市场营销活动，要扩大企业自身及其产品的影响力，就必须要运用各种促销工具，这些工具除了广告、销售促销和宣传之外，还有一种常见的方式即人员推销。人员推销是一项古老的艺术，也是人类最古老、最传统、最不可缺少的促销方式。在商品经济高度发达的现代社会，人员推销这种古老的形式焕发了青春，成为现代社会最重要的一种促销形式。

一、人员推销的含义、特点和形式

（一）人员推销的含义

人员推销是指企业派出推销人员直接与消费者或中间商接触，进行宣传介绍活动，以达到推销商品、促进和扩大销售的目的。人员推销是销售人员帮助和说服消费者或中间商购买某种商品或劳务的过程。

（二）人员销售的特点

人员推销与促销组合中其他非人员促销方式最大的不同点是，推销人员与潜在顾客直接接触，因而信息沟通过程是双向的，推销人员可以立即获得信息反馈，并据此对信息的内容及信息的表达方式做出相应的调整。因此，人员推销在购买过程的某些阶段起着最有效的作用，常用于建立购买者的偏好、信任及行动方面，其作用是其他促销方式所不能替代的。人员推销具有如下特点。①

1. 销售的针对性。与顾客的直接沟通是人员推销的主要特征。由于是双方直接接触，相互间在态度、气氛、情感等方面都能捕捉和把握，有利于销售人员有针对性地做好沟通工作，解除各种疑虑，引导购买欲望。

2. 销售的有效性。人员推销的又一特点是提供产品实证，销售人员通过展示产品，解答质疑，指导产品使用方法，使目标顾客能当面接触产品，从而确信产品的性能和特点，易于引发消费者购买行为。

3. 密切买卖双方关系。销售人员与顾客直接打交道，交往中会逐渐产生

---

① 何静文，戴卫东主编. 市场营销学[M]. 北京：北京大学出版社，2014.

信任和理解，加深双方感情，建立起良好的关系，容易培育出忠诚顾客，稳定企业销售业务。

4. 信息传递的双向性。在推销过程中，销售人员一方面把企业信息及时、准确地传递给目标顾客；另一方面把市场信息，顾客（客户）的要求、意见及建议反馈给企业，为企业调整营销方针和政策提供依据。

与此同时，人员推销中推销人员的说服和解释能力会直接影响推销效果，理想的推销人员很难得且管理难度大，成本也最高。

（三）人员推销的形式

人员推销作为一种重要的促销形式，主要包括上门推销、柜台推销和会议推销三种基本形式。①

1. 上门推销。上门推销是最常见的人员推销形式。它是由推销人员携带产品样品、说明书和订单等走访顾客，推销产品。这种推销形式可以针对顾客的需要提供有效的服务，方便顾客，为顾客广泛认可和接受。这种形式是一种积极主动的、名副其实的“正宗”推销形式。

2. 柜台推销。柜台推销又称门市推销，是指企业在适当地点设置固定门市，或派出人员进驻经销商的网点，接待进入门市的顾客，介绍和推销产品。柜台推销与上门推销正好相反，它是等客上门式的推销方式。因门市里产品种类齐全，能满足顾客多种需求且便于顾客购买，同时也可保证产品完好无损，因此顾客比较乐于接受这种方式。

3. 会议推销。会议推销是指利用各种会议向与会人员宣传和介绍产品，开展推销活动，如在订货会、交易会、展览会、物资交流会等会议上推销产品。这种推销形式接触面广、推销集中，可以同时向多个推销对象推销产品，成交额较大，推销效果较好。

二、人员推销的对象、步骤与任务

（一）人员推销的对象

人员推销的推销对象并不仅限于消费者，还包括生产者与中间商。

（二）人员推销的步骤

人员推销是一门艺术，也是一门科学，拥有内在的规律和技术。对于潜在顾客的推销，须要遵循一定的步骤。主要包括以下几个阶段。

---

① 李文国，杜琳主编. 市场营销[M]. 北京：清华大学出版社，2012.

1. 推销准备阶段。为了保证推销任务的顺利完成，推销人员在开始工作之前，要进行充分的准备，具体内容包括掌握基本情况、设计推销路线、订立谈判原则、了解顾客特点、制定洽谈要点等。

2. 推销实施阶段。这是推销人员的实质性工作阶段。推销人员从事推销面谈时往往要经过四个阶段，相应地也有四种对策。

（1）吸引消费者的注意力。吸引消费者注意并使其产生良好反应是整个推销活动顺利开展的前提。要引起注意，推销人员要处理好四个问题：首先，说好第一句话；其次，要用肯定的语气说话；再次，要抓住消费者关心的问题；最后，要拿出新招。

（2）诱导消费者的购买兴趣。诱导消费者兴趣的最好办法是做示范。通过面对面的示范表演，让消费者耳闻目睹，或让消费者自己进行试验，直接体会产品的性能、特点。如果产品不便携带，可通过间接示范办法，如出示鉴定书等，以诱发其购买兴趣。

（3）激发购买欲望。消费者的购买兴趣来自企业的产品和对产品的宣传介绍。若产品介绍能与消费者的需要相联系，则会激发消费者产生购买欲望，形成购买动机。

（4）促成购买行为。促成购买行为的方法主要有：一是优点汇集法，即把消费者感兴趣的商品优点与从中可得到的利益汇集起来，在推销结束前，将其集中再现，促成其购买；二是假定法，即假定消费者已经购买，然后询问其所关心的问题，或谈及其使用商品的计划，以此促进购买；三是优惠法，即利用消费者追求实惠的心理，通过提供优惠条件，促使其立即购买；四是保证法，即通过售后服务保证，如包修、包换、定期检查等，克服消费者购买的心理障碍，促成购买行为的实现。

3. 跟踪服务阶段。这是人员推销的最后环节，也是新的推销工作的起点，意指推销人员为已购买商品的消费者提供各种售后服务。跟踪服务能加深消费者对企业和产品的信赖，促使重复购买，同时可获得各种反馈信息，为企业决策提供依据。

（三）人员推销的任务

人员推销的关键在推销人员。与早期推销人员相比，现代推销人员的作用已不仅仅限于单纯的商品销售，其地位日益重要，作用日益广泛。在人员推销活动中，推销人员的主要任务有以下几个方面。

1. 开发新顾客。推销人员要积极寻找和发现新顾客或潜在顾客，从事市场开拓工作。不仅了解和熟悉现有顾客的需求动向，而且积极寻找和发现更多可能的顾客或潜在顾客。

2. 信息传递。推销人员与现实的或潜在的顾客保持联系，及时将企业的产品与其他相关信息介绍给顾客，同时了解他们的需求，沟通产销信息。

3. 销售产品。推销人员通过与顾客直接接触，运用推销的艺术和技巧，千方百计达成交易。这是推销人员努力的最终成果，把企业产品销售出去。

4. 提供服务。推销人员须要向顾客提供售前、售中与售后服务，包括业务咨询、技术性协助等。

5. 信息反馈。推销人员可以利用直接接触市场和顾客的便利进行市场调查，报告推销访问情况，并反馈市场信息、协调资源，为开拓市场和有效推销提供依据。

6. 顾客资信评价。通过与顾客直接接触，收集和评价顾客资信情况，为企业支付优惠提供决策参考。

三、人员推销的策略

在产品的实际销售中，推销人员应根据不同的销售环境、推销气氛、推销对象和推销产品，审时度势，巧妙而灵活的选用各种推销策略。① 人员推销常用的推销策略有。

1. 一般性策略，即推销人员对于顾客比较常见的疑问都给予满意的回答。如，顾客在接触到推销人员及产品时通常会产生这样的疑问：购买使用这种产品有什么好处？如何证明这种产品在质量性能上的优势？对于此类问题推销人员必须做出恰如其分的回答，吸引顾客的注意力。

2. 试探性策略，也称“刺激—反应”策略。这种策略是在不了解客户需要的情况下，推销人员运用刺激性手段引发顾客产生购买行为的策略。推销人员事先设计好能引起顾客兴趣、能刺激顾客购买欲望的推销语言，通过渗透性交谈进行刺激，在交谈中观察顾客的反应；然后根据其反应采取相应的对策，并选用得体的语言，在对顾客进行刺激，进一步观察顾客的反应，以了解顾客的真实需要，诱发购买动机，引导顾客产生购买行为。

3. 针对性策略，也称“配方—成交”策略。这种策略是指推销人员在了解顾客基本需求的前提下，有针对性地对顾客进行宣传、介绍，以引起顾客的

---

① 柳兴国主编. 市场营销学[M]. 北京：中国人民大学出版社，2014.

兴趣和好感，从而达到成交的目的。

4. 诱导性策略，也称“诱发—满足”策略。这是一种创造性推销，是指推销人员运用能激起顾客某种需求的说服方法，诱发引导顾客产生购买行为。这种策略对推销人员要求较高，要求推销人员能因势利导，诱发、唤起顾客的需求；并能不失时机地宣传介绍和推荐所推销的产品，以满足顾客对产品的需求。

四、人员推销的管理

人员推销管理主要包括推销人员的甄选、培训、考核和奖励等。

（一）推销人员的甄选

招聘和甄选具有良好素质的推销人员是降低人员推销成本、提高人员推销效率的基础。一般的推销人员与优秀的推销人员的业务水平会有很大差异。在美国，一项对500多家公司调查的结果表明，27%的推销人员创造了52%的销售额。

甄选推销人员，不仅要对未从事推销工作的人员进行甄选，使其中品德端正、作风正派、工作责任心强且胜任推销工作的人员进入推销人员队伍，还要对在岗推销人员进行甄选，淘汰那些不适合推销工作的推销人员。

甄选推销人员的途径有两种：一是从企业内部选拔，即把本企业内部德才兼备、热爱并适合推销工作的人员选拔到推销部门工作；二是从企业外部招聘，即企业从大专院校的应届毕业生、其他企业或单位等群体中物色合格人选。

甄选推销人员的基本标准主要有四种：一是感召力，即善于从顾客角度考虑问题，并使顾客接受自己；二是自信力，让顾客感觉自己的购买决策是正确的；三是挑战力，即具有视各种异议、拒绝或障碍为挑战的心理；四是自我驱动力，即具有完成销售任务的强烈愿望。

无论哪种甄选途径，都应经过严格的考核，择优录用。甄选推销人员应采用申报、笔试和面试相结合的方法。由报名者自己填写申请，借此掌握报名者的性别、年龄、受教育程度及工作经历等基本情况；通过笔试和面试可了解报名者的仪表风度、工作态度、知识广度和深度、语言表达能力、理解能力、分析能力、应变能力等。

（二）推销人员的培训

有效的推销人员培训是一种总体效率投资，既可以提高企业对推销人员的吸引力、凝聚力，又可以成为队伍稳定剂，保证企业总体销售效果。国外企业的平均培训时间大致为：产业用品公司为28周，服务公司为12周，消费品公司为4周。培训时间随销售工作的复杂程度与销售机构的人员类型而有所不同。

（三）推销人员的奖励

推销人员的奖励方式主要包括单纯薪金制、单纯佣金制和混合奖励制四种。

1. 单纯薪金制。单纯薪金制，也称固定薪金制，是指在一定时间内，无论推销人员的销售业绩是多少，推销人员获得固定数额报酬的形式。具体说来就是“职务工资＋岗位工资＋工龄工资”。

2. 单纯佣金制。单纯佣金制，指的是与一定期间的销售业绩直接相关的报酬形式，即按销售基准的一定比率获得佣金。单纯佣金制的具体形式又有单一佣金和多重佣金（累退制和累进制）、直接佣金和预提佣金之分。

3. 混合奖励制。这种方式兼顾激励性和安全性两重特点。当然，混合奖励制有效的关键在于薪金、佣金和分红的比率。一般而言，混合奖励中的薪金部分应大到足以吸引有潜力的推销人员；同时，佣金和分红部分足以大到刺激他们努力工作。混合奖励的常用形式有五种，即“薪金＋佣金”，“薪金＋分红奖励”，“佣金＋分红奖励”，“薪金＋佣金＋分红奖励”以及“薪金＋佣金＋分红奖励＋期权”。

4. 特别奖励制。即在正常奖励之外所给予的额外奖励，包括经济奖励和非经济奖励。非经济奖励包括给予荣誉、表扬记功、颁发奖章等；特别奖励的具体形式有业绩特别奖、销售竞赛奖等。

（四）推销人员的考核

对推销人员绩效的考核，一定要有良好而合理的标准。绩效标准不能一概而论，管理人员应充分了解整个市场的潜力和每一位推销人员在适应工作环境和销售能力上的差异。有鉴于此，一般而言考核标准常用的有六种。

1. 横向比较法。横向比较法，意指把各个推销人员的销售成绩进行排队比较。这种比较方法只有在各地区市场潜量、工作量、竞争激烈程度、企业推销努力等没有差别或差别不大的情况下才有意义。当前的销售量并不是衡量推销员成就大小的唯一标准，管理部门应予以重视的是每个推销人员目前所创的纯利有多少。这就需要检查每位推销人员所出售的产品销售组合和销售费用。更重要的是要考核顾客对推销人员服务的满意程度。

2. 纵向比较法。纵向比较法，指将推销人员现在的销售业绩与其过去的业绩进行比较。这种方法能直接表明推销人员工作进展的程度。

3. 品质评价法。推销人员品质评价法的具体内容通常包括推销员对企业、产品、顾客、竞争者、销售区或职责的了解程度，推销员的个性特征如举止、仪表、言谈和气质等也可予以评价。销售管理部门还可对任何有关推销员工作动机与依从上级的问题加以评价。销售经理还应查核推销人员是否熟悉和遵守有关法规。企业应把上述各方面的评价标准公之于众，使推销人员知道企业对他们的工作是如何评价的，从而努力改进自己的工作。

4. 对照表法。企业销售组织在对推销人员的实际销售能力、计划能力、洽谈成交能力等逐项进行考评时，应尽可能地做到公正客观，但实际操作中仍有一定困难。因为这些项目都比较抽象且带有一定的主观性，要想客观考评实在困难。针对这一问题，美国营销专家普洛波斯特想出了一个解决办法，即凭空核评推销人员的计划能力。企业可以先制定几项表现计划能力的项目，然后让被考核的人对这些项目一一做“是与否”的回答，这样就可得到较具体、较客观的考评结果。例如，在考核推销人员的计划能力时，可以按照下列各项来考核：制定计划时是否时常参照过去的数据，制定计划时是否时常引进统计方法，制定计划时是否会把文字整理、分成条列式，制定计划时是否使用图表制定计量的目标，制定计划时是否把实现的手段加以详细分析等。这种将推销人员的计划能力分成若干因素而让被考核人作是或否的回答的方法被称为普洛波斯特法。

5. 考评尺度法。这是一种将各个业绩考评项目都给予具体衡量的尺度，管理人员依据平时对推销人员工作状况的观察对各考评项目一一打分，然后再逐项汇总起来，所得总分就是该推销人员业绩考评的结果。

6. 多项目综合考评法。这是一种既简单又便于操作的考评推销人员业绩的方法，即把被考核人的考核因素分成工作的实绩、能力、服务态度等几大类，评语则不论好坏都分散在各大类中，看过所有的评语后，认为某一评语下得很适当就在这项评语上打个具体分数。分数在这张表上也可以不表示出来，每个项目都散布着与分数无关的评语，所以考核人只有先看完全文，否则无法确定最适当的评语。多项目综合考评法可将推销人员业绩考评中人为的错误与偏差降低到最低程度。企业还可以对各考核因素分配不同的权重，依据加权分数汇总来决定推销人员业绩的名次。

第三节　广告策略

广告作为一种传递信息活动，是企业促销中普遍重视且应用最广的促销方式。与人员推销、公共关系和营业推广三种促销方式相比，广告宣传具有公共性强、受众面广、渗透性强的特点。广告是企业营销活动中使用最多、花费最多的促销工具之一。

一、广告的含义与功能

（一）广告的含义

《中华人民共和国广告法》中对广告的界定是：“本法所称广告，是指商品经营者或者服务提供者承担费用，通过一定媒介和形式直接或者间接地介绍自己所推销的商品或者所提供的服务的商业广告。”

广告（advertising）一词有广义与狭义之分。广义广告泛指有目的地唤起人们注意或影响人们观念的特殊信息传播方式，如政府公告、宗教布告、公共利益宣传、教育通告、各种启事、标语、口号、声明等，既包括经济广告（商业广告），又包括非经济广告。狭义的广告指经济广告，是广告主体有目的地通过各种可控制的有效大众传播媒体，旨在促进商品销售和劳务提供的付费宣传，是商品经济的产物。市场营销中研究的广告指的狭义解释。

（二）广告的功能

在促销方式中，广告宣传是能见度最高的公共沟通方式，受众面广，许多人共同接受同样的信息，并在一定范围内表现为无差别地提供信息。[①] 在市场营销工作中，广告是很好的传递信息、刺激需求的方法，同时有利于在市场上争取顾客，是打击竞争对手的手段。因此，商业广告具有多重功能。

1. 传播信息。传播信息是广告的基本功能，也是广告最为重要的功能。经济越是发达，社会越是进步，这一功能就越是清晰地显示出来。主要表现在两个方面：第一，介绍产品与服务。广告可以向消费者介绍产品知识，这些信

① 李文国，杜琳主编. 市场营销[M]. 北京：清华大学出版社，2015.

息若不能有效地传递给潜在的消费者，就不能让消费者产生购买行为。例如，家用轿车购买后的贴膜与底盘装甲项目为汽车非标准配置，对于该类项目的消费，消费者一般不会在对该产品一无所知的情况下掏钱购买，因此有赖于广告宣传的告知性。第二，通报产品及服务。广告传播信息的功能表现在对产品或服务情况的通报上。一种新产品出现后，需要做的工作就是把这一情况及时通报给消费者。一般而言，在当今社会，一种新产品问世，必然要伴以大规模、高密度的广告宣传，以让消费者对新产品形成深刻的印象。

2. 刺激需求。对于消费者的某些处于潜在状态的需求，若不加以刺激，可能被抑制；若加以有效的刺激，则可能转变为实际的购买行为。广告可以介绍产品的成分、质地、技术、性能、规格、特点、使用范围、养护知识等信息，形形色色的广告手段是激发人们潜在消费需求的最普遍、最直接、最有效的工具，由广告效应所造成的购买氛围使得现代人事实上已经无法摆脱广告对其心理需求的巨大影响，使消费者打破原先的思维定式，从而接受产品。如中国人的传统习惯是泡喝热茶，然而，厂商通过广告等沟通的力量，激发了中国人的潜在需求，使人们逐渐接受了喝茶饮品、冰茶产品，使这类饮料销售量与日俱增，牢牢地占据了市场。

3. 争夺顾客。市场经济充满竞争，对于厂商来说，竞争是一种挑战，也是一种动力。哪里有销售，哪里就有竞争。利用广告这个手段来开拓市场、促进销售，以此来提高经济效益。如果一家企业通过广告刺激潜在消费者购买，而另一家企业不进行任何广告宣传，则顾客很可能被夺走，在竞争中的地位就可能发生变化。

4. 抑制竞争对手。知名大企业抢占各种媒体的黄金时间和黄金版面，并不是因为本企业或其产品知名度不够，也不是为已经出名的产品而做广告，最重要的是不让竞争对手抢走具有良好效果的广告播出时间段和版面，使竞争对手没有更好的机会宣传自己。

二、广告媒体的选择

广告信息需要通过一定的媒体才能有效地传播出去，然而不同的媒体在广告内容承载力、覆盖面、送达率、展露频率、影响价值以及费用等方面互有差异，因此正确地选择广告媒体是一项非常重要的工作。①

① 何静文，戴卫东主编. 市场营销学[M]. 北京：北京大学出版社，2014.

（一）广告媒体的种类及其特性

广告媒体的种类很多，不同类型的媒体有不同的特性。比较常用的有以下几种。

1. 印刷媒体。印刷媒体主要指的是报纸、期刊等印刷出版物，这类媒介是广告最普遍的承载工具。报纸的优点是：信息传递及时，读者广泛稳定，可信度比较高；刊登日期和版面的可选度较高，便于对广告内容进行较详细的说明；便于保存，制作简便，费用较低。报纸的局限性是：时效短，转阅读者少；印刷简单因而不够形象和生动，感染力相差一些。

期刊的优点是：读者对象比较确定，易于送达特定的广告对象；时效长，转阅读者多，便于保存；印刷比较精美，有较强的感染力。与此同时，期刊的不足是：广告信息传递前置时间长，信息传递的及时性差，有些发行量是无效的。

2. 视听媒体。主要有广播、电视等。广播的优点是：覆盖面广，传递迅速，展露频率高；可选择适当的地区和对象，成本低。广播的缺点是：稍纵即逝，保留性差，不宜查询；受频道限制，缺少选择性、直观性与形象性，吸引力与感染力较弱。

相比而言，电视的优点是：覆盖面广，传播速度快，送达率高；集形、声、色、动态于一体，生动直观。易于接受，感染力强。电视的不足是：展露瞬间即逝、保留性不强；对观众的选择性差，绝对成本高。

3. 户外媒体。户外媒体包括招牌、广告牌、交通工具、霓虹灯等。户外媒体的优点是比较灵活，展露重复性强，成本低，竞争少。户外媒体的缺点是：不能选择对象，传播面窄，信息容量小，动态化受到限制。

4. 邮寄媒体。邮寄媒体是指遍布全国乃至全世界的邮政网络。邮寄媒体的优点是广告对象明确而且具有灵活性，便于提供全面信息。邮寄媒体的局限性是，时效性较差，成本比较高，容易出现滥寄的现象。

5. 互联网媒体。互联网媒体就是在网络上做的广告，利用网站上的广告横幅、文本链接、多媒体的方法，在互联网刊登或发布广告，通过网络传递到互联网用户的一种高科技广告运作方式。互联网媒体的优点是覆盖范围广，费用低廉，成交概率高，多媒体动感，迅捷性高和互动性强。互联网媒体的缺点是受硬件环境的限制，被动性突出，效果测评标准尚未确立，网络管理法规尚未完善。

（二）选择广告媒体应考虑的因素

1. 媒体的性质与传播效果。不同的广告媒体有不同的优点和局限性，是企业在选择媒体时首先要考虑的。媒体传播范围不同，发行数量不一，会影响媒体受众人数；媒体社会地位的高低，会影响广告的影响力和可信度。这些都会在一定程度上影响广告效果。

2. 商品特性因素。广告产品特性与广告媒体选择密切相关。选择广告媒体，应当根据企业所推销的产品或服务的性质与特征而定。产品的性质如何、具有什么样的使用价值、质量如何、包装如何以及对媒体传播的要求等，都会对媒体的选择有着直接或间接的影响。工业品与消费品、技术性能较高的复杂产品与较普通的产品，应采用不同的媒体进行广告宣传。

3. 媒体受众因素。选择广告媒体，要充分考虑媒体受众者的职业、年龄、性别、文化水平、信仰、习惯、社会地位等，因为其生活习惯不同，经常接触的媒体也就不同。不同的观众通常会接触特定的媒体，有针对性地选择为广告对象所易于接收的媒体，是增强广告促销效果的有效方法。

4. 广告内容因素。广告媒体选择要受到广告信息内容的制约。如果广告内容是宣布明日的销售活动，则报纸、电视、广播媒体最及时；而如果广告信息中有大量的技术资料，则宜登载在专业杂志上或邮寄广告媒体上。

5. 竞争对手的特点因素。竞争对手的广告战略与策略，包括广告媒体的选择情况和广告成本费用情况，对企业的媒体工具选择有着显著影响。比如选择与竞争对手相同的媒体，用以削弱对方的广告效果，或者采用迂回战术，采用其他媒体渠道。

6. 广告预算费用。一个企业所能承担的广告费用的多少，对广告媒体的选择会产生直接的影响。例如，一些效益不佳的中小企业，因广告费用的限制，就很少采用全国性的、费用高昂的广告媒体；而一些效益好的大型企业，像报纸、杂志、广播、电视四大媒体就是其经常采用的媒体方式。

7. 媒体的成本因素。不同媒体所需的成本也是选择广告媒体的依据因素。不同媒体，其成本价格不同，不同版面、不同时间也有不同的收费标准，应该选择投资效应良好的媒体，实现广告投资最大化收益的目标。

三、广告的设计与广告效果评价

（一）广告的设计

广告的设计必须以人的心理活动特征为依据，把激发人的潜在意识作为重要目标。[1] 这就要求广告内容首先要引起消费者的注意，进而产生购买愿望，并购买产品。

1. 广告设计的特点

（1）符合广告受众的认知规律。这里是指人的认识规律，广告宣传内容的安排符合人的认识规律才有效果。首先，广告内容安排应符合人的认识顺序；其次，需增强与背景的反差；最后，应突出广告主题。

（2）内容真实性强，易为受众接受。广告的作用是说服消费者，但说服不等于欺骗。做广告的目的除了让广大消费者了解本企业外，更重要的是让人们对本企业产生好感。宣传的真实性非常重要，欺骗性的广告宣传不但违反了商业道德，违反《中华人民共和国广告法》，而且也会有损于企业的声誉。

（3）内容简洁，针对性强。广告所能表达的内容非常有限，人们对广告留意的时间也很短暂，因此，要求内容清晰、简洁，强调广告宣传的针对性。广告是一种实用艺术，需要在一瞬间将人抓住。应该做到简单醒目、一目了然，生动形象、通俗易懂。

（4）创意新颖，富有美感。广告要求画面清晰、创意好、语言精练，使人看后回味无穷，满足人们的审美要求。在信息社会，每个人每天接触的广告非常多，如果其广告没有创意，根本无法引起消费者注意。

（5）善于搭车，突出自己的品牌。当某重大事件发生时，人们的注意力非常集中，这时候企业要善于搭车，把自己的产品与重大事件联系起来。广告悬窗中应突出自己的品牌和信誉，如“车到山前必有路，有路必有丰田车”，就突出了自己的品牌，又搭上了人们耳熟能详的俗语，可谓事半功倍，利于广告传播。

2. 广告设计的注意事项

（1）引起消费者的注意。注意是指人心理活动对一定事物的指向和集中。注意使人离开其余事物而清晰地反映作为认知对象的一定事物。使人产生对某一事物的注意，除了与客观因素有关，也与人的主观因素有关。可采取以下措施促使广告从客观上引起人们注意。

①扩大规模。高大的物品容易引起人们的注意。如一家牛仔裤厂用一条巨型裤子做广告，并宣称谁穿得着这条裤子，就送给谁，吸引了许多人观看。实验表明，广告版面与效果成正比，但并不是随着广告版面加大效果成比例增

---

① 李文国，杜琳主编．市场营销［M］．北京：清华大学出版社，2012.

加，而是版面扩大一倍，可提高注意率若干倍。但要注意在版面扩大时，内容要集中，如果内容零碎，就不能保证增强效果。

②增大刺激强度。根据条件反射的强度规律，刺激物在一定限度内的强度越大，它引起的兴奋就越强，人对这种刺激物的注意就越强烈。因此，要适当增大广告的刺激强度，使消费者在无意中受到强烈的刺激。例如，在制作广告时，可采用鲜艳的色彩、动听的音乐、醒目的标题、新颖的画面构思等刺激消费者的视觉和听觉，使消费者的心理处于积极、兴奋的状态，引起充分注意。

③动与静的结合使用。当其他条件都相同时，处于动和静的两个物体，动者比静者惹人注意的概率要大好几倍。此外，动态和静态还存在明显的反差。因此，恰当地利用动态可以引起消费者的注意。比如在夜晚，霓虹灯广告就最引人注意。

④制造悬念。人都有好奇心，通过制造某种悬念来引发消费者的好奇心，会使其优先加以注意。泰国首都曼谷的一条商业街上，有家商店的门前放着一个巨型木桶，外面用中、英、泰三种文字写着醒目大字："不准偷看！"引起了来往行人的好奇心理，非想看个究竟不可。哪知道只要把头伸进桶中，便可闻到一股芳香的酒味，桶底写着"本店美酒与众不同，请享用"，不少人大呼"上当"，可还是不由自主地去试饮几杯，由此生意很是兴隆。

（2）激发消费者的联想。人对所接触的任何事物都不会停留在直观表象上，都会在表象的基础上加工改造成新的形象，从而会产生联想。联想会向两个方向发展，能产生积极和消极两种不同的结果。广告应激发人们产生美好的联想。广告越具有艺术性特征，越容易激发消费者的联想。可采取以下手段激发消费者联想。

①夸张。夸张不仅能吸引消费者的注意力，而且还能够牵引消费者思维走向更广阔的空间。法国某印刷公司的广告称："除了钞票，承印一切。"虽有些夸张，却十分恰当，使人联想到公司的实力。

②暗示。暗示是用含蓄、间接的方式对人的心理和行为产生影响，启发人们按照一定方向联想。美国 HANES 袜子厂的广告语为"买廉价袜子，脚趾头会付出代价"，就是为了暗示其产品比廉价的袜子更耐穿。

③幽默。幽默使人在笑声中产生影射效果。喜剧明星陈佩斯做立白洗衣粉的广告，很容易让人在笑声中获取信息。

（3）联络消费者的情感。情感是一种态度倾向，广告如能诱发消费者的情感，就能促进消费者形成购买动机。以下是广告努力赢得的消费者情感。

①亲切感。广告所宣传的内容，应使消费者看了以后有一种亲切感，产生情感上的沟通。如孔府家酒有一广告语："孔府家酒，叫人想家。"

②信任感。通过广告宣传，使消费者对产品质量产生深刻认识，从而确立购买信心。伦敦一条街上有三家裁缝店他们分别打出广告，第一家的广告语为"本店拥有整个伦敦最好的裁缝师"，第二家的广告语为"本店拥有整个英国最好的裁缝师"，第三家的广告语为"本店拥有这条街上最好的裁缝师"，显而易见，第三家的广告语更能吸引消费者的注意。

③安全感。宣传产品的可靠保障，解除用户的后顾之忧，这就需要了解用户最关心的问题。如西门子公司为了打消消费者"家用电器出现故障后能否及时得到修理"的疑问，号称"本公司在世界各地的维修人员都闲得发慌"。

（4）增强消费者的记忆。能在消费者的记忆中产生持久的印象是广告追求的重要目标。广告增强消费者对所宣传内容记忆的手法主要有以下几种。

①重复式。人们的记忆往往不是一次完成的，要经过多次反复才能产生深刻印象，重复能起到强化人记忆的作用。如电视台每天播放"今年过节不收礼，收礼就收脑白金"这一句广告语，就是采用重复式宣传的手法。

②比较式。人们的认知习惯是通过比较进行判断的，利用比较的手法容易增强记忆。如某牙膏的广告就是通过牙膏消毒杀菌的不同效果进行比较，非常成功。但运用比较方法时，要注意不能同其他厂家的产品进行比较，否则就违反了广告法。

③现身说法式。借鉴是人们重要的认知途径，广告如能用消费者的表扬信来反映使用后感觉，则人们的印象会更深刻。如成龙为某洗发水产品所做的广告就采用这种广告方式。

④文艺式。用各种形式做广告沟通信息，融娱乐性、趣味性、知识性为一体，常能使消费者加深印象。

⑤身临其境式。要通过广告的形式使广大潜在的消费者看到产品的真实功能、用途、品质等，使接受广告的人有一种身临其境的感觉。比如，奥妙、汰渍、雕牌等洗衣粉的广告都具有这种特点。

商业广告为达成良好的沟通效果，在广告的设计中可以综合应用多种广告手法。

（二）广告效果评价

广告效果指广告信息通过广告媒体传播后所产生的社会影响和效应，其测定有利于企业正确认识已经进行的广告活动，有利于企业有效调整广告策略，改进下一步的广告工作，提高广告效益。广告效果评价包括传播效果和促销效果评价两个方面。①

1. 广告传播效果评价。广告传播效果是指广告播出以后，能够引起消费者注意、兴趣、记忆、理解及购买欲望的程度。广告传播效果的测定项目主要有：注意度、知名度、理解度、记忆度及收听率。广告传播效果的内容可简化为以下公式：

$$广告传播效果 = 广告质量 \times 广告数量$$

广告质量指广告的表现程度，可以通过引起注意、产生联想、增强记忆等表现出来。广告数量是指广告刊出的次数，它由广告媒体的数量与每一媒体刊播次数的乘积计算出来。

广告传播效果的测定方法主要有：

（1）问卷调查法，主要通过发放调查表格来测定广告传播效果。

（2）认知测定法，主要是测定广告阅读效果。

（3）比较测定法，即在预定实验期内，在一个地区播放广告，而在另一个地区不播放，比较观察两个地区销售变化情况以考察广告对产品的促销作用。

（4）回忆测定法，在广告播出后一段时间内了解、检验人们是否记得并说出广告内容，以测定广告传播效果。

2. 广告促销效果评价。广告促销效果是指企业销售额增加与广告费用支出的比率。其公式为：

$$广告促销效果 = 平均销售增加额/广告费用增加额 \times 100\%$$

用上式计算出的促销效果，只是一个参考数字，因为销售额的增加是由人员推广、营业推广、公共关系、权力营销等促销因素及产品的质量、数量、价格、服务态度等营销因素共同决定的，因此，在测定广告促销效果时应设法剔除这些因素的影响。此外，广告的促销作用还有一定的滞后性，即在广告信息发生一段时间后，销售额才开始增加，故这种因素也应设法考虑进去。

① 柳兴国主编. 市场营销学[M]. 北京：中国人民大学出版社，2014.

第四节　公共关系策略

社会组织的存在和发展是环境的产物、社会的需要，因而社会组织的信誉和形象，对自身的发展起着十分重要的作用，企业营销活动中公共关系的应用举足轻重。公共关系是企业促销组合策略中的一项重要措施，为此，企业必须正确运用公共关系，实现企业营销目标。

一、公共关系的含义

公共关系（public relations）简称“公关”或 PR，是企业利用各种传播手段，沟通内外部关系，塑造自身良好形象，建立和维护企业与公众间良好关系的活动。营销中的公共关系是企业主动与其顾客、供应商、经销商以及其他相关公众建立和维护良好关系的活动。

企业营销中的公共关系主要是通过新闻报道等方式，正面宣传企业和产品；通过内部与外部信息传播来促进公众对企业的了解，建立企业形象；通过与立法和政府机构沟通，维护企业权益，并在一定程度上影响法规制度；进行企业危机管理，防范和处理企业危机事件。公共关系主要可以通过宣传报道、赞助公益和社会活动、举办宣传展览和开展主题活动方式，与企业内部和外界进行交流、沟通信息。公共关系作为四大促销手段之一，与其他促销手段如商品推销、商业广告等有所不同，公共关系活动主要是通过不花钱或少花钱的活动，主要利用新闻媒体的力量开展工作。

二、公共关系促销

（一）公共关系促销的含义

美国营销大师菲利普·科特勒对公共关系促销作了如下定义：作为促销手段的公共关系是指这样一些活动，争取对企业有利的宣传报道，协助企业与有关的各界公众建立和保持良好关系，树立良好的企业形象，以及消除和处理对企业不利的谣言、传说和事件等。公共关系是指企业与其相关的社会公众之间的联系，这种联系是通过信息沟通实现的。

公共关系促销并不是推销某个具体的产品，而是利用公共关系，把企业的经营目标、经营理念、政策措施等传递给社会公众，使公众对企业有充分了解；对内协调各部门的关系，对外密切企业与公众的关系，扩大企业的知名度、信誉度、美誉度，为企业营造一个和谐、亲善、友好的营销环境，从而间接地促进产品销售。

（二）公共关系促销的特点

1. 具有真实感，可信度高。公共关系传播的促销信息，或借助于事实本身，让人耳闻目睹；或通过他人之口传天下。公共关系可以巧妙避开人员促销、广告等手段“自卖自夸”之嫌，能够突破公众及顾客的防范、戒备心理，易于深入人心，效果持久。

2. 具有亲切感，传达力强。公共关系传播的信息，重在表现企业的“人情味”和社会责任心，创造企业经营“取之于民，用之于民”的公共形象，迎合了公众与顾客的感情，更利于买卖双方之间建立长期合作关系，形成顾客对企业、品牌的高度向心力。

3. 具有新鲜感，趣味性浓。新颖独特，又富于趣味性，容易吸引视听。

（三）公共关系促销的职能

公共关系活动是企业整体营销活动的重要组成部分，是一种“软推销术”。[①] 公共关系促销在企业市场营销活动中的职能主要体现在以下几个方面：

1. 收集信息，监测环境。企业是环境的一部分，同时企业经营也是与环境进行资源交换的过程。因此，企业运用各种公关手段收集信息，把握企业环境状况和变化。通过公关收集的企业环境信息包括外部信息，如消费者对本企业产品的各种反映和评价，公众对企业的认识和对企业管理理念、管理水平、服务水平、人员素质的评价等；还包括内部信息，如企业员工对企业的评价，对企业文化的认同感，对企业管理理念的认知、意见和建议等。

2. 咨询建议，支持决策。企业对利用公共关系收集到的各种信息，进行综合分析，考察企业的决策和行为与公众可能意向之间的吻合程度，并及时、准确地向企业的决策者提供咨询，提出合理而可行的建议，提高决策的社会适应能力和应变能力；利用公共关系对正在实施的决策方案进行追踪检测，并及时反馈评价信息。

3. 舆论宣传，沟通交流。企业将公共关系作为企业的“喉舌”，及时、正确地向公众对象传递企业信息，建立企业的公众形象，创造良好的舆论氛围；

---

① 李文国，杜琳主编. 市场营销[M]. 北京：清华大学出版社，2012.

与企业内外部进行交流，协调企业与内外部公众的关系。

4. 教育引导，树立形象。企业可以通过公共关系活动进行广泛、细致、耐心的劝服性教育和优惠性、赞助性服务，建立企业良好社会形象，争取公众对企业的好感，提高员工对企业的认同感，提升企业的凝聚力，为企业争取良好的发展环境。

公共关系的全部活动和职能，最终都是为了塑造企业的良好形象。因此公共关系工作的范围和职能虽然广泛，但目标只有一个——树立形象。所以说，树立企业形象是公共关系的基本职能。

（四）公共关系促销的目标

具体而言，公共关系促销有以下几项目标。①

1. 配合新产品上市公共关系。新产品上市前，通过恰当的公共关系宣传，让消费者和中间商对企业的新产品有足够的了解，提高知名度，扩大声誉。

2. 结合企业转产、改制公共关系。

3. 展示企业成果公共关系。

4. 消除不良影响公共关系。当企业的意图受到误解时，积极的公共关系活动，可以有效地让公众了解企业，密切同消费者的关系，消除他们的误解；当企业的产品或服务经营造成不良后果时，应立即向新闻媒体和有关部门通报情况，解释原因，向受损的消费者赔礼道歉，采取补救措施，积极地承担责任。

5. 改善企业环境公共关系。

6. 利用活动、庆典公共关系。配合企业组织的展销会、订货会以及开业、挂牌、纪念等庆典组织宣传报道，举办得体适宜的公共关系活动。

三、公共关系促销的方式、设计和步骤

（一）公共关系促销的方式

公共关系促销主要有以下几种方式。

1. 内部刊物。这是企业内部公共关系的主要内容和信息载体，是管理者和员工的舆论阵地，是沟通信息凝聚人心的重要工具。如海尔集团的《海尔人》就起到了这样的作用。

2. 发布新闻。由公共关系人员将企业的重大活动、重要的政策以及各种

---

① 何静文，戴卫东主编. 市场营销学[M]. 北京：北京大学出版社，2014.

新奇、创新的思路编写成新闻稿，借助媒体或其他宣传手段传播出去，帮助企业树立形象。

3. 举办记者招待会。邀请新闻记者，发布企业信息。通过记者的笔传播企业重要的政策和产品信息，传播广，信誉好，可引起公众的注意。

4. 设计公众活动。通过各类捐助、赞助活动，努力展示企业关爱社会的责任感，树立企业美好的形象。

5. 企业庆典活动。营造热烈、祥和的气氛，显现企业蒸蒸日上的风貌，以树立公众对企业的信心和偏爱。

6. 制造新闻事件。制造新闻事件能起到轰动的效应，常常引起社会公众的强烈反响。例如，海尔集团的张瑞敏刚入主海尔时“砸冰箱”事件，至今人们谈及，还记忆犹新。

7. 散发宣传材料。公共关系部门要为企业设计精美的宣传册或画片等，这些资料在适当的时机，向相关公众发放，可以增进公众对企业的认知和了解，从而扩大企业的影响。

（二）公共关系促销的设计

1. 公共关系活动的目标。制定公共关系促销方案，首先要明确公共关系活动的目标。公共关系活动的目标应与企业的整体目标相一致，并尽可能具体，同时要分清主次轻重。

2. 公共关系活动的对象。在本次促销活动中，确定公共关系的对象，即本次公共关系活动中所针对的目标公众。

3. 公共关系活动的项目。公共关系活动的项目即采用生动形式来进行公共关系活动，如举行记者招待会，组织企业纪念活动和庆祝活动，参加社会公益活动等。

4. 公共关系活动的预算。在制定活动方案时，还要考虑公共关系活动的费用预算，使其活动效果能够取得最大化。

（三）公共关系促销的步骤

1. 市场调查研究。市场调查研究是做好公共关系工作的基础。企业公共关系工作要做到有的放矢，应先了解与企业实施的政策有关的公众意见和反映。公共关系要把企业领导层的意图告诉公众，也要把公众的意见和要求反映到领导层。因此，公共关系部门必须收集、整理、提供信息交流所必需的各种材料。

2. 确定公共关系目标。在调查分析的基础上明确问题的重要性和紧迫性，进而根据企业的总目标的要求和各方面的情况，确定具体的公共关系目标。一般而言，企业公共关系的直接目标是促成企业与公众的相互理解，影响和改变公众的态度和行为，建立良好的企业形象。公共关系工作是围绕着信息的提供和分享而展开的，因而具体的公共关系目标又分为传播信息、转变态度和唤起需求。企业不同时期的公共关系目标，应综合公众对企业理解、信赖的实际状况，分别确定以传递公众急切想了解的情况，改变公众的态度或唤起需求、引起购买行为。

3. 信息交流。公共关系工作是以说服力的传播去影响公众，因而公众工作过程也是信息交流的过程。企业面对广大的社会公众，与小生产条件下简单的人际关系大相径庭。必须学会运用大众传播媒介及其他交流信息的方式，从而达到良好的公共关系效果。

4. 公共关系效果评估。企业应对公共关系活动是否实现了既定目标进行评价。公共关系工作的成效可从定性和定量两方面评价。信息传播可以强化或转变受传者固有的观念和态度，但人们对信息的接受、理解和记忆都具有选择性。传播成效的取得，是一个潜移默化的过程，在一定时期内很难用统计数据衡量。有些公共关系活动的成效，如理解程度、抱怨者数量、传媒宣传次数、赞助活动等，可以进行数量统计。评价结果的目的在于为今后公共关系工作提供资料和经验，也可向企业领导层提供咨询。

第五节　营业推广策略

营业推广是一种为刺激需求而采取的、能够迅速激励购买行为的促销方式。许多价格不高的居民日用品都可以采用营业推广策略。

一、营业推广的含义、特点和作用

（一）营业推广的含义

营业推广又称销售促进（sale promotion），指的是企业运用各种短期诱因鼓励消费者和中间商购买、经销或代销企业产品或服务的促销活动，是企业为刺激需求而采取的、能迅速激励购买行为的促销方式。

与其他的促销方式不同，营业推广多用于一定时期、一定任务的刺激需求、扩大销售的短期特别销售，是企业采取的除人员、广告和公关推销之外的所有企业营销活动的总称。

（二）营业推广的特点

营业推广是配合一定的营业任务而采取的特种推销方式，工具多种多样，具有如下特点。

1. 直观的表现形式。许多营业推广工具具有吸引注意力的性质，并能提供信息使消费者很快注意到产品，可以打破顾客购买某一特殊产品的惯性。它们告诉顾客说这是永不再来的机会，这对于那些精打细算的人是一种很强的吸引力，但这类人对于任何一种品牌的产品都不会永远购买，是品牌转换者，而不是品牌忠实者。

2. 灵活多样，适应性强。可根据顾客心理和市场营销环境等因素，提供诱因，使用一些明显的让步、优惠、服务、提供方便等措施，采取针对性很强的营业推广方法，向消费者提供特殊的购买机会，能让消费者感到有利可图。具有强烈的吸引力和诱惑力，能够唤起顾客的广泛关注，立即促成购买行为，在较大范围内收到立竿见影的功效。

3. 促销效果显著。在开展销售促进活动中，可选用的方式多种多样。一般而言，只要能选择合理的营业推广方式，就会很快地收到明显的增销效果，而不像广告和公共关系那样需要一个较长的时期才能见效。因此，营业推广适合在一定时期、一定任务的短期性的促销活动中使用。

同时，营业推广有其自身的缺点，主要有以下三点：一是，影响面较小，营业推广一般不单独使用，只是作为广告和人员销售的一种辅助的促销方式；二是刺激强烈，但时效较短，它是企业为创造声势获取快速反应的一种短暂促销方式；三是顾客容易产生疑虑，过分渲染或长期频繁使用，容易使顾客对卖者产生疑虑，反而对产品或价格的真实性产生怀疑。

（三）营业推广的作用

营业推广具有以下作用。

1. 可以吸引消费者购买。这是销售促进的首要目的，尤其是在推出新产品或吸引新消费者方面，由于销售促进的刺激比较强，较易吸引消费者的注意力，使消费者在了解产品的基础上采取购买行为，也可能使消费者追求某些方面的优惠而使用产品。

2. 可以奖励品牌忠实者。因为销售促进的很多手段，如销售奖励、赠券等通常都附带价格上的让步，其直接受惠者大多是经常使用本品牌产品的消费者，从而使他们更乐于购买和使用本企业产品，以巩固企业的市场占有率。

3. 可以实现企业营销目标。这是企业的最终目的。销售促进实际上是企业让利于购买者，它可以使广告宣传的效果得到有力的增强，破坏消费者对其他企业产品的品牌忠实度，从而达到本企业产品销售的目的。

二、营业推广的方式

营业推广的具体方式多种多样，较为常见的方式主要有三类。

（一）面向消费者的营业推广方式

1. 赠送促销。向消费者赠送样品或试用品，赠送样品是介绍新产品最有效的方法，缺点是费用高。样品可以选择在商店或闹市区散发，或在其他产品中附送，也可以公开广告赠送或入户派送。

2. 折价券。在购买某种商品时，持券可以免付一定金额的钱。折价券可以通过广告或直邮的方式发送。

3. 包装促销。以较优惠的价格提供组合包装和搭配包装的产品。

4. 抽奖促销。顾客购买一定的产品之后可获得抽奖券，凭券进行抽奖获得奖品或奖金，抽奖可以有各种形式。

5. 现场演示。企业派促销员在销售现场演示本企业的产品，向消费者介绍产品的特点、用途和使用方法等。

6. 联合推广。企业与零售商联合促销，将一些能显示企业优势和特征的产品在商场集中陈列，边展销边销售。

7. 参与促销。通过消费者参与各种促销活动，如技能竞赛、知识比赛等活动，能获取企业的奖励。

8. 会议促销。各类展销会、博览会、业务洽谈会期间的各种现场产品介绍、推广和销售活动。

（二）面向中间商的营业推广方式

1. 批发回扣。企业为争取批发商或零售商多购进自己的产品，在某一时期内给经销本企业产品的批发商或零售商加大回扣比例。

2. 推广津贴。企业为促使中间商购进企业产品并帮助企业推销产品，可以支付给中间商一定的推广津贴。

3. 销售竞赛。根据各个中间商销售本企业产品的实绩，分别给优胜者以不同的奖励，如现金奖、实物奖、免费旅游、度假奖等，以起到激励的作用。

4. 扶持零售商。生产商对零售商专柜的装潢予以资助，提供购买点广告

(point of purchase advertising，又称 POP 广告)，以强化零售网络，促使销售额增加；可派遣厂方信息员或代培销售人员。生产商这样做的目的是提高中间商推销本企业产品的积极性和能力。

(三) 面对内部员工的营业推广方式

主要是针对企业内部的销售人员，鼓励他们热情推销产品或处理某些老产品，或促使他们积极开拓新市场。一般可采用方法有：销售竞赛，即根据各个销售人员销售产品额度及产品种类的实绩，分别给优胜者以不同的奖励，如有奖销售、比例分成；免费提供人员培训、技术指导等。

三、营业推广的实施过程

企业在组织实施营业推广促销活动的过程中，必须确定目标、选择工具、制定方案、对方案进行测试、实施和控制方案，最后评价结果。

(一) 确定营业推广目标

企业在自己的整体营销方案中常常包含有营业推广活动的内容。对营业推广目标的确定包括两方面内容：首先，必须确定企业在一定时间内应达到的目标；其次，企业设计每一项营业推广活动时都要首先确定营业推广的目标。就消费者而言，目标包括鼓励消费者更多地使用商品和促进大批量购买，争取未使用者试用，吸引竞争性品牌的使用者；就零售商而言，目标包括吸引零售商经营新的商品品种和维持较高水平的存货，鼓励他们购买过季和滞销商品，储存相关商品，抵消各种竞争性的促销影响，建立零售商的品牌忠诚和获得进入新的零售网点的机会；就销售队伍而言，目标包括鼓励他们支持一种新产品或新型号，激励他们寻找更多的潜在顾客和刺激他们推销过季和滞销商品。

(二) 选择营业推广工具

营销人员在目标既定的情况下应综合考虑各种相关因素，以选择适当的营业推广工具。其中主要应考虑的因素有市场的类型、企业希望得到的效果、竞争者的策略，尤其应对准备采纳的每种营业推广工具的成本、效益进行深入的分析。根据目标市场要求以及市场类型、营销环境、消费者需求偏好、购买习惯、政策法规等因素，选择能最早、最好实现营业推广目标的方法和技巧。特别值得注意的是营业推广工具的选择不是越多越好，而应以简单、直观、易于理解、方便实际营业操作为宗旨，避免过于复杂的多重活动的叠加。

(三) 制定营业推广方案

完整可行的促销方案至少必须包括如下内容。

1. 刺激的力度。确定通过营业推广对消费者进行刺激的力度的大小，营销人员必须决定准备拿出多少费用进行刺激。为消费者提供的额外利益太小，难以引发顾客的购买行为，达不到企业的目标；额外利益大，有时能立竿见影，但企业的财力承受压力大，同时其产生的效应是递减的。

2. 刺激对象的范围。企业须要对促销对象的参加者做出明确的规定，即刺激哪些人。刺激可以提供给任何人，或选择出来的一部分人，如规定对持某商品包装标志的顾客赠奖等。

3. 实施的途径。当确定刺激的对象和力度后，要规定执行的地点、场合或附着的媒体等，并通过适当方式告知一定范围内的公众。营销人员必须确定通过什么途径和方式告知促销方案。

4. 持续时间。如果持续的时间太短，一部分顾客因来不及购买或无法重新购买而得不到应得的利益，因而影响企业的推广效果；如果持续的时间过长，不仅企业为此支付的成本负担重，而且易失去推广活动的吸引力和刺激强度，企业必须对此认真权衡。调查显示，最佳的频率是每季有三周的促销活动，最佳持续时间是产品平均购买周期的长度。

5. 制定预算。营业推广总预算可以通过两种方式拟定。一种是根据所选用的各种促销方法来估算总费用；另一种是比例法，即按经验比例来确定各种商品营业推广预算占总预算的百分比。用此方法时，通常要考虑所处的不同市场、产品处于不同的生命周期阶段以及竞争者的营业推广支出和方式等因素。

（四）方案试验

为了保证大规模营业推广的安全性和有效性，对已经拟定的方案进行测试是必要的。面向消费者市场的营业推广能轻易地进行预试，可邀请消费者对几种不同的、可能的优惠办法做出评价和分等，也可以在有限的地区进行试用性测试。测试的内容主要有刺激力度对消费者的效力、顾客的反应、所选用工具的适当预算能否满足需要以及实施的途径等，对不适当的部分可及时做出调整。经企业营销活动实践证明，这种预试是十分重要的，其重要程度依营业推广活动的规模而显现。

（五）实施和控制营业推广方案

对每一项营业推广工作确定实施和控制计划，明确实施和控制标准，设计一套执行和控制系统，从组织、制度和人员上落实营业推广工作，保证责任落实到人。

（六）评价营业推广结果

评价营业推广结果最普通的方法是把推广前、推广中和推广后的销售情况进行比较。就推广带来的销售情况变化进行对比，评估目标达成情况，并就实施中计划的可行性及例外情况处理进行归纳，利于总结经验。

思考题

1. 简述促销的含义与类型。
2. 影响促销组合决策的因素包括哪些方面？
3. 人员推销的策略主要有哪些？
4. 简述选择广告媒体时应考虑的因素。
5. 营业推广的特点是什么？

第五篇

市场营销创新与发展篇

第十三章

网络营销

20世纪90年代初，互联网的飞速发展在全球范围内掀起了互联网应用热，世界各大公司纷纷利用互联网提供信息服务和拓展公司的业务范围，并且按照互联网的特点积极改组企业内部结构和探索新的管理营销方法，网络营销应运而生。当今世界已经进入了以信息网络和信息社会为特征的21世纪，科技、经济和社会的发展使信息社会的内涵有了进一步的改变，消费者需求的拉动、企业间竞争的要求和互联网以不可抗拒的指数速度增长，这些都推动了网络营销的迅速发展。网络营销为企业提供了适应全球网络技术发展与信息网络社会变革的新的技术和手段，是现代企业获得竞争优势的关键营销战略。

第一节　网络营销及特点

一、网络营销的含义

网络营销目前并没有统一的、公认的、完善的定义。要给网络营销下一个准确的定义是困难的。与许多新型学科一样，由于研究人员对网络营销的研究角度不同，理解和认识也有很大差异。因此，在不同书籍中对网络营销的概念有不同的描述。

网络营销在国外有许多翻译，如Cyber Marketing、Internet Marketing、Network Marketing，等等。不同的单词词组有着不同的含义，“Cyber”一词在字典中的解释为“控制复杂系统的科学”，而在实际应用中，其含义还演化为电脑和通信实现交汇的无形“空间”，因此，Cyber Marketing主要指网络营销是在虚拟的计算机空间进行运作。Internet Marketing是指在Internet上开展的营销活动；Network Marketing 是在网络上开展的营销活动，同时这里的网络不仅仅是 Internet，还可以是一些其他类型的网络，如增值网络 VAN 等。网络营销借助联机网络、电脑通信和数字交互式媒体的威力来实现营销目标。

总而言之，网络营销的本质仍然是营销，网络营销是通过各种手段引导商品或服务从生产者转移到消费者的过程。一种商品或服务从设计生产到实现消费，是一个包括信息传递与沟通、商品与货币价值交换的复杂过程。在这个过程中，存在着种种时间与空间、意识与技术上的障碍。而网络营销可以排除这些障碍，使得企业生产的产品顺利到达消费者手中，从而成为实现竞争优势、增加企业效益的手段。

基于此，从“营销”的角度出发，网络营销含义为：网络营销是企业整体营销战略的核心组成部分，是借助互联网、移动通信以及数字交互式媒体等技术优势来实现营销目标同时满足顾客需求的一种营销方式。

针对网络营销的含义，须要澄清以下几个问题。

1. 网络营销不是孤立存在的

网络营销是企业整体营销战略的一个组成部分，网络营销活动依附于一般营销环境而开展。网络营销理论是传统营销理论在互联网环境中的应用和发展，不同的企业对网络营销的认识不同，网络营销在企业中所处的地位也不同。比如，在以经营网络服务产品为主的企业中，更加注重网络营销策略；而在传统工商企业中，网络营销通常只是处于辅助地位。由此可见，网络营销与传统营销策略之间并无冲突，在实践中，网络营销与传统营销两者是并存的。

2. 网络营销不等于网上销售

网络营销是为最终实现产品销售、提升品牌形象的目的而进行的活动，网上销售是网络营销发展到一定阶段产生的结果，但不是唯一的结果，因此，网络营销本身并不等于网上销售。这可从三个方面来说明。

（1）网络营销的目的并不仅仅是为了促进网上销售，很多情况下，网络营销活动不一定能实现网上直接销售的目的，但能促进网下销售的增加，并且增加顾客的忠诚度。

（2）网络营销的效果表现在多个方面，例如提升企业的品牌价值、加强与客户之间的沟通、拓展对外信息发布的渠道、改善对顾客的服务等。

（3）从网络营销的内容来看，网上销售也只是其中一部分，并且不是必须具备的内容，许多企业网站根本不具备网上销售产品的条件，网站主要是作为企业发布产品信息的一个渠道，通过一定的网站推广手段，实现产品宣传的目的。

3. 网络营销不等于电子商务

网络营销与电子商务是一对紧密相关又具有明显区别的概念，两者很容易混淆。有人认为，企业建立一个普通网站就是开展电子商务，或者认为只要有网上销售商品便是网络营销等，这些都是不确切的说法。电子商务的内涵很广，其核心是电子化交易，强调的是交易方式和交易过程的各个环节。网络营销的含义表明，网络营销是企业整体营销战略的一个组成部分，无论传统企业还是基于互联网开展业务的企业，也无论是否具有电子化交易的发生，都需要网络营销。网络营销本身并不是一个完整的商业交易过程，而是为了促进交易提供支持，因此是电子商务中的一个重要环节，尤其在交易发生之前，网络营销发挥着主要的信息传递作用。网络营销和电子商务的这种关系也表明，发生在电子交易过程中的网上支付和交易之后的商品配送等问题并不是网络营销所能包含的内容。同样，电子商务体系中所涉及的安全、法律等问题也不适合全部包括在网络营销中。

4. 网络营销不是虚拟营销

网络营销不是独立于现实世界的虚拟营销。尽管一些文章中喜欢这样描述网络营销，但网络营销只不过是传统营销的一种扩展，即向互联网上的延伸，所有的网络营销活动都是实实在在的。网络营销的手段也不仅限于网上，而是注重网上网下相结合，网上营销与网下营销并不是相互独立的，而是一个相辅相成、互相促进的营销体系。

网络营销的内涵和手段都在不断发展演变中，上述关于网络的认识也只能适用于一定的时期，随着时间的推移，这种认识可能显得不够全面，或者不能够反映新时期的实际状况，这有待专家的进一步研究。[①]

二、网络营销的特点

随着网络技术的迅猛发展和不断普及，互联网作为信息互换的平台，受到了企业、机构、团体和个人的青睐，逐渐成为其跨越时空联系交流的桥梁。互联网提供信息交流渠道，其属性与市场营销中企业和消费者之间信息互换的本质有良好的契合性。与传统市场营销相对应，网络营销有以下特点。

1. 传播的超时空性

互联网可以超越时间和空间的限制进行信息交换。在网络上，一条信息几

① 高晖编著．网络营销[M]．西安：西安交通大学出版社，2012.

秒钟便可传遍全世界，这使得公司与顾客之间可以脱离时空的限制，并拥有了更多的时间和更大的空间进行交易。在时间上，企业可以通过网络与顾客实现“7×24”的交易，即每天24小时、每周7天，随时随地进行商品交换活动。根据麦特卡尔夫定律，网络价值同网络用户数量的平方成正比，即n个联结能创造n^2的效益。而这一点正是其他任何一种营销方式都不可能做到的。无论是传统纸质媒体还是电视，都只能在一定的范围内传播产品进行营销；网络却可以在全球范围内寻找目标客户。

2. 交互的便捷性

互联网不仅可以展示商品信息，更重要的是它可以实现企业和顾客之间的双向沟通。企业可以从网络中收集顾客反馈的意见和建议，切实地、有针对性地改进自己的产品和服务。

网络互动性使顾客真正地参与到整个营销过程之中，顾客参与的可能性和选择的主动性得到加强和提高。在网络营销的交互中，买卖双方不再是传统媒体的单向传播，而是双向交流。网上促销也做到一对一的供求连接，顾客主导化、理性化、人性化明显增强，极大地避免了推销员强势推销的干扰。通过信息提供和交互式交谈，企业与顾客建立起长期良好的关系，增强了客户对企业的信赖感和认可度。

网络营销的出现、网站在线提交表单、论坛、留言、电子邮件等的应用，使顾客可以有针对性地及时了解产品和服务的相关信息，从而使商家能快速了解顾客的需求，并通过提供良好的在线客户服务帮助客户更好地了解产品信息。通过网络，可传送信息的数量与精确度远远超过其他媒体，能更好地适应市场的需求，及时更新产品或调整价格，还能更及时有效地了解并满足顾客的需要，大大缩短了顾客、企业、产品间的距离。企业还可以通过网络收集市场情报，进行产品测试与顾客满意度调查，为企业的新产品设计与开发、价格制定、营销渠道的选择、促销策略的实施提供可靠而有效的决策依据。

3. 运作的低成本性

网络的开放性和广泛性，也决定了网络营销的低成本性。首先，网络媒介具有传播范围广、速度快，无地域限制、无版面约束、内容全面详尽，多媒体传送、形象生动、双向交流、反馈迅速等特点，有利于提高企业营销信息传播的效率，增强企业营销信息传播的效果，大大降低企业营销信息传播的成本；其次，网络营销无需店面租金成本，能减少商品流通环节，减轻企业库存压力；再次，利用互联网，中小企业只需极小的成本，就可以迅速建立起自己的全球信息网和贸易网，将产品信息迅速传递到以前只有实力雄厚的大公司才能接触到的市场中；最后，顾客可以根据自己的特点和需要在全球范围内不受地域、时间的限制，快速寻找能满足自己需要的产品并进行充分的比较与选择，这样就最大限度地缩短和降低了交易时间与交易成本。当然，企业实施网络营销必须有一定的技术投入和技术支持，但从营销的角度来说，其回报率应该是可观的。

4. 媒介的多维性

互联网上的信息，不仅仅停留在文字上，声音、图像、流媒体等都可以在互联网上进行传播，营销人员可以充分发挥其自身的创造性和能动性，以多种信息形式展示商品信息，打动消费者。

纸质媒体是二维的，而网络营销则是多维的，它能将文字、图像和声音有机地组合在一起，传递多感官的信息，让顾客如身临其境般感受商品或服务。网络营销的载体可以是多媒体或超文本格式的文件，广告受众可以对其感兴趣的产品信息进行更详细地了解，从而亲身体验产品和服务的真实情况。这种图、文、声、像相结合的广告形式，可以大大增强网络营销的效果。

5. 市场的全球性

互联网覆盖全球市场，通过互联网接入，企业可方便快捷地进入任何国家的市场，网络营销为企业开辟了一条通向国际市场的绿色通道。网络营销可以帮助企业构筑覆盖全球的市场营销体系，实施全球性的经营战略，加强全球范围内的经济合作，获得全球性竞争优势，增强全球性竞争能力。同时，由于互联网使用者遍及全球，数量增长快，使用者日趋年轻化、收入能力及消费水平相对较高、受教育程度普遍较高，因而这部分群体有着较强的购买力、很强的市场影响力和明显的消费示范功能。因此，对于企业而言，通过互联网开辟新市场、开展营销活动，无疑具有强大的开发潜力，也是目前商家瞄准的新的营销方向。

6. 效果的可监测性

利用传统媒体做营销，很难准确地知道有多少人接收到该营销信息，而通过互联网流量统计功能，可以系统精确地统计出每个广告被多少个用户看过，还可以记录这些用户查阅的时间分布和地域分布。借助分析工具，可准确计量广告行为收益，帮助广告主正确评估广告效果，审定营销策略。

“无法衡量的东西就无法管理”，网络营销通过及时和精确的统计机制，使广告主能够直接对广告的发布进行在线监控；传统的广告形式只能通过并不精确的收视率、发行量等来统计受众数量。网络营销的广告主能通过互联网即时衡量广告的效果，通过监视广告的浏览量、点击率等指标，广告主可以统计出多少人看到了广告，并可以统计出有多少人对广告感兴趣，进而进一步了解广告的详细信息。与其他任何形式的广告相比，网络营销能使广告主更好地跟踪广告受众的反应，及时了解潜在用户的情况。

7. 投放的针对性

网络营销是以消费者为主导的营销，具有非强迫性、循序渐进式、成本低且针对性强等优势，它避免了传统强势营销的干扰，通过信息提供交互式交谈，与消费者建立长期良好的关系。

各种网络营销活动通过提供众多的免费服务，建立起完整的用户数据库，包括用户的地域分布、年龄、性别、收入、职业、婚姻状况、爱好等。这些资料可帮助广告主分析市场与受众，根据广告目标受众的特点，有针对性地投放广告，并根据用户特点进行定点投放和跟踪分析，对广告效果做出客观准确的评价。另外，网络营销还可以提供有针对性的内容环境。不同的网站或者同一网站不同的频道所提供的服务是不同的，甚至是具有很强的类别性，这就为迎合广告目标受众的兴趣提供了可能。

8. 可重复性和可检索性

网络营销可以将文字、声音、画面结合之后供用户主动检索，重复观看。而与之相比，电视广告却是让广告受众被动地接受广告内容，而且如果用户错过了广告时间，就再也得不到广告信息。在互联网上，网络营销的检索功能非常强大，检索也非常容易。

网络营销作为一种全新的营销方式，与传统营销方式相比具有明显的优势。它具有强大的生命力，但也存在诸多不足。例如，网络营销尤其是网络分销，无法满足顾客社交的心理需要，无法使顾客通过购物过程来满足显示自身社会地位、个人成就或支付能力等方面的需要。尽管如此，网络营销作为21世纪势不可挡的营销新方式，将成为企业实施全球性竞争战略的锐利武器。[①]

三、网络营销体系

网络营销作为新的营销方式和营销手段来实现企业营销目标，内容非常丰富，网络营销体系主要包括网络营销基础、网络营销策略、网络营销管理等三

① 高晖编著．网络营销[M]．西安：西安交通大学出版社，2012．

个方面。

（一）网络营销基础

1. 网络营销市场分析。网络市场以现代信息技术为支撑，以互联网为媒介，具有离散的、无中心的、多元网状的立体结构和运作模式。对网络营销市场的分析包括网络市场细分、网络目标市场的选择和网络市场定位等。

2. 网络营销顾客行为分析。网络顾客是指通过互联网在电子商务市场中进行消费和购物等活动的消费者群体。对网络顾客行为进行分析，就需要了解其特征，分析其购买决策的影响因素，并对其购买行为和过程进行分析。

3. 网络营销市场调研。网络营销市场调研是指为实现信息目的而进行研究的过程，包括将相应问题所需的信息具体化、设计信息收集的方法、管理并实施数据收集过程、分析研究结果、得出结论并确定其含义等。网络营销市场调研分类中，包括定量研究、定性研究、零售研究、媒介和广告研究、商业和工业研究、对少数民族和特殊群体的研究、民意调查以及桌面研究等。

（二）网络营销策略

1. 网络营销产品策略。在网络营销活动中，消费者个性化需求更加突出，并且借助网络的优势，消费者购物的主动性、选择性也大大加强，消费者的个性化需求更加易于实现。因此，网络营销的产品概念不应再停留在"企业能为消费者提供什么"的理解上，而应树立起"消费者需要什么，消费者想要得到什么"的观念，真正以消费者需求为导向的产品整体概念。网络营销产品的整体概念在传统产品中的三个层次（核心产品、形式产品和附加产品）上再附加两个层次，即顾客期望产品和潜在产品。网络营销的产品组合策略、包装策略与新产品开发策略均是产品策略中的关键。

2. 网络营销定价策略。价格是企业进行竞争的重要手段，关系到经营利润、经营目标的实现。在网络营销组合中，价格与产品、渠道和促销相比，是企业促进销售、获取效益的关键因素。网上商品价格主要呈现透明化、全球化、低价位、逆向化、弹性化等特征。

3. 网络营销渠道策略。网络营销渠道是借助互联网将产品从生产者转移到消费者的中间环节，一方面，它要为消费者提供产品信息，方便消费者进行选择；另一方面，在消费者选择产品后要能完成一手交钱一手交货的交易手续，当然，交钱和交货不一定要同时进行。利用互联网的信息交互特点，网上直销市场得到大力发展。因此，网络营销渠道可以分为直接销售渠道和间接销售渠道两大类。对客户产生有益影响的物流服务潜力直接与物流渠道的结构设计有关，而无论各地市场情况如何，现行物流渠道结构都呈现三种形式：物流分层结构系统、物流直接结构系统和物流复合灵活结构系统。

4. 网络营销促销策略。促销，是指企业利用多种方式和手段来支持企业的各种市场营销活动；网络促销是指利用现代化的网络技术向网上虚拟市场传递有关商品和劳务的信息，以激发市场需求，引起消费者购买欲望和购买行为的各种活动的总称。网络促销是网络营销中极为重要的一项内容，具有很强的现实意义。如今，网络促销的形式多种多样，例如，网络广告促销、搜索引擎营销、微博营销、网络口碑营销、网络“病毒式”营销等。

（三）网络营销管理

1. 网络营销客户关系管理。对客户关系管理应用的重视来源于企业对客户长期管理的观念，这种观念认为，客户是企业最重要的资产并且企业的信息支持系统必须在给客户以信息自主权的要求下发展。

2. 网络营销服务管理。网络营销服务就是以互联网络为基础，利用数字化的信息和网络媒体的交互性来辅助营销目标实现的一种新型的市场营销服务方式。网络营销服务大体上可以分为网络营销顾客服务和网络营销产品服务两大类。

3. 网络营销品牌管理。网络品牌是通过网络渠道进行传播的一个虚拟的名称、术语、标记、符号或设计，或是它们的组合运用。它含有产品或服务的个性或特点，并反映网络企业的精神和价值观，代表了某个网络服务商所提供的产品或服务，并使之与竞争对手的网络服务区分开来。网络品牌通常并不是独立存在的，与多种网络营销方法结合都有助于网站推广，网络品牌往往也是多种网络营销活动所带来的综合结果，推广途径有搜索引擎推广、网络广告推广、企业网站推广、电子邮箱推广、“病毒式”营销推广、网络社区推广等。

4. 网络营销信用管理。网络的信用既是网络发展的必要条件，也是相关利益者进行网络交易时的相互需求，它融入于网络交易的处理过程中。网络信用管理主要包括网络信用征集、网络信用评价以及网络信用决策三大要素，主要内容有对网络运营商实施信用保证、对网络顾客进行信用统计和分析以及对网络交易平台信用体系的构建和风险防范等方面。

第二节　网络营销与电子商务

一、电子商务的含义

电子商务的主要成分是“商务”，是在“电子”基础上的商务。电子商务的前提是商务信息化，这是革命性的进步。以往的商务活动主要是针对实物商品进行的，电子商务则首先要将实物商品虚拟化，形成信息化（数字化、多媒体化）的虚拟商品，进而对虚拟商品进行整理、储存、加工和传输。

广义的电子商务是指各行各业，包括政府机构和企业、事业单位各种业务的电子化、网络化，也可称作电子业务，它包括电子商务、电子医务、电子教务、电子公务、电子事务、电子家务等。

狭义的电子商务是指人们利用电子化手段进行以商品交换为中心的各种商务活动，是公司、厂家、商业企业、工业企业与消费者个人的交易双方或各方利用计算机网络进行的商务活动。它也可称作电子交易，包括电子商馆、电子广告、电子合同签约、电子购物、电子交易、电子支付、电子转账、电子结算、电子商场、电子银行等不同层次、不同程度的电子商务活动。

从企业角度出发，电子商务是基于计算机的软硬件、网络通信等基础上的经济活动。它以互联网、内部网和外部网作为载体，使企业有效地完成自身内部的各项经营管理活动（包括市场、生产、制造、产品服务等），并解决企业之间的商业贸易和合作关系，发展和密切个体消费者与企业之间的联系，最终降低产、供、销的成本，增加企业利润，开辟新的市场。

电子商务的任何一笔交易，都包含以下三种基本的“流”，即物资流、资金流和信息流。

物资流主要是指商品和服务的配送和传输渠道配送。对于大多数商品和服务来说，物流可能仍然经由传统的经销渠道，然而对有些商品和服务来说，可以直接以网络传输的方式进行配送，如各种电子出版物、信息咨询服务、有价信息等。

资金流主要是指资金的转移过程，包括付款、转账、兑换等过程。

信息流既包括商品信息的提供、促销营销、技术支持、售后服务等内容，也包括诸如询价单、报价单、付款通知单、转账通知单等商业贸易单证，还包括交易方的支付能力、支付信誉、中介信誉等。

二、电子商务模式

电子商务模式随着其应用领域的不断扩大和信息服务方式的不断创新，电子商务的类型也层出不穷，主要可以分为以下六种类型。

1. 企业与消费者之间的电子商务（Business to Consumer，即 B2C）。B2C 就是企业通过网络销售产品或服务给个人消费者。企业厂商直接将产品或服务推上网络，并提供充足资讯与便利的接口吸引消费者选购，这也是目前一般最常见的作业方式，例如网络购物、证券公司网络下单作业、一般网站的资料查询作业等，都是属于企业直接接触顾客的作业方式。

2. 企业与企业之间的电子商务（Business to Business，即 B2B）。B2B 电子商务是指以企业为主体，在企业之间进行的电子商务活动。B2B 电子商务是电子商务的主流，也是企业面临激烈的市场竞争、改善竞争条件、建立竞争优势的主要方法。开展电子商务，将使企业拥有一个商机无限的发展空间，这也是企业谋生存、求发展的必由之路，它可以使企业在竞争中处于更加有利的地位。B2B 电子商务将会为企业带来更低的价格、更高的生产率和更低的劳动成本以及更多的商业机会。

B2B 主要是针对企业内部以及企业（Business）与上下游协力厂商（Business）之间的资讯整合，并在互联网上进行的企业与企业间交易。借由企业内部网建构资讯流通的基础，及外部网络结合产业的上中下游厂商，达到供应链（SCM）的整合。因此透过 B2B 的商业模式，不仅可以简化企业内部资讯流通的成本，更可使企业与企业之间的交易流程更快速、更减少成本的耗损。

3. 消费者与消费者之间的电子商务（Consumer to Consumer，即 C2C）。C2C 商务平台就是通过为买卖双方提供一个在线交易平台，使卖方可以主动提供商品上网拍卖，而买方可以自行选择商品进行竞价。

4. 线下商务与互联网之间的电子商务（Online to Offline，即 O2O）。这样线下服务就可以用线上来揽客，消费者可以用线上来筛选服务，还有成交可以在线结算，很快达到规模。该模式最重要的特点是：推广效果可查，每笔交易可跟踪。

5. BOB（Business Operator Business）。此类商务模式意指供应方（Business）与采购方（Business）之间通过运营者（Operator）达成产品或服务交易的一种新型电子商务模式。核心目的是能够帮助那些有品牌意识的中小企业或者渠道商们打造自己的品牌，实现自身的转型和升级。BOB 模式是由品众网络科技推行的一种全新的电子商务模式，它打破过往电子商务固有模式，提倡将电子商务平台化向电子商务运营化转型，不同于以往的 B2C、B2B、C2C、BAB 等商业模式，其将电子商务以及实业运作中品牌运营、店铺运营、移动运营、数据运营、渠道运营五大运营功能板块升级和落地。

6. B2Q（Business to Business and ensure the quality）模式。B2Q 是一种新型电子商务模式。此类型商务模式通过在采购环节中引入第三方工程师及技术服务人员，提供售前验厂验货、售后安装调试维修等服务。B2Q 其实是 B2B 模式的延伸。从交易对象来说，B2Q 仍然是 B2B，但是 B2Q 却比 B2B 多了一个 Q，虽然看上去只是多了一步，却是整整的一大步。基于 B2B 中存在的问题，B2Q 在原本的 B2B 交易环节中引入第三方质量控制并进一步完善了各个交易环节，而使采购交易产生了质的飞越。

三、电子商务和网络营销的关系

电子商务、网络营销是当代信息社会中数据处理技术、电子技术及网络技术综合应用于商贸领域中的产物，或者说是当代高新信息手段与商贸实务和营销策略相互融合的结果。电子信息和网络化环境彻底震撼和改变了传统商贸业务及实务操作赖以生存的基础，引发了信息社会中商贸实务和营销策略研究领域中一场深刻而激动人心的革命。在此背景下，探讨网络营销与电子商务之间的关系对于促进二者的发展，有一定的积极作用。

（一）相同点

1. 借助的工具是一样的。网络营销是以互联网为营销环境，传递营销信息；而电子商务是在互联网等网络上进行的，通过网络完成核心业务，改善售后服务，缩短周期，以有限的资源获得更大的收益。二者均须借助于互联网，其网络基础都是互联网络的崛起。

2. 网络营销与电子商务都具有无形化的特点。（1）书写电子化，传递数据化。营销双方无论身在何处，都可在世界各地进行交流、订货、交易，实现快速准确、双向式数据的信息交流。（2）经营规模不受场地限制。网络可使经营者在“网络店铺”中摆放任意多的商品，而且可以方便地在全世界范围内采购、销售形形色色的商品。（3）支付手段高度电子化。现已使用的形式主要有信用卡、电子现金、智能卡等。

3. 网络营销与电子商务都能实现低成本。（1）距离越远，在网络上进行信息传递的成本相对于信件、电话、传真而言就越低。此外，时间的缩短、减少重复的数据录入也能降低信息成本。（2）没有库存压力。互联网使买卖双方及时沟通供需信息，使无库存生产和无库存销售成为可能，从而使库存成本接近于零或降为零。（3）较低的作业成本。网络具有极好的促销能力，其“货架上”的商品同时又有广告宣传的作用，经营者不须要再负担促销广告费用；利用服务器，还能将多媒体化的商品信息动态存储起来，既可以主动散发，又可以随时接受需求者查询。

4. 网络营销与电子商务都能改变企业内部的运作方式。由于互联网大大缩小了时间和空间的距离，企业内部部门和员工之间的沟通模式将有很大变化。在内部工作和业务流程的控制方面，企业将会主动地大量采用网络营销或电子商务模式进行交流。无论该项业务涉及的员工或经理是否在同一物理位置或网络上，业务的处理都将会同样顺利进行。

5. 交易效率高。由于互联网将贸易中的商业报文标准化，使商业报文能在世界各地瞬间完成传递与计算机自动处理，原料采购、产品生产、需求与销售、银行汇兑、保险、货物托运及申报等过程无须人员干预，并能在最短的时间内完成。

（二）不同点

1. 含义不同。网络营销，是指借助于联机网络、电脑通信和数字交互式媒体来实现营销目标的一种市场营销方式，能效地促成个人和组织交易活动的实现；电子商务是指系统化地利用电子工具，高效率、低成本地从事以商品交换为中心的各种活动的全过程。

2. 实现的目的不同。网络营销是企业为实现其营销目标的一种市场营销方式，而电子商务实现的是企业与企业之间、企业与消费者之间的各类商贸活动。网络营销的目的除了商贸活动，还在于能够加强与客户的关系，形成良好的口碑，拥有稳固的顾客资源。

3. 是否有交易行为发生是网络营销与电子商务的主要分界线。网络营销是企业整体营销战略的一个组成部分，无论传统企业还是互联网企业都需要网络营销，但网络营销本身并不是一个完整的商业交易过程。IBM 公司认为，电子商务是采用数字化电子方式进行商务数据交换和开展商务业务活动，比较强调交易的基础，最基础的一点就是交易方式的电子化或电子交易。可见，为最终产生网上交易所进行的推广活动属于网络营销的范畴；而仅当一个企业的网上经营活动发展到可以实现电子化交易和程度，就认为其进入了电子商务阶段。

4. 发展的环境不同。互联网的市场营销环境与企业的现实环境共同构成了企业网络营销活动的二元环境；电子商务发展的环境则要苛刻得多，包括安定的社会政治环境、法律环境、市场经济环境、安全认证体系、协同作业体系、网络运行环境、人文环境和国际环境等。

（三）联系

1. 从互联网的商业应用类型上讲，电子商务覆盖了网络营销。网络营销不仅仅是营销部门的市场经营活动方面的业务，它还需要其他相关业务部门如采购部门、生产部门、财务部门、人力资源部门、质量监督管理部门和产品开发部门与设计部门等的配合。因此，局限在营销部门的互联网的商业应用已经不能适应互联网对企业整个经营管理模式和业务流程管理控制方面的挑战。电子商务是从企业全局出发，根据市场需求来对企业业务进行系统的重新设计和构造，以适应网络经济时代数字化管理和数字化经营的需要。

2. 网络营销作为促成商品交换的企业经营管理手段，是企业电子商务活动中最基本的重要的互联网上的商业活动。国际数据公司（IDC）的系统研究分析指出，电子商务的应用可分为这样几个层次和类型：第一个层次是面向市场的以市场交易为中心的活动，它包括促成交易实现的各种商务活动和网上展示、网上公关、网上洽谈等活动，网络营销是其中最主要的网上商务活动；同时还包括实现交易的电子贸易活动，它主要是利用电子数据交换实现交易前的信息沟通、交易中的网上支付和交易后的售后服务等；三者的交融部分就是网上商贸，它将网上商务活动和电子贸易活动融合在一起，因此有时将网上商务活动和电子贸易统称为电子商贸活动。第二个层次是指如何利用互联网来重组企业内部经营管理活动，与企业开展的电子商贸活动保持协调一致。最典型的是供应链管理，它从市场需求出发，利用网络将企业的销、产、供、研等活动串在一起，实现企业网络化、数字化管理，最大限度适应网络时代市场需求的变化。

第三节　网络营销理论与操作

一、网络营销理论

（一）网络直复营销理论

直复营销（direct marketing）理论是一种为了在任何地方产生可度量的反

应和（或）达成交易而使用一种或多种广告媒体的相互作用的市场营销体系。直复营销中的“直”（direct），是指不通过中间分销渠道而直接通过媒体、连接企业和消费者；直复营销中的“复”（response），是指企业与消费者之间的交互，消费者对这种营销努力有一个明确的回复（买还是不买）。

网络作为一种交互式的可以双向沟通的渠道和媒体，可以很方便地为企业与顾客之间架起桥梁，顾客可直接通过网络订货和付款，企业可通过网络接收订单、安排生产，直接将产品递送给顾客。基于互联网的直复营销将更加符合直复营销的理念。这主要体现在以下几个方面。

1. 直复营销是一种相互作用的体系，特别强调营销者与目标顾客之间的双向信息交流，以克服单向信息交流方式下营销者与顾客之间无法沟通的致命弱点。

2. 直复营销活动的关键是为每个目标顾客提供直接向营销人员反馈的渠道。企业可从顾客的建议、需求和要求中，找出不足，按照顾客的需求进行经营管理，减少费用。

3. 直复营销活动中，强调任何时间、任何地点都要实现企业与顾客的信息双向交流。利用互联网，可降低成本，实现跨时空的双向交流。

4. 直复营销活动最重要的特性为效果是可测定的。互联网可方便地为企业和顾客提供沟通支持和交易平台，提高营销效率和效用。

（二）网络关系营销理论

关系营销的核心是保持顾客，为顾客提供高度满意的产品和服务。通过加强与顾客的联系，提供有效的顾客服务，保持与顾客的长期关系，并在与顾客保持长期关系的基础上开展营销活动，实现企业的营销目标。互联网作为一种有效的双向沟通渠道，可以实现企业与顾客之间低成本的沟通和交流，它为企业与顾客建立长期关系提供有效的保障。

1. 利用互联网，企业直接接收顾客的订单，可实现顾客的个性化需求。企业可根据顾客的个性化需求，利用柔性生产技术最大限度地满足顾客的需求，为企业创造更多的利润。

2. 利用互联网，企业可更好地为顾客提供服务，同顾客保持联系。互联网不受时间和空间限制的特性能最大限度地方便顾客与企业沟通，通过互联网交易，企业可以实现从产品质量、服务质量到交易服务等的全程控制。

3. 通过互联网，企业还可与相关的企业和组织建立关系，实现双赢。互联网以低廉的成本帮助企业与供应商、分销商等建立协作伙伴关系，如联想公司通过建立电子商务系统和管理信息系统，实现与分销商的信息共享，降低库存成本和交易费用，密切双方的合作关系。

（三）网络软营销理论

软营销理论是针对工业经济时代的以大规模生产为主要特征的“强势营销”提出的新理论，它强调企业进行市场营销活动时必须尊重消费者的感受和体验，让消费者能舒服、主动地接受企业的营销活动。在传统广告中，消费者经常被迫、被动地接受广告信息的“轰炸”，企业根本不考虑消费者是否愿意接受；在人员推销中，根本不考虑被推销对象是否愿意和需要，只根据推销人员自己的判断强行展开推销活动。在互联网上，信息交流强调的是相互尊重和沟通，因此，企业采用强势营销手段势必适得其反，如美国 AOL 公司曾经对其用户强行发送电子邮件广告，招致用户的一致反对，最后不得不道歉平息众怒。

网络软营销就是在遵守网络礼仪（net etiquette）的规则下达到一种微妙的营销效果。网络礼仪是网络自诞生以来所形成的一套良好的、不成文的行为规范，如不使用电子公告牌（BBS）张贴私人的电子邮件或进行喧哗的销售活动，不在网络上随意传递带有欺骗性质的邮件等。网络礼仪是网上行为必须遵守的规则，网络营销也不例外，营销人员须要树立网络礼仪意识。例如，必须遵守这样一条规则：广告不能随意闯入人们的生活。要做到这一点其实并不难，在消费者的电脑屏幕上，企业的广告应该是一个像邮票大小的图标（称为旗帜广告或图标广告），在消费者需要时，用鼠标点一下就可看到广告内容，这个图标链接着内容翔实的各种信息，但它并不像电视广告那样，不管观众喜欢与否，都闯入人们的生活。可见，网络上的广告和传统方式下的广告的运作方式是完全不同的。

软营销和强势营销的根本区别就在于：软营销的主动方是消费者，而强势营销的主动方是企业。个性化消费需求的回归也使消费者在心理上要求自己成为主动方，而网络的互动特性又使人们的这种愿望得以实现。人们一般拒绝不请自到的广告，会在某种个性化需求的驱动下自己上网寻找相关的信息、广告，这时企业是在那里静静地等待消费者的寻觅；一旦有人找到了，企业就应该活跃起来，使出浑身解数把消费者留住。传统营销的主动方、被动方在网络营销中正好颠倒过来了。

（四）网络数据库营销理论

数据库营销在西方发达国家的企业中已相当普及，在美国，Donnelley

Marking 公司 1994 年的调查显示，56% 的零售商和制造商有营销数据库，10% 的零售商和制造商正在计划建设营销数据库，85% 的零售商和制造商认为在 20 世纪末，他们将需要一个强大的营销数据库来支持他们的竞争实力。从全球来看，数据库营销作为市场营销的一种形式，正越来越受到企业管理者的青睐，在维系顾客、提高销售额中扮演着越来越重要的角色。

网络数据库营销（database marking service，DMS）是在 IT、互联网与数据库技术的基础上逐渐兴起和成熟起来的一种市场营销推广手段，在企业市场营销行为中具备广阔的发展前景。它不仅仅是一种营销方法、工具、技术和平台，更是一种企业经营理念，也改变了企业的市场营销模式与服务模式，从本质上讲是改变了企业营销的基本价值观。

通过收集和积累大量的消费者信息，经过处理后预测消费者购买某种产品的可能性，并且利用这些信息对产品进行精确定位，有针对性地制作营销信息达到说服消费者购买产品的目的。通过数据库的建立和分析，各个部门都对顾客的资料有详细全面的了解，可以给予顾客更加个性化的服务支持和营销设计，使“一对一”的顾客关系管理成为可能。

目前在中国，传统的营销方式仍占据着相当的地位，数据库营销只是对传统营销方式的补充和改变。但从长期看，数据库营销必将随着企业管理水平，尤其是营销管理水平的提升而得到创新使用。现在一些具有领先观念的企业如上海罗氏、通用汽车、广东美的已经建设了客户关系管理系统（CRM）。数据库营销是先进的营销理念和现代信息技术的结晶，必然是企业未来的选择。

与传统的数据库营销相比，网络数据库营销的独特价值主要表现在三个方面：动态更新、顾客主动加入、改善顾客关系。

1. 动态更新

在传统的数据库营销中，无论是获取新的顾客资料，还是对顾客反应的跟踪都需要较长的时间，而且反馈率通常较低，收集到的反馈信息还需要烦琐的人工录入，因而数据库的更新效率很低、更新周期比较长，同时也造成了过期、无效数据记录比例较高，数据库维护成本相应也比较高。网络数据库营销具有数据量大、易于修改、能实现动态数据更新、便于远程维护等多种优点，还可以实现顾客资料的自我更新。网络数据库的动态更新功能不仅节约了大量的时间和资金，同时也更加精确地实现了营销定位，从而有助于改善营销效果。

2. 顾客主动加入

仅靠现有顾客资料的数据库是不够的，除了对现有资料不断更新维护之外，还需要不断挖掘潜在顾客的资料，这项工作也是数据库营销策略的重要内容。在没有借助互联网的情况下，寻找潜在顾客的信息一般比较难，要花很大代价，比如利用有奖销售或者免费使用等机会要求顾客填写某种包含有用信息的表格，这不仅需要投入大量的资金和人力，还受地理区域的限制，覆盖的范围非常有限。

在网络营销环境中，往往是顾客自愿加入网站的数据库。最新的调查表明，为了获得个性化服务或获得有价值的信息，有超过50%的顾客愿意提供自己的部分个人信息，这对于网络营销人员来说无疑是一个好消息。请求顾客加入数据库的通常做法是在网站设置一些表格，在要求顾客注册为会员时填写。但是，网上的信息很丰富，对顾客资源的争夺也很激烈，顾客的要求是很挑剔的，并非什么样的表单都能引起顾客的注意和兴趣，顾客希望得到真正的价值，但肯定不希望对个人利益造成损害，因此，需要从顾客的实际利益出发，合理地利用顾客的主动性来丰富和扩大顾客数据库。在某种意义上，邮件列表可以认为是一种简单的数据库营销，数据库营销同样要遵循自愿加入、自由退出的原则。

3. 改善顾客关系

顾客服务是一个企业留住顾客的重要手段，在电子商务领域，顾客服务同样是取得成功的最重要因素。一个优秀的顾客数据库是网络营销取得成功的重要保证。在互联网上，顾客希望得到更多个性化的服务，比如，顾客订制的信息接收方式和接收时间、顾客的兴趣爱好、购物习惯等都是网络数据库的重要内容，根据顾客个人需求提供有针对性的服务是网络数据库营销的基本职能。因此，网络数据库营销是改善顾客关系最有效的工具。

网络数据库由于其种种独特功能而在网络营销中占据重要地位，网络数据库营销通常不是孤立的，应当从网站规划阶段开始考虑，列为网络营销的重要内容。另外，数据库营销与个性化营销、一对一营销有着密切的关系，顾客数据库资料是顾客服务和顾客关系管理的重要基础。

二、网络营销方式

网络营销多种多样，厂商通过不同的营销手段达到自己的营销目的。具体而言，主要有以下方式。

1. 搜索引擎营销

搜索引擎营销已经成为网络营销过程中必不可少的一环，被称为在“80/

20”原则下起着重要作用的“20”。

搜索引擎营销主要方法包括：竞价排名、分类目录登录、搜索引擎登录、付费搜索引擎广告、关键词广告、搜索引擎优化、地址栏搜索、网站链接策略等。

在搜索引擎推广的过程中要坚持“一个焦点”和“一个理念”。“一个焦点”是指在搜索引擎推广的时候要把所有形式的广告有个焦点，如汇丰银行在推出了其理财大师的业务后，在搜索引擎上坚持以“一份投资三倍回报”中的“三倍”为广告焦点；“一个理念”就是指在做搜索引擎营销的时候要坚持“线上营销和线下营销相结合”的理念，如一些参加国际展会的公司利用搜索引擎对参加展会的信息进行推广，使来参展的客户更加有目的性，取得更好的参展效果。

2. 网络社区营销

随着网民数量的快速增长和网民知识水平的普遍提高，网络社区爆发出无可抵挡的强大的营销力量，成为网络营销中的一个重要资源集聚地。网络社区的营销效果是显而易见的，如王老吉公司曾发过一个帖子，使得王老吉凉茶走进了数亿中国人的生活里。伴着 Web 2.0 的推广，网络营销的热潮席卷全球。沃尔玛也进行各种各样的网络营销活动，创造出了颇具创意的帖子，得到了很多人的追捧。但是有网友爆料，称沃尔玛的帖子是虚假伪造的，沃尔玛在大众中的形象大跌，至今沃尔玛还没有完全走出网络阴影。

因此，在做网络社区营销的时候要注意如何做到自然、无迹、富有创意。

3. 网络视频营销

网络视频营销指的是企业将各种视频短片以各种形式放到互联网上，达到宣传企业品牌、产品以及服务信息的目的的营销手段。网络视频广告的形式类似于电视视频短片，它不仅具有电视短片的种种特征，感染力强、形式内容多样、创意丰富等，还具有互联网营销的优势，如互动性、主动传播性、传播速度快、成本低廉等。可以说，网络视频营销，是将电视广告与互联网营销两者特点集于一身。

在网络营销的历史中，网络广告从静态的文字和图片到动态的视频是一大进步。网络营销从此进入了一个更加需要创意、更有营销力的新时代。那些以视频为主要内容的网站，如 YouTube、优酷等都成了营销人员网络营销的新战场。例如，运动品牌 361°，凭借 5·12 大地震后富有创意的红心视频广告，红动中国。

4. 即时通信营销

即时通信营销又叫 IM 营销，是企业通过即时工具 IM 帮助企业推广产品和品牌的一种手段，常用的主要有以下两种情况。

（1）网络在线交流。中小企业建立了网店或者企业网站时一般会有即时通信在线，如果潜在的客户对产品或者服务感兴趣自然会主动和在线的商家联系。

（2）广告。中小企业可以通过 IM 营销通信工具，发布一些产品信息、促销信息，或者可以通过图片发布一些网友喜闻乐见的表情，同时加上企业要宣传的标志，达到广而告之的目的。

5. 网络游戏植入广告

网络游戏植入广告的出现，给广大广告主提供了一个良好的平台。从此，网络游戏从紧盯网民钱包的游戏终端，摇身一变成为具有良好的信息传播能力、富于感染力的营销平台。例如，雀巢咖啡在《诛仙》中扮演着礼品发放大师的角色，其活动吸引无数的“蛛丝”为之雀跃。

6. 论坛营销

论坛营销又称 BBS 营销，是利用论坛这种网络交流平台，通过文字、图片、视频等方式传播企业品牌、产品和服务的信息，从而让目标客户更加深刻地了解企业的产品和服务，最终达到宣传企业品牌、产品和服务的效果，加深市场认知度的网络营销活动。

论坛营销利用论坛的人气，通过专业的论坛帖子策划、撰写、发放、监测、汇报流程，在论坛空间提供高效传播其活动手法包括各种置顶帖、普通帖、连环帖、论战帖、多图帖、视频帖等。论坛具有强大的聚众能力，利用论坛作为平台举办各类“踩楼”、“灌水”、贴图、视频等活动，能调动网友与品牌商之间的互动，从而达到企业品牌传播和产品销售的目的。

7. 病毒式营销

病毒式营销是一种常用的网络营销方法，常用于网站推广、品牌推广等。病毒式营销利用用户口碑传播原理，在互联网上，这种口碑传播更为方便，可以像病毒一样迅速蔓延，因此，病毒式营销是一种高效的信息传播方式。由于这种传播是在用户之间自发进行的，几乎是不需要费用的网络营销手段。

病毒式营销具有巨大威力，就像一颗小小的石子投入平静的湖面，一瞬间似乎只是激起小小的波纹，虽然转眼湖面就恢复平静；然而稍候片刻，就会看到波纹在不断地进行着层层叠叠的延展，短短几分钟，整个湖面都起了震荡。

这就是病毒式营销的威力。

8. 博客营销

博客营销是通过博客网站或博客论坛接触博客作者和浏览者，利用博客作者个人的知识、兴趣和生活体验等传播商品信息的营销活动。

博客营销本质在于通过原创专业化内容进行知识分享，争夺话语权，建立起个人品牌，树立“意见领袖”的身份，进而影响读者和消费者的思维和购买行为。

9. 聊天群组营销

聊天群组营销是即时通信工具的延伸，具体是利用各种即时聊天软件中的群功能展开营销，目前的群组有 QQ 群、MSN 群、旺旺群、微信群等。

聊天群组营销时借用即时通信工具，具有成本低、即时效果好和互动效果强的特点，被企业广泛采用。它通过发布一些文字、图片等方式传播企业品牌、产品和服务的信息，从而让目标客户更加深刻地了解企业的产品和服务。最终达到宣传企业品牌、产品和服务的效果，加深市场认知度的网络营销活动。

值得注意的是，随着智能手机的普及，微信生态体系已逐渐成为颇具特点的聊天群组营销方式。微信生态体系的微商具有三种常见的营销方式，即公众号、微信群以及朋友圈。微信公众号的定位为非营销工具，是利用基本功能围绕服务价值的营销，效果好但难度大，需要专业团队维系，不适合一般的小商户进行微商运营。微信群是通过兴趣聚合，投其所好的多点互动营销，更具传播和销售潜力。在兴趣聚合群里进行有价值的互动营销效果更好，除了意向加群能迅速获得好友，恰当的互动增加黏度之外，更深层次的心理诉求在于兴趣认同、情感维系和群体智慧。微信朋友圈在展示中容易产生信息过载的副作用，在熟人关系中展示推广产品信息，容易使人将其与刷屏画等号，多数情况下会引起朋友的反感而被屏蔽，转发传播的效果更是有限。

10. 网络知识性营销

网络知识性营销是利用百度的“知道”“百科”或企业网站自建的疑问解答板块等平台，通过与用户之间提问与解答的方式来传播企业品牌、产品和服务的信息。

网络知识性营销主要是因为扩展了用户的知识层面，让用户体验企业或个人的专业技术水平和高品质服务，从而对企业或个人产生信赖和认可，最终达到传播企业品牌、产品和服务的目的。

11. 网络事件营销

网络事件营销是指企业、组织主要以网络为传播平台，通过精心策划，实施可以让公众直接参与并享受乐趣的事件，并通过这样的事件达到吸引或转移公众注意力，改善、增进与公众的关系，塑造企业、组织良好的形象，以谋求企业的更大效益的营销传播活动。

12. 网络口碑营销

网络口碑营销是把传统的口碑营销与网络技术有机结合起来的新的营销方式，它应用互联网互动和便利的特点，消费者或企业销售人员通过文字、图片、视频等口碑信息与目标客户之间进行互动沟通，二者对企业的品牌、产品、服务等相关信息进行讨论，从而加深目标客户对企业品牌、产品或服务的影响和印象，最终达到网络营销的目的。

网络口碑营销是Web2.0时代最有效的传播模式。网络口碑营销在国际上已经盛行了很久，美国有专门的协会曾对此领域进行过专门的权威探讨。

13. 网络软文营销

网络软文营销，又叫网络新闻营销，是通过网络上门户网站、地方或行业网站等平台传播一些具有阐述性、新闻性和宣传性的文章，包括一些网络新闻通稿、深度报道、案例分析等，把企业、品牌、人物、产品、服务或活动项目等相关信息以新闻报道的方式，及时、全面、有效、经济地向社会公众广泛传播的新型营销方式。

14. 网络电子订阅杂志营销

网络电子订阅杂志营销，又称RSS营销，是指利用RSS这一互联网工具传递营销信息的网络营销模式。RSS营销的特点决定了其比其他邮件列表营销具有更多的优势，是对邮件列表的替代和补充。使用RSS的以行业业内人士居多，比如研发人员、财经人员、企业管理人员等，他们会在一些专业性很强的科技型、财经型、管理型等专业性的网站，用邮件形式订阅他们的杂志和日志信息，从而达到了解行业新信息的需求。

思考题

1. 什么是网络营销？有何特点？
2. 网络营销与电子商务有何异同？
3. 网络营销的方式有哪些？

第十四章

国际营销

国际营销是企业开拓国际大市场的根本途径。国际营销活动要受到国内和国际双重环境，尤其是各国社会文化环境的影响。由于不同国家存在着社会文化的差异，国际营销中往往面临着因文化差异带来的文化冲突。因此，任何企业要面向国际市场谋发展，就必须结合不同国家和地区的社会环境，选择适当的国际市场进入方式和营销策略组合。

第一节　国际营销概述

一、国际营销的含义

国际营销（international marketing）是指企业超越国界，将产品、服务营销给一个以上国家或地区的消费者，通过满足国外消费者的需求，实现组织目标的市场经营活动。因此，国际营销的内涵主要体现在以下几个方面。

1. 国际市场营销的主体是企业。

2. 国际营销的范围是本国以外的国家乃至全球市场。市场营销的产品、服务，需要跨越国界。

3. 国际营销的对象是国外的消费者和使用者。

4. 国际市场营销活动的内容是提供产品或劳务，但具体形式包括出口产品、转让生产经营管理技术或投资当地生产等。换句话说，只要企业的营销活动具有“跨国”性质，其营销活动就属于国际营销范畴。

5. 国际营销的战略目标是满足国际消费者需求，以取得最大经济利益。

6. 国际营销是一种商务活动，商务活动就需要组织适销对路的商品，制定合理的价格，选择灵活的销售渠道，采用有效的促销策略，制定市场营销规划等。

二、国际营销的特点

（一）国际营销与国内营销的比较

1. 国际营销与国内营销的共性

从本质上说，国际营销与国内营销没有根本的不同，区别仅仅是特指超越国境的市场营销活动。无论是国内营销还是国际营销，二者都须要企业进行文化整合、市场调研、市场分析、市场细分、营销策略组合等一系列市场营销过程的战略制定及策略实施；都须要企业以消费者为中心，研究消费者的需求特点，分析消费者所处的市场环境，选择目标市场并做出营销组合决策，最终实现企业的目标。因此，国际营销与国内营销在基本原理、基本方法、基本原则、基本手段以及目的等方面都具有相同性。

2. 国际营销与国内营销的差异

国内营销是在一个政治区域的内部进行活动，而国际营销则必须要跨越国家主权的界限。跨越国界本身就决定了国际营销比国内营销具有更大的复杂性和风险性。因此，国际营销与国内营销相比，其突出特点有以下几个方面：

（1）国际营销环境更具复杂性

国内营销是在企业熟悉的人口、经济、社会文化、政治、法律等市场环境中开展的。而国际营销具有他国性、国际性、多国性等特点，企业要在相对陌生的他国环境中开展营销活动，不仅要受国内宏观营销环境的影响，更要受他国以及国际营销环境的影响。这就决定了国际市场营销所面临的环境更加复杂多变。

国际营销环境的复杂性，一方面来源于它涉及的环境因素更多，包括诸多不同国家和地区的金融环境、经济环境、文化环境，不同社会文化背景下的顾客需求和不同的竞争对手，不同的政治体制、法律制度等等；另一方面，来源于诸多环境因素的交织多变和不确定性，如国际市场的供求关系往往会因为一个或几个不可控因素的变化而变化，尤其是当今国际意外事件的增多、国家间经济依存度的提高等，都大大增加了国际市场环境的不确定性。这些都增加了国际营销环境的复杂性和不可控性。

与国内营销相比，国际营销管理的过程也更为复杂。国际营销不仅包括决策、计划、组织、控制等一系列管理过程，还包括出口、国际营运等一系列国内营销所没有涉及的活动，因而涉及因素更加广泛。比如，在定价策略方面，国际市场定价不仅要考虑生产成本，还要考虑不同国家市场的需求及竞争状况；成本不仅包括生产成本，还包含运输、关税、外汇汇率、保险等，更要考虑各国政府对价格调控的法规。在分销策略方面，国际营销面临对国内出口商、国外中间商的选择，由于各国营销环境的差异，各国的分销系统与分销渠道的规模、形式都不同，必然增加了管理的复杂性和困难度。比如，在促销策略方面，由于各国文化、政治法律、语言、媒体、生产成本等不同，企业的促销策略也更为复杂。

（2）国际营销更具风险性

国际市场营销由于进行跨国界的经营活动，其面临的风险都远远大于国内市场营销。国际营销的风险性一方面来源于竞争者的全球性，国际营销须要面对本国、本地区甚至全球的竞争者，竞争范围大，竞争者数量多，尤其是随着国际买方市场的不断成熟，市场竞争空间更为狭窄，竞争程度更激烈；另一方面来源于国际环境的复杂性和不确定性，国际政治局势、世界市场行情、不同国家的经济政策、外汇汇率等诸多因素的变化，都会增加国际营销的风险性。

国际营销的风险主要有政治法律风险、外汇汇率变化风险、市场变化风险、信用风险、合同风险、运输风险、文化风险等，如贸易保护主义就是企业国际营销面临的重大风险因素。由于经济危机的压力已普遍成为严重的政治压力，从而使贸易保护主义从发达国家蔓延至发展中国家。许多国家设置了带有歧视性的技术性和绿色贸易壁垒措施，有些措施甚至超出世界贸易组织现有协定与协议的约束。新的贸易保护主义大大增加了企业海外投资的风险。例如，2012 年 7 月，一些欧盟企业向欧盟委员会提交对中国光伏产品反倾销立案调查的申请；当年 9 月 6 日，欧盟正式宣布对华光伏组件、关键零部件如硅片等发起反倾销调查，涉案金额超过 200 亿美元，成为有史以来欧盟对华发起的最大规模贸易诉讼，这在极大程度上给中国光伏企业造成严重冲击。

（3）国际营销策略更具特色性

一般而言，企业国内营销的整体营销方案往往是一致的，而国际市场营销活动由于受到国内和国际双重环境，尤其是各国环境的影响，有关产品、定价、宣传推广、促销等方面的具体营销策略必须因时、因地、因人而异。必须针对不同地区的不同目标市场，采取不同的策略和手段，必须考虑各国市场的文化、经济、政治、管理以及商业习惯等方面的差异。比如，在产品策略方面，国际市场营销必须考虑产品标准化与差异化的问题。一般而言，国际营销要比国内营销更加关注市场需求的复杂性和多样化，更重视个别市场的特点，因而差异化产品策略是主要的。因为全球化并不意味着消费者的趋同。相反，各国的社会文化烙印、民族特性正变得日益重要，适应化、特色性是国际营销的必然选择。这就须要企业在坚持战略一致性的前提下，为各国消费者提供更具特色的产品和服务，才能更好地满足其需要。

（二）国际贸易与国际营销的比较

1. 国际贸易与国际营销的联系

国际贸易与国际市场营销都是世界经济融合发展的产物。国际贸易是指世界各国之间货物和服务的交换，它由世界各国的对外贸易所组成，体现为一定时期世界贸易的总和；国际营销则是指超越国界的市场营销活动，是国内市场营销向国际市场的延伸。因此，两者有共性和联系。

首先，两者都是跨国界的商品交易活动，都是以商品和劳务作为交换对象，以国际市场为活动场所，以获得利润为目的的超越国界的经济活动。其次，二者都面临着相同的国际环境，包括相同的人口、经济、政治法律、社会文化环境等。第三，二者的理论基础都是早期的“比较利益学说”及“国际产品生命期理论”。因此，国际贸易和国际营销两种经济活动如形影相随，并相互影响、相互促进。其中国际贸易的发展不断推动着国际营销的发展、活动范围的扩大，但国际贸易需要借助于完善、科学的国际营销活动，才能卓有成效地实现既定的国际贸易任务和目标。国际营销水平不仅会影响到一国的国际贸易发展，同时也能充分反映一国的国际贸易发展程度。

2. 国际贸易和国际营销的差异性

国际贸易与国际营销虽然都是围绕着国际市场这个核心来进行，但是各自不同的特性又决定了它们之间存在着区别。

首先，行为主体的差异性。国际贸易是国家之间的产品和劳务交换，主体是国家；国际营销的主体是企业，主要指的是企业以国际市场为中心，以获得利润为目的，借助国际竞争优势而进行的经营活动。

其次，商品流通的形态不同。在国际贸易中，商品流通形态是跨越国界型的，即参与交换的产品或劳务必须从一国转移至另一国；在国际营销活动中，其商品流通形态是多样化的，既可以跨国界，也可以在国外直接投资建厂进行生产和销售。在这种情形下，企业产品虽然未进行跨国界交换，但企业所进行的市场营销活动却是跨国界的异国型营销。因此，与国际贸易不同，国际营销是指经济活动超越国界，但并不意味着产品和服务必须跨越国界。

第三，活动内容的差异性。国际贸易活动除了进行产品交易、实体运输及定价活动以外，一般不进行市场调研、产品开发、分销管理、促销宣传等活动，而这些活动却是国际营销的重要内容。另外，国际贸易不仅仅包括将产品销售到国外，还包括商品的进口，内容更为丰富。而国际市场营销更多的是指商品在国际市场上的销售行为。

第四，效益评估的信息来源有差异。国际贸易效益评估的信息主要来源于国际收支平衡状况，从而发现国际贸易的经营状况与效果；评价国际营销效益的信息主要来源于企业营销记录。

三、国际营销的演进发展

（一）国际营销的观念演变

1. 市场延伸观念

市场延伸观念是20世纪60年代初期指导企业进行国际贸易的观念，其时，国际市场营销实践刚刚产生。它将国际营销视为国内营销的补充，将国外销售视为国内业务有利可图的延伸，主要动机是解决生产能力过剩的问题。在这种观念指导下，企业一般不会针对国外市场调整营销方案，而是寻找与国内市场相似的市场，然后用国内销售的方式将产品销售给国外。

2. 多国市场观念

多国市场观念主要流行于20世纪60年代后期。企业意识到海外业务的重要性和差异性，开始把国际市场当成自己的目标市场，并把国际市场放在和国内市场同样重要的位置上。在这种观念指导下，企业更多地参与到国际市场竞争中去，并以国别为基础，注重分析各个国家不同的社会、经济、政治、文化、科技环境及由此造成的消费者的不同需求，进而对每一个国家采取有差异的营销组合策略。

3. 全球市场营销观念

随着世界经济社会一体化趋势进一步加强，全球在很多方面具有越来越多的共同性，各国市场之间的需求也越来越具有相似性。企业要想在激烈的优胜劣汰竞争中赢得生存发展，就必须以世界市场为导向，采取全球营销战略。因此，在20世纪90年代以后，作为市场营销观念的最新发展，全球营销观念成为指导企业在全球市场进行营销活动的一种的营销思想。全球营销观念强调营销效益的国际比较，主张按照最优化的原则，把不同国家中的企业组织起来，以最低的成本，最优化的营销去满足全球市场需要。

为了适应全球营销的复杂性，全球营销观念衍化为全球标准化、全球本土化、全球混合三种导向。

（1）全球标准化导向。随着全球通信、运输和传播技术的发展，世界市场更加趋于同质化，而趋向统一的需求既为标准化产品创造了全球性的市场，也为全球标准化观念的形成奠定了基础。1983 年，西奥多·来维特（Theodore Levitt）在其论文《市场的全球化》中提出了全球标准化观念，这种观念强调市场需求的共性。在这一观念指导下，企业将世界市场视为一个统一的市场，强调需求的相似性，把具有相似需求的潜在消费群体归入一个全球性的细分市场，并在全球范围里实行标准化的营销管理。

这一导向的优点在于，一方面，企业可以利用规模效应来节约成本；另一方面，通过标准化全球营销，企业可以形成全球统一的品牌形象。尤其是企业通过标准化全球营销有利于规避市场风险。一般而言，全球标准化观念比较适用于三类产品，包括需求存在全球类似性的产品，例如汽车、农产品等；需要技术标准化的产品，如电器等；研究开发成本高的技术密集型产品。

（2）全球本土化导向。这种观念强调市场需求的差异性，认为各国政治、法律、经济、文化环境的不同，消费者的需求必然存在明显的差异性。因此，应按照消费者所处的市场环境来进行市场细分，并针对各细分市场的不同需求推出不同营销策略。

这一导向的优点在于，一方面通过实施有针对性的营销组合策略，可以更好地满足各国目标消费者的特殊需求，进而增强市场竞争力；另一方面，企业基于不同市场之间的差异，采用针对当地细分市场的定位战略，有利于企业获得在此细分市场的准垄断地位，也有利于协调企业内部的关系。

（3）全球混合导向。这种观念认为，企业在进行全球营销时，应该将全球标准化与全球本土化的优点结合起来，通过两者的优势互补来增强企业的适应性。既要致力于需求的共性，追求市场营销组合各要素的标准化，又要注意到需求的差异性。因此，企业在实施全球混合化时所面临的最关键的问题是要决定标准化和本土化各占多大比例。其具体做法，一是以标准化为主同时辅以本土化。如肯德基公司在推行全球标准化的同时，注重根据各个市场的区别，对其市场营销组合作相应调整，其中针对中国市场推出了老北京鸡肉卷、早餐油条和豆浆；麦当劳在全世界范围内提供标准化的管理模式、标准化的菜单，但在澳大利亚供应羊肉馅饼，以适应当地消费者的口味和风俗习惯。二是以本土化为主同时辅以标准化。也就是说，为了维持品牌形象的全球统一，企业总是会在部分营销要素上尽可能地保持一致。

（二）国际营销的发展阶段

1. 国内营销。这是前国际营销阶段。企业的目标市场在国内，因此，不会主动面向国际市场。企业产品进入国际市场，或是因国外企业或本国外贸企业的求购订货，或是因某一时期国内市场供过于求等原因，而将国外市场当作短期销售地，一旦国内供求及竞争趋于缓和，又转向国内市场。因此，企业根据国内目标市场设计的市场营销组合很少会因外销而发生变化。

2. 出口营销。这是企业进入国际市场的第一阶段。企业不只是简单地把国际市场看作国内市场的延伸，而是明确地把国际市场作为自己的目标市场，并有固定的生产能力满足国外市场的需求。企业或者聘用国内外的进出口贸易中间商，或者在重要的外国市场建立自己的销售子公司来进行销售，参与国际竞争。随着海外需求的增加，企业在不放弃国内市场的前提下，加强针对国外市场的生产能力，并根据国际市场营销环境，制定国际市场营销组合策略，而海外利润也成为企业整体目标的组成部分。但从总体上看，企业生产经营的基地在国内，市场营销的重点也在国内。进入国际市场的方式基本上都是以出口为主。

3. 跨国营销。这是企业进入国际市场的第二阶段。国际市场营销将国内营销策略和计划扩大到世界的范围，甚至完全把国际市场作为目标市场，而把本国市场视为国际市场的一个组成部分。

4. 多国营销。这是企业进入国际市场的第三阶段。企业逐渐意识到各国市场存在着巨大的差异性，必须针对每一个国家制定有差异性、针对性的营销策略。尤其是自 20 世纪 70 年代始，随着企业越来越重视国际市场，经营观念开始从国际有限差异化发展为国际本土化。企业为了适应各个目标市场的不同需要，强调在不同的目标市场国家提供不同的产品，使用不同的定价策略，采用不同的分销渠道和不同的促销计划，以更好地满足各国消费者的特殊需求，从而最大限度实现企业利益。

5. 全球营销。这是企业跨国经营的最高阶段。企业通过全球性布局与协调，使其在世界各地的营销活动一体化，以获取全球性竞争优势。全球营销有三个重要特征，即全球运作、全球协调和全球竞争。企业以全球为目标市场，将企业的资产、经验及产品集中于全球市场。企业的整个经营、组织机构、资金走向、生产和营销都以全球市场的共性为基础，通过经营活动的标准化使收益最大化。

全球营销又可细分为初级阶段和高级阶段。初级阶段的全球营销往往只在个别职能，如采购或生产等方面实现了全球化；而高级阶段的全球营销则几乎在所有可能产生竞争优势的环节都实现了全球化，并建立了全球网络，在全世界范围内进行采购、生产、研究开发、人力资源等重要职能的分工，既使各自保持相对专业化，又使彼此之间实现高度依赖。

全球营销与多国营销相比，其最大的区别在于，全球营销企业在世界各个角落的营销活动都要服务于企业的整体战略目标。因此，每一个外国市场机会的取舍并不只是根据它自身的盈利潜力，而更多的是取决于其在实现企业整体目标过程中所处的地位和所起的作用。比如，有些企业在某个外国市场上可能并不赢利，但在该市场的少许投入却可以起到牵制其主要全球竞争者的作用；有些外国市场本身对某种产品需求不大，但企业却在这些国家投资建厂，实际上是把该国作为供应周边国家市场的生产基地。

四、国际营销的意义

（一）国际营销有利于企业开拓更广阔的国际市场

在一定的时空条件下，市场的容量总是有限的。首先，随着经济的发展和生产水平的提高，国内市场容量相对生产来说总是越来越有限，从而也导致国内市场上的竞争亦越来越激烈。其次，虽然传统的国内市场已不能充分吸收现有的产能，但为了降低生产成本、取得规模经济效益，企业又必须达到一定的生产规模。尤其是随着资本积累的增加，企业规模的不断扩大，也须要企业寻找新的生存和发展空间。所有这些因素，都迫使企业必须走出有限的国内市场，通过国际化、全球化发展，在国际市场上找到新的发展机会和更广阔的市场。比如，20 世纪 90 年代，面对国内卫星发射需求不足，卫星发射能力过剩的现状，中国长城工业总公司走出国门，打开了美国市场，不仅扩大了自身的国际影响，也使自身的技术水平得到不断的完善和提高。

（二）国际营销有利于企业获得更广泛的发展资源

企业参与国际竞争，可以获得更广泛的自然资源、资本、管理、技术和信息等资源。比如，有些行业的产品在国外可以获得更为有利的生产条件，包括更廉价的劳动力、原材料和初级材料，从而降低产品成本，增强产品的市场竞争力。又如，有的国家政治局势稳定，人工费用低，技术人员多，居民购买力强，投资条件优惠等，可以使企业的生产经营在世界范围内得到最佳配置，提高企业的整体效益。中国自改革开放以来，各种外资争相进入，利用中国廉价的人力资源做来料加工。台资企业富士康自 1988 年在深圳建厂以来，迅速发展成为全球最大的电子产业专业制造商。富士康正是利用大陆的资源实现了自身的跨越式发展。

（三）国际营销有利于企业实现多样化发展，减少经营风险

面对世界政治和社会环境的复杂性和不确定性，企业降低生产经营风险的一个重要途径就是实现国际化发展。通过国际化经营，同时进入多国市场，可以避免因某一国环境的剧变导致企业蒙受重大损失。比如，雅虎在美国市场由于各方面的原因导致市场份额急速下滑，几乎没有立足之地；但是雅虎在日本的业绩却十分突出，成为日本市场份额第一的搜索引擎。

（四）国际营销有利于企业发挥竞争优势，实现利润最大化

1. 国际营销可以帮助企业延长产品生命周期。几乎所有的产品都有其生命周期。随着科学技术的发展，新产品的不断涌现，社会生活水平的不断提高和消费观念的迅速更新，产品的生命周期变得越来越短。而产品生命周期的缩短，往往导致产品研究开发投资的收回和预期利润的实现变得越来越困难。企业开展国际营销，将产品扩大到国际市场上，可以利用同一产品在不同国家市场上的不同需求，延长产品的生命周期，从而保持并增加企业利益。

2. 开展国际营销，有利于企业保护和扩大外销市场和原料的供应。在国际市场上，很多国家为了维护本国工业的利益，对进口产品实行高关税或进口限额，企业通过开展国际营销，在目标市场当地设厂生产和销售原产品，不仅可以绕过关税和非关税壁垒，而且可以通过享受本国及东道国的优惠政策，保护和扩大原有的外销市场，取得更大的收益。

3. 开展国际营销，有利于企业不断提高生产技术和经营管理水平。因为进入国际市场，企业要提高产品和服务的竞争力，就必须适用国际标准，在产品的质量、品种、包装服务等方面都能达到国际水平，这就促进企业不断采用先进技术，不断提高自身的经营管理水平。

第二节　国际营销中的文化冲突

一、国际营销中的文化及其差异

（一）文化的含义

文化是一个国家和民族特定的观念和价值体系，是人类在长期的生活和实

践中形成的语言、价值观、道德规范、风俗习惯、审美观等的综合。在一种文化中，往往还包含着一些亚文化群体，它们有更为具体的认同感。亚文化群包括民族亚文化群、宗教亚文化群、宗族亚文化群和地理亚文化群。不同国家、不同民族、不同地区具有各自不同的社会文化特征，并对消费者的消费观念、审美情趣、购买偏好等行为方式产生重大影响，有时甚至成为决定企业国际营销活动成败的关键因素。

（二）国际营销中的文化差异

不同国家和地区各异的自然环境和历史进程，孕育了不同的文化体系。它不仅影响国际营销中营销策略组合的各个要素，还影响到营销策略的制定。因此，国际营销必须了解目标国与本国的文化差异。

1. 语言差异

语言是文化的主要形式和传播工具，也是一种文化区别于其他文化的最明显的标志。不同民族有不同的语言表达方式，从而产生了文化差异，也往往构成了国际营销活动的障碍。例如，百事可乐的广告词是“Come alive with Pepsi”，意思是“请喝百事可乐，令君生机勃勃”；但译成德文却成了“从坟墓中复活”，销售情况可想而知。美国通用汽车公司的“NOVE”牌汽车，在美国畅销，但在拉美国家却一度无人问津，因为许多拉美国家过去曾是西班牙的殖民地，而在西班牙语中“NOVE”意思是“不走”。曾在中国风行一时的名牌电池“白象”，在进入欧美市场时直译为“White Elephant”，而这在英语俚语中是“呆坏账”的意思，这必然会直接影响到产品的销路。因此，实施国际营销需要培养大量掌握多种语言、有较高的跨文化沟通能力和技巧的人才。

2. 风俗习惯的差异

风俗习惯涉及社会的方方面面，包括婚丧习俗、饮食习惯、节日习俗、商业习俗等。世界各国风俗习惯千差万别，即使在一个国家，不同地区也有很大差异，所谓“十里不同风，百里不同俗”。如在人际交往和商业习俗上，中东人和拉美人谈话时都喜欢离对方很近，而美国人认为应该有“个人空间”。日本人在生意洽谈时很少当面做出拒绝和否定的表示，他们对于对方的提议总是说“是的”，但这仅仅表示“我知道了”或“我听到了”，然而这通常又被外国人理解为“我同意”，从而产生误会和冲突。

3. 宗教信仰的差异

宗教是人类社会发展到一定历史阶段出现的一种文化现象，属于社会意识形态，人们会在宗教信仰中找到其存在的意义和信仰的合法性。宗教对人们的生活习惯、需求偏好、生活态度以及购物方式都有重要的影响。如受伊斯兰教的影响，中东国家的妇女除了在食物购买方面具有发言权外，其他购买决定都由男性做出；在伊斯兰教中，银行的利息也被看作是放高利贷。又如，印度教和佛教都强调精神上的成就而非物质上的获取，只有修行才能实现精神上的涅槃。这些都对国际营销活动产生重要影响。

世界上有三大宗教，分别为伊斯兰教、基督教和佛教，除此之外还有印度教。每个宗教都有自己的禁忌和信仰，国际营销必须注意规避不同宗教的不同禁忌。如伊斯兰教禁吃猪肉、禁饮酒、禁止妇女妆饰等，印度教禁吃牛肉等。一般的宗教节日往往也是最好的销售旺季，欧美国家的许多法定节日大都与宗教有关，如圣诞节每年都是购物高峰期。在中东，朝圣季节也是企业推广产品的好时机，但伊斯兰的斋月却是消费的低潮期。宗教组织在很多国家都有相当大的影响力，而且他们本身也是购买团体和消费力量。但有宗教矛盾的地区和国家往往政治不稳定，冲突战乱不断，因而会使国际营销面临更大的风险。

4. 教育水平的差异

教育水平的高低反映了人们的文化素养，会影响到人们的消费结构、购买行为和审美观念，从而影响企业的营销活动。一个国家的普通教育水平会对国际营销的产品、定价、分销、促销策略等产生重大影响，比如会决定在该国出售的产品结构和营销策略组合。尤其是销售科技产品时，产品的复杂程度很大程度上取决于目标国的平均受教育水平。受教育程度高的消费者，接受新事物的能力比较强，可接受的宣传工具也更多，对报纸、杂志、多媒体的需求更高，更容易接受文字宣传的影响，因而国际营销活动中，广告投放的选择空间大、效果好；而文盲率高的国家，更适合选择广播、电视、图片广告等直观、简洁的媒介。

5. 美学观念和价值观念的差异

美学观念指的是文化中的审美观，即表现该文化所崇尚的美是什么。国家之间，甚至是同一国家的不同时代，人们的审美和喜好都是不同的。例如，中国人喜爱荷花，认为它出淤泥而不染，象征高洁；但日本人常把荷花与死亡联系在一起，象征不幸、不吉利。中国人视菊花为君子之花，有中秋赏菊的乐事；而欧洲人则忌用菊花图案。龙是中华民族的象征，但西方人却认为龙是恐怖的妖魔，会造成灾难。再如，亚洲人认为紫色为富贵色，美国人却认为紫色有廉价感。因此，在国际营销中，企业必须了解不同国家和地区人们的审美观。

价值观念。文化包括价值体系，它阐明了什么是正确的，什么是错误的。了解价值观的差异有助于国际营销中规避文化壁垒，并根据差异调整产品、渠道以及管理上的策略。例如，日本企业营销的成功在于它更看重市场份额而不是短期的利益，很多西方企业在日本建立分销渠道时会遇到障碍，因为日本人更看重已经建立起来的关系。又如，中国人认为馈赠礼物是商务活动的正常行为，是融洽商务合作关系的常用手段。但是送礼与贿赂之间又有着某种微妙关系，因而在西方国家通常被认为是非法的。所以，在国际营销中，企业必须根据不同地区不同的价值观来制定不同的营销策略。

（三）文化差异对国际营销的影响

企业品牌国际化往往伴伴随着企业的异地生产、营销和管理。国际上关于并购有一个“七七定律”，指70%的并购没有实现期望的商业价值，其中70%的并购失败于并购后的文化整合，文化差异越大失败的可能性越高。因此，文化差异对国际营销的影响是巨大的。企业要想在国际营销中取得成功，就必须正确认识不同国家和民族的文化差异，并制定相应的营销策略来克服文化差异带来的消极影响。

1. 文化差异是客观存在。这种客观性要求国际营销必须重视对他国的语言、风俗以及当地人群行为方式的了解，尽力满足不同文化背景下消费者的需求。客观性还要求企业在国际营销中，要有文化敏感性，对出现的各种问题善于从文化的角度去寻求答案，在正确认识、理解、接受和尊重其他国家和民族文化的基础上，保持文化中立。

2. 文化差异具有双效性。文化差异既是企业跨文化营销进入的障碍，也是竞争优势的源泉。一个真正的跨文化营销企业，应该能够利用并且明确评估出文化多样性的价值，而不仅仅是包容这种多样性。因此，正确对待文化差异和冲突，充分利用不同文化所表现的差异，能够为企业跨文化营销提供新的竞争优势，为企业发展创造新的契机。

3. 文化差异有助于企业对市场进行细分。通过文化间的比较，有助于营销人员更准确地识别当地市场的消费偏好，从而更准确地开发和提供有针对性的产品，提高企业竞争力。

4. 文化差异有助于推动企业营销创新。企业的产品、促销、广告等能否得到消费者的青睐，在很大程度上取决于文化背景的影响。文化差异会促使企业从更广阔的视角来分析所面临的营销问题，从而提高营销的决策能力和决策质量。文化差异促使企业必须将原有的营销文化与当地文化融合，以避免由于文化冲突导致的营销失败。

二、国际营销中文化冲突形成的原因及影响

（一）文化冲突形成的原因

文化冲突是指不同形态的文化或者文化要素之间相互对立、相互排斥的过程。[①] 一定的文化必定依存于相应的社会生活基础，因而，社会的不同历史时期、不同民族划分、不同阶级构成、不同区域分布等，都会使社会文化相应地带上时代特点、民族特点阶级特点、地域特点，从而形成了国际营销文化环境的复杂性。国际营销实质上就是企业跨越文化屏障，在异文化环境下销售商品和服务的行为。在跨越文化的过程中，由于根深蒂固的文化差异，企业难免会遭遇与不同国家文化之间的冲突。这就需要企业细致研究并掌握不同文化的各种差异，制定科学的营销决策以协调文化冲突。

国际营销中文化冲突形成的原因很多，归结起来主要有三个方面。

1. 群体利益不同。不同文化群体之间的不同利益是跨文化冲突的根本原因。根据社会结构冲突理论，当一种文化群体外的文化传入群体时，这种传入对原文化会产生威胁，促进群体内的团结一致，共同对外，这种排斥性的行为便导致了跨文化冲突。

2. 民族特性的不同。不同的民族文化培育了不同的民族心理和精神气质。不同民族的群体成员有着特定的价值取向，遵循着特定的风俗习惯和文化规范。人们往往习惯于根据自身文化的个性和价值观念去解释或判断其他群体的行为，因而产生了对异文化的偏见，导致文化冲突，例如民族优越感就是导致文化冲突的一个重要因素。如果国际营销企业认为自己的文化价值体系比其他文化价值体系优越，并以此对待东道国的文化，就有可能导致文化冲突。

3. 沟通方式的差异。沟通是人与人之间或群体之间交流和传递信息的过程。由于语言、价值观、思维模式、宗教信仰等方面的差异，使沟通面临许多障碍，不仅增加了沟通的难度，也易导致沟通误会，甚至演变为文化冲突。比如，思维模式是民族文化的具体表征，中国人偏好形象思维和综合思维，而英美人偏好抽象思维和分析思维。西方人实证主义的思维模式与东方人演绎式的思维模式存在差异，常常是企业跨文化沟通中产生冲突的重要原因。

---

① 黄晗，李明，陈涛. 国际营销中的跨文化冲突及管理策略[J]. 管理科学文摘，2005(05)：21-22.

（二）文化冲突的特征

文化冲突主要有以下特征。

1. 非线性。不同质的文化像不同的水域，几片或多片水域的冲突与交融，常常表现出错综复杂的状态，因而具有非线性特征。

2. 间接性。文化冲突一般都存在于心理、情感、思想观念等精神领域，潜移默化地影响人们的行为，而且这种变化需要通过较长的时间才能表现出来。

3. 内在性。文化是以思想观念为核心的，因此，文化的冲突往往表现在思想观念的冲突上。

4. 交融性。文化冲突与文化交融始终相伴相随。

5. 复杂性。其复杂性源于文化内涵的丰富和多变，并通过语言、宗教、价值观念、审美、行为方式等多方面综合体现出来。因而，文化冲突常常具有多种不同的表现形式而且不断发展变化。

（三）国际营销中文化冲突的影响

文化冲突是企业进行国际营销的一大障碍，其对企业国际营销的影响是多方面的，主要表现在以下几个方面。

1. 文化冲突会导致企业营销决策失误。由于决策者往往依据自身文化对来自不同文化背景的信息做出营销判断，容易产生决策失误。在决策群体中，由于文化差异，来自不同文化背景的经营管理者往往难以达成共识，从而使跨国经营企业的决策活动变得更加困难。

2. 文化冲突对跨国营销战略的实施产生制约。全球战略是跨国营销发展到高级阶段的产物，它对企业的营销管理提出了更高的要求。但由于文化冲突，导致海外子公司与母公司的离心力加大，使得母公司对子公司的控制难度增加；文化冲突也会影响企业与东道国政府之间的关系，影响企业与供应商、中间商等协作伙伴之间的关系，影响企业与顾客、竞争者、公众之间的关系，进而制约全球战略的实施。

3. 文化冲突使跨国营销中的沟通更加困难。在跨国营销中，由于缺乏对目标国营销环境的了解，对文化差异问题缺乏充分的认识，容易沟通不畅，导致误解甚至冲突。例如，由于不同国家的语言不同、文化背景不同，对同一信息的理解会产生差异，甚至会得出截然不同的结论。

4. 文化冲突制约了跨国营销企业的管理效率。随着跨国营销区域和员工国籍的多元化，多元文化冲突往往不可避免地表现在企业的内部管理和外部经营活动中。在内部管理上，来自不同文化背景的员工因价值观、思维方式的不同，对决策方案和管理制度的理解或执行程度也不同，从而使跨国经营企业的决策实施和统一行动更加困难，导致营销管理成本上升，组织机构运转低效。在外部经营中，文化冲突的存在也易使跨国公司丧失对市场机会的把握。

三、国际营销中的文化冲突管理策略

文化冲突在国际营销中是一柄双刃剑，它一方面可能使企业经营目标的实现受阻；另一方面它也是诱发优势和积极因素，并具有可控制性。这就要求跨国营销企业对文化冲突产生的根源、作用过程有充分的认识和研究，并通过规避、控制和管理文化冲突，形成新的竞争优势，实现企业目标。

1. 文化适应策略。文化适应策略是企业进行跨文化营销中最基础的策略。所谓文化适应，是指跨国营销企业在制定营销战略时，充分考虑目标市场的文化特质，尊重当地的文化传统、习俗、宗教禁忌，顺应目标市场的需求，将产品、营销人员、促销手段等最大限度地本地化，以减少产品或服务被目标市场接受的阻碍。这就要求企业在推行国际营销策略之前必须深刻地认识异域文化的性质和特点。一般而言，当异域文化的保守性和封闭性都比较强时，企业应实行适应性营销策略。通过思维全球化和行动当地化，既可避免文化冲突带来的损失，也有利于拓展当地市场。

2. 文化相容策略。企业要成功实施国际营销活动，必然要进行某种程度的文化融合和创新，通过不同文化的相互补充、相互协调，形成一种新的、统一的企业文化。文化相容习惯上称之为“文化互补”，也可称之为文化互补策略，即东道国文化和母国的文化虽存在文化差异，但并不相互排斥，反而可产生互补作用，发挥跨文化营销的优势。比如，美国的肯德基、麦当劳在中国的巨大成功，可以说就是运用跨文化优势，实现跨文化管理的成功典范。

3. 文化规避策略。国际营销中，如果对目标市场文化缺乏足够的认知，触犯文化禁忌就有可能导致文化冲突，进而导致营销失败。一般而言，当企业母国的文化与目标市场国家的文化存在着比较大差异时，母国的文化虽然在整个子公司的运作中占有主体地位，但目标市场国文化的影响又比较大的情况下，企业就需要采取规避策略，绕开一些“敏感地带”。如在宗教信仰占文化重要地位的国家，要特别注意尊重当地的信仰，以避免文化冲突。

4. 文化变迁策略。文化的变革往往会引导着产业的变革。能够识别目标市场文化变革趋势的企业会更好地融入国际市场。而能够推动文化变革发生的企业，则会在国际市场上获得更大的商机，获取更大的成功。文化变迁策略是指跨国营销企业利用母国强大的文化优势，抓住开发国文化变迁的时机，推动目标市场的文化产生变革，使其接受企业营销中蕴涵的文化，适应企业的营销活动，进而营造新的营销环境，创造出新的消费需求。例如，从麦当劳、必胜客等美国企业对中国快餐市场的冲击可以看到文化变迁的巨大力量。相对而言，在开放性比较大、文化适应性比较强、亚文化类型比较多的国家较易于采取这种营销策略。但这种策略需要以跨文化营销企业强大的经济实力作为后盾。

5. 跨文化培训策略。对国际营销人员进行跨文化培训是防止和解决文化冲突的有效途径。跨文化培训有助于国际营销人员理解文化的差异性，把握不同文化的特质，从而避免文化冲突；有利于提高人们对不同文化环境的反应和适应能力，使其在营销过程中更好地适应新环境和新文化的要求；有利于促进不同文化背景的人群加强沟通和理解。跨文化培训主要包括对文化的认识、文化的敏感性训练、冲突管理、地区环境模拟等。此外，语言是进行信息沟通的主要方式，是重要的文化因素之一，各民族文化的差异也首先表现在语言方面。因此，进行国际营销的企业要跨越语言上的障碍，必须培养大量掌握多国语言的人才。

第三节　进入国际市场的方式

一、出口进入方式

国际市场进入方式是国际营销企业参与国外市场，将其产品、技术、工艺、管理能力及其他资源转移投放到国际市场的一种结构性安排。企业要进入国际市场，有很多可供选择的方式，它可以在本国生产，出口到国外，也可以将技术、资本、人力等资源甚至企业本身转移到国外，从而形成不同的市场进入模式。

（一）出口进入模式及其优点和不足

出口进入模式就是生产企业把本国生产的产品向国际市场出口，即国内生产，国外销售。这是一种最传统、最普遍的进入方式。

出口进入模式有以下优点：出口进入模式能够通过集中化的生产产生规模

经济效益，降低运营生产成本，同时还能保持对产品质量的严格控制；面临的政治风险最小，并可以为将来直接投资积累经验；退出灵活，当目标市场的政治，经济状况恶化时，企业可以以极低的成本终止与这一市场的业务关系。

与此同时，出口进入模式也存在不足：企业较易受贸易壁垒和非贸易壁垒的阻碍；由于信息反馈不及时，难以对目标市场的变动做出迅速的调整；对营销活动也难以实施有效控制。

（二）出口进入模式的主要类型

出口进入模式包括间接出口和直接出口两种方式。

1. 间接出口。间接出口就是指企业通过本国的中间商或国外公司从事产品的出口。此种方式，企业投资少，并可以利用中间商现有的销售渠道。企业在保持进退国际市场和改变国际营销渠道灵活性的情况下，不用承担各种市场风险。那些缺乏海外联系或初次进入外国市场的企业比较适合运用间接出口的方式。其不足在于需要支付中间商佣金，并易为中间商所控制和垄断。

2. 直接出口。直接出口是指企业直接将产品销售给各国用户，直接通过国外中间商将产品转售给目标国消费者。直接出口有利于企业摆脱对中间商的依赖，培养自己的国际商务人才，积累国际市场营销的经验，提高产品在国际市场上的知名度；能够理解和掌握国际市场的第一手信息，提高企业对市场变化的反应能力。但同时，投资增加，风险更大，而且企业进退国际市场和改变营销渠道的灵活性不足。

二、契约进入方式

契约进入模式是指企业与目标国企业之间在转让技术、工艺等方面订立长期的、非投资性的合作合同，从而建立起长期的非股权联系。主要包括：许可证模式、特许经营模式、合同制造模式、管理合同模式、工程承包模式等。

1. 许可证模式。许可证进入模式指企业在一定时期内向国外法人单位转让其工业产权（如专利、商标、配方等无形资产）的使用权，以获得提成或其他补偿。其核心是无形资产使用权的转移，但通常转让的不是无形资产本身的所有权，而是使用权，所以，在授权经营的协议中，需要规定使用的期限、使用费用的支付、使用方面的限制条件等。

许可证模式的优点在于：一是障碍少，各国对有形货物的进口限制多，尤其非关税措施更是森严壁垒，但各国对许可证贸易则没有严格的限制，而且许多国家还鼓励技术的输入。二是风险小，直接投资的政治风险和经济损失要大于授权经营进入方式。但是这种方式不利于对目标国市场的营销规划和方案实施控制，另一方面还可能把被许可方培养成强劲的竞争对手。

2. 特许经营模式。特许经营是指拥有某类商品和服务生产权、生产程序、工艺、商标及经营模式的企业，作为特许授予人，按照合同要求、约束条件给予受许人的一种权利，是对外授权向深层经营领域的延伸与扩展。它与许可证进入模式不同的是，特许方要对被特许方的生产和管理实施监督。在这种模式下，特许方不需要投入太多的资源就能快速地进入国外市场，而且还对被特许方的经营拥有一定的控制权，既可以降低海外投资的风险，也可以提高企业品牌的影响力和产品的销售额。但是，由于对被特许方的控制和指导能力有限，很难保证被特许方完全按照特许合同的规定来提供产品和服务，不利于特许方在不同市场上保持一致的品质形象，企业的核心能力也可能因受许人的违约而受损。

3. 合同制造模式。合同制造模式是指企业向国外企业提供零部件由其组装，或向外国企业提供详细的规格标准由其仿制，并由企业负责营销的一种方式。采取这种模式不仅可以输出技术或商标等无形资产，而且还可以输出劳务和管理等生产要素；对外投资少，而且由企业掌握产品营销的控制权。但是由于合同制造往往涉及零部件及生产设备的进出口，有可能受到贸易壁垒的影响；对生产过程控制能力有限，并有可能把对方培养成竞争对手。

4. 管理合同模式。这种模式是指企业以合同形式承担海外企业的一部分或全部业务管理，以提取管理费、部分利润或以某一特定的价格购买该公司的股票作为报酬。这种模式进入风险较低，企业利用管理技术，无需投资就可以获取收入，还可以通过管理活动与目标市场国的企业和政府建立联系，为以后的营销活动打下基础。但这种模式具有阶段性，即一旦合同约定完成，企业就必须离开东道国。

5. 工程承包模式。工程承包模式指的是企业通过与国外企业签订合同并完成某一工程项目，然后以将该项目交付给对方的方式进入外国市场。它是劳动力、技术、管理甚至是资金等生产要素的全面进入和配套进入，有利于发挥工程承包企业的整体优势。而且，因为所签订的合同往往是大型的长期项目，持续时间长，利润高。但也正是由于其长期性，也使这种方式的不确定性因素增加。

三、投资进入方式

投资进入方式就是企业采用对外直接投资的形式，将管理、技术、营销、资金等以自己控制企业的形式转移到目标国家或地区。这种方式属于进入国际市场的高级阶段。中国的“走出去”战略所指的主要就是投资进入模式。投资进入模式主要包括合资进入和独资进入两种形式。

1. 合资进入。合资进入指的是与目标国的企业联合投资，共同经营、共享股权及管理权，共担风险。这种方式的优点在于，合资企业可以利用合作伙伴当地的营销网络，提高市场进入的效率和效果，降低成本和风险。由于当地企业的参与，企业也容易被东道国政府和社会所接受。但是，由于股权和管理权的分散，企业经营的协调比较困难，而且企业的技术秘密和商业秘密有可能流失，容易将对方培养成将来的竞争对手。

2. 独资进入。独资进入指企业独立在目标国投资建厂或并购目标国的企业。独资经营使企业可以完全控制整个管理和销售，独立支配所得利润，保障技术秘密和商业秘密的安全。但资金投入大，市场规模的扩大也容易受到限制，还有可能面临比较大的政治和经济风险，如货币贬值、外汇管制、政局动荡等。

四、战略联盟进入方式

战略联盟方式就是为了达到共同的战略目标，企业与外国合作伙伴采取相互合作，共担成本和风险而建立的一种合作关系，是一种优势互补、分工协作的松散式网络化联盟。它可以表现为正式的合资企业，即两家或两家以上的企业共同出资并且享有企业的股东权益战略联盟；或者表现为短期的契约性协议，即两家企业同意就某项课题进行合作，例如开发某种新产品。

战略联盟是各企业在追求长期竞争优势过程中为达到阶段性目标而与其他企业的结盟，是弥补劣势、提升彼此竞争优势的重要途径。采用战略联盟形式进行合作，既可以保存原有资源，又能在共享外部资源的基础上，通过相互交换资源，分散和降低风险，实现各自的全球战略目标。战略合作方都能为合作关系带来新的知识、资源和新的能力，因此，战略联盟成了当代国际企业扩张的主要形式。

五、国际市场进入方式的影响因素

（一）国际市场进入方式的特性因素

国际市场进入方式的选择离不开对各种进入方式本身特性的分析，这是企业选择何种方式进入国际市场的基础性因素。具体而言，主要有以下几种因素。

1. 盈利能力。国际市场进入的方式不同，其盈利能力也不一样。一般而言，投资方式比出口和合同方式的盈利能力更强，当然风险以及所需的投资也更大。

2. 进入程度。从出口、合同到投资方式，其进入国际市场的程度在不断加深。

3. 灵活度。一般而言，进入程度越深，相对来说，灵活性也就越差。

4. 控制程度。不同的进入方式意味着对企业资源、运营和决策的控制程度也不同。

（二）目标国家的因素

目标国家从以下两个方面影响企业国际市场进入。

1. 市场因素。目标国市场状况是企业决定进入模式时必须考虑的首要因素。市场因素主要包括：目标国市场规模的大小、市场的竞争结构和原材料、劳动力、能源等要素因素。例如，如果目标市场规模较小，一般可选择出口进入方式或合同进入方式。

2. 环境因素。包括政治体制、经济政策、法律环境、文化习俗、意识形态、宗教、自然环境、外部关系等。例如，如果目标国政治稳定，企业可选择直接投资进入；反之，可选择贸易或契约方式进入。而文化差异程度也会影响跨国企业进入方式选择的倾向性。

（三）企业自身的因素

国际市场进入的各种方式各有利弊，对企业在资本投入和管理能力方面的要求也各不相同。因此，企业选择何种进入方式，需要结合自身的全球发展战略以及企业自身的资源条件。产品因素和资源与投入因素是企业应该首要考虑的。

1. 产品因素。一般而言，劳动密集型和资源密集型产品主要以廉价劳动力和自然资源丰富的国家为进入目标，并偏向采取投资式进入。如果产品没有比较优势，也一般选择投资式进入。

2. 资源与投入因素。实力雄厚的企业更愿意采取直接投资的方式进入目标国市场，而规模较小的企业更适宜采取贸易进入的方式。

第四节　国际营销策略

一、产品策略

（一）产品观念

1. 产品整体观念。产品是进入国际市场的主体。如前所述，广义的产品是指人们通过购买而获得的能够满足某种需求和欲望的物品的总和，它既包括具有物质形态的产品实体，又包括非物质形态的利益，这就是产品的整体概念，包含核心产品、形式产品、期望产品、延伸产品和潜在产品五个层次。产品整体观念为国际营销企业采用标准化或差异化产品策略提供了依据。

2. 产品组合观念。国际营销要求企业应根据国际市场的需求和自身的资源、技术条件来确定产品的经营范围以及产品的结构，尤其要结合不同目标市场的文化差异，确定不同的产品组合。

3. 产品的周期观念。任何一种产品在市场上的销售地区和获利能力都处于变动之中，随着时间的推移和市场环境的变化，最终会被迫退出市场。这就要求跨国营销企业不仅要关注产品的生命周期，更要关注不同国家的市场需求变化，利用不同技术水平国家间发展的不平衡，延长产品的生命周期，实现企业利益最大化。

4. 产品的创新观念。在国际市场上，营销的创新首先是营销观念的创新，其次表现为产品创新。国际市场经营者必须不断采用新的科研成果和技术，不断开辟新的生产领域和服务领域，不断生产独特新颖的产品，才能在国际竞争中立于不败之地。

（二）进入国际市场的产品策略

1. 固有产品策略。以本国或本企业原有的产品直接打入国际市场即为固有产品策略。这是一种产品延伸策略，即企业的产品从国内市场延伸至国外市场。采取这种策略的优点，一是能够降低成本，取得规模经济效益；二是有利于树立全球统一的产品形象，并且有利于延长产品的生命周期。但运用此策略的产品范围是有限的，凡可直接销往国外的产品，一般都要具有某种需求共性，主要包括传统产品，如景德镇瓷器、法国葡萄酒、美国的可口可乐；矿产品及某些原材料产品，如石油、煤炭等；某些已畅销国内市场的产品。

2. 产品调整策略。这是企业按照目标市场国的需求特点对产品进行更改的策略。国际市场的需求与国内市场的需求往往有很大不同，因此，需要根据目标国的环境因素、经济、文化方面的差异以及市场竞争的状况和消费者的偏好习惯，进行国际市场的细分与产品的差异化调整。一般产品的调整包括功能的调整、外观的调整、包装的调整、服务的调整以及商标和标签的调整。例如，对于商标和标签，除有不同文化要求以外，目标国的法律也有相关规定：加拿大要求商标必须用英语、法语两种文字书写其内容。

3. 品牌策略。品牌是国际市场营销开展的根本因素，名牌产品则是企业综合素质和社会诸多因素的结晶。在国际市场中品牌策略包括：个别品牌策略，就是企业针对不同产品而采用的不同品牌的策略，这既可以增强企业的竞争性，又有利于增强抗风险能力；类别化品牌策略，就是对所有产品使用不同类别的家族品牌策略；统一品牌策略等。

4. 产品创新策略。产品创新能推动国际市场营销的发展，究其原因：一方面，产品的生命周期在不断缩短；另一方面，消费需求在不断发生变化，尤其是科学技术的快速发展、市场竞争加剧等都迫使企业要不断推动产品创新。产品创新主要包括：产品标准创新，成为标准制定者的企业才会拥有产品竞争的优势和市场的优势；产品品种和样式创新；产品包装创新以及产品服务创新等。

二、价格策略

（一）影响企业对外定价的主要因素

1. 企业生产成本。生产成本是出口商品对外定价考虑的首要因素。出口产品需要确保价格能够补偿成本并有一定的盈利。但国际市场的商品价值是由“世界劳动的平均时间”决定的，并不是由个别国家、个别企业的个别生产成本决定的。因此，出口产品定价还需要考虑与国际价值有关的因素。

2. 国际市场价格水平。受国际价值支配的国际市场价格水平是制定国际市场价格的重要依据。国际市场价格水平往往由国际贸易中的某种商品交易中心和主要集散地的市场价格或主要进出口国家的正常商品进出口价格为代表。因此，企业对外定价也应以此为依据。

3. 国际市场的商品供求状况。国际市场商品供求关系的变动，会引起商品价格围绕国际价值上下波动。供不应求时价格上升，供过于求时价格下降。因此，企业需要根据供求关系的变动从高或从低定价。

4. 国际市场的竞争状况。国际市场的竞争结构与垄断结构都对定价有影响。竞争激烈的商品要扩大销售，往往需定较低的竞争价格；刚进入国际市场而尚未打开销路的新产品，亦需以略低于国际市场的价格进行定价。已打开销路而又居垄断地位的新产品、一些长期居垄断地位的珍贵手工艺品以及其他商品，则可从高定价。

总之，价格是竞争力的条件。从事国际营销的企业需要按照国际市场的价格水平，结合国别或地区政策、销售意图、市场供求变化、成交条件、货币信用与金融市场发展趋势，尤其是目标市场国家所采取的关税壁垒与价格管制，制定出合理的外销价格。

（二）国际市场定价策略

1. 选择合适的计价货币。国际贸易往往交易周期长，受汇率波动的影响大，因此，正确选择计价货币就成为国际营销的重要定价策略。涉及的主要问题包括企业母国与目标国是否签订有贸易支付协定，是否规定使用某种计价货币。如果没有相关协议，就需要选择那些在国际外汇市场上可自由交易的货币，尤其是出口产品时应尽量选择目标国对外信用好、币值呈上升趋势、外汇储备较多的货币。

2. 国际转移定价。国际转移定价是指跨国公司的母公司与各国子公司之间，或各国子公司之间转移产品和劳务时所采用的定价方法。当今国际贸易中有很大一部分是跨国公司的内部交易，但由于现代跨国公司一般都实行分权管理，独立核算，母公司和各国的子公司都是不同的利益中心，为了评估各自的经营状况，也必须为这种内部交易制定价格，即国际转移价格。许多跨国企业为了实现利润最大化，往往都偏离正常的国际市场价格进行定价。如当产品转移至采用从价税、关税较高的国家时，往往实行较低的国际转移价格；当产品转移至所得税较高的国家时，则采用较高的国际转移价格。国际转移定价有利于跨国企业获取最大利润和规避各种风险，但往往损害了一些国家的相关利益。

三、渠道策略

出口商品从本国生产企业转移到国外市场的最终消费者或用户形成国际市场销售渠道。由于不同国家的市场环境差异很大，不同企业的产品分销渠道也大不相同。因此，各类企业可分别根据不同条件选择以下国际市场分销渠道策略。

1. 独家经销策略。它是给予国外客户或代理商独家经销权的渠道策略。具体又分为包销和独家代理两种形式。

2. 选择分销策略。这是出口企业在同一市场内选择若干家适当的客户经销本企业产品的渠道策略。

3. 广泛渠道策略。当出口商品在国外市场打开局面之后，跨国营销企业往往在同一市场内选择众多的中间商进行产品经销，以拓宽销售渠道，故又称宽分销策略。

4. 短渠道策略。企业尽量减少中间商的环节，缩短销售渠道的长度，而由出口国企业直接与最终用户或零售商进行交易的渠道策略。

四、促销策略

（一）广告策略

在竞争激烈的国际市场上，国际广告是出口商品争取消费者必不可少的促销手段。因此，广告策略是国际市场促销策略的重要组成部分。

1. 统一化策略。统一化策略就是在不同国家和地区的广告都宣传同样的主题和信息，或者是将广告的表现形式、信息内容、影音资料等从一个国家直接移植到另一个国家。这种策略的优点在于，可以节约广告成本，可以形成产品一致性的形象，也有利于企业整体促销目标的制定、实施和控制。

2. 差异化策略。差异化策略是将企业或产品的信息用适合目标市场本地经济、文化背景的方式传递给消费者，或者是把不同的广告信息传递给不同的国家和地区。它强调广告要适应各国市场的不同个性。由于世界各国在经济发展水平、语言文字、宗教信仰以及社会文化心理等方面存在不同，企业在国际营销活动中也应采取不同的广告策略。

在国际营销中采取何种广告策略，一般需要考虑产品的特性、各国文化环境的差异以及各国有关广告的法律法规等相关因素。

（二）人员推销策略

人员推销策略是一种更直接的促销策略。在人员推销策略中，推销人员的素质直接关系到推销的效果及企业的形象，因此，国际营销企业必须对推销人员进行有计划的培训。很多跨国公司取得成功，其前提就是将本土人才和全球经验相结合，将建立强大的本地人才队伍作为赢得竞争优势的重要手段。在中国，越来越多的跨国公司实施人才本土化战略，除了对本地人才的使用，还包括对本地人才的培养。例如，微软、爱立信等企业在中国建立研究院。①

1. 销售人员来源策略。包括选择目标市场国家中能够驾驭两种特定语言的当地人，尤其是具有销售经验的人才；选择本国移居到目标国的人才等。

2. 销售人员激励策略。包括实行固定薪金加奖励、佣金制度、薪金与佣金混合制等。

（三）公共关系策略

在国际营销中，公共关系的地位越来越重要。国际公共关系具有涉外性、针对性和跨文化传播这三大特点。国际营销企业要谋求长远发展必须针对东道国的生活习俗、宗教信仰、社会文化等特征，开展有针对性的公共关系活动，与社会各界建立融洽的关系，树立良好的社会公民形象。

1. 搞好政府公共关系。跨国公司要融入目标国市场，就必须重视与政府的关系，让当地政府及时了解企业的发展计划，尊重和支持当地政府的目标，以得到政府在政策或资源方面的支持，最大限度地减少在外投资的风险和成本。

2. 树立社会公民形象。利用各种媒体宣传企业的经营活动和社会活动，积极参与目标国的社会发展事业，利用公益活动树立企业良好形象，改善与当地人的关系。

3. 协调好企业内部的劳资关系，尊重当地职员的社会文化偏好、习惯和宗教信仰。②

4. 利用目标国的本土公关公司为企业进行公关策划。

思考题

1. 国际市场营销与国际贸易的主要区别是什么？
2. 国际营销中管理文化冲突的策略有哪些？
3. 如何选择不同的国际市场进入方式？
4. 在国际营销中，公共关系策略的意义是什么？

---

① 徐楠，廖成林. 国际促销策略的本土化研究及启示[J]. 技术经济与管理研究，2012(06)：61-64.
② 郭国庆编著. 市场营销学通论（第6版）[M]. 北京：中国人民大学出版社，2015.

第十五章

其他新型营销

随着经济、社会、科技以及人们需要的不断变化，多种新型营销方式及理论不断涌现。本章主要介绍会展营销、体验营销、关系营销、绿色营销、定制营销等几种新型营销。

第一节　会展营销

一、会展营销的含义和作用

（一）会展

关于会展的含义，比较简单的描述是："会展是会议、展览、大型活动和奖励旅游等的总称。"比较全面的表述是："会展是会议和展览的综合。它是利用一定的地线优势、经济特色、资源优势，由政府或社会团体组织召集供需双方按照事先确定的时间和地点，举行专业性的或综合性的以产品布展、宣传、交易和服务为内容的特色经济活动。它是各种类型交流台、洽谈会、展览会、博览会的总称。"

本书中会展的含义为：特定空间的集体性的物质文化的交流或交易活动。

这一定义包含了四层意思：一是"特定空间"，指活动必须要有特定的目的地或场地；二是"集体性"，是指活动要有一定的规模，有一定的影响力；三是"物质或精神"，是指活动的承载物可以是物质形态，如具体的展品，也可以是精神形态，如会议主题；四是"交流或交易"，是指活动的目的可以是交流，也可以是交易。符合这一概念特征的有关会展有：大型会议、奖励旅游活动、交易会、展览会、博览会、展销合、体育运动会和各类节庆活动等。

（二）会展营销的作用

会展营销就是试图用营销学的基本理论来解决会展业发展中的具体问题，

是营销学理论在会展业中的具体应用，因此会展营销的基本理论框架就是这两者的综合。由于会展业涉及面宽，综合性强，营销主体多，具体应用时必须有所侧重。

当前会展业在中国蓬勃发展，但整体上来说，会展的经营仍处于初级阶段，因此有必要借鉴发达国家的会展成功经验，来提高中国会展业营销的整体水平。有人认为会展营销只是办展企业的事情，但事实上会展营销的主体包括政府、会展企业、参展商甚至还有媒体等。无论营销的主体是谁，会展营销的主要目的都是为了促进销售。会展营销的对象包括会议、展览、节事、场馆，甚至包括会展城市等。对于不同的营销对象，所表现出来的意义也会有所不同。总的说来，会展营销主要有以下几个作用。

1. 对于会展公司，可以通过会展营销宣传自己的品牌。会展虽然卖的是服务，但是它也同有形的产品一样，需要开展营销才能被广大的参展商所熟悉，“酒香不怕巷子深”的年代已经过去，尤其现在国内的展览现状，大小展会鱼龙混杂，参展商对于展览会目不暇接，而且还缺乏辨别展览会好坏的能力，所以迫切需要会展企业站出来营销自己的产品，这对于提高企业自身形象和宣传自己的产品有很大的作用。

2. 对于参展商，会展营销可以给他们提供一个本行业目前展览会的信息。也许这样的营销活动不止一个，但他们可以以此为依据，从中选出自己认为适合当前企业发展的一个展览会参加，减少上当受骗的可能。

3. 对于展览馆来说，一次好的会展活动对于提升本馆的知名度也有一定的好处。现在中国国内除了北京、上海两个城市以外，其他城市的展览馆的空置率都很高，这就会造成极大的浪费，所以场馆方应该积极主动地联系会展公司，帮他们做好展会宣传和营销工作，这样就可以利用知名展会提高自己场馆的利用率和知名度。

4. 对于国家和城市，会展被称为“城市的面包”“经济的晴雨表”“助推器”，能有效拉动经济增长。美国有一位市长说过，“如果在一个城市举办会展，就好比一架飞机在该城市上空撒美元”。可见会展活动对于城市发展的重要性。国家和城市也应积极行动起来，加强会展营销，实施会展目的地形象设计，从而提升会展的知名度，也给国家和城市赢得“撒美元”的机会。

二、会展营销的特征

1. 综合性强。会展业涵盖的相关行业非常广泛。一方面，每次大型的会展活动都会涉及社会、经济、文化、教育和科技等方面，可以说它是人流、物统、信息流和资金流的大汇集；另一方面，从会展营销的主体来看，也是十分复杂、牵涉面广，大到一个国家或城市，小到每个会展企业或参展企业等。由于会展业牵涉的利益主体多，每个主体的营销目的不一，营销内容的侧重点也存在明显的差异。因此，会展营销是综合性非常强的一种经济活动。

2. 带动性强。会展业是一个产业关联度很高的产业，会展营销的带动效应也非常明显。例如，广交会创办之初，广州市全年的出口贸易额仅百万美元，在广交会的营销带动下，2015 年广州全年的出口贸易总额已增至 5034.67 亿美元，广交会带动了广州外贸快速发展。广交会从成立至今，到会专业采购商从 19 个国家和地区的不足 1300 人发展到目前多个国家和地区的近 20 万人，成交额从 1957 年首届的 1754 万美元增至 2016 年第 99 届的 300 多亿美元。规模越来越大的广交会拉动了广州旅游、酒店、餐饮、零售、物流、房地产等产业的兴旺发达。据不完全统计，广州作为广交会举办地，50 年来已累计接待到会境外采购商超过 376.5 万人次；每年两届的广交会，仅客商消费总额一项，就为广州带来近 60 亿元人民币的收入，广州酒店业利润的五成来自广交会的带动。2005 年广州会展业增加值为 17.17 亿元，比上年增长 20.08%，比广州市同期 GDP 的 13% 的增长速度高出 7.08 个百分点；会展业拉动的旅游消费达 36.19 亿元，其中拉动旅游外汇收入 2.40 亿美元。在广交会会展营销的带动下，广州会展业以每年 20% 的速度增长。由此可见，会展营销的带动性是十分强劲的。

3. 营销主体多。会展业是一类综合性的行业，举办一次会展活动牵涉到的利益主体很多。会展企业也不仅仅指承办展览会或会议的专业会展公司，还包括会议中心、展览场馆、展品运输公司等一系列为会展活动服务的机构。由于会展业牵涉的利益主体多，所以会展营销的主体也很复杂。

4. 会展营销手段多样化。会展营销的手段已经从传统的报纸、杂志、广播、电视过渡到路牌广告、地铁的士广告，并且扩展到互联网领域。互联网和相关电子技术在会展营销中得到了广泛的运用。目前，会展企业利用网络会展营销的手段，将大量的信息以最快的速度传递给大众。但是在具体利用时，要讲究营销手段的组合策略等，并根据会展营销的主体、参展的商品、规模的大小而定。

5. 强调目的地整体营销。曾有业内专家明确指出，会展主办者或会展公司在举办展览时，总是先挑选城市，然后再确定场馆。这说明良好的环境是城市会展业发展的基础和前提，也是参展企业决定参展的条件之一。的确，鲜明的形象有利于城市开展会展整体营销，并能增强在该城市举办展览会的吸引力。纵观汉诺威、法兰克福、慕尼黑等世界展览名城的发展历程，这些城市无一不重视城市的整体营销。

6. 注重发挥品牌效应。品牌战略是现代企业竞争的法宝。那些知名度高的国际性展会往往是该行业最具生命力的品牌展，如德国的法兰克福国际图书展等。一个真正的顶级展会并不是向参展商推销它的展位，而是推销它的品牌与理念。

从市场营销的角度来分析，一个品牌展应该有独特鲜明的理念、形象及定位。如何根据行业的特点设计符合行业及企业需求的展会，涉及的产业链是否完整，是否具有自己的优势，这些都是核心理念的关键。而醒目的展会标志、朗朗上口的名称缩写和简洁有力的宣传资料都可以提高展会营销的效果。

三、会展产品开发策略

会展产品的开发是会展企业长期生存的必要条件，也是会展企业保持活力和竞争优势的重要途径。

1. 产品升级策略

由于会展需求的拉动和市场的不断完善，会展市场竞争的不断加剧，必须通过产品升级战略不断丰富新的会展产品来延长会展产品的生命周期，以满足会展消费者不断变化的市场需求。

（1）提升会展产品形象。会展产品形象影响着人们对其心理的感知程度。提升会展产品形象是指在原有会展产品形象的基础上提炼新形象，从而使参会者从一个崭新的角度来认识原有的会展产品，并产生强烈的兴趣。

（2）提高会展产品品质。提高会展产品品质的一个重要途径是持续改进会展产品的生产设计和管理会展资源，并进行深度开发，不断丰富原有会展产品的内容。

（3）引入和应用高新技术设计会展项目产品。长期以来，中国会展产品的开发与设计还停留在初级会展产品的层次上。创新意识较差，技术含量偏低，这些都是影响中国会展产品开发的瓶颈因素。由于在对会展资源文化内涵的挖掘与展示方面，由于未能依托科技手段与技术支持，因此，难以推出具有竞争力的会展产品。

2. 资源重组策略

会展资源是会展产品开发的依托。会展企业开发新产品，必须更新资源观念，重新认识现有的会展资源，在充分利用、挖掘其资源优势的基础上，推动会展资源的优化组合。

（1）从市场需求的角度来组合会展资源。会展资源的整合要能够激发参展企业的参展动机，满足或创造会展需求。这种整合方式基于对会展市场的深入调查和对会展消费行为仔细分析的基础之上，具有灵活性强的特点，有利于新的会展线路和产品的开发。例如，每年几次的图书交易会，在逐渐增强吸引力之后，结合出版商图书积压的现实困难，如果在原有资源的基础上，推出以版权交易为主题的图书交易会，将会受到参展企业的欢迎。

（2）从经济效益的角度来组合会展资源。从经济效益的角度分析，会展资源的组合要能够实现会展资源价值增值和利润回报，提高产业贡献率，这也是会展业作为经济产业发展的内在需求与动力。

（3）以关联性来整合会展资源。目前，中国的会展项目呈现日益专业化的趋势。有业内专家指出，会展越专业化，相应的观众数量就越少。倘若能在强化会展专业化的同时，注意研究各专业会展间的内在联系，将相关主题的会展进行整合，将会使多方都能受益。

具体来讲，在同一时间段内，同一城市举办的各个会展的观众可能有交叉和重叠，各专业会展的参展商之间也可能会互为观众，这样的几个会展同时举办，会展观众的数量会增加。参展商继续参展的积极性也会增加，主办方办展的连续性和扩张性就增强，而会展能连续举办，并能逐渐扩张，展览馆就会更加受益。对于观众来说，可以同期、同地观看更多会展内容，也增加了观展的含金量。可以说“整合”能使会展产生更大的效益。

其实，将主题相关联的会展项目同期、同地举行，这在国外早有先例：比如，德国汉诺威公司就将其参与主办的“亚洲国际动力传动与控制技术展”“亚洲国际物流技术与运输系统展”“亚洲国际能源技术传动与设备展”“亚洲国际自动化技术与设备展”四个主题相关联的会展同期、同地举办。正像汉诺威展览咨询（上海）有限公司的一位负责人对此的解释：“如果一个企业想改进企业或完成自动化改造，只需要走进一个展览中心就能完成相关的采购。”其实像汉诺威公司这样，有意识地将由自己参与主办的主题相关联的会展进行整合，在中国目前已出现许多。但由于不属于一个主办单位的会展活动，这些会展之间都缺乏主动合作。

当然，这里面涉及这样一个问题：这件多方受益的事应该由谁来做？在中国香港和国外许多地方，这项工作是由展览馆完成的，也有由会展行业协会或行业服务组织完成。

在会展行业组织及相关机构的服务能力尚弱，而且服务动力也不足的情况下，会展的主办、承办单位之间应克服协调上存在的困难，把各类会展按照主题或其他逻辑分类，由其自由组合，会展效果会大大提高。当然，在整合的实际操作中可能会存在一些问题，其中最关键的是这些会展项目是否具有关联性。如果把毫无关联的会展硬拼在一起，整个展场会显得十分杂乱。

第二节　体验营销

一、体验营销的含义

体验经济时代，广大消费者在追求自身快乐体验、美好回忆和感受的同时，也在不知不觉地增加自己的精神财富，这种体验渗透在各种活动中。作为几乎每天都在进行消费的消费者，在每次消费的过程中，同样也在悉心体验，并且这种体验能够带给自己或快乐，或沮丧，或兴奋，或气愤等各种感受，从而进一步影响其能否成为一个企业或产品的忠诚用户，影响企业的效益。因此，在体验经济时代，企业的生产经营需要更新观念，以顾客忠诚为核心，以体验为媒介，创造美好的顾客体验和感受，以培育更多的忠诚顾客，为企业的生存和发展奠定基础。在这样的背景下，体验营销当道也就不足为奇了。

所谓“体验营销”，是指企业通过采用让目标顾客观摩、聆听、尝试、试用等方式，使其亲身体验企业提供的产品或服务，让顾客实际感知产品或服务的品质与性能，从而促使顾客认知、喜好并购买的一种营销方式。这种方式以满足消费者的体验需求为目标，以服务产品为平台，以有形产品为载体，生产、经营适合需求的产品和服务，并在营销过程中拉近企业和消费者之间的距离，让顾客产生愉悦的情感，最终不仅让企业因获得此顾客而拥有更多的无形资产，同时，也能够让顾客在消费的过程中，获得更多的精神享受和财富。

体验营销是体验经济时代的产物，因此，它与传统营销相比，具有明显的优越性。

1. 体验营销关注的是顾客体验，以顾客体验为基点，由顾客亲身体验和感受，企业与客户之间实现双向沟通。体验营销是企业和顾客交流感官刺激、信息和情感的集合，通过营销过程使消费成为一种表达情感的活动积美好的记忆。

2. 体验营销中的定价方式是依据顾客体验和感知的价值进行定价，成本只是一种价格参考因素；传统营销则是根据企业的成本制定价格，然后又不断地投入成本进行营销活动来促进产品的销售。

3. 体验营销的方法非常灵活，企业与顾客的接触也是全方位的；传统营销更多地使用定性和定量的方法，企业与顾客的接触只是通过中间商。

4. 体验营销针对不同的顾客群提供不同的服务，从而创造一种互动的欢乐气氛，用体验来使顾客满意，增加了顾客重复购买的可能性。

从以上体验营销的优越性可以看出，体验营销与传统营销具有很大的差别。体验营销的核心理念是：不仅为顾客提供满意的产品和服务，还将为他们创造有价值的体验。

二、体验营销的特点

（一）注重客户的体验，并使体验成为客户价值的必要组成部分

体验来自某种经历、遭遇对内心和思想的触动，它把企业的产品和服务与客户的生活方式相连，赋予客户的个体行为和购买时机以更广泛的社会意义。总之，体验所带来的感官、情感和文化价值，将和产品的功能一起，构成整体的客户价值。

这里要强调，客户既是理性的，又是情感的。一般说来，客户在消费时经常会进行理性的选择，但也会需要娱乐、刺激、被感动和有新意的挑战。企业不仅要从客户理性的角度去开展营销活动，也要考虑消费者情感的需要。

但是，矫枉过正，体验营销的倡导者也可能会过分夸大情感作用，应该防止这一点。应该看到，在消费者群体的情感水平日趋成熟之时，理智方面的发展表现在他们拥有更多的信息以及理性决策能力的显著提高。“精明消费者”形容的就是，客户都成为职业购物者，他们的每一次采购都有充分的理由，并把花出的每一分钱的价值最大化。因此，对价格很敏感的客户会为自己成为明智的购物者而自豪。他们对商品精挑细选，并且不再因为不好意思而远离那些不大有名气的家常用品店、仓储超市。很多人是“交叉购物者”，他们开宝马却自己加汽油，且在沃尔玛特商场买袜子。在合理的价格水平上，对质量的重视，使许多人变成更忠诚的消费者。一旦他们发现哪家商店能够提供他们所寻

找的价值，他们就会以持续的光顾作为回报。这种持续性光顾是有效率的，因为这样一来消费者就不必再花费大量的时间来比较不同商店的价格了。这一趋势使人们的生活得到简化而更有价值。

（二）戏剧化和互动的概念，成为营销策划的核心概念和指导方法

体验营销拓宽了视野，营销活动就如一台戏剧，是公司和客户之间的互动过程。因此，营销人员不再孤立地去思考一个产品的质量、包装等，还要通过各种手段和途径（如设施、产品、服务和互动过程等）来创造一种综合效应以增加体验，并且把具体的消费情况置于更广阔的文化背景之下考虑，思考消费所表达的内在价值观念、消费文化和生活意义。

（三）体验经济中的营销规划、设计和创作，需要将科学和人文、技术扣艺术结合起来

体验是五花八门的，体验营销的方法和工具也是种类繁多，并且它们和传统的营销有很大的差异。企业要善于寻找和开发适合自己的营销方法和工具，并且不断地推陈出新。一般而言，先要大胆创新，再考虑其科学性、有效件和复杂性。体验营销人员比较像建筑设计师，将科学和人文、技术和艺术巧妙地结合起来。

三、体验营销的要素组合

体验营销的成功需要企业从顾客的角度关注体验营销策略的几个要素，通俗地说，体验营销是出一系列要素组合起来的，这些要素通过合适而有序的组合，形成良好的体验效果。体验营销的要素组合包括：体验（Experience）、情境（Environment）、事件（Event）、浸入（Engaging）、印象（Effect）和延展（Expand），此6个要素的英文首字母都是“E”，因此，又被称为体验营销的“6E”组合策略。

1. 体验。体验（experience）是体验营销组合中最基本的要素，它描述了企业要提供给顾客什么样的体验。顾客所产生的体验是感官、情感、思考、行动和关联这五种类型的混合物。实施体验策略时，首先要找到各种类型体验的连接点，在连接点上进行体验的扩充组合，从而生成一个完整的顾客体验。

2. 情境。情境（environment）概念最早由美国社会学家 W. I. 托马斯与 F. W. 兹纳尼茨基提出来的。德国心理学家 K. 莱温用以下公式表示行为与情景的关系：

$$B = (P, E)$$

式中，B 为行为，P 为个体，E 为情景，三者之间是一种函数关系。

美国社会心理学家 G. W. 奥尔波特提到“社会情境”的概念。社会情境包括三类，即真实的情境、想象的情境与暗含的情境。真实的情境是指人们周围存在的他人或群体，个体与他人或群体是出于直接面对的相互影响之中；想象的情境是指在个体意识中的他人或群体，双方通过传播工具间接地发生作用；暗含的情境是指他人或群体所包含的一种象征性的意义，个体与具有一定身份、职业、性别、年龄等特征的他人或群体发生相互作用，也是一种影响个体行为的社会情境。人是社会中的人，因此，企业在设计营销体验的情境时，需要从顾客的社会性出发来为其创造一个“表演舞台”，是体验产生的外部环境，它既可被设计成现实的场景，也可被设计成虚拟的世界。

3. 事件。事件（event）是指为顾客设定的一系列表演程序，企业必须对表演的过程进行特别的设计，形成事件策略。需要关注的是，体验营销中事件的设计和安排要有一定的主题，这样，事件便能够与主题结合起来，让顾客通过事件来感受主题，并形成较为明确的感受。

4. 浸入。浸入（engaging）是通过营销手段使顾客沉浸其中，将自己融入所体验的角色，并获得体验程度的最大化。体验营销关注顾客的主动参与性，浸入策略要通过营销手段使顾客真正浸入到企业所设计的事件中，因此，设计一个什么样的角色给顾客非常关键。顾客只有真正地参与事件，其心理活动才能真正进入到情景中，才会最终愿意付费体验。

5. 印象。印象（effect）是主体对通过感知所获得的客体信息的整合。体验的难忘过程使顾客产生了一种深刻的印象，并成为长期维系顾客关系的重要因素。印象策略就是对印象进行管理的策略，体验营销在向顾客让渡体验的同时，必须注意顾客终生价值，而不是单次交易所产生的价值，因此，必须注意顾客重复购买的问题。体验的难忘过程产生了印象，成为长期维系顾客关系的重要因素。

印象管理是心理学家库利、戈夫曼等人提出的，是指人们试图管理和控制他人对自己所形成印象的过程。通常，人们总是倾向于以一种与当前的社会情境或人际背景相吻合的形象来展示自己，以确保他人对自己做出愉快的评价。印象管理是社会互动的一个根本方面，每种社会情境或人际背景都有一种合适的社会行为模式，这种行为模式表达了一种特别适合该情境的同一性，人们在交往中总是力求创造最适合自己的情境同一性。企业在进行印象管理时，可以通过各种活动来加深顾客的印象，如对全过程录像并保存、拍照留念、赠送体验纪念品、建立体验会员俱乐部等。

6. 延展。顾客体验可以延展（expand）到企业的其他产品、不同地区和时期，并向他人传播，从而实现顾客价值的最大化。体验营销策略通过各种措施对延展策略完备周详的实施能使体验的功效发挥到极限。

第三节　关系营销

一、关系营销的含义

1. 广义上关系营销含义

所谓关系营销，是指从系统、整体的观点出发，对企业生产经营活动中涉及的各种关系加以整合、利用，来构建一个和谐的关系网，并以此为基础展开的营销活动。

这些关系包括与雇员的关系、与客户的关系、与上下游企业的关系（即与供销商和渠道的关系）、与竞争者的关系以及与政府和其他利益团体的关系等。这些关系都是要加以研究的部分，在关系营销中扮演着不可或缺的角色。

这些关系要素都不是孤立的，它们相互作用、互相影响，从而构成一个有机的整体。

2. 狭义上关系营销含义

现在在西方管理理论界，对关系营销的分析集中在企业与客户关系上面，也就是常说的CRM（Customer Relationship Management）。

客户关系管理之所以成为狭义上的关系管理，主要是因为客户关系管理是各种关系管理的核心和基础。正如上文中所分析的那样，客户是关系营销的最终作用目标，是价值链的源头。因此，从某种意义上讲，企业建立各种各样的关系最根本的目的不外乎是润滑价值链条，从而使企业能够更好地从客户身上得到价值。

顾客一直是企业营销活动的中心，关系营销更加注重同客户的关系。科特勒认为，企业营销应成为买卖双方之间创造更亲密工作关系和相互依赖关系的艺术。关系营销的目的，就在于同顾客结成长期的、相互依存的关系，发展顾客与企业及其产品之间的连续性的交往，以提高品牌忠诚度和巩固市场，促进产品持续销售。

二、关系营销的主要内容

1. 企业内部关系

内部关系营销起源于把员工当作企业的市场。明智的企业高层领导，心中装有“两个上帝”，一个“上帝”是顾客，另一个“上帝”是员工。企业要进行有效的营销，首先要有具备营销观念的员工，能够正确理解和实施企业的战略目标和营销组合策略，并能自觉地以顾客导向的方式进行工作。企业要尽力满足员工的合理要求，提高员工的满意度和忠诚度，为关系营销奠定良好基础。只有工作满意的员工，才可能高效地为外部顾客提供优质的服务，让外部顾客感到满意。

如果企业的产品、服务和信息不能为其内部员工认同和接受，那么企业的其他营销活动也不可能取得成功。企业的营销人员往往不是营销方面唯一的人力资源，负责生产、交货、技术服务这样一些非营销部门的员工也会和顾客发生关系，有时甚至接触更多，这些人员可能对顾客接受企业的产品或服务的影响更大。因此，营销的最终目标是充分利用各种资源，力求创造一种内部和谐的环境，使其成员能够而且愿意以顾客导向的方式进行工作。

2. 企业与竞争者的关系

这个世界是多元的，企业的价值取向也是多元的。虽然企业在每个方面都会有竞争者，但是企业所拥有的资源条件不尽相同，往往是各有所长，各有所短，为有效地通过资源共享实现发展目标，企业要善于与竞争对手和睦共处，并和有实力、有良好营销经验的竞争者进行联合。如果一个企业能够凭借其竞争者的力量携手将行业做大，那么它本身的利益也将因为行业整体市场份额的扩大而扩大。

3. 企业与顾客的关系

顾客是“上帝”，是“财神”，是企业的价值来源。企业要实现赢利目标，必须依赖顾客。企业需要通过搜集和积累大量市场俏息，预测目标市场购买潜力，采取适当方式与消费者沟通，变潜在顾客为现实顾客。同时，要致力于建立数据库，或通过其他方式密切与消费者的关系。对老顾客，要更多地提供产品信息，定期举行联谊活动，加深情感情任，争取成为长期顾客，其花费的成本，肯定比寻求新顾客更为经济。这实际上也是人们常说的“80/20”原理：

20% 的长期客户为企业带来了 80% 的收益。而且，长期而稳定的客户，会产生很好的口碑效应，带来很多很多的客户，无形中也给企业带来了一大笔财富。

4. 企业与供销商的关系

这是很重要的一种关系。因分工而产生的渠道成员之间的关系，是由协作而形成的共同利益关系。合作伙伴虽难免也存在矛盾，但相互依赖性更为明显。企业必须广泛建立与供销商、经销商之间的密切合作的伙伴关系，以便获得来自供销两个方面的有力支持。这个市场，供销商市场，顾名思义是指为营销公司增加更多客户价值提供物资、产品和服务的组织网络。一些已经与供销商建立起良好关系的公司发现，他们因为质量改进、市场推出时间加快、革新产品增多以及存货积压水平降低而获得了相当可观的优势。一般而言，把供销商作为伙伴而不是对手更加密切地与之合作会带来很多好处。如果在互利的关系基础上对供销商做出长期承诺，结果往往会是产品和服务的质量提高并不断改进，出现供销商推动的产品和过程革新的可能性更大，供应链的统一和高水平反馈使总成本降低。

5. 企业与影响者的关系

各种金融机构、新闻媒体、公共事业团体以及政府机构等，对企业营销活动都会产生重要的影响，企业必须以公共关系为主要手段争取他们的理解与支持。例如，社区是以地缘为纽带而连接和聚集的若干社会群体或组织之间的关系，构成企业关系营销中不可忽视的一环。企业需要社区提供完善的基础设施和有效率的工作，社区也希望企业为社区建设提供人、财、物的支持。这个影响者的市场由独立的实体、组织和个人构成，他们能够积极或消极地影响公司参与竞争的市场的营销环境。因此，公共关系或者公共事务管理应该成为关系营销过程中的一个有机成分。成功的公司一般都与对市场有影响的主要渠道有良好的关系。

三、关系营销的特点

1. 双向沟通。在关系营销中，沟通是双向而非单向的。

2. 合作。关系有两种基本状态，即对立和合作。只有合作才能实现协同，因此，合作是双赢的基础。

3. 双赢。关系营销旨在通过合作增加关系各方的利益，而不是通过损害其中一方或多方的利益来增加己方的利益。

4. 亲密。关系能否稳定和发展，情感因素起着重要作用，因此，关系营销要实现物质利益的互惠和情感的需求满足。

5. 控制。关系营销通过专门的部门，跟踪顾客、分销商、供应商及营销系统中其他参与者的态度，了解动态变化的关系，及时采取措施消除各种不稳定因素和不利于各方利益和共同增长的因素。

关系营销与交易营销存在很大区别。交易营销的主要内容是4P，而关系营销则把企业的经营活动扩展到一个更广、更深的领域，两者存在明显的区别（表15－2）。

表15－2　关系营销与交易营销的区别

交易营销	关系营销
以4P理论为基础	以4C理论为基础
市场导向	关系导向
关注吸引顾客	关注提高顾客忠诚度
注重短期利益	注重长期关系利益
双方缺乏沟通	互动式沟通
利润最大化	双方合作实现互赢
有限的顾客服务和承诺	高度的顾客服务和承诺

第四节　绿色营销

一、绿色营销的含义

在这里，“绿色”是一个特定的形象用语，既不能简单地认为“绿色＝植物＝农产品”，又不能将绿色理解为“纯天然”“回归自然”的代名词，它泛指保护地球生态环境的活动、行为、思想和观念等。具体地讲，绿色的含义包括两方面内容：一是创造和保护和谐的生态环境，以保证人类和经济的持续发展；二是依据“红色”禁止，“黄色”示警，“绿色”通行的惯例，以“绿色”表示合乎科学性、规范性，能保证永久地通行无阻的营销行为。

绿色营销是指以促进可持续发展为目标，为实现经济利益、消费者需求和环境利益的统一，市场主体根据科学性和规范性的原则，通过有目的、有计划地开发以及同其他市场主体交换产品价值来满足市场需求的一种管理过程。

该定义强调了绿色营销的最终目标是促进可持续发展和实现循环经济，而实现该目标的准则是注重经济利益、消费者需求和环境利益的统一。因此，企业无论是在战略管理的四阶段，即探测（市场调查预测）、细分（市场细分）、择优（选择目标市场）、定位（市场定位）过程中，还是在战术管理，即产品开发、定价、分销渠道、促销过程中，都必须从促进经济可持续发展这个基本原则出发，既注重按生态环境的要求，保持自然生态平衡和保护自然资源，又强调在创造及交换产品和价值，在满足消费者需求的同时，不会导致环境和自然资源的破坏，为子孙后代留下生存和发展的权利。实际上，绿色营销是人类环境保护意识与市场营销观念相结合的一种现代市场营销观念，也是实现经济持续发展的重要战略措施。它要求企业在营销活动中，注重地球生态环境的保护，促进经济与生态的协同发展，以确保企业的永续性经营。

二、绿色营销与传统营销的差异

经过近一个世纪的探索和发展，企业的营销观念已从以产品为导向发展到以人类社会的可持续发展为导向，并在此基础上提出了绿色营销观。与传统的营销观念相比较，绿色营销观是继20世纪50年代由产品导向转向顾客导向这一具有根本性变革基础上的又一次升华。绿色营销观与传统营销观的差异主要表现在以下几个方面。

（一）经营观念的差异

1. 绿色营销观是以人类社会的可持续发展为导向的营销观

20世纪90年代以后，由于生态环境的变化，自然资源的短缺，严重影响人类的生存与发展，世界各国开始重视生态环境的保护，企业界则以保护地球生态环境、保证人类社会的可持续发展为宗旨提出了绿色营销。

绿色营销观念认为，企业在营销活动中，要顺应可持续发展战略的要求，注重地球生态环境保护，促进经济与生态协调发展，以实现企业利益、消费者利益、社会利益及生态环境的统一。首先，企业在营销中，要以可持续发展为目标，注重经济与生态的协同发展，注重可再生资源的开发利用，减少资源浪费，防止环境污染；其次，绿色营销强调消费者利益、企业利益、社会利益和生态环境利益四者的统一，在传统的社会营销观念强调消费者利益、企业利益与社会利益三者有机结合的基础上，进一步强调生态环境利益，将生态环境利益的保证看作是前三者利益持久地得以保证的关键所在。

2. 绿色营销观念更注重社会效益

企业作为社会的一个组成部分，不仅要注重自身的经济效益，而且要注重社会的经济效益和社会效益。绿色营销观要求企业注重以社会效益为中心，以全社会的长远利益为重点，要求企业在营销中不仅要考虑消费者欲望和需求的满足，而且要符合消费者和全社会的最长远利益，变“以消费者为中心”为“以社会为中心”。企业一方面要搞好市场研究，不仅要调查了解市场的现实需求和潜在需求，而且要了解市场需求的满足情况，以避免重复引进、重复生产带来的社会资源的浪费；另一方面，企业要注意和竞争对手的优劣势分析，以扬长避短、发挥自身的优势，提高营销的效果，增加全社会的积累。同时，企业还要注重选择和发展有益于社会和人的身心健康的业务，放弃那些高能耗、高污染、有损人们身心健康的业务，为促进社会的发展做出贡献。

3. 绿色营销观念更注重企业的社会责任和社会道德

绿色营销观要求企业在营销中不仅要考虑消费者利益和企业自身的利益，而且要考虑社会利益和环境利益，将四个利益结合起来，遵循社会的道德规范，实现企业的社会责任。

（1）注重企业的经济责任。实施绿色营销的企业通过合理安排企业资源，有效利用社会资源和能源，争取以低能耗、低污染、低投入取得符合社会需要的高产出、高效益，在提高企业利润的同时，提高全社会的总体经济效益。

（2）注重企业的社会责任。企业通过绿色营销的实施，保护地球生态环境，以保证人类社会的可持续发展；通过绿色产品的销售和宣传，在满足消费者绿色消费需求的同时，促进全社会的绿色文明的发展。

（3）注重企业的法律责任。企业实施绿色营销，必须自觉地以国际组织和目标市场所在地所制定的、包括环境保护在内的有关法律和法规为约束，规范自身的营销行为。

（4）遵循社会的道德规范。企业实施绿色营销，必须注重社会公德，杜绝以牺牲环境利益（如对能源的无遏止的使用、对生态环境的污染等）来取得企业的经济利益。

（二）经营目标的差异

在传统营销方式下，无论是以产品为导向还是以顾客为导向，企业经营都是以取得利润作为最终目标。传统营销主要考虑的是企业利益，往往忽视了全社会的整体利益和长远利益。其研究焦点是由企业、顾客与竞争者构成的“魔术三角”，通过协调三者间的关系来获取利润。在营销中不注意资源的有价性，将生态需要置于人类需求体系之外，视之为可有可无，往往不惜以破坏生态环境来获得企业的最大利润。

绿色营销的目标是使经济发展目标同生态发展和社会发展的目标相协调，促进总体可持续发展战略目标的实现。绿色营销不仅考虑企业自身利益，还应考虑全社会的利益。

企业实施绿色营销，往往从产品的设计开始，到材料的选择，包装材料和方式的采用，运输仓储方式的选用，直至产品消费和废弃物的处理等整个过程中，都时刻考虑到对环境的影响，做到安全、卫生、无公害，以维护全社会的整体利益和长远利益。

（三）经营手段的差异

传统营销通过产品、价格、渠道、促销的有机组合来实现自己的营销目标。绿色营销强调营销组合中的“绿色”因素：注重绿色消费需求的调查与引导，注重在生产、消费及废弃物回收过程中降低公害，开发和经营符合绿色标志的绿色产品，并在定价、渠道选择、促销、服务、企业形象树立等营销全过程中考虑以保护生态环境为主要内容的绿色因素。

1. 产品比较

传统营销生产经营的产品具有下列三个特征：

（1）实用件，核心产品符合消费者的主要需求；

（2）安全性，产品符合各种技术及质量标准；

（3）竞争性，产品在市场上具有竞争力而且有利于企业实现赢利目标。

而实施绿色营销的企业所生产经营的绿色产品除具有上述三种特征外，更重要的是其绿色特征，即可以从以下几个方面来评价产品维持环境可持续发展的可能性。

（1）企业在选择生产何种产品及应用何种技术时，必须考虑尽量减少对环境的不利影响；

（2）产品在生产过程中要考虑安全性，在消费中要考虑降低对环境的负面影响；

（3）企业设计产品及包装时，要减低原材料消耗，并减少包装对环境的木利影响：

（4）从产品整体概念考虑产品的设计、产品形体及售后服务，要节约及保护环境资源。

2. 价格比较

传统产品的价格主要考虑的是产品的生产成本及营销费用，而绿色产品的价格还必须反映环境成本，即企业为保护环境及改善环境所支出的成本，并将这些费用计入绿色价格中。

3. 渠道比较

绿色分销注重控制分销过程中对环境造成的污染，节约环境资源。首先，使用绿色通道，并应用无铅燃料及控制污染装置的交通工具和使用节省燃料的交通工具；其次，降低分销过程中的浪费，即对产品处理及储存方面的技术进行革新，以降低对资源的耗费；再次，在分销环节上，简化供应环节，以减少资源的消耗。

4. 促销比较

绿色促销是通过绿色媒体、传递绿色产品及绿色企业的信息，引发消费者购置绿色产品的兴趣。在绿色促销中，要运用绿色广告、绿色公关、绿色人员推销等促销手段。

此外，从影响营销的环境因素来看，传统营销受到人口环境、经济环境、自然环境、技术环境、政治环境、文化环境的制约；而绿色营销除受到以上因家的制约外，还受到环境资源政策及环境资源保护法规的约束。

第五节　定制营销

一、定制营销的含义

定制企业必须有与定制生产模式相适应的营销战略，它与大批量生产模式下的营销战略有本质的区别。在大批量生产模式下，客户总是处于价值链的最末端，市场有什么就买什么，整个营销活动终结于消费者。而在定制模式下，客户位于价值链的最前端，定义和生产什么样产品由客户和生产者共同完成，整个营销活动起始于消费者。定制营销是以客户为中心面不是以产品为中心，企业间竞争的目标已由原来的抢占市场份额演变成为细分到争夺每一个客户。

定制营销是指企业在大规模定制的基础上，将每一位客户都视为一个单独的细分市场，根据个人的特定需求来进行市场营销组合，以满足每位客户的特定需求的一种营销方式。

定制营销的产生，主要基于两个原因：一是激烈的竞争使得企业不得不把目光集中到消费者身上来，尽可能地满足每一位客户的需求；二是随着人们生活水平的提高，消费者对消费品越来越挑剔，使得消费需求带有浓厚的个性化色彩。因此，定制营销实际上就是解决客户多样化需求与企业供给之间矛盾的一种营销方式。其主要目的如下：

1. 树立企业的品牌。在定制生产模式下，产品是按订单生产。若要客户在不看样品的情况下订货，企业必须有代表高质量产品、优良服务和高性价比的品牌，使企业的定制产品容易被客户所接受。大规模定制企业的每一种产品的生命周期都是短暂的，有些产品甚至仅仅销售一件。在这种情况下，树立企业长期的品牌，使企业在客户心目中的形象不会随着产品生命周期的完结而消亡。

2. 定位细分的目标市场。与大批量生产模式面向统一的大市场不同，定制生产模式面向细分市场。定制营销的一个重要目的就是定位企业的细分目标市场，以便根据目标市场的需求开发产品族。由于市场环境和客户需求的不断变化，企业的细分目标市场应随着客户需求不断变化，因此，大规模定制企业需要动态地预测和定位细分的目标市场。

3. 准确地获取客户需求。准确地获取客户需求是满足客户需求的前提条件。定制企业要提供定制的产品和服务满足每一个客户的个性化需求，准确地获取这些客户的个性化需求就显得更加重要。大规模定制营销过程实际上也是支持和引导客户表达个性化需求的过程。

4. 建立良好的客户关系。定制营销以客户为中心，强调客户的终生价值。定制企业要想保持与客户良好的沟通，不断获得客户需求信息相反馈信息，提高客户满意度和忠诚度，建立和维持良好的客户关系是十分必要的。因此，客户关系管理将是定制营销中一个重要的内容。

二、定制营销与传统营销的区别

1. 承认顾客在整个营销过程中占据主动地位，并最大化客户参与定制的程度。目标营销常常把顾客看作是从交换到销售这一过程的被动参与者，在许多情况下，这种情况甚至延伸到销售完成以后。定制营销无论在产品开发阶段，还是在购买和消费阶段，都把顾客看成是主动的参与者和产品服务的共同生产者。顾客不仅可以直接影响产品的功能和特性，而且可以直接影响一个企业的政策和战略，甚至影响一个产业标准的制定。

2. 将沟通和了解消费者的现实需求作为营销组合要素的起点。在传统营销策略中，营销组合的首要因素是“产品”。人们常用“企业的生命”来比喻产品对企业的重要性。在构建营销组合策略时，只有在产品策略的基础上才会相应地制定价格策略、分销策略和促销策略，即产品策略是构建其他三个策略的基础。但是对于定制营销理念的执行者来说，产品的属性和层次是由需要它的消费者确定的，定制营销人员通过与顾客的沟通发现他们现实的和潜在的需求，在产品设计和发现过程中引导顾客，根据顾客的需求定制产品。在这个意义上，产品的概念是由营销人员和顾客共同创造的，而且由于顾客产创造的过程中扮演了其中一个角色，产品已经“预售”给顾各了。因此，对于定制营销策略来说，准确地获取客户需求是满足客户需求的前提条件。营销组合策略的起点应该是与客户的知识交流，这种知识传递和互相学习的过程对应着传统营销策略中的促销策略。

3. 营销策略的内涵发生根本改变。根据传统营销理念构建的企业营销体系，无论其实施大众化营销策略还是目标营销策略，都是以企业为中心，从企业角度出发对市场需求进行预测和判断，根据企业自身资源利能力规划产品组合，组织生产和销售。而在定制营销下，营销者总从现实需求出发，根据顾客的定制需求来组织和研发产品，进行产品的生产和配送。这种流程上的巨大转变将推动企业转变营销组合策略的内涵，其中促销策略由宣传导向转为学习导向，分销策略从构建销售网络转为建立关系网络，产品策略由配给式转为研发式，而定价策略则由成本导向转入价值导向（图 15 – 1）。这种组合策略内涵上的变化体现了定制营销的本质所在，加快了营销体系创新的步伐，并最终导致企业营销体系的全向提升和市场竞争能力的持续提高。

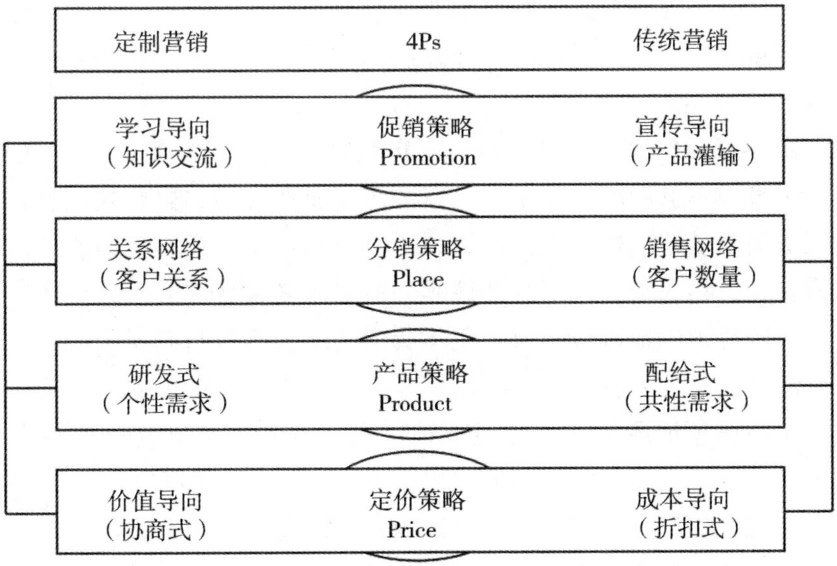

图 15 – 1　定制营销与传统营销的区别

三、定制营销的营销策略

（一）从宣传导向到学习导向的促销策略

1. 促销策略本质的变化

对于传统营销来说，促销的本质就是促进销售，是营销者为了推销已经生产出来的产品而将有关企业及产品信息通过各种方式传递给消费者和用户，通过信息上的沟通促进客户对企业及企业产品的了解和信赖，达到缩短企业与用户（或与消费者）之间的距离、影响客户的购买决策、扩大销售的目的。

在定制营销下，为了达到满足客户定制产品的目的，企业与客户之间的信息沟通需要客户直接、主动参与到过程中来。此时，企业与客户之间的沟通内容不再是已经生产出的产品信息，而是隐藏在客户头脑中可以清晰表述或不能清晰表述的需求上。对于企业来说，获得那些客户可以清晰表述的需求不需要太多的技术支持，但是引导客户明确那些不能消晰表述的需求是沟通中的重点和难点所在，因此需要沟通观念、沟通渠道、沟通方式以及支持技术的转变。沟通的本质实际上是进行知识交流，即通过一定的手段虚拟产品的使用效果，让客户通过切实的感受“提前”获得购后体验，从而确定或修改自己对产品的定制要求。因此，作为定制营销起点的促销，是营销者与潜在客户双方之间的交流，这种交流重在理解、表达、共识客户不够明晰的各项需求上。在交流的过程中，客户不仅接受企业提供的相关信息，而且主动提供自己对产品的个性化要求。可以说，客户是信息交流过程的主导。

2. 促销策略的改变

对于定制营销来说，促销的目标不再是宣传现有产品的信息，而是理解、表达、共识客户不够明晰的需求。这就要求将企业沟通的重点放在引导客户表述那些无法清晰表述的需求上。不管是对新产品还是大家熟悉的产品，企业都需要采取特殊的沟通策略。因为即便是一些看起来很直观的产品，如窗户或牛仔裤，对于顾客来说也难以想象，更不要说清晰表达他们的需求了。因此，为了实现定制营销的沟通目标，已有的广告、人员推销、销售推广、公共关系或直销这种单向信息传播的方式已经不再适用（当然，如果企业为了宣传自身形象，公共关系策略还是很好的方式之一），相应的沟通策略将强调一对一的人员沟通交流、教育、提供知识平台以及定制沟通信息的方法。

在一对一的人员沟通交流中，营销人员不再是现有产品信息的传播者和已有产品购买决策的影响者。营销人员的角色是挖掘和理解潜在客户的需求，利用自己的专业知识背景引导客户更好地表述个性化需求，帮助潜在顾客确认或定义他们所想要的产品和服务。因此，营销人员的素质对沟通策略的实现具有重要影响。营销者是否具有敏锐的市场感觉、扎实的专业知识、良好的沟通技能以及能否为顾客所接受就成为定制营销流程运作的关键所在。换言之，从事定制营销活动的营销者应该具有较好的职业素养，即较高的市场感悟力、较强的学习能力、较广的关系网络和良好的信用，只有这样，才能与客户形成稳定的委托代理关系。

（二）从销售网络到关系网络的分销策略

1. 分销策略本质的变化

定制营销下的企业分销渠道成员所扮演的角色与传统的渠道成员角色存在很大差异。这种差异并不因实施定制营销企业的定位不同而有所区别。那些实施定制营销的生产型企业由于建立了与客户之间的直接联系，客户可以直接向企业下订单，原有的批发商、零售商所承担的产品转移功能将消失。正如作为直销之王的戴尔所做到的，成熟的市场上渠道成员只有速递公司和服务提供商。可以说，实物产品的编配分装和实体储运成为渠道成员主要的任务。因此，利用第三方物流公司建立物流配送系统成为企业制定分销渠道策略的重点。而对于数字化产品的生产企业来说，则无须中间商或物流公司，直接从网上以电子的方式发货，如 CD、书、软件产品和电影，不再需要那种相互独立的实物分销系统。

因此，对于实施定制营销的企业来说，与第三方物流公司建立紧密的合作关系网络，使定制的产品从生产企业仓库转移到顾客手中时不经过任何零售店，可以加快产品的流通速度，缩短流通时间，并且可以为顾客提供门到门的送货，从而增强企业的竞争力。简而言之，企业此时所构建的分销策略其实质是靠建立与第三方物流公司的密切关系获得高效、定制配送的效果。

2. 分销策略的改变

在传统分销策略下，企业为了达到将产品送达最终客户手中的目的，不得不借助一个个独立的经济实体。而在定制营销下，由于客户直接向企业提出定制产品的需求，因此企业无须考虑产品的销售通道设置的问题。相应的分销策略就转变为通过第三方物流公司将定制产品按照客户要求快速送达客户指定的地点。为了更好地为客户提供定制服务，制造产品的企业必须与分销商以及第三方物流公司建立战略伙伴关系，通过复杂的电子通信技术和数据传送系统与分销商、第三方物流公司相连，从而把制造、分销和市场行为通过网络无缝集成起来，更好地为客户提供定制化服务。良好的关系网络还可以使定制营销企业通过网络技术来追踪订单的状况，同时通过授予客户相应的权限达到满足客户跟踪订单状况的目的。

在实施这种技术时需要注意，在企业定制产品没有形成一定规模时，快递公司就无法迅速把来自不同供应商的货物聚合起来为顾客一次送到家门口，无法承诺在一两天将货物送达指定目的地。因此，作为参与实物产品分销的企业，尽管某些功能开始弱化或消失，但是其传统的市场销售组织的责任在某种程度上正逐步扩大，因为他们需要在互动信息管理能力的辅助下开始负责供货商、物流配送商之间关系管理的任务。

（三）从配给式到研发式的产品策略

1. 产品策略本质的变化

定制营销无论在产品开发阶段，还是在购买和消费阶段，都把顾客看成是主动的参与者和产品服务的共同生产者，力争在提供定制服务时最大化客户参与程度。对于实施定制营销的企业来说，新产品不再完全只从实验室出来，它可以在与市场直接互动的过程中产生，每个定制产品都是顾客和企业共同设计和生产的结果。相应的产品策略由配给式转变为研发式，企业所提供的产品以满足客户的定制需求为主。为了充分利用产品设计的定制营销优势，企业可以在研发和市场之间建立一条直接的通道，“邀请”顾客实际参与到产品的设计研发中去。

2. 产品策略的改变

定制营销下的产品策略必然从客户的定制化需求出发，为客户提供能够满足其定制需求的产品或服务。为了实现产品的定制化，客户不仅在与企业沟通交流的初期提出自己关于产品的个性化需求内容，而且对于一些尚未成型的新产品来说，由于客户和企业都不能直接定义定制产品的最终属性，客户同时须要扮演产品的共同设计者的角色。

除了定制的产品、定制的品牌之外，定制营销为客户提供的还包括定制的购物体验和定制的延伸服务。比如，戴尔公司每年生产数百万台个人计算机，每台都是根据客户的具体要求组装的。以戴尔为其大客户——福特汽车内联网提供服务为例，戴尔公司为福特不同部门的员工设计了各种不同的配置。当通过福特公司内联网接到订货时，戴尔公司马上就知道订货的是哪个工种的员工，他需要哪种计算机。戴尔公司便组装合适的硬件，甚至安装了适当的软件，其中有一些包括福特汽车公司储存在戴尔公司的专有密码。

所有这些产品策略都是为增加提供产品和服务时感受的定制化程度。定制“研发”的产品、“个性化品牌”和定制的延伸服务能把“以客户为中心”的口号落在实处。在定制营销的产品策略下，客户不再把企业看成是单个产品的生产者，而开始把它看成是服务的提供者。这种服务是指为顾客提供使用生产机器的通道，提供支配具有专业知识的研发人员和生产人员的权利，从而设计、生产和装配他们自己的产品。

（四）从成本导向到价值导向的定价策略

1. 定价策略本质的变化

由于信息技术尤其是互联网发展的影响，实施定制营销的企业将重新构建他们的价格策略。定制营销的定价方式将从成本导向真正转向价值导向。这就意味着实施价值导向定价策略的企业不再以自身的生产成本作为定价的主要出发点，也不是以目标客户群体的价值感知作为定价的出发点，而是以单个客户的价值感受作为定价的主要出发点。具体表现为，在定制营销下，每个客户将不再是固定价格的被迫接受者，他们可以按照自己的价值感知给出自己的价格，或者随着价格的弹性变动选择定价符合自身价值感知的购买时间。客户与企业之间主要通过协商的办法取得对产品价格的一致意见。

在某种程度上，价格将不再是影响客户购买定制营销产品的重要因素。当顾客满足于某个企业所提供的定制产品或服务价值时，或是当顾客对于一个购物网站很熟悉、感觉很舒服时，到其他网站寻找更低价格的动力就会减弱。而且，当企业了解顾客以后（例如，通过跟踪和理解顾客在访问站点都做了什么），并且根据顾客特征使定制产品或服务的合作生产流程的形成更便利时，顾客就很少有机会或动力去比较不同网站的价格了。产品或服务的定制营销增加了太多的价值和加深了彼此之间的关系，从而使得价格已不再重要。

2. 定价策略的改变

在“以客户为中心”思想的指导下，客户不仅参与产品概念、功能和品牌等方面的定制，而且，在产品价格的制定方面，客户也开始逐渐发出自己的声音，成为产品价格的制定者。表现为客户可以给出自己认可的价格，由企业来决定是否接受客户的定价。这种定价模式被称为“反向定价”策略。作为顾客反向定制价格的先驱，Priceline. com 在短短 1 年多的时间内，发展了 200 多万人来网站购物。据该公司报告，客户通过反向定价的方式已经节省了高达数以百万元的旅费。这种反向定价的具体含义是：顾客根据自己的状况和需求，为想购买的商品定一个价格，然后由组织反向定价的企业出面，根据顾客的价格寻找到相应的商品，对它们进行配对，并为他们之间的交流和交易提供平台和各种应用工具。Priceline. com 创始人杰伊·沃克认为，只要能省下一定比例的钱，消费者在购物时会忽视品牌效应。所以，当 Priceline. com 为顾客提供了他想要的价格的商品时，一般情况下，买卖就会成交。而对于商家来说，残酷的商业竞争使他们不得不提供顾客所希望的价格的商品，而且保证质量。这种定价模式从根本上颠覆了原来的营销模式下由生产者和零售商制定价格、顾客付款的方式，被认为是定价策略的一种革命。

思考题

1. 联系某一企业说明当前中国企业应树立何种营销观念。
2. 如何理解体验营销?
3. 如何正确理解关系营销?
4. 什么是定制营销?

参考文献

[1] [美]菲利普·科特勒,[美]加里·阿姆斯特朗著;楼尊译. 市场营销:原理与实践(第16版)[M]. 北京:中国人民大学出版社,2015.
[2] 纪宝成主编. 市场营销学教程(第5版)[M]. 北京:中国人民大学出版社,2012.
[3] 万晓主编. 市场营销(修订本)[M]. 北京:清华大学出版社、北京交通大学出版社,2014.
[4] 柳兴国主编. 市场营销学[M]. 北京:中国人民大学出版社,2014.
[5] 郭国庆编著. 市场营销学通论(第61版)[M]. 北京:中国人民大学出版社,2015.
[6] 郭国庆主编. 市场营销学(第2版)[M]. 北京:中国人民大学出版社,2015.
[7] 万晓主编. 市场营销[M]. 北京:北京交通大学出版社,2012.
[8] 陆克斌,沈洁主编. 市场营销[M]. 上海:上海财经大学出版社,2012.
[9] [美]凯普,[荷]柏唯良,郑毓煌. 写给中国经理人的市场营销学[M]. 北京:中国青年出版社,2012.
[10] 杨勇. 市场营销策划. 北京:北京大学出版社,2014.
[11] 崔永刚,郭振宗,陈海燕主编. 国际市场营销学[M]. 北京:经济科学出版社,2008.
[12] 宫淑玫,崔永刚主编. 市场营销学[M]. 济南:济南出版社,2004.
[13] [美]菲利普·科特勒,[美]凯勒著;梅清豪译. 营销管理(第12版)[M]. 上海:上海人民出版社,2003.
[14] 胡文静主编. 现代市场营销学[M]. 重庆:重庆大学出版社,2015.
[15] 孙小兰主编. 市场营销学[M]. 北京:中共中央党校出版社,2006.
[16] 高云龙,朱李明主编. 市场营销学教程[M]. 北京:社会科学文献出

版社,2001.
[17] 王冬梅编著. 市场营销学[M]. 大连:大连海事大学出版社,2010.
[18] 李亚雄等编著. 国际市场营销学(第3版)[M]. 杭州:浙江大学出版社,2012.
[19] 姚小远,康善招主编. 市场营销学[M]. 上海:华东理工大学出版社,2015.
[20] 朱雪芹,李丰威主编. 市场营销策划[M]. 重庆:重庆大学出版社,2015.
[21] 吕璐. 国际市场营销[M]. 北京:对外经贸大学出版社,2013.
[22] 吴国庆. 市场营销学——理论、实务与应用[M]. 上海:上海交通大学出版社,2013.
[23] 王春秀,熊勇主编. 现代市场营销学[M]. 重庆:重庆大学出版社,2012.
[24] 王槐林,李林. 市场营销学[M]. 北京:中国农业大学出版社,2010.
[25] 靳娟,赵永新,刘瑛主编. 市场营销[M]. 西安:西安交通大学出版社,2014.
[26] 柳兴国主编. 市场营销学[M]. 北京:中国人民大学出版社,2014.
[27] 李文国,杜琳主编. 市场营销[M]. 北京:清华大学出版社,2012.
[28] 何静文,戴卫东主编. 市场营销学[M]. 北京:北京大学出版社,2014.
[29] 秦陇一主编. 市场营销学[M]. 北京:清华大学出版社,2014.
[30] 姜岚主编. 市场营销[M]. 西安:西安交通大学出版社,2013.
[31] [美]菲利普·科特勒,[美]加里·阿姆斯特朗著;郭国庆等译. 市场营销原理(第11版)[M]. 北京:清华大学出版社,2007.
[32] 郭奉元主编. 会展营销实务[M]. 北京:对外经济贸易大学出版社,2007.
[33] 胡平主编. 会展营销[M]. 上海:复旦大学出版社,2005.
[34] 张润琴主编. 会展营销[M]. 北京:中国财政经济出版社,2008.
[35] 郑锐洪编著. 服务营销:理论、方法与案例[M]. 北京:机械工业出版社,2014.
[36] 王云峰. 大众化定制与管理变革[M]. 北京:电子工业出版社,2009.
[37] 高晖编著. 网络营销[M]. 西安:西安交通大学出版社,2012.
[38] 李莉主编. 网络营销[M]. 厦门:厦门大学出版社,2014.

[39] 李红新. 网络营销与策划[M]. 西安:西安交通大学出版社,2011.
[40] 张荣主编. 市场营销案例集[M]. 杭州:浙江大学出版社,2014.
[41] 王天春主编. 市场营销案例评析(第2版)[M]. 大连:东北财经大学出版社,2014.
[42] 彭于寿主编. 市场营销案例分析教程(第2版)[M]. 北京:北京大学出版社,2015.
[43] 张陆清. 我国政府采购方式比较与适用[J]. 时代经贸,2016(13):33-35.